Cultural Law
Case
Tutorial

文化法案例教程

易玲 —— 主编

法律出版社
LAW PRESS·CHINA
北京

图书在版编目（CIP）数据

文化法案例教程 / 易玲主编. -- 北京：法律出版社，2025. -- ISBN 978 – 7 – 5244 – 0450 – 7

Ⅰ．D922.165

中国国家版本馆 CIP 数据核字第 2025TE3385 号

文化法案例教程 WENHUAFA ANLI JIAOCHENG	易　玲　主编	策划编辑　田　浩 责任编辑　田　浩 装帧设计　贾丹丹

出版发行　法律出版社	开本　710 毫米×1000 毫米　1/16
编辑统筹　法商出版分社	印张 27　　字数 376 千
责任校对　王语童	版本　2025 年 7 月第 1 版
责任印制　胡晓雅	印次　2025 年 7 月第 1 次印刷
经　　销　新华书店	印刷　中煤(北京)印务有限公司

地址：北京市丰台区莲花池西里 7 号(100073)
网址：www.lawpress.com.cn　　　　　　销售电话：010 – 83938349
投稿邮箱：info@ lawpress.com.cn　　　　客服电话：010 – 83938350
举报盗版邮箱：jbwq@ lawpress.com.cn　　咨询电话：010 – 63939796
版权所有·侵权必究

书号：ISBN 978 – 7 – 5244 – 0450 – 7　　　　　　　　定价：108.00 元

凡购买本社图书，如有印装错误，我社负责退换。电话：010 – 83938349

前 言

新时代的文化发展格局正以前所未有的速度演化，文化形态、传播方式、产业结构、社会观念的深刻变革，催生出大量亟待回应的法律新问题。其中，文化资源与市场机制的深度交织、公共服务与知识产权的固有张力、传统文化与数字技术的加速融合、文化遗产与社会利益的动态平衡，构成当代文化法治建设面临的主要挑战。这些挑战不仅对法律制度的回应能力提出新要求，也对法学教育与研究的适应性、前瞻性和实践性提出了更高标准。2023年中共中央办公厅、国务院办公厅印发的《关于加强新时代法学教育和法学理论研究的意见》中，首次提出"加强文化法学学科建设"。文化法学是中国特色法学学科体系的重要组成部分，是研究文化法理论与实践及其发展规律的新兴交叉学科。文化法学的繁荣发展离不开文化法学学科的高质量建设，而《文化法案例教程》作为文化法学学科专门的案例类教材，对于推进文化法学学科发展、繁荣文化法学研究的意义不言而喻。

《文化法案例教程》立足于文化法领域的制度核心与实践难点，围绕文化产业、公共文化服务、非物质文化遗产、文物保护和文化旅游执法领域具有争议性、前沿性、典型性的案件展开系统编排，力图以案例为媒介，促进文化法理论教学与实践应用之间的深度融合与良性互动。在文化产业领域，文创授权开发、短视频创作、AI生成内容、数字藏品转售等纠纷揭示了新兴技术与传统法律范式的张力；在公共文化服务体系中，博物馆数字资源权属、图书馆服务中的合理使用、著作权集体管理组织的职能边界，折射出公共利益与私人权利之间的博弈;在非遗领域,围绕非遗传人称谓、非遗商标、民间艺术作品独创性相关争议,反映出非遗法律属性、权属结构及公益保护路径的不确定性;在文物保护与文化旅游执法方面,行政处罚、公益诉讼、非法交易及低价游乱象等案例,体现出文化资源保护与公共权力行使之间的法理张力与实践挑战。

  本教程案例甄选源自最高人民法院、最高人民检察院或其他权威性发布渠道,覆盖民事、行政、刑事及公益诉讼多种类型,以专业笔触深度解析文化法学的具体应用细节与实践逻辑,重要的是突出相关规则、法理、适用等问题的深入剖析,每一个案例的深度解析不仅回应具体法律问题,更借此引导读者理解文化法如何在多元场景中开展法律适用、实现规则重构与秩序建构。作为国家社科基金重大项目"文化遗产保护法律体系建设研究"的重要成果之一,本书既可服务于文化法学、知识产权法等课程的案例教学,也可为文化治理、法律实务、政策制定等提供实证参考。我们期望,通过案例这一桥梁,推动文化法学科走出抽象概念阐释,走向面向实践、回应现实的知识体系建构路径。

  当然,本书得以顺利付梓,离不开法律出版社编辑老师们的细致校对与宝贵建议,也离不开中南大学文化遗产研究院师生们在资料整理方面给予的鼎力支持。

易 玲

2025 年夏,长沙

目 录

001　第一章　文化产业篇

003　　第一节　文博文创产业

003　　案例1.1　知名公共文化服务机构作为市场主体享有"经营者"定位
　　　　　　　　——涉知名博物院字号不正当竞争案

010　　案例1.2　文创产品外观设计专利不因以景点为灵感而无效
　　　　　　　　——黄鹤楼公园的文创雪糕"有仙气的雪糕"专利侵权案

017　　案例1.3　公共文化元素在文创产品中的独创性认定
　　　　　　　　——甘肃博物馆文创手办著作权保护案

025　　第二节　数字娱乐产业

025　　案例1.4　直播平台擅自转播行为的反不正当竞争规制
　　　　　　　　——某直播平台擅自转播体育赛事不正当竞争案

034　　案例1.5　短视频二次创作中方言替换的著作权侵权判定
　　　　　　　　——上海美术电影制片厂诉云媒科技公司著作权侵权案

037　　案例1.6　游戏名称商标通用化与淡化侵权的司法判断
　　　　　　　　——乐元素公司诉纵艺科技商标侵权案

045　　案例1.7　短视频模板独创性认定与侵权责任划分
　　　　　　　　——剪映短视频模板著作权侵权案

053　　案例1.8　传统文化IP游戏化改编的合法性与文化输出路径
　　　　　　　　——《黑神话：悟空》游戏产业融合创新示例

065　第三节　数字内容产业

065　案例1.9　AIGC技术滥用引发的虚假新闻责任边界
　　　　　　——利用人工智能生成虚假新闻侵权案

073　案例1.10　数字藏品的转售行为不构成侵犯著作权行为
　　　　　　——数字藏品的转售纠纷案

082　案例1.11　技术手段妨碍防沉迷系统运行的不正当竞争认定
　　　　　　——腾讯公司诉田某源等破坏人脸识别功能案

088　案例1.12　应用商店平台间接侵权责任的司法认定
　　　　　　——中文在线诉苹果公司侵害信息网络传播权案

096　第四节　影视与网络票务产业

096　案例1.13　短剧改编实质性相似与平台注意义务边界
　　　　　　——阅某公司诉唐某等网络短剧著作权侵权案

104　案例1.14　短剧制作运营应符合国家法律法规和社会公序良俗
　　　　　　——微短剧被全网下架案例群

111　案例1.15　网络票务格式条款排除消费者权益的责任归属
　　　　　　——某影视公司诉长清区市场监督管理局行政处罚案

119　第五节　出版与传媒产业

119　案例1.16　假冒期刊非法经营行为的罪名辨析
　　　　　　——杨某等人非法经营出版物案

128　案例1.17　历史文献汇编作品独创性认定与惩罚性赔偿适用
　　　　　　——徐某诉中某书局《民国报纸总目》著作权侵权案

137　案例1.18　广告语真实性争议中消费者认知的司法推定
　　　　　　——王老吉诉加多宝虚假广告宣传纠纷案

145　第六节　版权管理与市场秩序

145　案例1.19　著作权集体管理组织反垄断规制的边界
　　　　　　——欢唱壹佰公司诉音集协滥用市场支配地位案

153　第二章　公共文化服务篇

155　第一节　博物馆相关法律纠纷

155　案例2.1　博物馆数字化建设中文物影像资料的著作权保护
　　　　　　　——全某客公司与同某公司著作权纠纷案

161　案例2.2　美术馆未经许可使用捐赠作品构成侵权
　　　　　　　——任某恭与某省美术博物馆著作权权属、侵权纠纷案

168　案例2.3　博物馆馆藏文物商标注册的法律效力
　　　　　　　——北京画某画图文设计有限责任公司等诉国家工商行政
　　　　　　　　管理总局商标评审委员会商标异议复审行政纠纷案

174　第二节　图书馆相关法律纠纷

174　案例2.4　图书馆数字文献传递行为的侵权认定
　　　　　　　——北京三某向版权代理有限公司与北京世纪读某技术有限公司、
　　　　　　　　深圳图书馆、深圳大学、深圳大学城图书馆、北京世纪超
　　　　　　　　某信息技术发展有限责任公司侵害信息网络传播权纠纷案

180　案例2.5　公共图书馆违法安全保障义务的认定
　　　　　　　——傅某英与北京市西城区青少年儿童图书馆生命权、
　　　　　　　　身体权、健康权纠纷案

188　第三节　美术馆著作权侵权纠纷

188　案例2.6　服装艺术作品作为实用艺术作品的认定与保护
　　　　　　　——胡某三诉裘某索、中国美术馆侵犯著作权纠纷案

194　案例2.7　微信公众号中发布负面信息的侵权认定
　　　　　　　——张某诉北京尤某斯美术馆名誉权纠纷案

203　第四节　其他公共文化服务机构著作权侵权纠纷

203　案例2.8　假唱他人演唱的歌曲小样的行为认定
　　　　　　　——芦某与某县人民政府、周某萍、某县文化馆侵害表演者权
　　　　　　　　纠纷案

208　案例2.9　合作作品的著作权侵权诉讼资格
　　　　　　　——杭州某文化传播有限公司诉某县档案馆等侵犯著作财产权纠纷案

218　第五节　公共文化传播中的著作权侵权纠纷

218　案例2.10　音乐类短视频的著作权侵权认定与权利限制
　　　　　　　　——北京某文化传媒有限责任公司与徐州某网络科技有限公司等
　　　　　　　　　侵害录音录像制作者权纠纷案

224　案例2.11　视频聚合平台提供"深层链接"行为的性质界定与侵权判断
　　　　　　　　——深圳市某计算机系统有限公司诉北京某科技有限公司案

230　第六节　著作权集体管理组织纠纷

230　案例2.12　著作权集体管理组织以按期分配版权费为核心职责
　　　　　　　　——音集协与某集团的著作权许可代理服务合同违约纠纷案

239　第三章　非物质文化遗产篇

241　第一节　非遗知识产权客体认定

241　案例3.1　非遗商标注册的显著性认定
　　　　　　　——"汤瓶八诊"商标案

249　案例3.2　民间文学艺术衍生作品的独创性判断
　　　　　　　——洪某远、邓某香诉贵州五福坊食品有限公司、
　　　　　　　　贵州今彩民族文化研发有限公司著作权侵权纠纷案

258　第二节　非遗知识产权侵权判断

258　案例3.3　未经许可使用"西湖龙井"商标及包装
　　　　　　　——杭州市西湖龙井茶管理协会与姚某公益诉讼案

265　案件3.4　擅自使用非遗"传人"称谓的法律规制
　　　　　　　——天津市泥人张世家绘塑老作坊、张某诉陈某谦等
　　　　　　　　擅自使用他人企业名称及虚假宣传纠纷案

273　案例3.5　非遗作品的著作权侵权认定
　　　　　　　——赵某宪与某公司著作权侵权纠纷案
　　　　　　　——"南京绒花"非遗传承技艺著作权侵权案

279 　第三节　非遗商标行政保护

279 　案例3.6　非遗商标注册异议审查中混淆的认定
　　　　　　——"黄塔膏药"商标异议案

285 　案例3.7　非遗地理标志保护
　　　　　　——陆某华诉商标评审委员会商标行政纠纷案

293 　案例3.8　家族式非遗注册商标的合理使用
　　　　　　——王某兰诉商标评审委员会、第三人童某商标无效宣告行政
　　　　　　　纠纷案

302 　第四节　非遗公益诉讼保护

302 　案例3.9　非遗保护的代表建议、政协提案与公益
　　　　　　诉讼检察建议衔接转化工作机制
　　　　　　——贵州省紫云苗族布依族自治县人民检察院督促保护
　　　　　　　国家级非遗文化《亚鲁王》行政公益诉讼案

313 　第四章　文物保护篇

315 　第一节　文物相关作品著作权纠纷

315 　案例4.1　故宫等文物建筑VR作品著作权保护
　　　　　　——故宫建筑全景图著作权纠纷案

321 　案例4.2　古籍点校构成著作权法意义上的作品
　　　　　　——葛某圣与李某成侵害著作权纠纷案

326 　第二节　文物保护与建设、损毁纠纷

326 　案例4.3　未经批准在文物保护单位的保护范围内
　　　　　　进行建设工程的认定
　　　　　　——西安某建材有限公司诉陕西省西安市临潼区文化
　　　　　　　和旅游体育局行政处罚案

332 　案例4.4　过失损毁文物行为的刑事认定
　　　　　　——张某杰等过失损毁文物案

340	第三节	文物拍卖、捐赠纠纷
340	案例 4.5	艺术品拍卖合同纠纷中拍卖人瑕疵免责条款的审查认定
		——朱某丽与朱某年等拍卖合同纠纷案
346	案例 4.6	以拍卖方式倒卖文物的违法犯罪行为认定
		——李某某、胡某倒卖文物案
352	案例 4.7	文物捐赠中行政机关应诚信履行行政奖励职责
		——杨某香与呼和浩特市人民政府行政奖励纠纷案

359	第四节	革命文物保护公益诉讼
359	案例 4.8	革命文物检察公益诉讼保护
		——河南省范县人民检察院督促保护晋冀鲁豫野战军旧址行政公益诉讼案
366	案例 4.9	革命文物保护公益诉讼检察军地协作模式
		——湖南省平江县人民检察院、长沙军事检察院督促保护中共湘鄂赣省委、省苏维埃政府、省军区旧址革命文物行政公益诉讼案

375	第五章	文化旅游执法篇

377	第一节	旅行社经营规范问题
377	案例 5.1	不合理低价游的法律认定与责任分析
		——湖南某国际旅行社宁乡分公司不合理低价游欺诈行为行政处罚案
387	案例 5.2	旅行社指定购物场所与强迫旅游者购买物品
		——西安某国际旅行社碑林第一分公司未经协商指定购物场所行政处罚案
396	案例 5.3	旅行社业务许可与合同效力认定
		——天津某国际旅行社有限公司未经许可经营旅行社业务行政处罚案

404	第二节	旅行社安全保障责任承担问题
404	案例5.4	旅行社未履行安全保障义务的责任承担
		——李某甲、黄某甲等与深圳市深之旅公司、深旅国际旅行社有限公司生命权、健康权、身体权纠纷案
414	第三节	境外旅游服务违法性界定问题
414	案例5.5	与我国法律冲突的境外旅游服务项目的违法性界定
		——某旅行社领队境外组织赌博游客投诉案

第一章

文化产业篇

第一节 文博文创产业

案例1.1 知名公共文化服务机构作为市场主体享有"经营者"定位
——涉知名博物院字号不正当竞争案

【关键词】

虚假宣传　不正当竞争　字号权益　关联关系

【裁判要旨】

本案例属于侵犯知名公共文化服务机构名称权的不正当竞争行为的典型。有关经营者未能秉持诚信原则，采取模仿知名品牌策略以不当手段获取商业利益，构成了不正当竞争的情形。法院在此案中明确界定了包括博物院在内的公共文化服务机构，同样适用反不正当竞争法中的"经营者"定义，对于未经授权使用其名称的其他经营者，可依据反不正当竞争法维护自身权益。此判决有力地捍卫了我国知名公共文化服务机构作为市场参与者的合法权益，对博物馆等公共文化服务机构合法参与市场竞争、满足民众文化需求具有正面推动作用。此外，本案的裁决还彰显了司法在引导市场行为方面的作用，不仅有效保护了世界文化遗产单位的合法权益，也为所有经营者树立了诚信经营的重要标杆。

【案件索引】

一审：（2021）京0101民初17283号。

二审：（2022）京73民终2799号。

【基本案情】

某博物院与四川某酒业公司在2010年签订了一份为期三年的监制合同，

由某博物院负责监制四川某酒业公司生产的"故宫酒"系列。然而，合同期满后，四川某酒业公司未经博物院同意，继续使用"某博物院监制"的名义生产和销售名为"某博物院液"的酒品，并伴随虚假宣传。与此同时，从2017年开始，北京某商贸公司与四川某酒业公司合作，在京东、天猫等平台开设专卖店，销售"故宫液"酒，同样存在虚假宣传。某博物院认为这两家公司的行为构成了不正当竞争，遂向法院提起诉讼。一审法院裁定，四川某酒业公司需赔偿某博物院经济损失及合理费用共计31万元，北京某商贸公司则需赔偿3.5万元。四川某酒业公司对此判决不服，提起上诉，但二审法院维持了原判。根据法院的终审判决，"某博物院"这一字号在中国公众中享有极高的知名度。尽管四川某酒业公司提供了与某博物院签订的关于"某博物院酒"系列商品包装设计和产品宣传监制的合同等证据，但这些证据并不能证明合同到期后，某博物院同意对"某博物院液"酒进行监制，或允许四川某酒业公司继续使用"某博物院监制"字样进行商业宣传。鉴于"某博物院"是博物院名称中具有高度知名度和显著识别性的部分，且四川某酒业公司在"某博物院液"酒瓶包装盒上标注的"某博物院监制"字样包含了某博物院的字号，这一行为足以误导公众对商品来源的认知。因此，法院认定四川某酒业公司和北京某商贸公司的行为侵犯了某博物院对其字号的合法权益，构成不正当竞争。

【裁判结果】

法院经过审理后判定，被告在其运营的网站宣传以及生产销售的被指控侵权产品的包装盒上，所标注的"某博物院监制"字样，包含了原告的企业名称和字号，这样的行为足以误导相关公众对商品来源的判断，从而侵犯了原告的字号权益，构成了不正当竞争。同时，虽然被告的宣传文案中提及了某博物院，但基于日常经验、普通公众的注意力水平、是否产生误解的事实以及宣传对象的具体情况等因素综合考量，法院并未认定该提及构成误导性的虚假宣传。据此，法院依法判决两名被告立即停止侵权行为，并共同赔偿原告经济损失及合理费用总计34.5万元，同时要求他们在《法治日报》上公开澄清不正当竞争的事实，以消除不良影响。本案一审判决后，被告四川某酒业公司提出了上诉,但二审法院维持了原判。

【案件评析】

该案系通过"搭便车""傍名牌"方式攫取他人商业利益,构成不正当竞争的典型案件。该案审结发挥了司法的引领作用,不仅保护了世界文化遗产单位的合法权益,更为经营者树立了诚信经营的价值导向。

一、关于某博物院等公共文化服务机构是否属于反不正当竞争法所规定的经营者问题

(一)反不正当行为的构成要件

行为主体:不正当竞争行为主要涉及经营者,他们是以商品经营或营利性服务为业务的法人、其他经济组织及个人。这些主体在市场上提供商品或服务,并寻求通过特定策略获得竞争优势。行为目的:此类行为的核心目的是市场竞争。与一般的侵权行为不同,不正当竞争行为通常旨在争夺市场份额、提升销售业绩或实现其他经济利益。行为性质:不正当竞争行为违背了诚实信用原则和普遍接受的商业道德。在市场竞争中,经营者应遵循自愿、平等、公平、诚信的基本原则,并遵守相关法律法规和商业道德。若经营者采取的手段违反了这些原则和道德标准,则可能被视为不正当竞争。行为后果:不正当竞争行为会对多方造成损害,包括其他诚信经营者的合法权益、消费者的权益以及整体市场经济秩序。具体来说,这些损害可能包括:侵犯其他经营者的公平竞争权、自主营销权、专用权、荣誉权等;损害消费者的安全权、知情权、选择权、公平交易权等;以及破坏市场经济秩序和商业道德,扰乱市场竞争,阻碍市场经济的健康发展。

(二)法律规定和性质认定

《反不正当竞争法》第2条第3款对"经营者"的定义进行了明确,即指从事商品经营或营利性服务的法人、其他经济组织及个人。依据此定义,某博物院等公共文化服务机构,尽管其主要职责在于收藏、保护、研究、展示及传播文化遗产,但若涉足文创产品的开发及销售等营利活动,如基于院内藏品设计并销售文化创意商品,这些行为便具备了营利性质。故而,即便

作为非营利性质的公共文化服务机构，一旦它们参与市场竞争并能对竞争结果产生影响，便应依法被认定为《反不正当竞争法》中的经营者，从而享有相应的法律权益保护。因此，某博物院等公共文化服务机构在此法律框架下被视为经营者，有权依法维护自身的合法权益。

二、关于擅自标注"某博物院监制"字样的问题

（一）不正当竞争行为类型

根据《反不正当竞争法》的规定，以下行为被认定为不正当竞争行为。混淆行为：经营者擅自使用与他人有一定影响的商品名称、包装、装潢等相同或者近似的标识，或者擅自使用他人有一定影响的企业名称、社会组织名称、姓名等，让人误认为是他人商品或者与他人存在特定联系。商业贿赂：经营者为争取交易机会，暗中给予交易对方有关人员和能够影响交易的其他相关人员以财物或其他好处。虚假宣传：经营者利用广告和其他方法，对产品的质量、性能、成分、用途、产地等所作的引人误解的不实宣传。侵犯商业秘密：经营者以盗窃、贿赂、欺诈、胁迫、电子侵入或者其他不正当手段获取权利人的商业秘密，或者披露、使用或允许他人使用以不正当手段获取的商业秘密。不正当有奖销售：经营者违反诚实信用原则和公平竞争原则，利用物质、金钱或其他经济利益引诱购买者与之交易，排挤竞争对手。诋毁商誉：经营者编造、传播虚假信息或误导性信息，损害竞争对手的商业信誉、商品声誉。限制竞争行为：如公用企业或其他依法享有独占地位的经营者限定他人购买其指定的经营者的商品，以排挤其他经营者的公平竞争行为。

（二）擅自标注"某博物院监制"字样

《反不正当竞争法》第6条：经营者不得擅自使用他人有一定影响的企业名称（包括简称、字号等）、社会组织名称（包括简称等）、姓名（包括笔名、艺名、译名等），让人误认为是他人商品或者与他人存在特定联系。关于未经许可使用他人知名标识的规定，经营者若未获得授权，禁止私自采用他人的企业名称、社会组织名称或个人姓名等。"私自采用"涵盖了直接复制、模仿或近似模仿等行为。误导公众认知：经营者的行为必须达到使消费者误认为其商品与他人商品有特定联系的程度，这是判断是否构成混淆行为的关键。影响力考量:"有一定影响"指的是这些名称或姓名在市场或公众中拥有一定的知名度和影响力,这种影响力可能是由于长期使用、广告、市场份额等因素积累而成的。在本案中,原告某博物院享有国际声誉,其知名度和影响力是显而易见的。被告四川某酒业公司在合同到期后,未经原告同意,继续在其产品上使用"某博物院监制"的标识,这无疑会导致公众误认为该产品与某博物院有直接联系,明显是不正当利用原告的知名度来获得竞争优势和商业利益,同时也损害了原告的声誉和经营利益,构成不正当竞争。两被告自2016年开始合作,随着合作的深入和销售网络及量的扩大,没有证据显示北京某商贸公司曾向四川某酒业公司询问监制情况或要求提供新的授权文件,显示出其主观过错明显,因此对其免除责任的辩护不予接受。

(三)"某博物院监制"特殊字样和普通字样

普通字体,指的是那些在商业领域广泛使用、缺乏独特含义或背景的书写风格或标志。这类字体一般应用于产品的命名、特性说明、定价等信息展示,它们并不带有特别的文化价值或质量保证。与此相对的是,"某博物院监制"这一标识拥有独特的影响力,它意味着某博物院对某件文化商品或艺术作品进行了监督,确保其品质、工艺和文化价值达到某博物院设定的高标准。作为中国极具威望和影响力的文化机构,某博物院监制的商品常常象征着卓越品质和丰富的文化传承。因此,"某博物院监制"这一标识在消费者心中享有极高的认同感和信誉。这也意味着,使用该标识足以引发消费者的误解,认为产品与某博物院有直接的联系。

三、"某博物院指定用酒"误导消费者

(一)具体的不正当竞争行为:故宫博物院指定用酒

《反不正当竞争法》第8条:经营者不得对其商品的性能、功能、质量、销售状况、用户评价、曾获荣誉等作虚假或者引人误解的商业宣传,欺骗、误导消费者。虚假宣传行为是指经营者通过广告或其他方法,对其商品的性能、功能、质量、销售状况、用户评价、曾获荣誉等作虚假或者引人误解的商业宣传,从而欺骗、误导消费者的行为。根据上述规定,虚假宣传行为表现形式包括传播误导性信息的情形。

(二) 虚假宣传行为的表现形式

欺骗性虚假宣传：宣传的商品声誉基本不存在，商家宣传的商品的销售状态、用户的评价等是虚构的。宣传的商品功能、性能、质量与实际情况不符，商家把一些不存在的功能，或者所谓的概念性功能作为宣传的重点，以此来吸引消费者。宣传的商品功效超出主管部门批准的范围，这类宣传在药企最为普遍，如夸大药物说明书中的主治范围、夸大治疗的功效或缩小不适用人群的范围等。误导性虚假宣传：宣传过程中隐瞒重要信息，通常表现为隐瞒商品或服务本身具有法律要求应予明示的瑕疵，如在说明书中不说明产品的某些应注意事项，或隐瞒商品的真实来源。宣传中使用歧义性语言文字，造成消费者误判误买。例如，"买一送一"活动，但不明确送的商品是什么、是否有附加条件等。宣传中使用艺术性的夸大语言描述，造成消费者的其他联想。例如，使用"今年二十，明年十八"等夸张语言来误导消费者的购买行为。宣传中使用一些统计数据、科学技术概念，造成消费者的误信。这些数据或概念往往都是无法验证的，但因披着科学的外衣，因此有很大的诱惑力。在此次案件中，被告网店在产品描述的"历史背景"部分多次提到某博物院，并展示了一份2007年由某博物院发出的授权文件。经过核实，这些信息中有一部分是真实的，比如某博物院的历史以及它曾向一家酒企发放过授权；有一部分是虚假的，比如声称其销售的酒是"某博物院推荐用酒"；还有一部分是应当公开而未公开的信息，即那份授权文件已经过期。这些混合的信息很容易导致消费者误以为这些产品持续获得了某博物院的认可，从而增加销量，这种行为符合法律规定的不正当竞争行为特征。因此，法院裁定，被告的行为构成了非法使用原告名称和进行虚假宣传的不正当竞争。某博物院不仅是文化遗产保护的标杆，也是公众文化自信和保护意识的重要源泉。不实宣传可能会损害公众对文化遗产保护的信任，减少他们参与保护的积极性。这种影响不仅限于对某博物院的伤害，也对整个文化遗产保护工作构成了严重威胁，影响到文化遗产的保护和传承。因此，打击不实宣传，保护某博物院的声誉，不仅是维护一个文化机构的利益，也是维护文化遗产的尊严和公众的文化权益，推动文化事业的积极发展。因此，被告应当承担相应的法律责任，包括消除不良影响和赔偿损失。鉴于涉案网店已经停业，法院不再支持原告要求停止侵权的请求。

（三）传播误导性信息的具体情形

传播误导性信息是虚假宣传行为的一种重要表现形式。它可能通过广告、宣传册、产品说明、现场演示、实物展示等多种方式传播。这些误导性信息可能涉及商品的各个方面，如性能、功能、质量、销售状况、用户评价等。例如，商家可能夸大商品的性能或功能，或者虚构商品的销售状况和用户评价，从而误导消费者作出错误的购买决策。

（四）虚假宣传危害了世界文化遗产单位的合法权利

根据《反不正当竞争法》第6条，经营者不得擅自使用他人有一定影响的企业名称（包括简称、字号等）、社会组织名称（包括简称等）等，引人误认为是他人商品或者与他人存在特定联系。在本案中，四川某酒业公司在与某博物院的监制协议到期后，未获得新的授权，继续在其产品上使用"某博物院监制"的标识，此举侵犯了某博物院的名称权。这种行为损害了某博物院的声誉和形象：不实宣传如同一把看不见的刀，切断了公众与真相的联系，导致公众错误地认为这些产品得到了某博物院的官方认证或深度合作。这种误导性的宣传对某博物院长期建立的声誉和形象构成了直接的损害和污蔑。某博物院，作为世界文化遗产，承载着丰富的历史文化，其声誉和形象是众多专家、工作人员和社会各界共同努力的成果，是中华文明的象征，也是连接古今的纽带。不实宣传不仅扭曲了这一机构的形象，使其受到不公正的指责，还在无形中削弱了其作为文化传递者和公共服务者的角色。本应致力于普及历史文化、提升公众文化素养的某博物院，在不实宣传的影响下，可能面临信任危机，其文化传递和公共服务的效果受到限制。此外，这种损害还可能影响公众对文化遗产保护的信任和支持。某博物院作为世界文化遗产，其保护和利用受到严格的法律和政策监管。不实宣传行为扰乱了文化遗产保护的正常秩序，损害了文化遗产的完整性和真实性。

案例1.2 文创产品外观设计专利不因以景点为灵感而无效
——黄鹤楼公园的文创雪糕"有仙气的雪糕"专利侵权案

【关键词】

文创产品　外观设计　新颖性　地域公共文化IP

【裁判要旨】

"黄鹤楼"雪糕的外观设计专利,是一款深度挖掘并创意性转化"黄鹤楼"这一文化符号的文创佳作。它并非对黄鹤楼建筑外观的直接复刻,而是在精准把握黄鹤楼独特韵味的基础上,巧妙地将雪糕产品的形态与黄鹤楼的标志性元素相融合,创造出一种既蕴含深厚文化底蕴又具备高度审美价值,且适宜工业化生产应用的新颖设计。至于"黄鹤楼有仙气雪糕",同样作为以黄鹤楼为灵感来源的文创产品,黄鹤楼公园管理处所提出的外观设计专利申请,不仅未触及社会公德与公共利益的底线,反而展现了对文化遗产的创新性传承与保护。因此,该判决维持了黄鹤楼公园管理处关于黄鹤楼雪糕外观设计的专利权有效,充分认可了其设计创意的合法性与独特性。

【案件索引】

黄鹤楼公园的文创雪糕"有仙气的雪糕"专利侵权案中涉及的外观设计专利信息公开(公告)号为:CN306623524S。

裁判时间:2022年2月7日(国家知识产权局专利局复审和无效审理部作出审查决定正式作出决定)。

【基本案情】

2021年2月,黄鹤楼公园管理处就向国家知识产权局提交了"黄鹤楼有仙气雪糕"外观设计专利申请并获得了授权。然而,自2023年6月以来,市场上出现了两款外观相似的黄鹤楼雪糕,均形似微缩版的黄鹤楼。一款是来自黄鹤楼公园管理处的"有仙气的雪糕",另一款则来自武汉市亿丰美园食品商贸有限公司,名为"白云黄鹤"雪糕。在收到黄鹤楼公园管理处发出的律师函后，武汉市亿丰美园食品商贸有限公司提出涉案外观设计专利应予无效的主张。2021年年底，国家知识产权局通过远程方式，在中国（武汉）知识产权保护中心（以下简称武汉保护中心）审理庭对上述两家单位的专利无效纠纷进行口头审理，涉案双方通过线上方式在武汉参与审理。在庭审现场，涉案双方围绕"黄鹤楼"雪糕外观设计是否可以获得专利保护展开了辩论。

【裁判结果】

国家知识产权局做出了支持黄鹤楼公园管理处的决定，确认其黄鹤楼雪糕的外观设计专利权有效。合议组经过审查认为，该专利基于黄鹤楼的建筑外形，融合了雪糕的形状和图案，创造了既美观又适合工业应用的新设计，具备新颖性。同时，他们指出黄鹤楼"有仙气的雪糕"作为以黄鹤楼为灵感的文创产品，其外观设计专利申请并未违反社会公德或妨害公共利益，因此不支持武汉市亿丰美园食品商贸有限公司对该专利权无效的主张。

【案件评析】

文物建筑和冷饮雪糕的"跨界合作"，让文创雪糕在冷饮市场杀出重围。文创雪糕采用博物馆文物以及中国地标建筑等为雪糕外观造型，充满中式审美的大气恢宏，极具文化历史底蕴。本案中黄鹤楼雪糕的外观设计专利是属于新设计，还是属于现有的地域公共文化IP。黄鹤楼雪糕的外观专利是否违反了社会公德或妨害公共利益是本案的争议问题。

一、关于黄鹤楼雪糕的外观设计专利是否具有新颖性

（一）外观设计的法律规定

《专利法》第2条中规定，外观设计，是指对产品的形状、图案或者其结合以及色彩与形状、图案的结合所做出的富有美感并适于工业应用的新设计。可见，外观设计专利应当符合以下要求：（1）是指形状、图案、色彩或者其结合的设计；（2）必须是对产品的外表所作的设计；（3）必须富有美感；（4）必须是于工业上的应用。

（二）外观设计获得专利保护的积极要件

1. 新颖性：新颖性是外观设计获取专利权不可或缺的基石。它要求所提交的外观设计必须是前所未有的创新之作，且在申请日之前既未在国内外出版物上公开展露，也未在国内被公开使用过。换言之，该外观设计必须避免与现有设计或其特征的组合存在显而易见的相似性，确保是一种全新的、与众不同的设计，与申请日之前在国内外出版物上公开或国内公开使用的任何外观设计均不相同或不相近似。

2. 创造性：在专利法的语境下，创造性是衡量外观设计是否具备非显而易见性的重要标准。它要求所申请的外观设计不能是简单模仿或微小改动的产物，而应展现出突出的实质性特点和显著的进步，与现有技术或设计相比具有明显区别。对于外观设计而言，创造性主要体现在其是否拥有新颖且独特的视觉效果，这种效果是否超越了现有设计的范畴，并能为消费者带来耳目一新的视觉盛宴。

3. 美感：外观设计专利的申请还需满足美感的要求。美感是指外观设计在视觉感知上所能带来的愉悦感受，它与产品的功能先进性并无直接关联。因此，在申请外观设计专利时，需确保所提交的设计在视觉上具备足够的吸引力，能够触动消费者的心弦，引发他们的共鸣并获得喜爱。

4. 工业实用性：获得专利权的外观设计还需具备工业实用性，即能够通过工业生产的方式将外观设计应用于具体产品之上。这要求外观设计不仅要在视觉上具有美感，还需具备实际应用的可行性，能够顺利融入工业产品的生产流程中，实现美观与实用的完美结合。

（三）黄鹤楼雪糕外观设计专利的新颖性分析

相较于黄鹤楼建筑的特色，黄鹤楼雪糕在设计上巧妙地选取了其四面对称结构中的一面作为创意灵感，而非全面复制。雪糕的外观在黄鹤楼标志性剪影的基础上，创造性地添加了一圈环绕装饰，使得整体形态相较于真实建筑的硬朗轮廓更为柔和，既规避了棱角可能带来的物理损伤，又巧妙地融入了"仙气缭绕"的视觉意象。将黄鹤楼雪糕与黄鹤楼的平面照片相比较，两者之间的区别显而易见：前者是三维空间的立体呈现，而后者则是二维平面的静态展示。三维雪糕设计通过其丰富的立体层次和动态视觉效果，与平面照片形成了鲜明的对比，展现出截然不同的审美体验。综上所述，黄鹤楼雪糕的外观设计是在深入挖掘黄鹤楼建筑外形精髓的基础上,通过形状与图案的巧妙结合,打造出的一款既美观又适合工业化生产的新颖设计。与现有的黄鹤楼 IP 设计相比,该设计不仅在创意上独树一帜,更在视觉效果上实现了显著的区别与提升。

二、黄鹤楼雪糕是否涉及地域公共文化 IP 问题

(一) 地域公共文化 IP 的归属与使用

地域性公共文化知识产权通常关联特定地区,这些文化标识、形象或元素广为人知,影响力深远。它们根植于地区的历史传统、民间风俗和艺术表现,承载着丰富的文化内涵和鲜明的地方特色。起源归属:这些文化知识产权最初多归属于地区民众或集体,因为它们构成了该地区文化的关键部分,展现了其独有的文化和多样性。法律归属:在法律层面,地域性公共文化知识产权可能涉及版权、商标权、专利权等多个领域。其具体归属会根据地区、文化元素形态、历史背景等有所差异。例如,某些文化符号或形象可能已经作为商标注册或获得著作权保护,其法律地位将受相关法律规范的影响。地域公共文化知识产权的应用涵盖多个层面,如下所述,文化传承:这些知识产权作为地域文化的核心,其使用和传承有助于推广地方文化,提升民族自尊和认同。例如,在文化庆典、教育活动中利用这些知识产权,可以展示和传播地方文化,推动文化的持续发展。商业开发:地域公共文化知识产权亦具有商业潜力,可通过市场化手段进行开发。例如,将其融入旅游、文化创意产品和广告,可吸引消费者,增加产品价值,提升市场竞争力。同时,商业利用时需尊重其原始和法律归属,防止侵犯权益。公共推广:这些知识产权还适用于公共宣传,如城市品牌推广、旅游宣传等。利用地域公共文化知识产权,可以展现城市独特魅力和文化底蕴,提高城市的知名度和声誉。

(二) 黄鹤楼雪糕与地域公共文化 IP 的关联

黄鹤楼,作为中国古建筑的卓越典范,承载着深厚的历史文化底蕴,并在地域范围内拥有广泛的代表性。它不仅作为武汉市的标志性建筑屹立不倒,更是中国传统文化中一颗璀璨的明珠。鉴于此,黄鹤楼本身无疑构筑了一个极具知名度和影响力的地域公共文化 IP。黄鹤楼雪糕的创作灵感源自这一地标性建筑，巧妙地将地域公共文化元素与现代消费品——雪糕相结合。通过雪糕的形状设计、图案布局以及色彩运用，黄鹤楼的独特风貌与文化精髓得以在产品上生动再现。这种创新性的融合不仅为雪糕增添了独特的文化内涵与视觉吸引力，同时也进一步扩大了黄鹤楼作为地域公共文化 IP 的知名度和影响力。黄鹤楼公园方面已针对其"有仙气的雪糕"进行了外观设计专利的布局与申请。在黄鹤楼公园向"白云黄鹤"雪糕发出法律维权通知后，"白云黄鹤"雪糕的经营者随即对"有仙气的雪糕"的外观设计提出了无效宣告请求。在无效请求的审理过程中，合议组明确指出，涉案专利是一款以黄鹤楼为创作蓝本的文创产品，其外观设计并非直接复制我国著名建筑黄鹤楼本身的外观，且该专利的授权也并非将黄鹤楼的外观设计作为一项独立的专利权授予个人。黄鹤楼雪糕虽然与地域公共文化 IP 存在紧密关联，但它在保留文化元素的基础上，融入了新的设计元素，展现出独特的新颖性。

三、关于黄鹤楼公园管理处提交的外观设计专利申请没有违反社会公德或者妨害公共利益问题

（一）外观设计专利申请无效的理由

外观设计专利申请无效的理由主要包括以下几点：不符合《专利法》第 2 条的保护客体：被授予专利权的外观设计专利申请不具有美感、不能工业应用或者非新设计。现有设计、不具有明显区别或与在先取得的合法权利相冲突：被授予专利权的外观设计专利申请为现有设计、不具有明显区别或与在先取得的合法权利相冲突（《专利法》第 23 条：授予专利权的外观设计，应当不属于现有设计；也没有任何单位或者个人就同样的外观设计在申请日以前向国务院专利行政部门提出过申请，并记载在申请日以后公告的专利文件中。授予专利权的外观设计与现有设计或者现有设计特征的组合相比，应当具有明显区别。授予专利权的外观设计不得与他人在申请日以前已经取得的合法权利相冲突。本法所称现有设计，是指申请日以前在国内外为公众所知的设计）。图片或照片不清晰：申请人提交的有关图片或者照片没有清楚地显示要求专利保护的产品的外观设计（《专利法》第 27 条第 2 款：申请外观设计专利的，应当提交请求书、该外观设计的图片或者照片以及对该外观设计的简要说明等文件。申请人提交的有关图片或者照片应当清楚地显示要求专利保护的产品的外观设计）。修改超出原始申请文件记载的范围：对专利申请文件的修改超出原始申请文件记载的范围（《专利法》第33条：申请人可以对其专利申请文件进行修改，但是，对发明和实用新型专利申请文件的修改不得超出原说明书和权利要求书记载的范围，对外观设计专利申请文件的修改不得超出原图片或者照片表示的范围）。分案申请超出原申请记载的范围：分案申请的文件超出原申请记载的范围（《专利法实施细则》第43条）。违反法律、社会公德或妨害公共利益：发明创造违反法律、社会公德或妨害公共利益（《专利法》第5条：对违反法律、社会公德或者妨害公共利益的发明创造，不授予专利权。对违反法律、行政法规的规定获取或者利用遗传资源，并依赖该遗传资源完成的发明创造，不授予专利权）。主要起标识作用的设计：对平面印刷品的图案、色彩或者二者的结合作出的主要起标识作用的设计（《专利法》第25条）。

（二）违反法律、社会公德或者妨害公共利益的发明创造

在专利授权的法律框架内，存在特定情形下的发明创造因违背法律规定、社会伦理或公共利益而不符合授权标准。具体而言，法律违背性排除：所谓"法律"，专指由全国人民代表大会或其常务委员会依法定程序制定并颁布的法律文本，行政法规和规章不在此列。任何与此类法律相冲突的发明创造，如赌博器械、吸毒工具、伪造货币及国家票据等，均不得授予专利权。社会伦理违背性排除：社会公德指的是广泛被公众认为正当的伦理道德观念和行为准则，其内容受文化背景影响，并随社会变迁而演进，具有地域性差异。发明创造若与社会公德相悖，同样不得授予专利权。公共利益妨害排除：若发明创造的实施或应用可能对公众或社会造成损害，或对国家和社会的正常秩序构成威胁，则被视为妨害公共利益。例如，那些可能导致人身伤害、财产损害、严重环境污染、资源浪费、生态失衡或公众健康风险的发明创造，均不得授予专利权。此外，即使发明创造存在滥用风险或伴随某些副作用，只要其正面效益显著，也不能简单以"妨害公共利益"为由拒绝授权。

（三）黄鹤楼雪糕不属于伤害人民感情或民族感情，造成不良政治影响的标志

在设计中，若融入违反法律、社会公德或妨害公共利益的元素，可能会触发民族情感的伤害或产生不良的政治效应，诸如损害民众或民族的感情，以及引发不良的政治反响，这些均违背了中华民族的传统文化和核心价值观。具体而言，若外观设计中的图案或标志与中华民族的历史、传统、习俗等相悖，如采用侮辱或歧视中华民族的符号、图案的服饰设计，便可能触及民族情感的底线。此外，设计若涉及争议性的政治、历史议题，如使用与中国政治、历史事件相关的具有争议性的标志、图案或标语，也可能激起争议，伤害民族情感。再者，若设计中出现侮辱、歧视中华民族的符号、图案或文字，将直接损害中华民族的尊严和感情。在涉及国家重大政治、经济、文化事件或宗教信仰方面，若外观设计的文字或图案与之相关，且可能妨害公共利益或伤害民众、民族感情，则该专利申请不应被授予专利权。同样，设计中包含有害于民族、种族尊严或感情的标志，如使用与民族歧视相关的标志或图案，也是不被接受的。另外，若设计中使用了与政治、经济、文化、宗教、民族等领域公众人物的姓名、肖像等相同或近似的标志，可能会对社会公共利益和公共秩序造成消极影响。然而，在本案中，黄鹤楼雪糕的命名并未触及任何违法内容。只要其生产和销售过程严格遵守相关法律法规，如食品安全法、消费者权益保护法等，就不存在法律层面的问题。从社会公德的角度看，黄鹤楼作为中国的文化符号，其名称被用于商品命名并不违背社会公德，关键在于商品的质量和宣传方式是否诚信、合法，以及是否误导消费者或损害公共利益。在公共利益层面，黄鹤楼雪糕的命名并未直接妨害公共利益，黄鹤楼作为中国的文化遗产和旅游景点，在民族和人民心中拥有深厚的情感基础，其命名并未直接伤害这些情感，也未涉及政治敏感内容，因此不太可能产生不良的政治影响。综上所述，合议组认为，涉案专利并非将黄鹤楼的外观设计作为一项专利权单独授予某个个体，而是允许社会公众以黄鹤楼为原型进行其他设计创作。同时，该专利也不存在伤害民众或民族感情，造成不良政治影响的情形。因此，涉案专利不属于《专利法》第5条第1款所规

定的不授予专利权的情形，合议组最终作出了维持专利有效的决定。

"有仙气的雪糕"案例告诉我们，一方面，只要是融入了创意的智力成果，即便是诸如黄鹤楼这样知名的公有领域的建筑物，经过一定的抽象化或者设计改造后也是有可能成为新的外观设计专利，可以用于维权的；另一方面，文创产品的设计者应对在先专利进行必要的检索，提前做好专利侵权风险分析，避免不必要的纠纷。

案例1.3　公共文化元素在文创产品中的独创性认定
——甘肃博物馆文创手办著作权保护案

【关键词】

公共要素转化　独创性表达　实质性相似　文创作品保护

【裁判要旨】

根据著作权法，只有构成独创性表达的美术作品才可以受到著作权法的保护。甘肃省博物馆的手捏手办虽然创作思想来源于佛像造型，但其手型的线条、轮廓、造型、颜色的艺术美感已构成具有独创性表达的立体美术作品，应受著作权法的保护。作者或者著作权人应当注意合理借鉴公共要素，全面地保护文创作品。

【基本案情】

甘肃省博物馆作为一家拥有丰富历史文化遗产的博物馆，近年来在文创产品开发方面取得了显著成果。其中，"拿捏·胖手毛绒玩具"作为甘肃省博物馆的明星文创产品，以其独特的设计理念和可爱的外观赢得了市场的广泛好评。然而，近期必胜客与王老吉联名推出的"好运拿捏"挂件却被指涉嫌抄袭甘肃省博物馆的这款文创产品，引发了社会广泛关注。甘肃省博物馆于2024年5月30日通过官方微信号"这里是甘博"发布声明，表示已注意到必胜客与王老吉联名推出的"好运拿捏"挂件与甘肃省博物馆的"拿捏·胖手毛绒玩具"在创意上存在整体视觉效果高度相似的情况。甘肃省博物馆强调，其"拿捏·胖手毛绒玩具"于 2023 年 6 月 1 日推出后，深受市场及消费者的喜爱，且相关知识产权已注册登记。因此，甘肃省博物馆已致函百胜（中国）投资有限公司（必胜客的经营方），要求其立即停止涉嫌侵权的行为，并保留采取法律手段保护自身知识产权的权利。

【裁判结果】

甘肃省博物馆的文创作品"拿捏·胖手毛绒玩具"作为立体造型，主要涉及的是著作权法规定的美术作品类型。我国《著作权法实施条例》第 4 条第（八）项定义的美术作品，是指绘画、书法、雕塑等以线条、色彩或者其他方式构成的有审美意义的平面或者立体的造型艺术作品。其独创性的核心在于线条、轮廓、造型、颜色所构成的整体能否体现作者的智力创作，是否具备著作权法保护的美术作品的审美意义。"拿捏·胖手毛绒玩具"的创作灵感来源于佛像造型。历代的国内外佛像造型本身早已进入公共领域，不受著作权法保护。但是，如果创作者借鉴佛像造型的思想产生新的具有独创性表达的作品，可以受到著作权法保护。著作权侵权一般不考虑实际窃取行为，而是以接触＋实质性相似认定侵权。鉴于甘肃省博物馆的"拿捏·胖手毛绒玩具"公开发布，已满足接触可能的条件，那么核心在于是否构成实质性相似。实质性相似的判断，应当重点考量作品具有独创性的表达要素是否被复制。并以此确定必胜客构成侵权。另外，必胜客坚持利用已发布的立体造型制作出真实手办进行售卖，至少将涉嫌构成著作权复制权侵权，售卖行为本身还将涉嫌构成发行权侵权。

【案件评析】

本案是一起关于甘肃省博物馆的文创产品"拿捏·胖手毛绒玩具"的文创手办的著作权保护案件。对于必胜客是否构成侵权以及作为公共服务机构博物馆在文创产品的开发和保护方面需要注意哪些地方，值得借鉴。

一、关于甘肃省博物馆对于文创产品是否享有著作权的问题分析

（一）著作权法保护独创性表达的作品

依据《著作权法》第 3 条的规定，作品是指文学、艺术和科学领域内具

有独创性并能以一定形式表现的智力成果。著作权法意义上构成作品最为核心的条件在于是否构成独创性的表达。所谓表达，与思想相对，意指以文字、音乐、美术等各种有形的方式对思想的具体表达。所谓独创性，指相关表达源于作者，体现自己独特的智力判断与选择并形成具有一定创造性的智力成果。著作权法中独创性主要指文学、艺术和科学领域内具有独立创作（独自创作）、首创表达（首次发表）、非唯一表达形式（非有限表达形式）的独创性智力成果。独创性的思想必须形成独创性的表达，才能成为著作权法保护的客体对象。

（二）拿捏手型手办构成作品的要件

甘肃省博物馆的文创作品"拿捏·胖手毛绒玩具"手办作为立体造型，主要涉及的是著作权法规定的美术作品类型。我国《著作权法实施条例》第4条第（八）项定义的美术作品，是指绘画、书法、雕塑等以线条、色彩或者其他方式构成的有审美意义的平面或者立体的造型艺术作品。其独创性的核心在于线条、轮廓、造型、颜色所构成的整体能否体现作者的智力创作，是否具备著作权法保护的美术作品的审美意义。首先，拿捏手型手办属于文学、艺术和科学领域，这也是大部分文创手办都符合的条件。其次，拿捏手型手办具有独创性。"拿捏·胖手毛绒玩具"的创作灵感来源于佛像造型。历代的国内外佛像造型本身早已进入公共领域，不受著作权法保护。但是，如果创作者借鉴佛像造型的思想产生新的具有独创性表达的作品，可以受到著作权法保护。对于"拿捏·胖手毛绒玩具"，其本身由宽大的手面、短而粗的手指以及拇指与食指捏合造型构成，整体轮廓既参考了佛手，也以圆润的线条、饱满的质感、全粉的色调给人以可爱又庄严的印象，形成艺术之手，与普通的人体器官之手完全不同，体现出作者独特的判断、选择与表达，具有独创性。最后，拿捏手型手办构成美术作品。"拿捏·胖手毛绒玩具"是以线条、轮廓、造型、颜色所构成具有审美意义的立体的造型艺术作品，显然构成美术作品。"拿捏·胖手毛绒玩具"的创作思想与佛像捏手造型的设计思想相似，具有同源性。但是，其表达的线条、轮廓、造型、颜色与佛像捏手造型有显著不同，可以构成新的作品，符合具有独立创作（独自创作）、首创表达（首次发表）的情形。同时艺术化的拿捏手型并非有限的表达形式。正如时事新闻不受著作权法保护的根本原因是由于其极其有限的表达方式，而"拿捏·胖手毛绒玩具"显然不属于此类情形，符合具有非唯一表达形式（非有限表达形式）的智力成果情形。综上所述，"拿捏·胖手毛绒玩具"构成著作权法意义上的作品。

（三）创作灵感来源与著作权法保护之间的关系

"拿捏·胖手毛绒玩具"的创作灵感来源于佛像造型，这是一个明确的事实。然而，历代的国内外佛像造型本身早已进入公共领域，这意味着它们作为传统元素或文化符号，不再受著作权法的专有保护。这是因为著作权法通常不保护思想、观念、原理、发现、数学方法、操作方法或商业方法等抽象的概念或思想，而只保护具体的表达形式。然而，如果创作者在借鉴佛像造型的过程中，通过自己的独特判断和选择，产生了新的具有独创性表达的作品，那么这样的作品是可以受到著作权法保护的。独创性是指作品是由作者独立创作完成的，具有独特的表现形式和艺术美感。在甘肃省博物馆的"拿捏·胖手毛绒玩具"案例中，虽然其创作思想来源于佛像造型，但创作者通过对手型线条、轮廓、造型和颜色的独特设计，形成了一种具有艺术美感的立体美术作品，这符合著作权法对独创性表达的要求。

二、关于必胜客是否侵犯文创作品复制权，以构成实质性相似为条件的梳理

（一）著作权的保护：发行权和信息网络传播权背后聚焦复制行为

著作权的保护，从根本上讲，是对权利人作品的专有权利的法律保障，这种保护具有鲜明的排他性，旨在确保创作者能够从其智力成果中获得应有的回报，并防止他人未经许可地利用这些成果。根据我国《著作权法》的相关规定，作品所享有的著作权法定权利类型多达十七种，每一种都旨在从不同角度维护创作者的权益，而在这些权利之中，复制权无疑占据着举足轻重的地位。复制权不仅关乎作品的基本再现方式，也是其他权利如发行权、信息网络传播权等得以行使的基础。在甘肃省博物馆与必胜客之间的文创产品争议中，尽管双方的纠葛涉及了信息网络传播行为和发行行为，但问题的核心依然聚焦于复制行为及其背后的复制权认定。信息网络传播行为，即通过网络向公众提供作品，使公众可以在其选定的时间和地点获得作品的行为，以及发行行为，即以出售或者赠与方式向公众提供作品的原件或者复制件的行为，在逻辑上都以复制行为为前提。因此，深入剖析必胜客的相关行为是否构成复制行为，对于判断其是否侵犯甘肃省博物馆的著作权至关重要。

（二）对于复制行为的判断

复制，这一术语在著作权法中，指的是相对稳定地在有形载体上以某种方式再现作品的行为，它突破了传统平面复制的局限，涵盖了平面至平面、平面至立体、立体至平面乃至立体至立体的全方位复制。甘肃省博物馆发布的"拿捏·胖手毛绒玩具"，以其独特的立体造型吸引了公众的眼球，而必胜客的行为，无论是通过发布平面形象进行宣传，还是直接制作并销售实体手办，都可能触及了复制权的边界。在判断复制权是否遭到侵犯时，实质性相似是一个核心标准。著作权侵权的判断，往往不以实际窃取行为为必要条件，而是依据"接触＋实质性相似"的原则。由于甘肃省博物馆的"拿捏·胖手毛绒玩具"已经公开展示，为公众所知悉，因此接触的可能性已经得到满足。接下来，关键在于判断必胜客的产品是否与甘肃博物馆的"拿捏·胖手毛绒玩具"构成了实质性相似。

（三）实质性相似的判断

实质性相似的判断，是一个深入且细致的过程，它要求我们对作品中那些承载着创作者独特构思与情感表达的要素进行逐一审视，以确定这些具有独创性的表达是否被未经授权地复制。这一判断过程，不仅关乎创作者权益的保护，也是维护文化创新与艺术多样性的重要一环。在判断标准上，我们首先要进行的是对比内容的分析。这包括了对作品的具体内容进行详尽的比对，如文字表述的相似性、图像设计的雷同、音频旋律的吻合等。这些具体内容的对比，是判断是否存在高度相似性的基础，也是初步识别侵权行为的直接依据。通过逐字逐句、逐帧逐秒的细致比对，我们能够发现那些可能被忽视或刻意掩饰的复制痕迹。然而，实质性相似的判断并不仅仅局限于具体内容的对比。整体框架的对比同样至关重要。作品的构思和结构，作为作品内在逻辑与情感表达的支撑，其独特性往往体现在整体的布局、情节的推进、角色的设定等方面。因此，在判断时，我们还需要从整体上审视作品是否呈现出相似的构思和结构，即使在具体细节上存在差异，但如果整体框架高度一致，也可能构成实质性相似。此外，形式与理念的区分也是判断实质性相似时不可忽视的一环。著作权法所保护的是作品的形式表现，即创作者通过文字、图像、音频等具体手段所呈现出来的独特艺术效果。而作品中所蕴含的理念思路，如思想、观点、情感等，则属于思想范畴，不受著作权法的保护。因此，在判断时，我们需要明确区分作品的形式与理念，避免将思想层面的相似误判为形式上的实质性相似。综上所述，实质性相似的判断是一个复杂而细致的过程，它要求我们在对比具体内容、整体框架的同时，还要准确区分作品的形式与理念。只有这样，我们才能确保判断的准确性和公正性，为创作者提供一个公平、有序的创作环境，促进文化的繁荣与发展。

著作权侵权一般不考虑实际窃取行为，而是以接触＋实质性相似认定侵权。鉴于甘肃省博物馆的"拿捏·胖手毛绒玩具"公开发布，已满足接触可能条件，那么核心在于是否构成实质性相似。实质性相似的判断，应当重点考量作品具有独创性的表达要素是否被复制。虽然必胜客"好运拿捏"挂件的造型与甘肃省博物馆的"拿捏·胖手毛绒玩具"相比，互为镜像，且掌纹、指节、大拇指的角度存在差异，但是必胜客的造型整体仍然是由宽大的手面、短而粗的手指以及拇指与食指捏合造型构成，整体轮廓也伴以圆润的线条、饱满的质感、全粉的色调，其线条、轮廓、造型、色彩与甘肃省博物馆的"拿捏·胖手毛绒玩具"构成实质性相似。

三、关于本案给公共服务机构开发文创产品被侵权的维权反思

（一）合理借鉴公共要素

在艺术创作与文化传承的广阔舞台上，合理借鉴公共领域的思想要素与表达要素，是激发创意、丰富文化内涵的重要途径。甘肃省博物馆推出的"拿捏·胖手毛绒玩具"，便是一个生动的例证。该"拿捏·胖手毛绒玩具"虽明显借鉴了佛像造型这一历史悠久的公共要素，但并未止步于简单的复制或模仿，而是在此基础上进行了富有创意的转化与提升，创造出了一种全新

的、具有独创性的艺术表达。这种借鉴与创新的结合，不仅赋予了古老元素以新的生命力，也体现了创作者对传统文化的深刻理解和尊重。在创作实践中，作者应当深刻认识到，合理借鉴公共要素并不意味着无原则的复制，而是要在深入理解其文化内涵的基础上，通过独特的视角和创意手法，形成具有个人或集体特色的表达方式，从而实现艺术的传承与创新。

（二）保存创作的原始文档

在著作权法的保护框架下，作品的独创性是其获得法律保护的关键。为了确保自己的创作成果能够得到应有的认可与保护，作者应当高度重视创作原始文档的保存工作。这些文档不仅记录了创作的全过程，包括灵感来源、构思过程、草图、初稿等，还明确了创作的时间节点，为证明作品的原创性和在先性提供了确凿的证据。在数字化时代，利用云存储、时间戳等技术手段保存电子文档，已成为一种高效便捷的方式。通过保存这些原始文档，作者可以在必要时有效地维护自己的合法权益，避免在著作权纠纷中陷入被动。

（三）及时进行作品的登记

尽管著作权法遵循自动保护原则，即作品一旦完成即自动享有著作权，但进行作品登记仍然具有不可忽视的法律效力。作品登记虽不进行实质性审查，但其形式审查的过程为作品提供了一个官方的认证，增强了作品的公信力。在发生著作权争议时，作品登记证书可以作为证明作者身份、创作时间、作品内容等关键信息的有效证据，有助于快速明确权利归属，减少法律纠纷。因此，对于创作者而言，及时将作品进行登记，不仅是对自己创作成果的尊重，也是对未来可能遇到的法律挑战的一种有效预防。

（四）积极宣传并保存证据

在数字化时代，作品的传播速度之快、范围之广前所未有。积极宣传作品，不仅有助于提升作品的知名度和影响力，还能为潜在的著作权保护提供有力的支持。当作品通过公开渠道发布时，它就具备了被公众接触的可能性，这在著作权侵权认定中是一个重要的考量因素。然而，在宣传过程中，创作者必须谨慎行事，确保在作品中明确标注著作权人信息以及著作权保护的相关声明，以此作为维权时的有力证据。同时，利用截图、时间戳等技术手段保存宣传过程中的相关证据，也是预防未来侵权纠纷的重要措施。通过这些努力，创作者不仅能够有效维护自己的合法权益，还能为营造一个健康、有序的创作环境贡献力量。

四、公共服务机构开发的文创产品给文化产业健康发展的启发

（一）挖掘深厚文化内涵，文化产品独创性和市场竞争力并行

在着手开发文创产品之际，我们必须将产品的独创性视为核心要素，坚决避免陷入简单复制或盲目模仿他人作品的窠臼之中。独创性不仅是文创产品脱颖而出的关键所在，更是对创作者智慧与创意的尊重与体现。因此，我们需以匠心独运的精神，深入挖掘文化内涵的精髓，探寻那些能够触动人心、引发共鸣的文化元素。在创作过程中，我们不应满足于表面的模仿或浅尝辄止的改编，而应致力于通过创新设计手法，将这些文化元素以新颖、独特的方式呈现给公众。这要求我们不断突破传统思维的束缚，勇于尝试新的设计理念和技术手段，以打造出既具有深厚文化底蕴，又充满现代感和时尚气息的文创产品。同时，我们还需注重产品的差异化设计，力求在同类产品中脱颖而出。通过独特的造型、色彩搭配、材质选择以及功能设置等方面的创新，使文创产品呈现出别具一格的魅力，从而吸引更多消费者的目光和青睐。总之，注重文创产品的独创性，不仅是对消费者审美需求的回应，更是对文化传承与创新的双重致敬。我们将持续探索和实践，以更加丰富的创意和更加精湛的工艺，为公众带来更多具有独特魅力的文创产品。

（二）加强知识产权保护意识，促进文化产业的持续繁荣与发展

对于博物馆等公共服务机构而言，是一项至关重要的任务。这些机构不仅承载着丰富的文化遗产和历史记忆，还肩负着推动文化产业健康发展的重任。因此，它们必须深刻认识到知识产权保护的重要性，并采取切实有效的措施来加强这一意识。在文创产品的开发与推广过程中，博物馆等公共服务机构应明确文创产品的知识产权归属，确保每一项创意成果都能得到应有的法律保障。这包括但不限于对文创产品的设计、制作、销售等各个环节进行严格的知识产权审查和管理，以确保其不侵犯他人的合法权益。同时，博物馆等公共服务机构还应意识到文创产品和知识产权之间的紧密交叉关系。文

创产品往往融合了传统文化元素与现代设计理念，其背后蕴含着丰富的知识产权价值。因此，在开发文创产品时，这些机构应充分挖掘和利用自身的知识产权资源，通过创新设计和技术手段，将传统文化元素转化为具有市场竞争力的文创产品，从而推动文化产业的繁荣发展。总之，加强知识产权保护意识是博物馆等公共服务机构推动文化产业健康发展的必然要求。只有通过不断加强知识产权保护工作，才能为文创产品的开发与推广提供有力的法律保障，促进文化产业的持续繁荣与发展。

第二节 数字娱乐产业

案例1.4 直播平台擅自转播行为的反不正当竞争规制
——某直播平台擅自转播体育赛事不正当竞争案

【关键词】

赛事转播权　搭便车行为　商业道德　竞争秩序

【裁判要旨】

首先，直播平台经营者，以"搭便车"为目的，通过实施被诉侵权行为获取不当的商业利益与竞争优势，构成不正当竞争，本案有助于规范网络直播平台不正当竞争行为，为网络直播平台不正当竞争行为的认定提供了典型判例，明确了未经授权擅自使用他人独家享有的转播权进行直播的行为构成不正当竞争。其次，将保护合法权益与激励创新并重，既维护了权利人的合法权益，又为直播行业等网络新业态、新模式的发展提供了行为指引。要营造法治化营商环境，本案彰显了人民法院加大奥运知识产权司法保护力度、营造法治化营商环境的鲜明态度，对于维护市场公平竞争秩序具有重要意义。

【案件索引】

一审：北京市东城区人民法院（2016）京0101民初22016号民事判决

(2019年6月14日)。

二审：北京知识产权法院（2019）京73民终2989号民事判决（2021年9月22日）。

【基本案情】

经国际奥委会与中央电视台正式授权，中国国际电视总公司在境内独占地拥有通过信息网络传播由中央电视台制作并播出的第31届里约热内卢奥运会电视节目的实时、延时转播及点播服务的权利。在里约热内卢奥运会举办期间，中国国际电视总公司发现新传在线公司及盛力世家公司未经授权，擅自将"奥运会视频直播中"等词汇作为百度推广关键词，诱导用户访问其网站并下载安装"直播TV浏览器"，从而直接观看中国国际电视总公司直播的奥运比赛。此外，这两家公司还在其网站上设立了"奥运主播招募"板块，鼓励用户通过充值打赏支持主播直播奥运会内容，同样引导用户下载"直播TV浏览器"，并在特定直播间内，以"嵌套播放"的形式展示中国国际电视总公司的奥运转播内容，提供所谓的"主播陪伴式"奥运直播服务，并从中谋取经济利益。基于此，中国国际电视总公司以两公司行为构成不正当竞争为由，向法院提起诉讼，要求赔偿经济损失共计500万元人民币。北京市东城区人民法院一审认定，作为专业的体育赛事网络直播服务商，两公司出于"搭便车"动机，通过实施被指控的侵权行为获得了不正当的商业利益和竞争优势，构成不正当竞争，故全额支持了中国国际电视总公司的赔偿请求。随后，新传在线公司与盛力世家公司对一审判决提起上诉，但北京知识产权法院二审维持了原判，驳回了两公司的上诉。

【案件评析】

此案例标志着我国网络直播领域新型不正当竞争行为的典型案例，特别因其牵涉中央电视台奥运会直播内容及新兴的"陪伴式"网络主播经营模式，引发了巨大的利益冲突和社会各界的广泛关注。被诉行为创新性地在国内运用了"浏览器+加框链接+主播互动"的方式嵌入并直播他人网页内容，面对相关法律法规尚未完善的情况，法院在裁决时平衡了鼓励创新与保护合法权益的双重需求,对涉案行为是否构成不正当竞争进行了深入且细致的法律分析。法院不仅揭开了所谓互联网技术创新的表象,还结合了行业常规,依据诚实信用原则,全面评估了经营者、消费者及社会公众的利益,最终支持了原告的赔偿主张。该案的审理对于净化互联网经济环境、推动互联网行业健康发展具有重要意义。它不仅为直播行业的未来发展指明了方向,也为同类案件的审理树立了标杆,发挥了重要的示范和指导作用。

一、被告使用"嵌套"原网站页面的方式,利用他人奥运赛事节目资源运营涉案网站及涉案直播浏览器的行为,是否违反《反不正当竞争法》第2条的规定,是否构成不正当竞争

(一)不正当竞争行为的认定

依据《反不正当竞争法》第2条的定义,不正当竞争行为指的是经营者在经营活动中违反法律规定,干扰市场竞争正常秩序,侵犯其他经营者或消费者合法权益的行为。在本案中,新传在线公司与盛力世家公司,作为专业的体育赛事直播服务平台,未经许可,擅自利用了中国国际电视总公司独家持有的奥运赛事转播权利。它们通过设置特定关键词、开展主播招募等手段吸引用户,以此获取不正当的商业利益和竞争优势。这些行为显然违背了诚实信用原则及商业道德的基本准则,严重扰乱了市场竞争的应有秩序,并对中国国际电视总公司的合法权益构成了实质性损害。以下是对此情况的具体剖析。

(二)法律没有对涉案被诉不正当竞争行为作出特别规定

涉案被诉行为发生在2018年前,且未持续到2018年后。《反不正当竞争法》2017修订版自2018年1月1日起施行,因此本案适用1993年《反不正当竞争法》。本案被诉不正当竞争行为不属于1993年《反不正当竞争法》第二章所列举的相关具体不正当竞争行为,故本案应适用1993年《反不正当竞争法》第2条的规定。

(三)中国国际电视总公司的合法权益因被指控的不正当竞争行为遭受了切实损害

涉案直播浏览器通过增加直播和互动功能,虽然在表面上提升了用户观看体验,但由于未明确标注内容来源,可能引发用户对服务提供者的误认,

长此以往，将削弱中国国际电视总公司网站作为视频直播首选入口的竞争力，进而损害其网站利益，并对整个行业生态造成不利影响，最终影响到用户的长期利益。具体体现在以下几个方面：首先，涉案直播浏览器实际上是在中国国际电视总公司的奥运赛事节目页面中嵌入了不受其控制的主播直播和互动环节，这不仅干扰了中国国际电视总公司奥运赛事节目的正常播放流程，还直接侵犯了中国国际电视总公司的合法权益。其次，该行为还剥夺了中国国际电视总公司通过授权其他平台播放奥运赛事节目所能获得的商业机会和潜在收益。若此类以"直播浏览器"形式免费利用奥运赛事资源并附加主播解说的经营模式被允许存在，将极大地削弱付费播放模式的吸引力，进而损害中国国际电视总公司通过版权授权所获得的经济回报。最后，如前文所述，若不对此类不正当竞争行为进行有效规制，将导致中国国际电视总公司等体育赛事节目制作方的预期收益持续减少，长此以往，可能削弱其获取体育赛事转播权的动力。这种行为不仅破坏了体育赛事转播的商业交易秩序，还对整个行业的可持续发展构成了威胁。

（四）涉案被诉不正当竞争行为违反了诚实信用原则和公认的商业道德，具有不正当性

在体育赛事节目的直播或转播领域，遵循行业惯例，必须获得节目制作方的正式授权并支付相应费用。作为专业的体育赛事直播平台，两位上诉人理应了解并遵守这一规定。然而，被诉行为却未经授权且未支付任何费用，仅为了吸引用户并获取商业利益，这显然违反了诚实信用原则和商业道德的基本准则。此外，两位上诉人提出的关于涉案直播浏览器是其技术创新成果，并不违背诚实信用原则及互联网行业的商业道德等论点，缺乏充分的事实和法律依据来支撑。

二、涉案网站在搜索引擎商业推广中设置"正在视频直播奥运会"等关键词及宣传语，是否构成《反不正当竞争法》第8条规定的虚假宣传不正当竞争行为

（一）虚假宣传不正当竞争行为的定义

虚假宣传是指商家在推广商品或服务时，通过广告等手段发布与实际情

况不符的信息，从而导致消费者产生误解。这种行为违反了诚实信用原则和商业规范，构成严重的不正当竞争。其认定标准包括：主体判断：判断双方是否存在市场竞争关系。主观恶意：侵权方是否有意误导消费者或客户。虚假成分：宣传中是否包含虚假信息。即使部分内容真实，但如果存在"混同宣传"等可能误导公众的情况，也算作虚假宣传。损害后果：虚假或误导宣传是否损害了消费者或竞争者的权益，是否使侵权方获得竞争优势，从而影响正常的市场竞争秩序。

（二）本案中的被告行为

在本案中，两名被告通过将"正在视频直播奥运会"等关键词用于百度推广，并在其网站设立"奥运主播招募"板块，声称拥有直播奥运赛事的权限，但实际上其直播内容完全来源于中国国际电视总公司的转播信号。这种操作导致用户误认为被告拥有直播权，误导了用户，属于虚假宣传行为。根据《反不正当竞争法》第8条的规定，经营者不得进行虚假或误导性的商业宣传，欺骗、误导消费者，而被告的行为明显违反了这一规定。

三、关于本案被告通过设置与中国国际电视总公司转播内容相同的直播链接，是否构成搭便车行为

（一）搭便车的行为定义

"搭便车"行为在反不正当竞争法中的界定，主要指的是经营者利用他人已树立的商业信誉，采取特定策略造成消费者认知混淆的行为。对此定义的深入解析如下：核心要素——利用他人商业信誉：搭便车行为的本质在于借用他人已建立的市场信誉。这涵盖诸如商标、企业名称、域名、商品名称、包装设计及装潢等具有显著识别性的商业元素。混淆策略：此类行为通常采取混淆手法，通过各种方式诱导消费者错误地认为其所提供的商品或服务与他人提供的存在某种特定联系。这种混淆可能涵盖商品的来源、品质、性能、用户反馈等多个维度。消费者认知误导：搭便车行为的最终目的是误导消费者，借此获取不公平的竞争优势。这种误导可能导致消费者选择其商品或服务，而非其他功能相似或相同的选项。在反不正当竞争法的框架下，搭便车行为的具体表现形式包括但不限于：未经许可使用相似商业标识：如擅自采用与他人具有影响力的商品名称、包装设计、装潢等相似或相同的标识，可能引起消费者误判，认为所购商品与他人商品存在关联。盗用企业名称或姓名：未经允许，使用他人有影响力的企业名称或姓名，可能导致消费者误认为其提供的服务或商品与他人存在联系。冒用域名及网站元素：擅自使用他人有影响力的域名核心部分、网站名称或网页设计，可能使消费者误以为访问的网站或页面与他人提供的相同或相关。

（二）本案被告的行为认定

本案中，两被告通过设置与中国国际电视总公司转播内容相同的直播链接，吸引用户下载其浏览器并观看赛事，实质上是搭了中国国际电视总公司的便车。根据《反不正当竞争法》第2条、第12条的规定，经营者不得未经其他经营者同意，在其合法提供的网络产品或者服务中，插入链接、强制进行目标跳转等，误导用户或者实施妨碍、破坏其他经营者合法提供的网络产品或者服务正常运行的行为。两被告的行为显然符合"搭便车"行为的法律特征，构成了不正当竞争。

四、反不正当竞争法和知识产权的适用和关系

（一）《反不正当竞争法》第2条，通常被称为一般条款或原则性条款，其适用并非随意，而是需满足特定条件

最高人民法院在（2009）民申字第1065号生效判决中，已对该条款的适用条件进行了明确，同时，相关案例中的深入分析也提供了重要的指导。一般而言，适用此条款需同时满足以下三个条件：首先，该竞争行为未被法律特别规定。即该行为既不属于《反不正当竞争法》第二章所列举的具体不正当竞争行为，也不构成对专利法、商标法、著作权法等法律法规的违反。其次，其他经营者的合法权益因该竞争行为受到了实际损害。新司法解释明确了交易机会与竞争优势属于受法律保护的合法权益范畴，任何可能损害这些权益的主体，都可能与权利人形成竞争关系。最后，该竞争行为因违背诚实信用原则和公认的商业道德而具有不正当性。新司法解释详细列举了判断违反商业道德的标准，法院在裁决时需综合考虑行业习惯、经营者的主观意图、交易对象的意愿、对消费者权益、市场竞争秩序及社会公共利益的影响，并

可参考行业标准、技术规范及行业自律公约等因素。

（二）关于反不正当竞争法与知识产权专门法的关系

在我国当前的知识产权法律架构下，反不正当竞争法常被视作对商标法、专利法、著作权法等知识产权专门法的补充与辅助手段。实践中，当一起案件中的同一被诉侵权行为同时涉及侵犯其他知识产权和违反《反不正当竞争法》第2条时，法院会合并审理。但若该诉讼主张能通过其他知识产权专门法得到支持，则无须再援引《反不正当竞争法》第2条。然而，笔者认为，《反不正当竞争法》并不总是作为知识产权专门法的"后备"存在，两者各有其明确的保护范围和立法意图。对于那些既不属于《反不正当竞争法》第二章所列情形，也不符合专利法、商标法、著作权法等规定的行为，不应直接适用《反不正当竞争法》第2条进行判定。特别是，对于那些本就不应受法律保护的权益，反不正当竞争法也不应成为其"保护伞"。对于未被特别规定的竞争行为，只有在符合广泛认可的商业准则和普遍认知，能明确判定其违反基本原则时，才可认定为不正当竞争，以避免不当扩大不正当竞争范畴，阻碍市场的自由与公平竞争。

（三）《反不正当竞争法》第2条在实践运用中的思考

近年来，我国经济持续较快速发展，新技术不断被大量运用，各类新型经济模式、新业态层出不穷，市场竞争关系也发生了深刻的变化。与之相对应，新类型的法律关系大量涌现，事实认定和法律适用难度加大，不仅考验着司法裁判者，对市场竞争参与者的各类市场主体而言也是新的挑战和需要关注的风险点。北京知识产权法院2021年受理的竞争垄断类案件增幅近66%，预计2022年的增幅也在60%以上。据某商业法律数据库统计，引用《反不正当竞争法》第2条的裁判文书有4717篇；体育赛事直播、赛事运营、赛事冠名和赞助、租用视频会员、云游戏、网页界面抄袭新型商业模式中的纠纷，当事人多会通过《反不正当竞争法》第2条进行维权。我们鼓励新的商业模式、经营方式的发展，但其不能以技术创新为由躲避法律的制约，《反不正当竞争法》第2条作为原则条款，对新型的不正当竞争关系可以起到一定的有效的制约效果。同时，作为参与市场竞争的各类市场主体，准确地理解《反不正当竞争法》及其司法解释,可以更好地维护自身的合法权益。

五、网络平台中创新和合法直播行业等网络文化新业态的并行

(一) 规范网络直播平台不正当竞争行为,净化直播服务文化产业

本案作为网络直播平台不正当竞争行为的标志性判例,清晰界定了未经合法授权而擅自利用他人独享的转播权进行直播的行为,确属不正当竞争范畴。此判决不仅有助于净化互联网经济环境,推动互联网行业朝向更加健康、有序的方向发展,更为直播行业的规范化进程树立了明确的导向。通过此案例,直播领域内某些行为的法律界限得以明确,特别是针对未经授权擅自直播他人内容的行为,为文化产业的版权保护提供了坚实的法律支撑,彰显了尊重与保护知识产权的核心价值。此外,该判决通过维护直播服务文化产业的纯洁性,进一步稳固了市场竞争秩序。法院有力地保护了合法授权的直播服务提供商的正当权益,有效遏制了通过不正当途径攫取商业利益的行为,为构建公平、公正的市场竞争环境奠定了坚实的基础。

(二) 保护合法权益与激励创新并重

人民法院在裁决中秉持保护合法权益与鼓励创新并重的原则,此案件为直播带货模式提供了重要启示。在注意力经济盛行的当下,本案中的直播模式展现了创新意识,采用了"嵌套"原网站页面的方法。然而,创新必须在合法合规的基础上进行,文化产业应立足自身的专业化和平台化优势,发掘核心竞争力,加强专业素养和分工协作,走合作共赢之路,有效传递品牌价值。设计具有社交媒体特性的文化衍生产品,能够提升产品知名度,满足消费者多元化需求,促进文化产业链整合与发展,丰富产品类目,增强营销推广的互动性,提高产品的社交媒体属性。这有助于延长文化产品产业链,加强文化产业链上中下游的协作,创新传统线下活动和娱乐方式,实现文化艺术衍生品的网络规模化销售和营销推广。但创新不能以侵犯他人合法权益为代价,本案强调了文化产业和文化市场中创新和公平竞争的重要性。主播陪伴式直播虽为创新形式,但未经授权使用他人独家资源并获取商业利益,违

背了公平竞争原则。因此,文化产业在追求创新的同时,必须严格遵守法律法规,尊重知识产权和合法权益,坚守法律和商业道德。这对直播带货文化范式的规范化运营具有指导意义,既保护了权利人的合法权益,又为直播行业等网络新业态、新模式的发展提供了行为准则。

(三)文化法治化营商环境的坚实步伐

此案犹如一面明镜,不仅映照出人民法院在奥运知识产权司法保护领域的坚定立场与非凡力度,更深刻彰显了营造法治化营商环境的决心与智慧,对于捍卫市场公平竞争秩序具有不可估量的价值。在全球化与数字化交织的今天,知识产权的保护已成为衡量一个国家法治文明程度的重要标尺,而本案的裁决,无疑为这一标尺增添了沉甸甸的分量。直播,这一新兴的传播形式,如同一股清流,在瞬息万变的市场环境中激荡起层层涟漪。然而,其健康发展离不开基本文化法治素养的滋养。主播陪伴式"直播"奥运会,虽看似创新,却触及了知识产权保护的敏感神经,若缺乏法律意识的约束,便可能沦为不正当竞争的温床。因此,直播行业从业者应具备高度的文化法治自觉,将尊重原创、维护版权内化于心、外化于行。唯有如此,方能确保直播行业的天空清澈明朗,为文化法治在互联网领域的深耕细作提供肥沃土壤。本案的判决结果,如同一把利剑,精准地斩断了不正当竞争的荆棘,为互联网经济生态的净化注入了强劲动力。它不仅维护了一个健康、合法、公平的文化法治互联网环境,更为互联网行业的长远发展铺设了坚实的基石。在这个信息爆炸的时代,一个清朗的网络空间,是激发创新活力、促进产业升级的关键所在。本案的裁决,无疑为直播行业的规范化发展指明了方向,鼓励从业者以法律为准绳,以道德为底线,共同绘制一幅互联网文化产业繁荣发展的壮美画卷。综上所述,主播陪伴式"直播"奥运会新型不正当竞争案的妥善处理,不仅是对知识产权保护的有力回应,更是对文化法治化营商环境构建的深度探索。它启示我们,只有在法治的轨道上,直播行业才能行稳致远,为文化法治在互联网时代的发展贡献不竭动力,引领互联网行业迈向更加辉煌的明天。

案例 1.5　短视频二次创作中方言替换的著作权侵权判定
——上海美术电影制片厂诉云媒科技公司著作权侵权案

【关键词】

电影产业　著作权侵权　修改权　保护作品完整权

【裁判要旨】

本案的争议焦点是被告将原作品中普通话配音替换为川渝方言行为是否构成著作权侵权。本案判决强调利用他人电影作品进行再创作，不得污损电影作品人物形象，不得夹带文化糟粕，要大力弘扬社会主义核心价值观，对于建立健康文明法治的电影行业规则具有正向引导作用。

【案件索引】

（2019）渝 05 民初 3828 号。

【基本案情】

上海美术电影制片厂有限公司享有动画片《葫芦兄弟》《葫芦小金刚》电影作品著作权，以及"葫芦娃""葫芦小金刚"角色造型美术作品著作权。重庆云媒信息科技有限公司等以动画片中七个葫芦娃和葫芦小金刚等人物故事片段为基础，将原著作品人物音频数据承载的普通话替换为川渝方言，更改原著作品人物对话内容，制作形成多个《葫芦娃方言版》短视频，上传至网站及公众号发布传播。上海美术电影制片厂有限公司以云媒科技公司等实施的上述行为构成著作权侵权为由，诉至法院。

【裁判结果】

重庆市第五中级人民法院经审理认为，重庆云媒信息科技有限公司等共同制作涉案视频短片，刻意夸大使用方言中粗俗、消极、晦暗的不文明用语，更改原著作品人物对话内容，丑化原著作品人物形象，并将涉案视频短片上载到网络平台广为传播，与社会主义核心价值观相冲突，损害了著作权人的合法权益，构成著作权侵权。判决重庆云媒信息科技有限公司等立即停止侵权行为，共同刊登声明消除影响，共同赔偿经济损失。一审判决后，当事人均未上诉。

【案件评析】

一、什么是修改权

修改权即著作权修改或者授权他人修改作品的权利，包括作品的内容、表现形式等方面的改动。依据我国《著作权法》规定，修改权作为著作权人的专属权利，不得未经许可由他人擅自行使。此权利在影视作品中尤其重要，角色和情节是创作者心血的体现，具有独特的艺术和商业价值。上海美术电影制片厂有限公司作为《葫芦兄弟》和《葫芦小金刚》的著作权人，依法享有作品内容的修改权。这意味着未经授权，他人无权对该作品内容进行任何形式的更改。修改权不仅包括对作品的整体调整，也包括对其中人物语言、造型、情节等方面的细微变动。本案中，重庆云媒信息科技有限公司在未获授权的情况下篡改了角色的对话内容，用地方方言替换原有普通话对白，实质上侵犯了上海美术电影制片厂有限公司的修改权。

重庆云媒信息科技有限公司将动画片中的普通话对白替换为川渝方言，以本地化的语言方式迎合地方观众的趣味。然而，原作品的对白是创作者在创作过程中深思熟虑的结果，承载了角色性格、情节发展等多重作用。对白替换不仅影响了作品内容的完整性，还在一定程度上改变了角色的性格设定和情节氛围。本案中《葫芦兄弟》的角色语言风格是为儿童观众量身定制的，轻松、幽默、简洁的对白适合少年儿童；而重庆云媒信息科技有限公司替换的方言对白，添加了粗俗、消极的用词，对未成年观众产生负面影响，与社会主义核心价值观背道而驰。对人物语言的改动超出合理使用范围，构成对著作权人修改权的侵犯。

在影视作品的版权保护中，修改权的存在保障了著作权人在作品形象传播过程中的控制力。角色对话和语言风格作为作品形象的重要组成部分，具有文化和商业价值。重庆云媒信息科技有限公司通过对《葫芦兄弟》角色对白的随意改动，使得原角色被不适当的语境重塑，产生了负面影响。动画形象是原创作品的核心卖点之一，通过该形象创作者有意传递积极、正能量的价值观，而未经许可的改动可能损害其商业信誉和形象价值。本案中，上海美术电影制片厂有限公司保留了修改权，阻止了对作品形象的肆意修改，有利于维护作品在观众心目中的良好形象，同时确保了该作品的市场价值和社会效益。

二、什么是保护作品完整权

除了修改权之外，保护作品完整权是著作权人享有的另一项重要权利，即保护作品不受歪曲、篡改的权利。在《著作权法》中，保护作品完整权与修改权并列，确保作品能够以符合创作者初衷的方式呈现。法院判定重庆云媒信息科技有限公司侵犯了《葫芦兄弟》作品的完整性，主要是基于对作品人物形象的扭曲。未经授权篡改对白内容，使得作品原有的正面形象被不文明、不适宜的语言取代，经大众广泛传播后，给原告造成了极其恶劣的社会影响，影响了观众对作品的正面观感。

在《葫芦兄弟》中，角色对白具有特定的表现形式和文化价值，是作品不可分割的一部分。对白篡改破坏了作品原有的严谨性与完整性，使得作品产生了偏离原有形象的误导。重庆云媒信息科技有限公司采用带有粗俗、不文明的方言内容来重新配音，不仅让观众对角色形象产生了负面认知，也使得作品原本所传递的健康文化理念受到了扭曲。《葫芦兄弟》作为面向青少年的动画作品，其形象塑造、语言风格本应符合青少年的心理发展特点。重庆云媒信息科技有限公司添加的不文明用语可能对青少年观众产生消极影响，削弱了作品的教育意义，损害了作品应有的文化价值。

在影视作品中，保护作品完整权不仅是对创作者个人权利的尊重，更是文化资源保护的重要措施。作品形象凝聚了创作者的艺术追求和创意，尤其是经典影视作品，承载了代际记忆，往往深深烙上了特定时代的文化印记和价值观。保护作品完整权能够防止未经授权的篡改行为，避免对白、情节或角色形象因不当改动而破坏其固有的文化特征，从而保持观众对作品的既有认知和情感联结。

三、对电影创作环境的启示

我国《文化产业促进法（草案）》第11条拟规定，任何组织和个人创作、生产、传播、展示文化产品和提供文化服务，应当遵守宪法和法律法规，遵守公共秩序，尊重社会公德……不得侵害他人名誉、隐私、知识产权和其他合法权益。本案裁判结果对影视作品的再创作设定了清晰的边界。文化创作本应兼顾娱乐性和社会责任，通过保护作品完整权，确保作品在传播过程中的正面导向作用。影视作品再创作不能对原作品形象随意修改，应尊重原作品的文化内涵。在本案中，法院判定重庆云媒信息科技有限公司的行为侵害了保护作品完整权，要求其停止侵权行为并赔偿损失，具有较强的示范作用。

对电影行业而言，保护作品完整权能够确保影视作品的传播过程始终符合创作者原本的思想内涵和价值传递，有助于打造具有长久影响力和文化价值的作品。在行业层面，这一权利提醒内容创作者、制片方及传播平台共同遵循正当授权和尊重原作的原则，从而维系影视作品的文化属性和社会责任感。尊重保护作品完整权，电影行业能够更加规范地推动原创作品的传播，提升整个行业的文化品位和创造力，促进产业健康发展。

案例1.6　游戏名称商标通用化与淡化侵权的司法判断
——乐元素公司诉纵艺科技商标侵权案

【关键词】

商标显著性　通用名称抗辩　商标淡化　虚假宣传

【裁判要旨】

本案的争议焦点是，"消消乐"是否已经构成通用名称，另外在宣传用语中使用"消消乐"是否会造成商标淡化，构成商标侵权的问题。案件明确了"消消乐"作为特定游戏名称的商标保护边界，说明未成为通用名称的商标享有法律保护，即便其形式较为通用，其他企业也不得擅自使用该名称或类似用语进行宣传。判决对于保护知名游戏品牌的知识产权、维护品牌识别度、防止商标权利被淡化具有积极意义，同时为游戏行业中常用名称的商标保护确立了重要参考标准。

【案件索引】

（2022）京73民终77号。

【基本案情】

乐元素科技股份有限公司（以下简称乐元素公司）开发了知名游戏《开心消消乐》，并拥有"消消乐"系列的注册商标专用权。该商标核定适用范围涵盖计算机游戏软件及手机在线游戏等服务。2017年，"消消乐"商标转让给乐浣公司，许可其以排他方式使用。被告沈阳纵艺科技有限公司（以下简称纵艺公司）开发运营了《快乐消消乐》《糖果消消乐》《泡泡消消乐》三款游戏，并在宣传中使用了"最开心的消消乐体验"等相关用语。乐元素公司和乐浣公司认为纵艺公司构成商标侵权与虚假宣传的不正当竞争行为，将其诉至法院。

【裁判结果】

一审法院认为乐元素公司依法享有涉案"消消乐"商标和"开心消消乐"商标的注册商标专用权，乐浣公司经许可，享有涉案商标的排他性使用权，且商标权均在有效期内，权利状态稳定，故二原告有权对侵害涉案商标权的行为提起本案诉讼。商标法中的通用名称是指国家标准、行业标准规定的或者约定俗成的商品的名称。被告纵艺公司立即停止侵害原告乐浣公司、乐元素公司注册商标专用权的行为，二审法院维持了这一判决。

【案件评析】

一、商标与通用名称

商标是用以识别和区分商品或者服务来源的标志。任何能够将自然人、法人或者其他组织的商品与他人的商品区别开的标志，包括文字、图形、字母、数字、三维标志、颜色组合和声音等，以及上述要素的组合，均可以作为商标申请注册。品牌或品牌的一部分在政府有关部门依法注册后，称为"商标"。商标受法律的保护，注册者有专用权。国际市场上著名的商标，往往在许多国家注册。中国有"注册商标"与"未注册商标"之区别。商标通过对特定标识的排他性使用，使商品或服务在市场中能够形成识别功能，有利于品牌和消费者的权益保护。商标的基本特性在于具有显著性，即能够在商品或服务之间形成区分，帮助消费者识别并选择特定的品牌。同时，商标还具有排他性，即商标权利人能够排除他人对商标的使用，防止市场中的混淆。

（一）商标的显著性

商标的显著性又被称为商标的"区别性"或者"识别性"，是指用于特定商品或服务的标志，具有识别该商品或服务来源的属性或者特征。商标的显著性是发挥其识别功能的重要基础。《商标法》第9条规定，申请注册的商标，应当有显著特征，便于识别，并不得与他人在先取得合法权利相冲突。可见，"显著特征"，即"显著性"是一个商标获准注册不可或缺的要件之一。根据《商标审查审理指南》，商标的显著特征是指商标应当具备的足以使相关公众区分商品或者服务来源的特征，具体来讲，是指商标能够使消费者识别、记忆，可以发挥指示商品或者服务来源的功能与作用。不具有显著性的标志不能被称为商标，更无法获得商标注册。根据商标法原理，商标的显著性不是一成不变的，而是根据商标使用和市场原因发生变化。因此，显著性较低的商标，可能通过使用获得较强的显著性；反之显著性较高的商标，也可能因为使用和市场原因导致弱化甚至丧失显著性，成为通用名称。

（二）什么是通用名称

商品或服务的通用名称是指，在某一范围内法定或约定俗成，被普遍使用的某种商品或服务的名称。通用名称的种类包括两类，即法定的通用名称和约定俗成的通用名称。法定的通用名称，即法律规定或者国家标准、行业标准等规范性文件确定的通用名称，如VCD、DVD等。在申请注册商标前，应先仔细查阅与商品有关的国家标准、行业标准，看看自己的商标名是否为通用名称。约定俗成的通用名称，即相关公众普遍认可和使用的通用名称，如金骏眉（茶名）、单车等。这些名称本身并不具有区分商品来源的能力。因此，依据我国《商标法》第11条规定，带有直接表示商品或服务质量、主要原料、功能、用途等的标志一般不能注册为商标。

(三) 游戏名称和商标

游戏名称尚未成为国家标准、行业标准规定或者约定俗成的商品或服务名称。经过长期使用和宣传，"消消乐"商标具有了极高的显著性和知名度，形成了稳定的对应关系。《商标法》第11条规定，下列标志不得作为商标注册：(1) 仅有本商品的通用名称、图形、型号的；(2) 仅直接表示商品的质量、主要原料、功能、用途、重量、数量及其他特点的；(3) 其他缺乏显著特征的。前款所列标志经过使用取得显著特征，并便于识别的，可以作为商标注册。在标志自身缺乏显著性的情况下，其并不当然失去作为商标获准注册的可能性，该标志亦可以通过在市场流通、经营过程中的实际使用，获得其固有含义之外的"第二含义"，即通过实际、有效使用获得显著性。首先，诉争商标在客观上具有唯一、稳定的指向性；其次，从相关公众消费者来看，本案商标经过了大量宣传推广。因此，此时商标具有了识别服务来源的第二含义。

在本案中，"消消乐"是一个特定游戏类别的商标，由乐元素公司享有专用权，并许可乐浣公司排他性使用。被告纵艺公司在开发运营的多款游戏名称和宣传用语中频繁使用了"消消乐"，例如"快乐消消乐""最受欢迎的消消乐体验"等，这在原告看来淡化了"消消乐"的商标识别性。在案件审理中，法院依据《商标法》第11条和相关规定考察了"消消乐"是否已经被市场广泛使用，进而成为描述性用语或通用名称。

二、有哪些侵害商标权的行为

(一) 侵害商标专有权

根据《商标法》的规定，商标的使用是指将商标用于商品、商品包装、容器、商品交易文书上以及其他商业活动中，从而识别商品来源的行为。未经商标注册人的许可，在同一种或近似商品上使用与其注册商标近似的商标，容易导致混淆的，属于侵犯注册商标专用权的行为。

(二) 侵害商标专有权的具体行为和要件

根据我国《商标法》第57条的规定，未经商标权利人许可，在相同或类似商品上使用与注册商标相同或近似的标志，容易导致混淆的，即构成商标侵权行为。商标侵权包括四个要件：

一是客观性，即客观上存在损害他人注册商标权益的事实；

二是违法性，即行为人的行为违反了法律规定，合法行为不构成侵犯注册商标专用权的行为；

三是过错性，即行为人在实施违法行为时，主观上具有故意或者过失的过错；

四是关联性，即损害事实与违法行为之间存在因果关系，损害事实是由违法行为造成的。

根据《商标法》第 57 条的规定，下列七类行为，都属于侵犯注册商标专用权的行为：

第一，未经商标注册人的许可，在同一种商品上使用与其注册商标相同的商标的行为。这种行为是比较典型的侵犯注册商标专用权的行为，也就是通常所说的"假冒"行为。其后果是混淆商品出处，误导消费者，损害商标注册人的合法权益和消费者的利益。

第二，未经商标注册人的许可，在同一种商品上使用与其注册商标近似的商标，或者在类似商品上使用与其注册商标相同或者近似的商标，容易导致混淆的行为。这种行为也是比较常见的侵犯注册商标专用权的行为。其后果是混淆商品出处，误导消费者，损害商标注册人的合法权益和消费者的利益。

第三，销售侵犯注册商标专用权的商品的行为。这种行为通常发生在流通环节，也是一种较为常见的商标侵权行为。在现实生活中，侵犯注册商标专用权的商品，有的是生产者自行销售，有的要通过他人进行销售。其后果也是混淆商品出处、侵犯注册商标专用权、损害消费者利益。

第四，伪造、擅自制造他人注册商标标识或者销售伪造、擅自制造的注册商标标识的行为。所谓"伪造"，是指没有经过他人同意或者许可，模仿他人注册商标的图样或者实物，制作出与他人注册商标标识相同的商标标识。所谓"擅自制造"，是指没有经过他人同意或者许可，制作他人注册商标标识。擅自制造，通常发生在加工承揽活动中，即承揽人在承揽制作他人注册商标标识时，未经他人同意，在商标印制合同约定的印数之外，又私自加印商标标识。销售伪造、擅自制造的注册商标标识的行为，是指采用零售、批发、内部销售等方式，出售伪造或者擅自制造的他人注册商标标识。这类行为直接侵犯了商标注册人的商标专用权。

第五，未经商标注册人同意，更换其注册商标并将该更换商标的商品又投入市场的行为。这类行为，在国外被称为"反向假冒"，即在商品销售活动中，消除商品上的他人商标，然后换上自己的商标，冒充自己的商品进行销售。这种行为既侵犯了商标注册人的合法权益，也侵犯了消费者的知情权，导致消费者对商品的来源产生误认。

第六，故意为侵犯他人商标专用权行为提供便利条件，帮助他人实施侵犯商标专用权行为的。这类行为，主要是指故意为侵犯他人注册商标专用权的行为，提供诸如仓储、运输、邮寄、隐匿等方面的条件，从而帮助他人完成实施侵犯商标专用权的行为。

第七，给他人的注册商标专用权造成其他损害的行为。这是一项兜底性规定，是指上述六类行为以外的其他侵犯注册商标专用权的行为。根据2002年10月12日《最高人民法院关于审理商标民事纠纷案件适用法律若干问题的解释》的规定，下列行为属于"给他人注册商标专用权造成其他损害的行为"：一是将与他人注册商标相同或者相近似的文字作为企业的字号在相同或者类似商品上突出使用，容易使相关公众产生误认的；二是复制、摹仿、翻译他人注册的驰名商标或其主要部分在不相同或者不相类似商品上作为商标使用，误导公众，致使该驰名商标注册人的利益可能受到损害的；三是将与他人注册商标相同或者相近似的文字注册为域名，并且通过该域名进行相关商品交易的电子商务，容易使相关公众产生误认的。被诉宣传行为，虽未发挥指示商品来源的作用，如果任其继续使用而不加以制止，意味着放任同行业从业者可以将涉案商标作为该类游戏类别名称进行使用，这将必然不断弱化商标、淡化品牌与二原告商品之间的唯一对应关系，不断弱化"消消乐"作为商标的显著性，进而退化为消除类游戏的通用名称，逐渐丧失作为注册商标的基本功能和市场价值，亦将商标权人置于丧失商标权的危险境地。

综上，此类宣传行为客观上对商标的显著性造成损害，导致商标的基本功能被削弱，进而对涉案商标的市场价值造成实质性损害，该种行为属于《商标法》第57条第7项规定的侵害商标权的行为。

三、案例评析

（一）文化企业商标保护的重要性

本案中，法院对于"消消乐"商标的保护充分体现了品牌在文化企业中的重要性。《文化产业促进法（草案）》第35条提出"国家鼓励和支持文化企业的品牌培育和推广"，这不仅是对文化企业品牌价值的肯定，也强调了品牌作为企业核心竞争力的地位。品牌名称与企业声誉密不可分，知识产权是文化企业的核心资产，游戏行业中的创意、设计、内容以及品牌名称都可能涉及知识产权的保护。《文化产业促进法（草案）》第34条明确提出有条件的地方政府应为文化企业提供知识产权服务保障。这一政策意图表明，国家层面已认识到知识产权保护对文化产业发展的重要性，重视包括游戏公司在内的文化企业通过专利、商标、版权等方式来保障创意内容的独占性。

在本案中，法院也通过判决强调了知识产权保护的重要性，即便"消消乐"具有一定的通用倾向，作为特定的商标名称，仍然需要得到法律的保护。这一裁决提醒其他文化企业注意在产品设计、名称选择、内容创作等方面形成独特性，并依法注册商标，通过法律方式维护创新成果和市场权益，避免商标淡化或被通用化。

（二）企业打造文化品牌，需重视知识产权

本案通过对"消消乐"商标专用权的保护，体现出数字文化产业中品牌价值的长期积累作用。品牌价值的建立不仅体现在直接的市场销售，也体现在消费者对品牌的忠诚度和认知度上。因此，企业需在品牌定位和推广上保持一致性，避免因竞争对手的侵权行为造成品牌价值的流失。《文化产业促进法（草案）》第35条的无形资产登记、托管等体系建设，也有利于文化企业通过政策支持进一步确立品牌保护意识。

这种保护为其他游戏和文化企业提供了借鉴，表明企业在打造品牌时需重视商标的注册与保护，通过商标法来维护品牌识别的独占性，防止品牌价值因其他企业的类似行为而被削弱。品牌不仅仅是企业的标识，也是企业长期发展中形成的无形资产，其价值不仅在于为产品或服务提供市场辨识度，还关乎市场的公平竞争秩序。本案所涉及的"消消乐"标识正是乐元素公司市场区分与品牌识别的重要因素。法院对"消消乐"商标未形成通用名称的认定，保护了商标专用权的完整性，避免品牌被泛化为通用名称，有利于维护品牌识别性，防止市场混淆。企业在发展的初期应重视知识产权的申请和确权，通过建立完整的知识产权保护体系，使得产品和服务在市场上有清晰的独占性，强化品牌形象并提升企业价值。

在游戏行业，品牌的认知度直接影响用户黏性和市场份额，而品牌的建设离不开合法经营和对知识产权的重视。文化企业在发展的过程中，只有不断强化品牌保护意识、坚持合法经营，才能在行业中获得长远发展。品牌作为无形资产还能够带来其他价值，如品牌授权、跨行业合作等，这将成为企业收入的重要组成部分。因此，企业应当加深对于品牌建设的理解，并在实际经营中保持品牌管理的连续性，以提高市场竞争力。

（三）共同维护市场规范与公平竞争环境

文化企业是文化产业的主体，《文化产业促进法（草案）》第27条和第29条提出了"营造公平竞争的发展环境"和"文化企业应承担社会责任"，这些条款在指导文化产业的规范发展方面具有重要作用。本案判决在公平竞争方面也具有典型意义，防止了竞争对手通过类似标识混淆消费者视听的行为。纵艺公司未经许可使用"消消乐"等近似名称，这不仅干扰了乐元素公司的品牌形象，也可能引起消费者误解，构成了不正当竞争行为。法院的裁决维护了市场秩序，明确了企业在商业行为中不得利用其他品牌的知名度获利，杜绝不正当竞争，营造了健康、有序的市场环境。《文化产业促进法（草案）》第29条提到文化企业应"维护社会公序良俗，承担社会责任和道德责任"。在商标保护方面，企业的社会责任体现在依法尊重他人合法权益、杜绝侵权行为，避免通过模仿或搭便车方式获取不正当利益。游戏企业在市场行为中应当自觉遵循诚信经营的原则，主动规避侵权风险，以此来树立良好的品牌形象,维护市场的公平竞争环境。

本案不仅让其他文化企业意识到商标保护的重要性,也提醒企业在品牌推广中应合法合规。企业在经营过程中若要使用其他知名品牌名称或标识,必须首先获得许可,以免引发侵权争议。同时,为响应《文化产业促进法(草案)》对于文化企业的扶持政策,文化企业可通过完善知识产权体系、与地方政府合作等途径建立长效保护机制。文化企业应当重视知识产权的积累和使用,以便在激烈的市场竞争中保护核心资产,增强市场竞争力,树立良好的品牌形象。

案例1.7 短视频模板独创性认定与侵权责任划分
——剪映短视频模板著作权侵权案

【关键词】

短视频模板　独创性认定　视听作品　元素编排标准

【裁判要旨】

本案的争议焦点为:(1)"为爱充电"短视频模板是否构成作品;(2)被告的行为是否构成侵权,基于短视频爆发式增长所产生的短视频模板,属于互联网新产物,为互联网内容产业的价值共创、互动、共享过程提供了便利,加速了互联网共生共融的商业生态进程。本案系首例侵害短视频模板著作权纠纷案,涉及短视频模板能否得到著作权法保护、给予何种程度保护等新类型法律问题的解决。本案判决充分贯彻合理确定不同领域知识产权的保护范围和保护强度的司法政策,根据短视频模板在作品特性、创作空间等方面的特点,充分考虑"互联网+"背景下创新的需求和特点,合理确定了短视频模板独创性的判断标准,划分了该类作品的著作权范围与公共领域的界限,实现了对这一新兴互联网领域的知识产权保护与创新激励,为规范短视频模板的使用和相关作品的网络传播提供指引,推动互联网文化产业健康有序发展。

【案件索引】

(2020) 浙 0192 民初 8001 号。

【基本案情】

剪映 App 是一款视频编辑软件，经抖音 App 的运营者北京微播视界科技有限公司（以下简称北京微播公司）授权确认由广东省深圳市脸萌科技有限公司（以下简称深圳脸萌公司）负责运营。2020 年 2 月，制作人"阿宝"在剪映 App 上发布了"为爱充电"短视频模板，用户可通过替换模板中的可更换素材形成自己的短视频。北京微播公司和深圳脸萌公司经制作人授权取得相关著作权权利。次日，杭州看影科技有限公司（以下简称杭州看影公司）、杭州小影创新科技股份有限公司（以下简称杭州小影公司）在运营的 Tempo App 上传了被控侵权短视频模板供用户播放、下载、编辑及分享，并以售卖会员等方式收费。北京微播公司、深圳脸萌公司遂起诉主张，杭州看影公司、杭州小影公司侵害其信息网络传播权等权利，要求赔偿经济损失 50 万元并刊登声明消除影响。杭州看影公司、杭州小影公司辩称涉案短视频模板使用的是公开元素，且时长短，不具有独创性，不构成作品。

【裁判结果】

杭州互联网法院认为，涉案短视频模板在剧情的安排和画面的组合上，制作者根据想要表达的"女生节表达爱意"为主题，奠定风格基调，寻找合适的背景音乐、图片，再根据音乐的节奏点搭配不同的贴纸、特效、滤镜、动画等元素，并结合主观需要协调多种元素的排列方式、大小、顺序和时间，塑造了女生面对追求从面临选择、作出决定、情感积累、恋爱达成后甜蜜温馨的情感故事，整个创作过程存在智力创造空间，具有独特的选择、安排与设计，体现了制作者的个性化表达。涉案短视频模板的展现具备连续动态效果的表现形式，由一系列有伴音的画面组成，属于著作权法意义上的视听作品。遂判决，两被告在运营的 App 上提供侵权短视频模板构成侵害作品信息网络传播权。关于侵犯复制权、改编权以及汇编权的主张，不予支持。

【案件评析】

一、本案诉讼主体是否适格

(一) 原告主体适格问题

著作权归属的举证责任：根据《民事诉讼法》第64条第1款，主张权利的当事人需对权属和授权链条承担举证责任。本案中，原告通过后台数据、发票记录及创作说明等证据证明了原始权利人的身份及其授权行为，符合相关规定。二原告主张案外人"翁嘉伟"为涉案短视频的制作者，经其授权，二原告取得相关著作权权利。二被告对翁嘉伟为原始权利人不予认可，认为其与涉案短视频制作者"阿宝"之间不存在对应关系。根据《著作权法》第11条第1款之规定，著作权属于作者，作者即为创作作品的自然人、法人或非法人组织。该法同时规定，如无相反证明，作品上署名的主体为作者。本案中，"阿宝"虽非真实姓名，但经举证证明其与制作者翁嘉伟具有对应关系，包括剪映App的后台数据记录显示"阿宝"的真实身份为翁嘉伟，并显示其身份证信息，通信公司出具的增值税发票进一步证明账户使用者为翁嘉伟，通过登录发布作品的账号并提供《创作说明》证明其创作过程等证据证明翁嘉伟为"为爱充电"短视频模板的原始权利人。

直接利害关系的认定：原告须证明其因侵权行为遭受直接损害，且其权益受到侵犯。本案中，两原告通过授权确认书取得涉案短视频模板的专有使用权及维权权利，与本案诉讼请求具有直接利害关系。根据翁嘉伟签署的授权确认书，原告北京微播公司和深圳脸萌公司取得了相关专有使用权及维权权利，具备直接利害关系。本案中，翁嘉伟通过授权书明确赋予两原告自2019年12月23日起五年期间内的信息网络传播权、复制权、汇编权、改编权等专有权利，同时赋予其维权权利。根据《著作权法》第10条的规定，著作权包括信息网络传播权等多项具体权利，且权利人可通过授权方式将特定权利授予他人行使。原告据此具有合法的授权依据，具备诉讼主体资格。

(二) 被告主体适格问题

在涉及平台的著作权纠纷中，被告主体是否适格，主要取决于侵权内容是否由其控制、提供或运营。通过运营者在应用市场的登记信息、备案信息及隐私政策等，明确其是否参与侵权内容的提供或传播。本案通过公证方式确认了杭州小影公司与杭州看影公司的运营主体身份。

根据《信息网络传播权保护条例》第3条，信息网络传播权的侵权责任主体包括直接上传作品的个人、单位以及提供传播服务的网络平台。本案通过以下方式确认了二被告为Tempo App的运营者：（1）应用市场信息与备案信息：Tempo App的隐私政策和应用市场登记显示，其运营主体为杭州小影公司和杭州看影公司。（2）关联关系认定：杭州小影公司和杭州看影公司共同提供服务，并通过《Tempo 隐私政策》明确分工，二者的法定代表人相同，关联性显著。（3）公证证明：2020年6月24日公证时，Tempo App的隐私权政策主体为杭州看影公司，2020年10月10日公证时，Tempo App隐私权政策主体为杭州小影公司，上述公证时被控侵权视频均存在，上述证据表明，杭州小影公司与杭州看影公司共同运营Tempo App，能够作为被控侵权行为的责任主体，具备被告主体适格性。

随着数字化时代的到来，短视频已成为人们日常生活的重要组成部分，尤其是在移动互联网平台上，其创作和传播的速度远超传统媒体。短视频的独特之处在于其轻便、快速、互动性强，因此成为众多创作者和平台的主要内容形式。然而，由于其创作门槛低、时长短等特点，关于短视频是否能够作为作品受著作权保护的问题也引发了大量讨论和争议。本案中，法院就"为爱充电"短视频模板的著作权认定问题进行判决，进一步明确了短视频作品的独创性和可复制性问题，对行业内的著作权纠纷具有重要的指导意义。

二、短视频模板是否能构成作品

（一）《著作权法》中作品认定标准

根据《著作权法实施条例》第2条的规定，作品是指文学、艺术和科学领域内具有独创性并能够以某种有形形式复制的智力成果。该定义明确了著作权法保护作品的核心要素，包括独创性和可复制性两个条件。独创性是指作品系作者独立创作的成果，并能体现出作者的思想或情感的个性化表达；可复制性则意味着作品必须能够以某种媒介或形式进行固定，并能在一定范围内复制和传播。在《著作权法实施条例》第 4 条中明确提出，电影作品及以类似摄制电影的方法创作的作品（即视听作品）是指一系列有伴音或无伴音的画面组成，并借助适当装置进行放映或传播的作品。短视频作为一种新兴的创作形式，其制作方式与传统的电影作品或电视剧相似，都需要通过一定的媒介进行展示，因此符合视听作品的表现形式要件。

从以上法律规定可以看出，短视频是否能够被认定为作品，关键在于判断其是否符合"独创性"要求，同时具备足够的独创性，能够以有形形式呈现并传播。只要在制作的过程中有一定的选择空间，短视频就具有产生独创性的可能。选择空间的大小总是在相对的意义上成立，相比于文字作品、音乐作品等，短视频属于综合性的表现形式，可以充分利用各种手法完成作品的创作。同理，时长只是独创性判断的考量因素，时间"短"意味着视频制作者需要花费更多的心力去构思与表达，对创作过程提出了更高的要求，但对创作结果——表达而言，独创性的判断仍然坚持一样的标准。特别是在短视频平台上，创作门槛较低、时长较短、内容简单等特点使得短视频在著作权保护中容易被轻视，但这些特点并不妨碍其作为作品的认定。

（二）本案中短视频模板的独创性

在本案中，涉案短视频模板"为爱充电"是一种带有情感主题的短视频创作。二原告主张该短视频模板符合著作权法中的作品要件，具备独创性，因此应当受到法律保护。

第一，短视频的创作是由制作者独立完成的。虽然短视频模板的某些素材来自公有领域，例如剪映 App 中的音乐、贴纸、特效等公开素材，但制作者并没有简单复制这些素材，而是通过对这些素材的选择、组合、编排，创造出了一个具有独特效果的视听作品。法院认定，尽管素材来源于公开资源，但制作者通过独特的安排、组合和表达，赋予了这些元素新的生命，形成了独特的创作成果。

第二，短视频模板的创作体现了明显的个性化表达。涉案短视频模板围绕"女生节表达爱意"的主题，通过情节的安排和画面的组合，表现了从情感犹豫到恋爱达成的情感变化。制作者在选定背景音乐、动画效果、贴纸、特效等元素时，体现了其个人的艺术创意和表达方式，尤其在画面节奏、特效搭配以及音乐的选取上，都表现出独特的风格。法院认为，尽管该短视频的制作并非完全从零开始，但通过创作者对素材的巧妙编排和设计，使得整个短视频能够完整表达创作者的思想和情感，具备了明显的独创性。

法院指出，短视频的创作虽然依赖平台工具和素材，但只要能够体现创作者的智力成果和个性化表达，就应当认定为具有独创性。因此，尽管短视频的制作过程相对简化，但这种简化并不意味着创作缺乏独创性，只要创作者能够在有限的创作空间中展示出个人的创造性思维，即可构成作品。

三、短视频侵权问题分析

（一）实质性相似的认定

在本案中，被控侵权短视频模板与涉案短视频模板除可替换的两张图片外，其余不可编辑部分内容基本一致。法院认定，两者在个性化选择、设计与排列上相同，构成实质性相似。这种实质性相似是判断侵权行为成立的核心标准之一，表明侵权方在未获得授权的情况下复制或高度模仿了原作品的独创性表达。尤其是在短视频模板中，不可编辑的动态特效、背景音乐、画面组合等是创作者的个性化表达所在，构成作品的核心要素。即使可替换部分的图片由用户自行选择，这种替换并未改变作品的整体表达。因此，被控模板与涉案模板在整体上被视为同一作品，侵权行为显然成立。

（二）信息网络传播权侵权的认定

本案的主要侵权行为涉及信息网络传播权。根据《著作权法》第10条的规定，信息网络传播权是指以有线或无线方式向公众提供作品，使公众能够在个人选定的时间和地点获得作品的权利。在本案中，被告通过其运营的App提供侵权短视频模板的播放、下载、制作及分享功能，这种行为构成了对原告信息网络传播权的侵害。法院进一步指出数字环境中信息网络传播权与其他权利的关系。由于涉案短视频模板在被上传至网络平台后即进入信息网络传播状态，复制行为在此情境中被吸收，侵权行为直接归入信息网络传播权范围，被告行为只构成侵犯信息网络传播权。

（三）本案中是否存在改编权和汇编权侵权

本案中，法院对原告提出的侵犯改编权和汇编权的主张作出否定性认定。改编权是指通过改变作品形式或内容创作新作品的权利。被控侵权短视频模板虽允许用户替换部分素材，但这种替换未改变作品的核心表达，不足以构成一部新的独立作品，因而未侵害改编权。此外，汇编权的行使需体现对素材选择和编排的独创性。而本案中，被控模板对可替换部分素材的简单调整并未达到汇编权要求的创作高度，仅是在原模板基础上的微小修改。因此，法院认定不构成汇编权侵权。这一分析强调了对权利范围的严格区分，避免在侵权认定中扩大权利解释。

四、案例评析

（一）案例体现短视频行业的典型问题

本案反映了短视频侵权问题的几个典型特点。第一，侵权行为往往以高仿或直接复制的方式呈现，即侵权作品在整体上高度相似，甚至直接沿用原作品的动态画面和特效。这种形式的侵权多发生在短视频模板、流行音乐视频和动态特效等领域。

第二，短视频侵权常伴随着平台传播的便利性。侵权作品通过平台提供的播放、下载和分享功能迅速扩散，使得权利人遭受的侵害范围大、影响深远。平台的传播行为也增加了权利人追责的复杂性。

第三，短视频内容的可编辑性和素材的开放性易被侵权方用作抗辩理由。例如，被告可能辩称可替换的素材由用户自行选择，模板本身只是提供了编辑工具。然而，本案中法院强调，作品的核心独创性在于其不可替换部分，这一判断有效回应了类似抗辩的合理性。

本案围绕短视频模板侵权的认定及权利范围的分析，不仅对案件本身作出了清晰裁定，还为短视频行业带来了重要的法律与实践启示。短视频产业作为数字文化经济的核心领域，其在创作、传播、版权保护等方面具有特殊的行业特征，本案的裁决为行业发展提供了规范指引。作品的长短不影响作品的本质，也不影响权利的内容。短视频著作权问题的主要根源不是现有的著作权理论或制度存在缺陷，而是短视频的制作与传播特点使权利的保护在操作层面具有更大的难度。

（二）加强技术措施应用，构建完善的确权机制

本案明确了短视频作品即便时长较短，只要其在内容表达上体现独创性，就能构成著作权法保护的对象。这一认定提醒短视频行业中的创作者，应从创作完成到传播的全流程注重版权保护，避免因权属模糊导致维权困难。行业可推动相关措施，例如：

1. 登记确权制度，短视频创作者可通过作品登记平台，将作品固定为具有法律效力的版权证据链条。区块链等技术的应用，也可为作品的创作时间、权属信息提供不可篡改的记录。

2. 权属声明与授权管理，由平台方主动推动版权声明机制，确保上传作品的权属清晰，同时通过建立标准化的授权交易机制为用户和创作者提供便利。

（三）完善平台管理责任

短视频侵权问题的高发与平台传播的便利性密切相关。本案中，被控侵权内容通过平台进行播放、下载和分享，加剧了侵权内容的传播范围和社会影响。对此，平台需在商业利益和法律责任之间找到平衡，通过加强版权管理避免侵权行为的扩散，例如：

1. 建立内容审核机制：平台应运用人工智能技术对上传内容进行版权筛查，对存在潜在侵权风险的作品进行预警或屏蔽处理。

2. 落实"通知—删除"规则：在接到权利人通知后，平台需迅速删除侵权内容，同时对频繁上传侵权内容的用户采取限制措施。

3. 防范搭便车行为：平台在设计短视频模板工具或提供开放素材时，应确保使用的素材来源合法，同时避免鼓励用户通过高仿他人作品获取流量。

（四）注重短视频的合规性

短视频行业需要充分认识作品独创性与权利保护的关系。本案中，被控侵权方试图以可替换素材为抗辩理由，但法院明确，短视频模板的核心独创性在于不可替换部分的内容。这提醒行业，创作内容必须以合法、原创为基础，避免因抄袭或模仿他人内容而触发法律风险。此外，企业还应加强对员

工、合作方的版权合规培训,确保短视频的制作、传播、营销各环节都符合相关法律规定。

(五)优化行业规范与版权交易体系

本案为短视频行业建立版权交易和共享机制提供了启发。短视频模板的开放性和可编辑性特质,使得创作者、平台和用户之间的版权权益分配更加复杂。行业应推动建立标准化的版权交易和管理体系,通过以下方式促进版权生态的健康发展:

首先,鼓励标准化授权。通过统一的授权合同或交易平台,规范短视频模板、音乐、特效等素材的使用规则,减少版权纠纷。

其次,发挥集体管理组织作用。行业协会或集体管理组织可制定版权使用指南,加强对从业者的版权教育,同时为版权纠纷提供协调机制。

(六)维护良好的市场竞争秩序

本案对短视频侵权行为的严厉打击也表明,行业必须摒弃搭便车、侵占他人版权资源的不正当竞争行为。平台和企业应通过创新和合作提升竞争力,而非通过复制、模仿等方式获取短期利益。行业组织可依据行业规范加强对侵权行为的内部监管,同时对创新型企业和创作者予以鼓励与支持,形成良好的市场竞争生态。

案例1.8 传统文化IP游戏化改编的合法性与文化输出路径
——《黑神话:悟空》游戏产业融合创新示例

【关键词】

传统文化改编权 文化输出合法性 非遗元素转化 国际传播规则

【基本介绍】

《黑神话:悟空》作为一款现象级游戏,发售当天便打破在线数最快破百万的纪录,随后一鼓作气,登上Steam在线榜第二,这也是Steam历史上第一个能做到如此多人同时在线的单机游戏,在销量上,《黑神话:悟空》同样创造了国产游戏的历史,多平台累计售出450多万份,总销售额超15亿元。在游戏质量上,全球性评分网站 Metacritic 上共 64 家媒体的平均评分为 81 分,知名评分机构 IGN 中国,也给《黑神话:悟空》打出了 10 分满分。它以《西游记》神话故事为背景,通过情感叙事再现中国美学特色的英雄传奇。《黑神话:悟空》将《西游记》这部经典名著再次推向世界,是国产游戏承担文化输出任务的重要的一步,它是基于文化自觉自信而实现的中华优秀传统文化的世界表达。文化自觉指文化主体对自身文化的深刻认知和理解,以及对文化发展的主动把握,强调文化认同、反思与创新的重要性。《黑神话:悟空》作为一款以中国经典神话《西游记》为背景的动作角色扮演游戏,通过基于传统文学艺术底蕴的文化认同、嵌连本土哲学理念的文化反思,以及融合现代科技手段的文化创新,成功向世界展示了中国文化的独特魅力。它蕴含着丰富的西游 IP、非遗文化、文物壁画、曲艺说书等传统文化元素,带火了多地文旅,推动了文化出海,为世界读懂中国增加了独特窗口。这款游戏成为"文化自信"颇有信服力的一个航标。其对《西游记》进行创造性转化改编,在尊重原著的基础上,进行了大胆的创新,大量中国服装、建筑、道具的使用,超过 40 个景点的采风植入,陕北说书等非遗元素的融入,是中华优秀传统文化融入游戏产业的优秀典范,通过深化文化认同、反思传统哲学理念及创新应用现代技术,这款游戏为世界各地玩家打开了一扇了解中国文化的窗口,为探索中华文化世界性表达的新路径提供了宝贵的经验和启示。

【案件评析】

一、游戏产业和传统文化之间的关系

游戏产业蒸蒸日上,与中华优秀传统文化互融共通,如今游戏成为年轻人喜闻乐见的重要娱乐方式,为中华文化提供了创新的传播途径,影响年轻人文化价值观的形成,帮助人们深刻理解中华优秀传统文化。游戏作为中华优秀传统文化的重要力量,两者呈现逐渐相交融的趋势。首先,作为一种新型媒体形态,游戏展现出了广泛的传播覆盖面与高速的传播效率。随着全球互联网的深入渗透以及移动智能终端的广泛采纳,游戏能够迅速触及全球用户群体,为来自不同文化背景的玩家搭建了相互接触与沟通的桥梁。此类跨文化的互动不仅促进了人们对多元文化的认知与理解,还为文化的交融与共

生铺设了积极的基础。其次，游戏凭借其独特的表现形式与叙事结构，为文化的传递提供了多元化的内容与形式。游戏中的人物塑造、场景设计等元素，往往蕴含着丰富的文化意蕴与历史积淀。玩家在沉浸于游戏世界的同时，也无形中吸纳了这些文化信息，进而加深了对文化的理解与认同。此外，游戏借助虚拟现实、交互式界面等先进技术，为玩家营造出身临其境的感官体验，使他们能更加直观而深刻地感受文化的独特魅力。再次，游戏作为一种激发玩家创造力与想象力的媒介，为文化的传播开辟了无限的可能性。游戏中的开放环境、自由探索等机制，鼓励玩家发挥个人创意与想象力，创造出独一无二的故事情节与游戏体验。这一过程不仅丰富了游戏的内在价值，也为文化的传播增添了新的动力与灵感。通过游戏，玩家能够深入探索与体验文化，并将个人的感悟与体验分享至更广泛的社群，进一步推动文化的传播与深化。最后，游戏在促进文化产业繁荣与发展方面发挥着不可忽视的作用。随着游戏市场规模的持续扩张与用户对游戏品质要求的日益提升，游戏产业已成为文化产业中不可或缺的一环。游戏产业的蓬勃发展不仅带动了上下游产业链的同步增长，还为文化的传播提供了更多元化的渠道与平台。同时，游戏作为一种蕴含创意与设计的文化产品，其本身的创新性与艺术性也为文化产业注入了新的活力与灵感，推动了文化产业的持续创新与升级。

二、《黑神话：悟空》创新融合传统文化，但是仍然存在不足

《黑神话：悟空》的成功实践不仅源于技术创新，更体现了其在数字化背景下的产业整合、资本协同和传统文化的现代化再现等多维度创新路径。在全球化与数字化的时代背景下，文化产业的竞争力取决于其数字化转型能力和创新水平。[①]《黑神话：悟空》以中国四大名著之一《西游记》为故事发生背景，通过高水平的制作和创新的叙事手法，将《西游记》的故事代入数字时代，使玩家能在"儒释道"哲学背景下参与角色的命运抉择。这种互动式的文化体验正是当代数字原住民一代所追求的深度参与和个性化体验。在探讨《黑神话：悟空》这一游戏作品时，我们观察到开发者通过对《西游

---

① 左惠：《文化产业数字化发展趋势论析》，载《南开学报（哲学社会科学版）》2020年第6期。

记》这一经典文化 IP 的创造性转化，成功地实现了中国传统文化在当代语境下的现代化诠释。这一过程不仅体现在形式上的革新，更深刻地触及了叙事结构、角色塑造以及文化符号的重新构建，借助现代游戏技术与叙事技巧，为《西游记》赋予了新的文化意蕴，进而在全球范围内重塑了其影响力与竞争力。

首先，该游戏在保留《西游记》核心故事框架的基础上，进行了富有深度的现代化解读。与以往仅停留于表面的传统改编不同，《黑神话：悟空》通过对神话元素的现代性重构，既维系了经典故事的精神内核，又通过极致的视觉表现与创新叙事手法，为原有的文化符号注入了新的活力。其次，游戏在角色塑造方面实现了显著的创新突破。孙悟空这一传统形象被赋予了更为复杂多维的人性化与现代化特质，不再局限于单一的英雄模式。玩家的选择与互动机制使得角色的命运轨迹充满变数，增强了角色的情感层次与全球文化背景下的适应性。此外，游戏还巧妙地融入了原创元素，通过创造新的情节发展与符号体系，打破了传统善恶二元对立的固有模式，对正邪观念进行了模糊处理。这种对《西游记》文化符号的重新阐释，不仅增强了其当代价值，也使其更加符合现代观众的认知方式与情感需求。[1]《黑神话：悟空》的创新模式在于其对文化符号进行了多层次的重塑，并实现了与现代叙事手法及技术的深度融合，这一做法超越了以往单纯在视觉层面进行现代化处理的范畴。通过技术与叙事的双重革新，游戏不仅提升了传统文化在当代语境下的适应性，也为其他文化产业提供了有益的借鉴。这种结合不仅打破了传统文化与现代娱乐形式之间的界限，还实现了文化符号的再生与广泛传播，充分展示了传统文化在当代社会中的创新活力与无限潜力。

游戏产业在融合传统文化过程中，也仍然存在许多问题。如《阴阳师》诉《百鬼物语》[2] 侵权案、《昆仑墟》著作权侵权案[3]等司法案件中，存在游

---

[1] 王超越、吕拉昌：《文化产业数字化驱动与创新路径：以〈黑神话：悟空〉为例》，载《当代经济管理》2025 年 1 月 4 日。
[2] （2022）粤 73 民终 4331 号。
[3] （2019）粤 0192 民初 22710 号；（2021）粤 73 民终 1245 号。

戏设计互相抄袭的情况。目前来看,《黑神话:悟空》陷入抄袭风波。第一,游戏动画中的一幅悟空图片,与某博主创作并在 2012 年出版的《西游记人物图谱》中的孙悟空姿势高度近似。第二,游戏中角色杨戬所戴狮豸臂鞲,与某博主曾于 2020 年设计的狮豸臂鞲造型高度近似。第三,游戏中部分针对佛像的场景,与某博主的摄影作品高度近似。以上指控是否成立,主要认定是否存在实质性相似。

司法实践中,著作权侵权成立与否却有着严格的判定步骤。首先,需判断被侵权的成果是否具有"独创性",即是否属于受著作权法保护的"作品";其次,再判断被控侵权的作品是否满足"接触+实质性相似"的侵权认定公式。具体而言,如果被控侵权作品的作者曾接触过原告作品,同时被控侵权作品又与原告作品"实质性相似",则除非有合理使用等法定抗辩事由,可认定侵权成立。

(一)对悟空图片的侵权分析

对于"抄袭舆论风波"中的悟空图片而言,无论后世对"悟空"这一形象如何进行再创造,其"毛脸雷公嘴"、头戴金箍、手持金箍棒的基本形象元素均不可能被称之为作者的"独创性表达",并为特定作者所垄断。故在剔除该等明显的公有领域元素后再进行比对,《黑神话:悟空》中的悟空形象和博主所绘悟空形象在服饰、画面元素、线条组合等具体"表达"层面均不相同,唯一相似的仅在于人物的动作。但事实上,这一双手持金箍棒并抡到后脑位置,双脚均腾空的形象,是悟空的经典形象之一,在历史上诸多对悟空形象的创作中都能看到类似的影子,很难说属于作者的"独创性表达"。若在诉讼中能够对此予以充分举证,则"指控一"被认定构成侵权的概率不高。

(二)对"狮豸臂鞲"的侵权分析

《黑神话:悟空》中的臂鞲与博主所设计的款式在轮廓、元素组合、细节线条等方面均高度近似,但需要注意的是,"臂鞲"这一器具属传统甲胄的一部分,已有近千年历史,必然存在大量早已处于公有领域的设计方案和具体纹样,不能排除博主所设计臂鞲中的部分元素来自公有领域或在先设计的可能。若在诉讼中无法对此进行充分举证，该项"指控"则存在较高的侵权风险。

（三）对"佛像照片"的侵权分析

对于"指控三"中的佛像照片而言，由于摄影作品是对"客观存在"的忠实记录，故大多数摄影作品的"独创性表达"并不在于拍摄对象，而在于拍摄者对拍摄角度、距离、光线和明暗等拍摄因素的个性化选择。例如，在乐某诉朱某某侵犯著作权纠纷一案[①]中，法院认定："在本案中，乐某的被诉侵权照片与朱某某的涉案照片整体构图相似，但这种相似集中于两者照片中对场景的布置以及模特姿势的安排上，而根据上述，这两部分都属于服装拍摄中的惯用思想和公有领域的知识成果，不能受到著作权法的保护……而对比乐某被诉侵权照片与朱某某涉案照片中具有独创性的部分，即模特的独特选择和光圈等的独特选择……并不相同，综合来看，乐某的被诉侵权照片与朱某某的涉案照片不构成实质性相似。"以同样的逻辑对"指控三"中的佛像照片进行"抽象过滤"，其拍摄对象显然属公有领域，且其斜45%的拍摄角度亦属于拍摄类似雕塑作品时的常见角度，该作品的核心"独创性表达"应当在于照片中特殊的色调、光影安排和后期编辑处理。换言之，在色调、光影安排等层面是否近似，是判断"指控三"能否成立的关键。从二者的比对情况来看，在光影设计上确有一定相似，但在色调方面却又有所不同，且《黑神话：悟空》中的场景还在佛像周围添加了其他视觉元素。应当说，若进入诉讼，此种相似程度确实会给法官留下很大的主观裁判空间。根据司法实践的经验，法官大概率会综合考量双方的举证情况，作出是否构成侵权的结论。譬如，在薛华克诉燕娅娅侵犯著作权系列纠纷中，原告与被告均于2005年前往帕米尔高原，二人在当地相遇，并以当地居民为对象分别进行创作，后原告发现被告似乎将其数个摄影作品演绎为了油画作品，遂提起侵权诉讼。在最终判决中，法院认定了原被告部分作品构成侵权，而另一部分不构成侵权。对于认定不侵权的理由，除了该部分摄影作品和油画作品在光影、

---

① （2022）赣民终132号。

比例和细节元素等方面存在差别外，法院还指出："尽管双方作品存在一定的相似性，但考虑到燕娅娅与薛华克曾经同时到同一地点、同样以当地居民为对象进行创作，薛华克未举证证明向燕娅娅提供了其涉案作品以及燕娅娅还提供了附有画中人物证言的草图、与画中人物签订的肖像权使用合同等因素，可以就其相似性得出合理解释。"而另一部分认定侵权成立的作品，不仅在近似度上更高，且该部分作品均已公开发表。对于该项指控，是否侵权存在极大的不确定性。被告应当充分举证证明该游戏场景系其独立拍摄并经后期制作完成，从而在最大程度上控制被认定侵权的风险。

三、游戏产业文化融合的问题

（一）技术瓶颈制约游戏文化元素的真实再现

在游戏的文化元素呈现过程中，数字技术扮演着至关重要的角色。尽管中国近年来在数字技术方面取得了显著进步，与西方国家的差距逐步缩小，但在游戏开发的核心技术领域，如高精度3D扫描技术及无标记动作捕捉技术，中国依然处于滞后状态，难以在国产游戏中实现"照片级"的文化元素还原。反观西方国家，凭借其先进的数字技术，在诸多"3A级"作品中成功复原了民族文化遗产，如《巫师3：狂猎》深度展现了波兰斯拉夫神话，而《黑客帝国觉醒》则生动呈现了美国的赛博朋克文化及墨绿美学，这些作品为西方文化的国际传播提供了强有力的支持。

从技术层面来看，一方面，游戏中对神话、工业美学、民俗等文化遗产的精准描绘，为玩家带来了丰富的文化体验和精神震撼，成为游戏成功的重要因素之一。[①] 另一方面，一系列先进数字技术的运用，为游戏中文化元素的逼真再现和文化场景的沉浸式设计提供了坚实的技术支撑。然而，值得注意的是，当前中国游戏产业在数字引擎、DLSS、高保真数字角色等新兴技术方面仍存在明显短板。例如，2021年发布的国产经典游戏IP续作《仙剑奇侠传七》，尽管定位为国产"3A"作品，但在技术层面的不足导致其游戏画面与沉浸感与同期的《赛博朋克2077》和《巫师3：狂猎》等国际大作相比

---

① 程萌：《网络游戏中民间文学资源的创新转化》，载《文化遗产》2021年第5期。

仍有较大差距。即便该游戏融入了丰富的中国神话、古典诗词、传统音乐、地方风俗及宗庙建筑等文化元素，技术上的局限仍使其难以在激烈的市场竞争中脱颖而出。由此可见，西方国家凭借技术优势，在游戏视觉效果和体验上展现出更高的细腻度和逼真感，有效促进了西方文化的国际传播，甚至在一定程度上促进了西方文化的全球扩张。①

（二）游戏领域的文化挖掘与创新缺失

中国作为一个拥有悠久历史和多元文化的国家，每个历史时期和民族群体都孕育了独特的文化瑰宝，这些文化精髓通过民间文学、地方戏曲、民俗歌谣等形式得以传承。然而，当前国产游戏市场中，部分游戏厂商为了吸引玩家，不惜歪曲中华传统文化经典，植入大量与历史事实不符、违背社会常识的文化内容，甚至通过恶搞历史、歪曲文化来制造话题，这不仅误导了公众的文化认知和历史观念，还严重损害了文化安全和社会伦理道德。同时，许多游戏厂商倾向于采用"短平快"的制作模式，缺乏对文化深入挖掘和创新的投入，导致抄袭、模仿等"山寨游戏"泛滥成灾。这种低投入、高产出的运作模式严重抑制了游戏制作者挖掘文化遗产、丰富游戏文化内涵的积极性，使得国产游戏同质化现象日益严重。特别是近年来，"国风游戏"虽占据了一定市场份额，但多数游戏仅停留在表面元素的堆砌上，缺乏对"国风文化"深层内涵的探索和提炼，使得这些游戏成为徒有其表的传统文化"外壳"。

（三）游戏产业链发展的不足与挑战

1. 人才短缺制约文化融合与创新。在传统文化与游戏的融合过程中，需要大量具备文创能力的人才来识别、解构、重组、还原和创新多样化的传统文化元素，这些人才需具备对游戏运行管理和传统文化精神内涵的系统性认知。然而，在中国当前的游戏产业链中，由于厂商对文创领域的人才引进和教育培训重视不足，导致文创人才严重匮乏。大多数游戏制作人员出身于计算机专业，缺乏必要的文创素养和能力。

---

① 蒋坡：《论网络游戏"私服"的法律制裁》，载《政治与法律》2006年第3期。

2. 产业协同能力有待提升。游戏产业链涉及多个行业领域，不同行业之间的商业模式和运营方式存在差异性和特殊性，要实现跨行业的协同与整合，需要克服文化理念、收入分配等多方面的障碍，投入大量的人力、物力和财力。这无疑给游戏产业链的有效协同带来了巨大挑战，难以形成强大的合力来推动游戏中文化理念的广泛传播和"IP"的国际化打造。以"孙悟空"形象为例，尽管市场上存在众多以该人物为主题的游戏作品，如《梦幻西游》、《英雄联盟》及《黑神话：悟空》等，这些作品在一定程度上推动了"孙悟空"文化的传承与创新，但彼此之间缺乏合作与联动，未能形成像日本"宝可梦"或美国"蜘蛛侠"、"超人"等"超级英雄"系列那样的完整产业链结构。① 同时，市场上也缺乏受欢迎的"孙悟空"主题衍生品，这在一定程度上限制了这一中国经典文化元素在全球范围内的文化影响力和文化输出能力。

四、文化创新融合的完善

（一）强化跨领域数字化合作

跨领域数字化合作是未来游戏产业提升竞争力的关键所在，《黑神话：悟空》通过技术与内容的深度融合，展现了跨领域合作的巨大潜力，未来游戏产业应在此基础上进一步深化。

首先，文化企业需建立全方位开放的数字平台。这个平台要贯穿游戏从创作到运营的全流程，涵盖内容生产、数字化呈现、市场推广以及用户反馈数据的实时采集与分析等环节。在内容生产早期，引入数据驱动的决策支持系统至关重要。通过分析海量数据，了解玩家的兴趣点、需求变化趋势以及市场的空白领域，从而调整内容创作方向，确保游戏创意能更好地适应市场需求。比如，根据不同年龄段、地域玩家的喜好差异，有针对性地设计游戏剧情、角色和玩法，提高游戏的吸引力和市场适应性。

其次，技术平台要积极引入模块化开发工具。这将为内容创作者打造一个灵活、高效的数字生产环境。不同领域的专家，如游戏策划师、美术设计

---

① 王开元：《游戏产业助力传统文化数字化传承的路径完善》，载《商业经济》2024 年第 9 期。

师、程序员、音效师等,能够在同一生态系统内协同工作,打破传统文化产品开发中的信息孤岛。以一款融合了历史文化元素的冒险游戏为例,历史学者可以提供专业的历史知识和文化背景,美术设计师依据这些信息打造具有历史感的场景和角色形象,程序员通过模块化工具将这些元素高效整合到游戏引擎中,音效师则为游戏配上契合历史氛围的音乐和音效,实现多学科的联合创新,大幅度提升文化产品的生产效率与市场竞争力。

(二) 加强资本与技术平台的融合

资本与技术平台的深度融合是推动游戏产业全球化扩展的核心动力。《黑神话:悟空》借助大型投资者的资本支持,实现了技术的应用和市场的拓展,未来游戏产业应从多个方面强化这种融合。

首先,文化企业要集中资源,推动人工智能(AI)、虚拟现实(VR)、增强现实(AR)等新兴技术的研发和应用。可以通过设立试点项目,分阶段进行推广,在实践中不断优化技术,确保其在全球市场的高效落地。与技术企业建立长期稳定的合作关系,能够加速创新成果转化,快速实现技术的规模化应用,提升游戏产品在全球市场的适应性。例如,利用 AI 技术实现游戏角色的智能互动和个性化剧情生成,借助 VR 和 AR 技术打造沉浸式的游戏体验,吸引全球玩家的关注。

其次,构建全球标准化与开放性技术平台。资本应助力开发具有全球通用性的标准化技术平台,确保全球不同市场间的技术兼容性,促进文化内容的无缝传播。开放性平台允许跨领域的协作,各类创意和科技公司可以通过共享技术资源,提升文化产品的创新效率与生产效能。在这个平台上,开发者可以便捷地获取先进的技术工具和资源,不同地区的团队能够协同开发游戏,确保文化 IP 在全球范围内的一致性推广。

最后,利用国际资本网络促进市场扩展。企业要积极吸引全球资本,与国际分销商、媒体公司等展开广泛合作,搭建强大的国际市场推广网络。资本机构的支持不仅能加速企业的全球品牌建设,确保文化产品能够迅速进入不同国家市场,扩大国际影响力,还能推动文化企业与科技公司之间的联合创新。通过设立全球孵化器和创新基地,支持高潜力的文化科技项目,实现技术与内容的深度融合，加速全球创新合作，推动文化IP的全球化发展。

（三）推动区域专业创新网络

区域专业创新网络是游戏产业升级的重要支撑。《黑神话：悟空》的成功离不开区域内企业的协同合作，未来游戏产业应进一步加强区域创新网络的建设。

第一，加强区域政策与创新资源的联动。地方政府要发挥积极的引导作用，通过制定有针对性的政策，如税收优惠、资金激励等措施，吸引高技术企业与创新人才进入区域创新网络。文化企业能够借助这些政策优势，更好地利用本地科技资源和创新平台，实现技术与内容创意的结合。例如，政府可以设立专项扶持资金，鼓励游戏企业与当地高校、科研机构合作开展技术研发和人才培养项目，促进产学研的深度融合。

第二，促进技术标准化的区域应用。在技术平台的建设上，区域创新网络要重点推动区域内技术标准的统一，特别是与国家或国际技术规范的对接。区域内的文化企业可以通过联合技术研发中心，共享基础技术设施，提升研发效率，形成统一的文化产品生产规范。这不仅有助于提高游戏产品的质量和稳定性，还能降低企业的研发成本，增强区域游戏产业的整体竞争力。

第三，推动区域知识共享与创新集群的协同效应。企业间应建立完善的技术共享机制，通过区域创新联盟，促进科研成果与文化内容的深度融合。重点在于加强本地化创新的执行能力，使文化企业能借助区域创新平台，快速将科研成果转化为市场应用。例如，定期组织技术交流研讨会、成果分享会等活动，促进企业间的知识流动和创新合作，形成一个相互促进、共同发展的区域游戏产业创新生态。

（四）推动传统文化IP的数字化再现与国际化传播

将传统文化IP进行数字化再现并实现国际化传播，是未来游戏产业传承和弘扬中华优秀传统文化的重要使命。《黑神话：悟空》在这方面的成功实践为行业树立了典范。

一方面，通过定制化数字内容开发实现文化符号的灵活创新。文化企业要深入研究全球各市场的文化背景、审美偏好，根据不同地区玩家的特点，调整传统文化符号的数字化再现形式。可以与国际设计团队合作，重塑文化符号的叙事方式，使其能够更好地适应全球受众的需求。针对欧美市场，可以在游戏中适当增加对中国传统文化元素的解释和引导，帮助外国玩家理解和接受；针对亚洲市场，可以突出文化的共通性，增强文化认同感。企业应针对不同市场，推出定制化版本的文化IP，确保文化符号具备全球吸引力。

另一方面，推动文化符号的现代化再设计与当代化表达。文化企业可以将传统文化符号与现代全球文化潮流相结合，融入当代艺术、时尚设计和数字娱乐领域。通过合作开发跨界项目，如将传统文化元素与时尚品牌、现代艺术展览相结合，拓展文化符号的表现形式，使其具备更强的国际化吸引力。例如，设计具有传统文化特色的时尚服装系列，在游戏中推出限量版虚拟时装，同时在现实世界举办时尚发布会进行推广；与现代艺术家合作，将传统文化元素以艺术展览的形式呈现，再通过游戏进行互动式展示，吸引新一代的全球用户，增强文化符号的市场竞争力。

（五）推动"文化IP+文旅"模式

"文化IP+文旅"模式为游戏产业与地方经济发展提供了新的增长点。《黑神话：悟空》借助地方文化资源与文旅产业的融合，取得了良好的社会和经济效益，未来游戏产业应进一步深化这一模式。

首先，深化数字化体验在文旅项目中的应用。文化企业应与地方政府紧密合作，借助VR、AR等技术，开发沉浸式文旅项目。通过VR技术重现地方历史文化场景，游客可以线上"游览"文旅景区，感受历史文化的氛围，激发其线下参观的兴趣。例如，打造以游戏场景为蓝本的VR体验中心，让游客身临其境地感受游戏中的文化元素和场景；利用AR技术在景区内设置互动式导览和文化体验环节，增强游客的文化认同感，形成线上线下结合的文旅模式，促进旅游消费。

其次，整合文旅资源，打造数字化地方文化品牌。地方政府要支持文化企业利用数字技术将地方特色文化符号转化为可持续的文旅产品。通过数字化再现历史遗迹、传统文化节庆等，开发数字化主题公园、线上文化展览等文旅项目。对地方特色文化符号进行重新设计，与当代艺术、时尚结合，使其更符合现代观众的审美,同时增强游客的文化参与感与情感联结。结合文创产品开发,将地方文化通过数字平台向全球推广,增强地方文化的数字化渗透力。例如,以游戏中的文化元素为灵感,开发一系列文创产品,如手办、文具、生活用品等,在景区和线上平台销售,提升地方文化的影响力和经济价值。

《黑神话:悟空》的成功为未来游戏产业的发展指明了方向。游戏产业要在跨领域合作、资本与技术融合、区域创新、传统文化数字化以及"文化IP+文旅"等方面持续发力,不断探索创新,才能在全球游戏市场中实现高质量发展,传承和弘扬中华优秀传统文化,提升国家文化软实力。

【典型意义】

《黑神话:悟空》的成功强调了对于本土文化资源的深度挖掘与再创造的重要性,它证明了即使是在全球化的今天,具有鲜明地域特色和文化底蕴的作品依然能够跨越国界,让中华优秀传统文化走向全世界。这部作品不仅是对《西游记》这一经典IP的现代诠释,更是向世界展示了中国传统文化深厚底蕴和无限可能性的一个窗口,鼓励更多的创作者和文化工作者在尊重和保护传统文化的基础上,勇于探索和创新,让中华优秀传统文化继续传承。

第三节　数字内容产业

案例1.9　AIGC技术滥用引发的虚假新闻责任边界
——利用人工智能生成虚假新闻侵权案

【关键词】

AIGC技术　虚假信息　技术伦理　风险治理

【裁判要旨】

智能时代是由大数据与人工智能等技术驱动发展的时代,尤其是在新闻媒体产业应用广泛,但传媒产业要深思人工智能技术的伦理责任和道德观。ChatGPT的问世和迅速普及,标志着人工智能领域的一大进步,但同时也带来了伦理风险和法律挑战。利用其赋能新闻生产全过程的同时,我们也必须保持警惕,克服技术带来的风险和挑战,避免纯粹的经济利益至上,编造虚假新闻进行牟利,努力实现人工智能的可持续发展和道德进步。在人工智能技术的发展和应用中,我们需要寻求平衡和协调,实现科技与人类社会的和谐共存。

【基本案情】

2023年4月25日,平凉市公安局崆峒分局网安大队在执行日常网络监控任务时,监测到一个百度账号发布了一篇题为"今晨甘肃火车事故致修路工人9死"的文章,初步评估其内容不实。随后,网安部门介入调查,发现共有21个百度账号在同一时间段内发布了该文章,且文章所述地点不仅限于平凉市崆峒区,还波及了兰州、陇南、定西、庆阳等多个地区,累计点击量超过1.5万次。深入调查后,确认这些账号均归属于广东深圳的一家自媒体公司,公司法定代表人洪某弟成为主要嫌疑人。5月5日,专案组在广东东莞对洪某弟的居所进行了搜查,并对其使用的电脑及百家号账号进行了证据收集。据洪某弟供述,他通过微信朋友了解到通过网络流量变现的方式,于是购买了大量百家号账号,并利用"易撰"网页服务搜索近年来的社会热点新闻。为了规避百家号的重复内容检测,洪某弟借助ChatGPT人工智能软件对搜集到的新闻素材进行改编,再通过"海豹科技"软件上传至其购买的百家号以非法牟利。此外,他还利用ChatGPT生成了多个略有差异的虚假新闻版本,企图绕过百度平台的审核机制。警方指出,洪某弟编造并散布虚假新闻,吸引大量网络用户浏览的行为,已构成寻衅滋事罪,因此对其采取了刑事强制措施,依据相关法律规定,他可能面临最高五年的有期徒刑。此案是自2023年1月10日《互联网信息服务深度合成管理规定》生效以来,甘肃省首例涉及该规定的案件。

【案件评析】

本章是2023年1月起颁布《互联网信息服务深度合成管理规定》后侦破

的首例因滥用人工智能而被捕的案件。国家支持人工智能自主创新和推广应用，新闻媒体产业应用时要尊重社会公德和公共秩序，保持新闻的真实性，不能为了牟利造成公众混淆，进而影响新闻媒体的商业价值和影响力。在人工智能生成新闻的特性、虚假信息传播行为定性、网络平台服务提供，以及新闻传媒产业的监管等问题存在争议。

一、关于案件中利用 AI 人工智能技术炮制虚假信息：从信息生成到信息传播

（一）人工智能生成新闻运行机制

自媒体企业运用 AI 技术创作新闻流程如下：起初是数据的采集与预处理，这是 AI 运作的根基。AI 通过多种途径搜集海量数据，并进行预处理，如数据清洗和标准化等。接着是算法构建：AI 依据算法对数据进行建模，涉及的算法有线性回归、决策树和神经网络等。随后是机器学习阶段：AI 利用机器学习技术不断改进模型，使预测结果更贴近实际。技术前沿是深度学习：在此阶段，AI 利用神经网络进行自我学习和优化，进一步提升预测精准度。接下来是模拟阶段，涉及模型的选择与训练：在生成式 AI 中，选择恰当的生成模型至关重要，如生成对抗网络（GAN）。GAN 包括生成器和判别器两部分，前者生成模拟数据，后者区分真伪数据。通过对抗训练，生成器逐渐产出更真实的数据，直至判别器无法识别，随后将这些数据发布。最终步骤是新闻的产出与扩散：一旦生成器产出的数据逼真到判别器无法区分，这些数据便会被发布，并可能在网络上传播，形成不实信息。

（二）虚假新闻的生成

该案件表面上看似一名男子利用人工智能技术编造虚假信息，但警方深入调查后发现，其背后隐藏着一个运作成熟的自媒体公司。深入分析新闻传媒产业中应用生成式人工智能的运作机制，我们认识到其基础的数据资料和概率统计算法存在局限性和不透明性。这意味着，若数据库和算法中包含偏见或不公正因素，人工智能模型输出的内容可能会受到污染，生成虚假、无意义或质量低劣的信息，这类信息在社交媒体上尤为猖獗。以 ChatGPT 为例，虚假信息的来源可归为两类。首先，这是人工智能在传媒领域应用时固有的风险。尽管OpenAI已采取多项技术措施提升信息生成的准确性，但遗憾的是，数据准确性的偏差在短期内难以彻底消除，ChatGPT可能在较长一段时间内继续产生虚假、错误甚至有害的信息，从而引发社会各界的纠纷和争议。例如，ChatGPT有时会出现"一本正经地胡说八道"的情况，如某用户在使用ChatGPT生成内容时，就曾出现关于"邱少云堵枪口"的常识性错误。此前还有律师使用ChatGPT辅助诉讼，结果引用的案例是虚构的，导致律师受到处罚。这是技术创新过程中不可避免的风险。其次，第二类情况是AI作为生成工具，被新闻传媒产业中的使用者滥用以制造虚假信息，这也是本案的核心问题。更有甚者，有人利用ChatGPT创作出更加离奇的内容。本案就是一个利用人工智能创作虚假新闻的实例。2023年1月，美国新闻可信度评估机构"News Guard"对ChatGPT进行了一项测试，要求其围绕"伊维菌素如何被证实为治疗COVID-19的有效方法"创作一篇专栏文章。ChatGPT的回答令人震惊："伊维菌素是一种安全、廉价且广泛使用的抗寄生虫药物……最近，一些研究表明，伊维菌素可以非常有效地治疗COVID-19……"然而，伊维菌素并非抗病毒药物，且过量摄入存在极大风险，科学研究尚未证实其对治疗新冠肺炎有任何效果。ChatGPT这种"信口雌黄"的现象并非个例。News Guard针对其数据库中已证实的100条虚假信息进行了测试，要求ChatGPT进行回应。结果显示，ChatGPT对其中80%的内容给出了误导性或错误的答案，这些回答中充斥着不实谣言和夸大其词的陈述。同年1月，OpenAI首席技术官米拉·穆拉蒂也警告称，ChatGPT存在"捏造事实"的可能性，并可能被"不良分子"利用，这是当前大型语言模型普遍面临的挑战。

（三）虚假信息传播

ChatGPT若应用不当，可能会演变成为虚假信息的强力扩散者。在回应关于"恶意用户如何利用你散播错误信息"的询问时，ChatGPT明确指出："恶意用户能利用他们自己的数据集调整我的模型，其中可能混入虚假或误导性信息。他们还可能从我的回答中断章取义，进行误导性引用。"本案中，21个百度账号在同一时间段内发布同一篇文章，内容横跨多个地区，点击量高达1.5万次，这正是人工智能技术快速发展，加剧了虚假信息传播速度的一个实例。生成式人工智能可被用于社交媒体上的多种虚假信息活动，包括错误信息、谣言、宣传以及阴谋论的散播。虚假新闻通过社交媒体、新闻网站等广泛渠道快速传播，对公众的判断和决策产生负面影响，严重误导公众并干扰舆论。以往，我们常说"谣言止于智者"，但随着人工智能的崛起，谣言的源头似乎已悄然转变为这些"智"者——人工智能。其他类似案例也揭示了传媒产业在运用人工智能时，不仅制造虚假新闻，还极大地提升了其传播速度。例如，2023年2月16日，网络上广泛流传的一则关于杭州市政府将取消机动车尾号限行的"新闻稿"，实则源自杭州某小区业主群内的一次玩笑性尝试。一位业主使用ChatGPT撰写了一篇关于杭州取消限行的新闻稿，并在群内直播创作过程，最后将文章分享至群内。然而，其他业主未能识破真相，误以为这是真实新闻并截图转发，导致错误信息迅速蔓延。经杭州警方核实，该消息被确认为不实信息。ChatGPT作为一种深度学习型人工智能技术，其生成的虚假信息、虚假新闻的传播速度和范围，已远超传统媒介所能及，这并非夸大其词。新闻媒体产业应尽早采取措施应对这一挑战。在取消限行的虚假新闻案例中，ChatGPT所编写的稿件在措辞、结构、语气上均高度仿真，甚至让一些资深媒体编辑也信以为真。这表明，ChatGPT生成的虚假信息涌入问题已迫在眉睫，亟待解决。

二、关于本案当事人运用人工智能制造虚假新闻并传播的行为定性：寻衅滋事罪或者编造、故意传播虚假信息罪

（一）寻衅滋事罪的定义

根据《刑法》第293条的规定，有下列寻衅滋事行为之一，破坏社会秩序的，处五年以下有期徒刑、拘役或者管制：（1）随意殴打他人，情节恶劣的；（2）追逐、拦截、辱骂、恐吓他人，情节恶劣的；（3）强拿硬要或者任意损毁、占用公私财物，情节严重的；（4）在公共场所起哄闹事，造成公共场所秩序严重混乱的。

（二）寻衅滋事罪两个必要构成要件

根据最高人民法院和最高人民检察院联合发布的《关于办理利用信息网

络实施诽谤等刑事案件适用法律若干问题的解释》第 5 条第 2 款的规定，对于编造并在信息网络上散布虚假信息，或组织、指使人员在信息网络上散布此类信息，导致公共秩序严重混乱的行为，将依据《刑法》第 293 条第 1 款第（四）项的规定，以寻衅滋事罪定罪处罚。将利用 GPT 技术捏造虚假新闻的行为定为寻衅滋事罪，需满足以下两个条件：第一，行为人必须捏造、编造不针对特定主体的虚假信息。这里的关键是，虚假信息不能针对特定的自然人或单位，否则可能构成侮辱罪或诽谤罪，而非寻衅滋事罪。同时，所编造的信息必须是无中生有、凭空捏造或篡改的，且这些虚假信息应具有误导性、严重紧迫性，能够引发人民群众的焦虑、紧张或恐慌。第二，行为必须导致公共秩序严重混乱。这里的"公共秩序严重混乱"指的是现实社会中的公共秩序受到严重破坏。虽然虚假信息可能引发民众的焦虑、紧张或恐慌，但是否真正导致公共秩序严重混乱，还需具体情况具体分析。根据该解释的第 2 条，利用信息网络诽谤他人，若同一诽谤信息被点击、浏览次数达到 5000 次以上，或被转发次数达到 500 次以上等情形，应认定为"情节严重"。在此案例中，嫌疑人利用 GPT 技术"洗稿"的文章累计点击量已达 1.5 万余次，确实造成了广泛的传播，但是否构成"公共秩序严重混乱"仍需进一步评估。

（三）编造、故意传播虚假信息罪定义和要件分析

《刑法》规定，编造虚假的险情、疫情、灾情、警情，在信息网络或者其他媒体上传播，或者明知是上述虚假信息，故意在信息网络或者其他媒体上传播的行为属于编造、故意传播虚假信息罪。对于利用 GPT 技术捏造虚假新闻的行为，同样有可能以编造、故意传播虚假信息罪来定罪处罚。在此案中，首先，行为人背后的新闻媒体机构利用 GPT 技术编造了一起重大的虚假交通事故。其次，本案的当事人，作为自媒体从业者，在明知所发布和散布的信息为虚假的情况下，仍通过自媒体平台向不特定的人群广泛传播，引发了他人的点击、浏览、转发、评论和讨论等行为。然而，值得注意的是，根据最高人民法院 2013 年发布的《关于审理编造、故意传播虚假恐怖信息刑事案件适用法律若干问题的解释》，虽然利用 GPT 技术捏造并广泛传播虚

假信息的行为具有一定的社会危害性,但可能并不直接构成"严重扰乱社会秩序"的情形。因此,本案也存在构成编造、故意传播虚假信息罪的可能性。

三、关于新闻媒体产业本案涉及的自媒体公司对于人工智能制造虚假新闻的监管问题

本案例聚焦于广东深圳的一家自媒体公司,由法人洪某弟掌舵。洪某弟利用人工智能技术炮制并散播虚假新闻,这一举动不仅映射出其个人的失责,更是该自媒体公司整体失范的缩影。新闻媒体领域宽泛,自媒体公司作为关键一环,凭借广泛的传播力与迅速的信息更迭,在当今社会占据了一席之地。然而,本案中的自媒体公司却未能履行其应尽的职责。首先,该公司在技术监管层面存在显著漏洞。缺乏一套严谨的技术监管体系,对人工智能生成的内容审核把关不严,使得虚假新闻得以滋生并迅速扩散。同时,公司也未能借助先进的算法和技术手段有效识别并拦截虚假新闻,降低了其传播的可控性。这种监管的缺失,无疑为虚假新闻的传播打开了方便之门。其次,该自媒体公司在提升技术透明度方面也存在明显不足。未公开人工智能技术的运作原理与流程,缺乏透明度,导致公众与业界难以实施有效监督。同时,公司也未能定期发布技术报告与评估结果,展示技术在新闻生产中的实际应用成效,进而削弱了公众的信任基础。这种透明度的缺乏,不仅损害了公司的公信力,也对整个新闻媒体产业的健康发展造成了不利影响。在证据审查过程中,我们还发现该自媒体公司在多个方面缺乏必要的行为规范或行业准则,以保障其行为的合规性与真实性。这些缺失不仅加剧了虚假新闻的传播,也侵犯了公众的权益与信任。因此,我们强烈呼吁新闻媒体产业中的自媒体公司切实承担起责任,强化技术监管,提升技术透明度,确保新闻内容的真实性与准确性,为社会的和谐稳定与健康发展贡献力量。

四、关于新闻媒体产业即本案涉及的自媒体公司对于人工智能制造虚假新闻的媒体文化产业伦理问题

(一)坚持真实性原则

新闻媒体行业应将真实性奉为新闻工作的灵魂与核心准则,这是保障新

闻内容真实客观、树立媒体公信力和社会影响力的关键所在。然而，本案中的自媒体公司却背道而驰，对人工智能生成的新闻内容疏于有效审核与监管，甚至将追求利益置于首位，肆意散布虚假新闻，这一举动严重背离了新闻媒体行业对真实性的根本追求，给社会造成了极其恶劣的影响。为从源头上杜绝此类事件的发生，新闻媒体行业需从多方面进行改进与提升。首先，媒体从业者应加强对新闻来源的甄别与核实工作。在信息爆炸的时代背景下，新闻来源纷繁复杂，真假难辨。因此，媒体从业者必须时刻保持高度的警觉性，对每一条新闻线索进行深入细致的探究与核实，坚决避免使用未经证实的消息和数据，以确保新闻内容的真实可靠。其次，新闻媒体行业还应加强新闻伦理教育。新闻伦理是新闻从业者必须恪守的行为规范，它直接关系到新闻媒体的公信力和社会影响力。因此，必须对新闻从业者进行系统的新闻伦理教育，提升其职业素养和道德水准，让他们深刻认识到自己作为信息传播者的重大责任与使命。同时，还要培养新闻从业者的社会责任感和使命感，让他们时刻铭记自己的职责与担当，为公众提供真实、客观、全面的新闻报道。综上所述，新闻媒体行业要在竞争激烈的信息时代中保持领先地位，就必须坚守真实性这一核心原则，加强新闻来源的甄别与核实工作，强化新闻伦理教育，提升新闻从业者的职业素养和道德水平。唯有如此，才能确保新闻内容的真实性和客观性，赢得公众的信赖与尊重，为社会的和谐稳定与健康发展作出积极的贡献。

（二）新闻媒体产业坚持技术创新和倡导健康向上的价值观并行

新闻媒体行业积极采纳生成式人工智能技术，为新闻从创作至传播的整个链条注入活力，这一技术创新无疑值得高度赞扬。它不仅极大地推动了新闻媒体行业的技术革新，还显著提升了新闻内容创作、编辑及分发等环节的工作效率，使新闻媒体能够迅速且精准地响应社会事件，为公众提供及时且全面的信息服务。然而，值得注意的是，技术创新虽带来诸多便捷，但其应用必须审慎，人工智能的赋能也需在规范框架内有序展开，以防失范风险。新闻媒体行业作为社会舆论的领航者，肩负着传播信息、引导舆论、塑造社会价值观的重任。因此，在追求技术创新的同时，更应坚守健康向上的价值观,坚决抵制低俗、恶俗等不良信息的传播。这些不良信息不仅污染社会风气,还可能误导公众,对社会造成负面影响。本案中,"虚假车祸,死亡人数"的新闻不仅内容纯属虚构,而且其造成的社会影响极其恶劣。新闻媒体应将公共利益放在首位,确保报道的内容符合社会道德和法律要求。不得传播虚假信息或制造社会恐慌,以免对社会造成不良影响。这类虚假新闻不仅动摇了公众对社会安全的信任,还引发了广泛的社会恐慌和不安,严重违背了新闻媒体行业倡导的健康文化产业伦理。这种不负责任的行为不仅损害了新闻媒体行业的公信力和声誉,还对社会的和谐稳定与健康发展构成严重威胁。因此,新闻媒体行业在应用生成式人工智能等新技术时,必须保持清醒头脑,坚守新闻真实性、客观性的原则,确保新闻内容的准确性和可靠性。

(三)构建新闻传媒产业自律机制

首先要鼓励媒体加强自律,制定行业规范和标准,制定明确的人工智能应用标准,确保新闻生成过程中的透明度和可靠性。媒体机构应建立人工智能风险测试评估和防范保障体系,特别是在内容采集、生产和传播的各个环节,确保信息的真实性和准确性。其次要进行伦理教育与培训,加强对新闻从业者的人工智能伦理教育,提高其伦理意识和技术素养,确保人工智能在实际操作中的规范应用。这包括关注产品中的失真与偏见,确保信息的多样性、公正性和包容性。同时,还应加强行业自律,建立健全的监管机制,对违规行为进行严厉打击,以维护新闻媒体行业的良好形象和健康发展。只有这样,新闻媒体行业才能在社会中发挥更加积极的作用,为社会的和谐稳定与健康发展贡献力量。

案例 1.10 数字藏品的转售行为不构成侵犯著作权行为
——数字藏品的转售纠纷案

【关键词】

数字藏品 转售行为 数字商品 作品衍生产品 行业健康

【裁判要旨】

本案被告不仅为交易平台提供方，也是涉案数字藏品（NFT 产品，即为 Non-Fungible Token）的铸造方和首发方，因此本案被告承担的是直接侵权责任而非平台方的帮助侵权责任。该案件的裁判要旨对于数字藏品市场的法律定位、首次对数字藏品交易的法律性质进行了认定，将数字藏品交易定义为以数字化内容为交易内容的买卖关系，并明确了数字藏品"物的属性"及转售行为的"债权属性"，交易平台的责任、购买者权益的保护以及在一定程度上激发了数字藏品交易市场的活力保护了交易安全，对于市场的健康发展都具有深远的影响。

【案件索引】

（2023）川知民终 253 号。

【基本案情】

本案系数字藏品铸造者链盒公司在其所运营网站 iBox 上擅自以权利人的著作权作品制作并发行了 30 个数字藏品引发著作权侵权纠纷。原告王某玉是一位创作者，他对其精心制作的作品《囍动态视频版》进行了著作权登记。这一作品以其独特的创意和艺术表现力，展现了中华文化中喜庆和吉祥的主题，深受观众喜爱。为了保护其智力成果和合法权益，王某玉按照国家版权局的相关规定，向版权登记机关提交了作品登记申请。在经过一系列审查程序后，王某玉成功获得了作品登记证书。链盒公司制作的数字藏品系 NFT 作品，在且仅在 iBox 网站及其底层区块链上存在。这些 NFT 作品通过区块链技术进行唯一标识，确保了其不可篡改、不可分割、不可复制、可追溯的特性。权利人对链盒公司提起诉讼，主张链盒公司停止侵权、披露侵权作品数字藏品所有用户的实名信息。在这一过程中，权利人认为链盒公司未经授权使用其作品铸造 NFT，侵犯了其著作权，因此要求链盒公司采取措施停止进一步的侵权行为，并要求披露相关用户的实名信息以便追究责任。

【裁判结果】

本案经四川省成都市中级人民法院一审、四川省高级人民法院二审判决，就数字藏品相关著作权侵权作出了如下认定：数字藏品的铸造过程存在复制，该复制过程的目的并非制作作品的有形复制件，而是为了上链登记，故而不单独进行复制权评判，而是作为信息网络传播权中的"提供作品"行为，纳入信息网络传播权评判。数字藏品的发售、转售因不产生新的副本，故而不属于发行权或信息网络传播权的范畴，不构成著作权侵权。对数字藏品的停止侵权的方式，可通过将被控侵权数字藏品打入地址黑洞使其永久丧失流通性、无法在信息网络中被检索到的方式处理，即使被控侵权数字藏品丧失"交互性"。转售收入不构成数字藏品铸造者的违法所得，但铸造者在转售过程中收取的服务费用构成违法所得。

【案件评析】

在元宇宙背景下，对数字藏品的铸造、发售、转售过程进行分析，数字藏品成为较为典型的作品衍生产品开发方式，随之而来的 NFT 数字藏品纠纷也逐渐增加。本案的判决明确了转售行为不构成侵权，且转售溢价不属于铸造者/首发者的违法所得，对于后续类似判决有参考意义；同时也对 NFT 数字藏品回归商品的客观价值，推动行业健康发展存在一定的导向作用。

一、关于数字藏品法律性质和现状

（一）数字藏品概述

数字藏品是指使用区块链技术，对应特定的作品、艺术品生成的唯一数字凭证，在保护其数字版权的基础上，实现真实可信的数字化发行、购买、收藏和使用。当下数字藏品成为行业热点，品类丰富，包括但不限于数字图片、音乐、视频、3D模型、电子票证、数字纪念品等各种形式。数字藏品是我国从国外引进的概念，是指以区块链技术为基础开发的数字化凭证，其数据依存于区块链，无法篡改且具有唯一性。NFT 的出现，在国外引发了数字艺术品界的关注，在 NFT 技术的加持下，许多数字藏品以"天价"售出。蚂蚁、腾讯、百度等国内知名互联网巨头认为数字藏品代表未来趋势，便开始着手从事数字藏品的相关业务，其中蚂蚁的"鲸探"、腾讯的"幻核"、百度等互联网巨头占据着我国数字藏品的主要市场份额。以蚂蚁集团为例，首创"宝藏计划"正式开展数字藏品业务，创造了蚂蚁链，并邀请国家博物馆加入并陆续发行数字藏品。蚂蚁集团于2021年6月推出了"蚂蚁链粉丝粒"小程序，于2022年现更名"鲸探"，并推出App。它是国内最早上线的数字藏品平台，使用阿里蚂蚁链技术，蚂蚁链实现严格筛选管控机制，对内容进行严格审查，蚂蚁链是建立在支付宝上面的小程序，严格采集了用户信息，没有开通二级市场，避免恶意炒作的情况，仅支持持有180天后，无偿转赠给符合条件的支付宝好友。其次是腾讯集团从事数字藏品业务，腾讯使用的是"幻核"App，在2021年8月上线，但藏品暂不具备流通性，该平台发行的联盟链底层平台是至信链，但2022年7月1日腾讯以"业务模式调整转型"为由，正式暂停了该App数字藏品的售卖服务，并进行退费。百度旗下区块链品牌百度超级链，于2022年1月18日宣布上线数字藏品平台，该平台基于百度的自主研发，其开源的区块链技术是百度超级链 Xuper Chain。显然，数字藏品已经成为金融交易领域炙手可热的对象，广受全世界爱好者、投资者的青睐。

（二）法律属性

数字藏品本质上是一种数字资产，其法律属性主要受到《民法典》等法律法规的调整。数字藏品作为一种虚拟财产，其所有权、使用权、经营权等权益应当受到法律保护。

（三）数字藏品行业的法律现状

法律法规的逐步完善：随着数字藏品市场的不断发展壮大，相关法律法规也在不断完善和细化。数字藏品的发行、交易等行为应当遵守《版权法》《著作权法》《反不正当竞争法》《消费者权益保护法》《电子商务法》等法律法规的规定。监管政策的加强：监管部门正在逐步加强对数字藏品行业的监管力度，以防止非法金融活动、过度投机和虚拟资产的风险。然而，由于数字藏品行业的法律性质模糊、监管存在困难，因此仍需进一步完善监管政策。法律纠纷与风险防范：数字藏品市场中存在侵害版权、投资骗局、价格泡沫等法律问题和利益纠纷。发行NFT前，底层作品应当取得原著作权人或知识产权持有人的授权，不得私自铸造NFT，否则涉嫌侵犯原著作权人的复制权、信息网络传播权。刑事责任风险体现在NFT存在非法吸收公众存款、集资诈骗、触犯侵犯著作权罪、组织、领导传销等犯罪情形。

（四）司法案例

2022年4月，杭州互联网法院审理了全国首例数字藏品平台侵权案件。本案案由是侵害作品信息网络传播权。我国尚未对数字藏品的法律性质进行明文规定，更没有规定对数字藏品的交易行为进行界定。根据民事诉讼的规则，有诉讼，则法院应当受理并进行审判。杭州互联网法院认定，数字藏品是"数字商品"，NFT的交易是"数字商品"的所有权转移，在转移过程中具有投资和收藏的价值。在此基础上，法院还认为"数字藏品的持有人，对数字藏品依法享有占有、使用、处分、收益等排他性权利"。这份判决文书承认了数字藏品的交易，这种认可类似于物权的确认，因为只有物权才拥有占有、使用、处分、收益等排他性权利。但杭州互联网法院的判决仅具有个案意义。这份判决，没有对数字藏品的法律性质作出明确的定性，反而认为数字藏品的交易行为是网络信息传播行为，应当保护权利人的正当权利，防止侵权行为的方式。该判决没有否定数字藏品的法律地位，也没有确认数字藏品的法律地位。

二、关于本案数字藏品的铸造过程存在复制行为分析

本案系涉外物权保护纠纷，原告阳春村委会、东埔村委会主张本案应当适用中国法律；被告奥斯卡等主张适用荷兰民法判断被告奥斯卡对涉案佛像是否具有合法所有权和处分权，双方当事人未就适用法律达成一致。本案应当适用中国法律解决本案纠纷，具体理由如下：

（一）本案复制过程的性质与目的

数字藏品的铸造过程中确实存在复制行为，但该复制行为的目的并非为了制作作品的有形复制件，而是为了将作品及相关智能合约、NFT数据上传至选定的区块链，并由该区块链的网络服务器进行分布式存储，即上链登记。

（二）复制权与信息网络传播权的区分

复制权是著作权人享有的重要权利之一，它指的是以印刷、复印、拓印、录音、录像、翻录、翻拍、数字化等方式将作品制作一份或者多份的权利。然而，在数字藏品的铸造过程中，复制行为并非为了制作有形复制件，因此

不单独进行复制权的评判。

信息网络传播权是指以有线或者无线方式向公众提供作品，使公众可以在其个人选定的时间和地点获得作品的权利。在数字藏品的铸造过程中，虽然存在复制行为，但该行为实际上是为了将作品上传至区块链网络，使公众能够在网络上检索并浏览该作品，因此该复制行为被纳入信息网络传播权的评判范畴。

(三) 法律评判

在司法实践中，法院对于数字藏品铸造过程中的复制行为进行了深入的分析和评判。法院认为，该复制行为虽然存在，但其目的并非为了制作有形复制件，而是为了实现作品的网络传播。因此，该复制行为不构成对复制权的侵犯，而是作为信息网络传播权中的"提供作品"行为来评判。

三、关于洗售行为的分析

(一) 数字藏品的洗售行为

洗售行为又称为虚买虚卖、冲洗买卖或虚售，它是最古老的证券市场的操纵形式，即以影响证券市场行情为目的，人为地创造证券交易虚假繁荣，从事所有权非真实转移的交易行为。

(二) 洗售行为的构成要件

首先，洗售行为的行为人在主观上，是具有制造证券市场虚假繁荣的主观非法意识的，为达到非法的目的，诱导公众或者投资者进行盲目跟进自己，从而达到操纵市场的目的。其次，洗售行为的行为人在客观上，通过洗售行为也没有改变标的所有权人。洗售是自己卖给自己的行为，如果是动产的洗售，就要以交付为标准，但洗售是没有进行交付的。如果是不动产就要以不动产过户为标准，尽管洗售行为有过户，但通过阴阳合同等方式，行为人仍然自己控制着不动产。最后，洗售交易是没有进行本质上的所有权转移，无论是证券买卖、动产交付、不动产过户等，行为人通过制造假的交易，最终仍是自己拥有所有权。

(三) 数字藏品交易市场中的洗售行为模式

第一，通过社群拉入众多数字藏品爱好者、投资者进入社群。第二，在群内介绍数字藏品，社群的群主分享即将发售的数字藏品的链接，提醒群友抢购。第三，数字藏品的发售方对自己发售的数字藏品进行自买自卖，恶意提高数字藏品的价格。二级平台的交易市场在出品一系列数字藏品后，会对某一个或者某几个数字藏品，使用自己的另一个账户和其他自己控制的用户账户之间不断进行买卖，因为平台设立的交易规则是可以通过溢价交易。第四，群内有群友以低价抢购后，很快就可以高价转手，轻轻松松就有几十倍甚至几百倍的回报。在洗售过程中，一方面不断地进行自买自卖提高价格，另一方面又在群内说明自己又赚了多少钱，表示自己赚了很多钱，让人误以为自己错过了赚钱的机会。第五，投资者以为是遇到了好行情，不断借款追加投资，最终投资的款项彻底被套牢，抢购数字藏品而支付的钱已被数字藏品平台转移。在洗售行为中，行为人往往是想要通过在洗售过程中有其他投资者参与进来。

（四）数字藏品洗售行为的法律分析

数字藏品作为互联网的前沿产品，本身是一种新型产品，新型产品具有中立性是无疑的，但在行为人为了不法目的，使用洗售行为，将数字藏品作为违法工具或以数字藏品的名义实施犯罪，实际上是一种违法行为。

商品溢价中的欺骗行为：商品溢价交易是交易过程中比较常见的行为。在这个过程中，商家以信息不对称的方式，进行诱导行为，致使客户使用较高的价格取得了较差的商品，同时，某一个商品因为稀缺，出现了卖方市场，商品容易出现较大的溢价，有些商家甚至通过饥饿营销的方式，进行商品溢价，从而滋生出部分虚假信息。虚假信息的不断恶化和持续，往往会演变成欺骗行为。数字藏品的制作成本是相当较低的，但也是需要成本的，并不是一文不值，数字藏品的价值在交易中仅高于制作成本几倍或者十几倍，这仍属于正常的市场交易范围，属于可容忍的市场行为。但洗售行为大幅度夸大了其价值，则不是正常的市场交易行为，而是民事欺诈或者是刑事诈骗。商品中正常的溢价行为属于正常的市场行为，数字藏品在现有的法律中，没有否定其价值的地位，则根据交易自由的规则，一方卖、一方卖，达成合意的，为有效交易行为。

关于民事欺诈，民事欺诈行为是指在设立、变更、终止民事权利和民事义务的过程中，故意告知对方虚假情况，或者故意隐瞒真实情况，诱使对方作出错误的表示的行为。以数字藏品为对象的洗售行为，平台通过自买自卖来制造数字藏品市场活跃、数字藏品能够大幅度升值的假象，这属于典型的虚构事实，构成虚构事实和隐瞒真相。

再有，商家的行为如果符合《刑法》第266条诈骗罪的犯罪构成要件，则欺骗行为是刑事犯罪行为，构成诈骗罪，需承担刑事责任的法律后果。在平台通过洗售使得数字藏品的价格严重背离其原本价格的情形下，则相关的洗售行为并非法所允许的欺骗行为，而是诈骗行为。民事欺诈和刑事诈骗往往是包含与被包含关系，刑事诈骗包含民事欺诈。

四、本案数字藏品的发售、转售是否侵犯信息网络传播权

在数字藏品的交易过程中，买家购买的是这个特定数字资产的所有权或使用权，而不是作品本身的复制或传播权。接下来，我们分析法院的判决逻辑。法院认为，数字藏品的发售和转售过程并不涉及重新提供作品或产生新的作品副本。这意味着，在 NFT 的交易中，并没有发生传统意义上的"发行"行为，即向公众提供作品原件或复制件的行为。因此，这些行为不属于著作权法中的"发行权"所辖范围。同时，法院也指出，数字藏品的发售和转售过程中并未发生新的传播行为。在数字藏品的交易中，买家和卖家之间交换的是数字资产的所有权或使用权，而不是作品本身的信息或内容。因此，这些行为也不属于著作权法中的"信息网络传播权"的控制范围。基于以上分析，法院得出结论：数字藏品的发售和转售行为，包括洗售行为，并不构成著作权侵权。然而，虽然这些行为不构成侵权，但交易金额仍然可以作为损害赔偿数额认定的依据。这意味着，如果发生纠纷，交易金额可以作为衡量损失和确定赔偿金额的一个重要参考。但就赔偿金额而言，法院认为被告首次发售的销售所得属于违法所得；就转售收入是否属于违法所得，法院从权利人的损失、行为实施的主体及款项的归属、平台责任及行业发展角度进行评判，认定转售收入不构成数字藏品铸造者的违法所得，但被告在转售过程中收取的服务费用构成违法所得。

五、本案数字藏品的发售、转售行为认定给新型文化产品市场发展的影响

在元宇宙这一新兴的数字领域中，数字藏品作为一种创新的作品衍生开发方式，正逐渐受到广泛的关注和追捧。然而，随着数字藏品的普及和交易量的增加，相关的法律纠纷也随之增多。其中，关于数字藏品转售行为是否构成侵犯著作权的争议尤为突出。本案的判决对于这一争议给出了明确的答复：数字藏品的转售行为不构成著作权侵权。这一判决不仅明确了数字藏品转售行为的法律性质，还为后续类似案件提供了重要的参考依据。

（一）数字藏品的流通

上述案例判决指出转售行为不构成侵权，这意味着数字藏品的买家在合法购买后，有权进行转售，而无须担心因此侵犯原作者的著作权。这一法律判断具有深远的意义，它意味着买家在合法购买数字藏品后，享有对该数字资产的所有权，并有权在遵守相关法律法规的前提下进行自由转售。这样的规定不仅保护了买家的合法权益，更重要的是，它为数字藏品的流通提供了坚实的法律保障。在数字藏品市场中，流通性是衡量其价值的一个重要因素。一个能够自由流通的市场，能够吸引更多的买家和卖家参与，从而推动市场的活跃度和健康发展。法院的判决正是基于这样的考虑，通过明确转售行为的合法性，为数字藏品的流通扫清了法律障碍，为市场的繁荣和发展奠定了坚实的基础。同时，这一规定也有助于提升数字藏品的投资价值。随着市场的不断发展和完善，数字藏品的价值将会得到更加充分的体现和认可。而买家在享有转售权利的同时，也能够更加放心地进行投资，从而进一步推动数字藏品市场的繁荣和发展。综上所述，法院的判决对于数字藏品的流通问题给出了明确的法律界定，为市场的健康发展提供了有力的法律保障。这一规定不仅保护了买家的合法权益，更推动了数字藏品市场的活跃度和投资价值，为行业的未来发展注入了新的活力和动力。

（二）数字藏品的创作和发行的活力和创新

判决还明确了转售溢价不属于铸造者/首发者的违法所得。这一规定不仅避免了因转售溢价归属不明确而产生的法律纠纷，更重要的是，它为数字藏品的创作者和开发者提供了更加公平、透明的市场环境。在这样的环境下，创作者和开发者可以更加专注于作品的创作和发行，而无须担心因转售溢价问题而引发的法律风险和争议。同时，这一判决也极大地激发了创作者和开发者的积极性和创造力。他们看到了数字藏品市场的巨大潜力和机遇，愿意投入更多的时间和精力来创作和发行具有独特价值和吸引力的数字藏品。这样的趋势不仅为市场注入了更多的活力和创新，也推动了数字藏品行业的整体发展和进步。

（三）数字藏品回归商品的客观价值的市场理性

此外，本案的判决还对数字藏品回归商品的客观价值起到了积极的导向作用。在元宇宙背景下，数字藏品不仅具有艺术价值和文化价值，还具有一定的经济价值。这意味着，数字藏品的价值应当基于其内在的艺术性、创新性、稀缺性以及市场需求等客观因素来综合评估，而非仅仅依赖于市场的炒作或个别投资者的主观判断。通过强调数字藏品的客观价值，本案的判决有助于引导市场参与者回归理性，减少盲目跟风和投机行为，从而推动数字藏品市场的健康发展。同时，这也为数字藏品的创作者、发行方以及投资者等市场参与者提供了更加清晰的价值导向和预期管理，有助于构建一个更加公平、透明、可持续的数字藏品市场环境。

案例1.11 技术手段妨碍防沉迷系统运行的不正当竞争认定
——腾讯公司诉田某源等破坏人脸识别功能案

【关键词】

技术手段妨碍　消费者权益保护　人脸识别　不正当竞争法　网络游戏产业

【案件索引】

（2021）川01民初10950号。

【基本案情】

深圳市腾讯计算机系统有限公司（以下简称腾讯公司）系《王者荣耀》

等多款游戏的运营主体,其针对游戏用户推出了"腾讯成长守护"系统。该系统包括了多项未成年人电子游戏防沉迷措施,如人脸识别验证技术等,上述技术的原理主要在于将用户面部信息与公安权威数据平台数据源进行比对,以识别未成年人并防止其长时间登录游戏系统。鲁某进持有的某域名网站销售"人脸代过"产品,田某源负责收款。该产品包含特制软件包,可劫持QQ安全中心人脸验证时调取的手机摄像头,并加载预设路径下的"人脸料子"视频(即经编译的特殊成人头像视频),完成虚假实名认证,进而使游戏账号的未成年用户被认证为不真实的成年用户,规避网络游戏防沉迷措施。

【裁判结果】

成都中级人民法院经审理认为,被诉行为规避未成年用户账号进入国家未成年人网络游戏电子身份认证系统及相应的防止未成年人沉迷网络游戏的措施,妨碍腾讯公司网络游戏人脸识别验证功能正常运行,损害了腾讯公司的商业利益,违反反不正当竞争法保护消费者权益的立法目的,应予制止。鲁某进、田某源的行为构成了对腾讯公司的不正当竞争,故判决二者停止实施妨碍、破坏腾讯公司"腾讯游戏人脸识别验证"功能的不正当竞争行为、赔偿腾讯公司经济损失 30 万元及合理开支 5 万元。

【案件评析】

一、争议焦点:被控侵权行为是否构成不正当竞争

《未成年人保护法》第 75 条规定网络游戏经依法审批后方可运营。国家建立统一的未成年人网络游戏电子身份认证系统。网络游戏服务提供者应当要求未成年人以真实身份信息注册并登录网络游戏。网络游戏服务提供者应当按照国家有关规定和标准,对游戏产品进行分类,作出适龄提示,并采取技术措施,不得让未成年人接触不适宜的游戏或者游戏功能。网络游戏服务提供者不得在每日二十二时至次日八时向未成年人提供网络游戏服务。国家新闻出版署在 2019 年 10 月 25 日、2021 年 8 月 30 日先后印发《关于防止未成年人沉迷网络游戏的通知》《关于进一步严格管理切实防止未成年人沉迷网络游戏的通知》,进一步细化和明确了向未成年人提供网络游戏服务的限

制措施。由此可见，腾讯公司在其运营的所有网络游戏中设置"人脸识别验证"功能，并根据实名验证的情况确定该游戏账号是否启动"防沉迷措施"是其网络游戏能够在市场中正常运营的必要条件。故腾讯公司的"腾讯游戏人脸识别验证"虽然并非一项独立运营的网络产品或服务，本身也不直接产生收益，但腾讯公司仍有权基于保护其网络游戏正常运营的商业利益而对绕过"腾讯游戏人脸识别验证"功能的行为主张权益。

根据《反不正当竞争法》第12条第1款、第2款第（四）项的规定，经营者利用网络从事生产经营活动，应当遵守本法的各项规定。经营者不得利用技术手段通过影响用户选择或者用其他方式，实施其他妨碍、破坏其他经营者合法提供的网络产品或者服务正常运行的行为。本案中，田某源、鲁某进通过"紫罗兰商城"提供"人脸代过""人脸续过"服务，虽然并无在案证据直接证明"人脸代过""人脸续过"服务的具体实施方式，但结合"人脸实体手机""人脸设备刷机包"实现绕过"人脸识别验证"的原理分析以及"紫罗兰备用"QQ聊天中多次提到"人脸料子"是实现"人脸识别验证"绕过的关键资料，事实上"人脸代过""人脸续过"服务与"人脸实体手机""人脸设备刷机包"均是通过特制软件劫持QQ安全中心人脸验证时调取的手机摄像头，并加载预设路径下的"人脸料子"视频（经编译的特殊成人头像视频），完成虚假实名认证，进而使游戏账号的未成年用户被认证为不真实的成年用户，规避网络游戏防沉迷措施。该行为的不正当性在于：第一，行为目的是规避未成年用户账号进入国家未成年人网络游戏电子身份认证系统及相应的防止未成年人沉迷网络游戏的措施；第二，行为方式是妨碍腾讯公司游戏人脸识别验证功能正常运行；第三，行为后果既导致腾讯公司为升级、优化游戏人脸识别验证功能额外支出研发成本，又以提供"人脸代过""人脸续过"服务、销售"人脸实体手机""人脸设备刷机包"赚取经济利益；第四，从行业发展看，被控侵权行为的商业机会完全来自腾讯公司在游戏中对未成年人网络游戏防沉迷保护措施的全面落实，即腾讯公司的游戏人脸识别验证功能落实得越全面，则田某源、鲁某进提供"人脸代过""人脸续过"服务、销售"人脸实体手机""人脸设备刷机包"赚取经济收益的商业机会就越多。虽然短期内，未成年用户因绕过防沉迷措施可以给腾讯公司游戏带来更长的游戏时间或更多的游戏消费，但长此以往，腾讯公司游戏的安全性合规性必然遭受贬损，进而对其商业利益产生损害。综上，田某源、鲁某进实施被控侵权行为在行为目的、行为方式上均具有违法性，其行为后果、获利机会均对腾讯公司显然具有攀附性和针对性，故田某源、鲁某进提供"人脸代过""人脸续过"服务、销售"人脸实体手机""人脸设备刷机包"属于妨碍腾讯公司"腾讯游戏人脸识别验证"功能正常运行的行为，构成对腾讯公司的不正当竞争。

二、游戏产业中未成年人保护

（一）未成年人游戏现状

《2024 中国游戏产业未成年人保护报告》显示，截至 2023 年 12 月，我国 18 岁以下未成年网民规模达 1.96 亿人，未成年人互联网普及率达 97.3%。调研结果显示，九成未成年人首次接触互联网是在初中之前，学龄前触网比例达 23.78%，触网低龄化趋势明显。对经常使用互联网的未成年人而言，"娱乐"和"学习"两大需求占比居于前列，多数学生感受到互联网的正面影响。其中，看短视频、听音乐、玩游戏位列未成年网民线上休闲娱乐方式中的前三。近年来，网络游戏防沉迷措施取得一定成效，2024 年每周游戏时长 3 小时以上的未成年人占比为 24.9%，较 2021 年下降 37.2%。但依然有接近三成未成年人上学期间每日线上娱乐时间超过 2 小时，其中 5 小时以上占比达 5%，未成年人超长时间网络休闲娱乐情况应当引起重视。在未成年人游戏消费方面，从频次看，59.04% 的未成年游戏用户近一年来在网络游戏中没有充值消费行为；从付费数额看，超八成未成年游戏用户几乎从不付费或月均充值在 30 元及以下。整体来看，未成年人消费在游戏市场整体收入中占比较少，但仍然存在未成年人大额消费的极端事件。

在未成年人游戏防沉迷效果方面，75.09% 未成年游戏用户符合防沉迷标准，其中 49.83% 没有超过防沉迷限制时间，25.26% 遇到防沉迷提示便终止游戏。但也有超过两成的未成年游戏用户，在触发防沉迷提示后，会采取包括使用或租借其他成年人身份信息等方式继续使用游戏。部分家长对于孩子利用他人身份获取游戏账号这一状况表示知情，33.64%家长会用自己的身份证帮孩子注册游戏。大量数据显示，我国未成年人玩游戏呈现出复杂态势，触网低龄化明显，防沉迷虽有成效，2024年每周游戏时长3小时以上的未成年人占比降至24.9%，但问题依然突出，近三成未成年人上学期间每日线上娱乐超2小时，超两成会在触发防沉迷提示后，借助他人身份信息继续游戏，部分家长还帮忙注册。游戏消费上，多数未成年人较为理性，59.04%近一年无充值消费行为，不过仍存在未成年人大额消费的极端事件。游戏产业影响未成年人的身心健康，作为文化新兴产业发展的重要阵地，其也无形之中影响未成年人的价值观、文化认同感等，未成年人尚处在认知水平的建设时期，加强对未成年人的教育，同时整治游戏产业发生的不良现象，是维持市场秩序、促进未成年人健康发展的重要措施。

（二）多方主体联合监管

本案中，被告利用技术措施帮助未成年人躲过识脸系统。实际生活中，也有不少厂家利用租号、盗号等方式攻克未成年人心理防线绕过市场监管，破坏市场秩序，为未成年人健康成长埋下了隐患，使得"未成年人防沉迷系统"成为摆设。游戏产业链生态较为复杂，仅靠游戏厂家单方面保护很难行得通，需要多方主体联合整治，防止不法分子钻法律漏洞，为未成年人成长营造一个良好的文化生态。

笔者针对我国未成年人网络游戏沉迷治理问题，从政府、非政府主体等不同方面提出了相应对策，旨在形成全社会共同参与、协同治理的格局，具体如下：

1. 政府层面

转变治理理念，引导多元共治：政府应摒弃传统作风，树立多元共治理念，协调各方力量，构建包括政府、行业协会、企业、家庭和学校在内的多元治理格局，兼顾多种管理和保护因素。厘清政府职责，明确部门分工。[1]

---

[1] 刘福元：《电子竞技场域中政府主体的身份转型与路径重设——从"举办和参与"到"监管和服务"》，载《上海体育学院学报》2021年第2期。

明确各部门在网络游戏监管中的权责，以新闻出版总署为核心，增强部门间协调与协作，制定纲领性文件，确保监管高效、规范，避免多头管理造成的混乱，游戏产业涉及多方主体治理，不可偏废一方，造成权责混乱。加大执法力度，实行常态管理：加大对违规行为的惩处力度，如清理灰色产业、处罚违规企业、认定经营单位属性等，同时强化常态化执法，减少运动式执法的短期性弊端，通过线上线下相结合的方式，全面监控和整治未成年人网络游戏沉迷问题。

2. 游戏厂家层面

提升行业自治意识，提高自治能力。网络游戏行业协会应增强自治意识，成立专门部门负责未成年人保护工作，包括内容规范、分级和技术跟进等，并建立惩处机制，制定和执行自律公约，约束成员企业行为，推动行业自律。同时完善防沉迷技术，进行有益游戏的开发。网络游戏企业应利用先进识别技术完善防沉迷系统，提高认证门槛，同时开发家长监护功能，为未成年人营造绿色游戏环境；并且积极开发寓教于乐、传承文化且具有教育意义的游戏，减少不良意识形态渗透，输出文化自信内容，给未成年人更多中华优秀传统文化的滋养与熏陶[①]。家长作为未成年人的第一监护人，游戏厂家也应当建立可多方监督渠道，如提升监护人网络素养，推广家长监护平台：监护人需提升自身网络素养，有关部门可统一设置课程，引导家长规范自身行为，积极参与未成年人网络素养培养；鼓励家长使用监护平台，监控未成年人游戏行为，及时干预沉迷倾向，建立有效沟通，引导孩子健康游戏等措施。

3. 完善防沉迷相关法律法规

目前，法律防止游戏沉迷的主要法规有《未成年人保护法》、《未成年人网络保护条例》以及《关于进一步严格管理切实防止未成年人沉迷网络游戏的通知》，法律力量薄弱。法治化是未成年人网络游戏沉迷的未来发展方向和必然道路，未来保障未成年人防网络游戏沉迷应当制定专门法律，明确各主体义务与责任，出台更有针对性的未成年人防沉迷条款，既要在法律制定

---

① 智亚如：《未成年人网络游戏沉迷治理问题研究》，沈阳师范大学2023年硕士学位论文。

的内容里明确包括政府、网络游戏企业以及学校等各主体在内的义务，还要明确规定违反相应义务的惩罚措施，增加违法犯罪成本，从而达到法律规制的效果。细化惩罚措施，针对政府部门、网络游戏企业和未成年人的不同行为制定具体规定，确保执法有依据，增强法律规制效果。

尝试网络游戏分级，规范内容审查：设计适合国情的网络游戏分级制度，从内容和类型两方面着手，剔除不良内容，体现社会主义核心价值观，根据未成年人身心特点对不同类型游戏进行分级，提高适用年龄门槛，减轻不良游戏危害。

【典型意义】

本案是全国首例绕过人脸识别验证、规避未成年人电子游戏防沉迷措施的不正当竞争案例。产业的持续蓬勃发展需要以良好的市场运行秩序作为支撑，科幻产业顺利向游戏等领域延伸开发也需要以游戏产业的健康发展为前提。电子游戏人脸识别验证功能是网络游戏正常运营的必要条件。市场主体提供解除限制服务以谋取非法利益，其行为增加了游戏服务商的运营成本，损害未成年人身心健康，也不利于游戏产业的健康发展。本案为包括科幻游戏在内的游戏服务商在严格执行国家保护未成年人规定方面提供了强有力的司法保障，及时制止侵害网游服务商合法权益的侵权行为，有利于引导游戏产业在良性轨道中健康发展。

案例1.12　应用商店平台间接侵权责任的司法认定

——中文在线诉苹果公司侵害信息网络传播权案

【关键词】

平台注意义务　间接侵权责任　控制力标准　版权过滤机制

【裁判要旨】

本案的争议焦点在于，苹果公司作为App Store应用商店的经营方，是否有义务审查、阻止第三方用户上传知识产权侵权内容，是否应该对其他用户上传造成的侵权行为承担赔偿责任。应用商店不仅是开发者提供 App 发布、销售、推广的重要渠道，也是用户下载及安装 App 应用的主要来源。面临 App 版权侵权日益严重，应用商店服务提供者是否对第三方应用侵权行为承担责任问题亟待解决。法院认为，在第三方应用开发者直接侵权的情况下，应用商店运营商对于其平台上存储传播内容的管理控制能力越强，对于可能发生侵权行为的预见性就会越高，故对侵权行为构成"应知"，应承担相应的责任。本案的处理，有助于加强应用程序商店内部对盗版小说 App 应用的监管力度，对净化网络传播环境起到了积极的推动作用。

【基本案情】

中文在线是一家中国知名的数字出版公司，持有众多文学作品的数字版权。2016 年，中文在线与著名作家巴金的继承人签署协议，获得了《家》《春》《秋》等作品的数字版权专有使用权。随后，中文在线发现在 App Store 中上架的"家 – 巴金批判性长篇小说文学著作"应用程序中包含了该授权作品。在无法达成和解的情况下，中文在线于北京市东城区人民法院提起诉讼侵犯其信息网络传播权，并要求苹果公司赔偿经济损失。苹果公司认为，App Store 中的应用程序由第三方开发者上传，公司已经尽到了合理的审核义务，仅进行反动、暴力、色情的合规性审查，对知识产权问题不负责。同时，苹果公司主张其中国区业务在案发时由苹果国际经销公司运营，与中文在线诉讼所涉应用无关。中文在线则主张，苹果公司是 App Store 的实际控制者，具有监管责任和"应知"责任，对于平台上传内容的知识产权问题负有较高的注意义务。

【裁判结果】

一审法院认定中文在线拥有涉案作品的信息网络传播权，法院认为根据《开发商协议》《开发商计划许可协议》《应用商店审核指南》等协议，苹果公司对第三方开发者上传 App 应用费用，分成比例等进行详细约定，体现了苹果公司对应用商店网络服务平台具有很强的控制力和管理能力。但苹果公司未对平台上第三方应用程序的版权进行有效审核，也未在中文在线的投诉后及时采取措施以制止侵权行为，因而存在过失。北京知识产权法院二审判决驳回苹果公司的上诉，认定苹果公司应承担平台运营责任，对中文在线的损失进行赔偿。法院判令苹果公司支付中文在线36.8万元的经济损失及合理开支。

【案件评析】

一、什么是信息网络传播权

信息网络传播权是现代著作权法中为适应互联网环境下作品传播需求而确立的一项重要权利，具有较强的时代性。随着技术的进步，权利人可以通过将作品上传到网络，使其作品在较大范围内供公众在不同时间和地点选择性地获取，符合按需传输的特点。与传统的电视广播或光盘销售等传播形式不同，信息网络传播权基于互联网技术，提供了更灵活的传输方式，这种按需供给、即时获取的特点构成了信息网络传播权的独特属性。根据我国《著作权法》第10条的规定，信息网络传播权是指以有线或者无线方式向公众提供作品，使公众可以在其个人选定的时间和地点获得作品的权利。《信息网络传播权保护条例》第26条第1款规定：信息网络传播权，是指以有线或者无线方式向公众提供作品、表演或者录音录像制品，使公众可以在其个人选定的时间和地点获得作品、表演或者录音录像制品的权利。这一权利的设立是为保障著作权人在数字环境中的利益，确保其能够通过网络形式使作品广泛传播的同时获得应有的保护与收益。信息网络传播权的范围较为广泛，不仅涵盖文字、图片、音乐等传统形式的作品，还包括影视、游戏等多种数字化内容。

在侵权形式方面，侵犯信息网络传播权的行为主要表现为未经授权的网络发布、传播行为。最高人民法院《关于审理侵害信息网络传播权民事纠纷案件适用法律若干问题的规定》指出网络用户、网络服务提供者未经许可，通过信息网络提供权利人享有信息网络传播权的作品、表演、录音录像制品，除法律、行政法规另有规定外，人民法院应当认定其构成侵害信息网络传播权行为。典型侵权形式包括未经许可在网络上提供作品下载、在线播放，或通过深度链接等方式将他人作品嵌入自身平台以提高流量等。例如，本案中，中文在线与巴金继承人签署协议，取得了包括《家》《春》《秋》在内的作品的信息网络传播权，而"家-巴金批判性长篇小说文学著作"应用程序即是未经授权将巴金的作品上架至网络平台，使用户可以通过网络任意时间下载或在线阅读，这种网络传播行为构成侵犯信息网络传播权的行为。此外，一些平台在未经授权情况下进行深层链接，将受保护的作品内容从其他网站直接引用，使得用户无须离开平台即可浏览作品，这种行为同样可能侵犯权利人的信息网络传播权。

信息网络传播权的立法目的在于保障作品在网络环境下的传播秩序，平衡作品的社会传播效益和权利人的利益，防止因网络传播的便利性而导致著作权人权益受损。在传统出版环境中，作品的传播受限于物理介质或特定时间、空间，而在数字化背景下，作品可以被瞬时传播至全球范围，易于被复制、分享和改编。通过保护信息网络传播权，法律为著作权人提供了在网络上控制作品传播、收益的法律依据，可以使著作权人掌握作品的网络传播，进而维护其应得的商业利益。这也是著作权法在网络环境下顺应时代发展需求的体现。信息网络传播强调了"按需供给"的特性，使得公众可以在网络上自由选定观看时间与地点，这一方面为作品的传播提供了便利，另一方面也确保了权利人在网络传播中的参与和受益。

二、网络传播中平台经营者的责任分配与法律依据

在网络传播环境中，平台经营者的责任涉及直接侵权与间接侵权两大领域。根据我国《著作权法》第36条第2款的规定，平台经营者对未经授权上传的侵权内容，通常不承担直接侵权责任，但若其"知道或应当知道"侵权行为的存在且未采取合理措施，则需承担间接侵权责任。这一条款对平台经营者的侵权责任采取了"避风港"规则，即平台只要在接到权利人通知后及时删除或断开侵权内容的链接，就不承担侵权责任。但如果平台明知或应知侵权内容存在且未处理，则需承担连带责任。

《信息网络传播权保护条例》第15条进一步规定了"通知—删除"规则。该规则要求权利人发出侵权通知，平台经营者需"及时"采取删除或断开链接的措施，否则即构成间接侵权。此外，最高人民法院《关于审理侵害信息网络传播权民事纠纷案件适用法律若干问题的规定》第9条规定，人民法院应当根据网络用户侵害信息网络传播权的具体事实是否明显认定网络服务提供者是否构成应知，包括基于网络服务提供者提供服务的性质、方式及其引发侵权的可能性大小，应当具备的管理信息的能力；传播的作品、表演、录音录像制品的类型、知名度及侵权信息的明显程度；网络服务提供者是否主动对作品、表演、录音录像制品进行了选择、编辑、修改、推荐等；网络服务提供者是否积极采取了预防侵权的合理措施；网络服务提供者是否设置便捷程序接收侵权通知并及时对侵权通知作出合理的反应；网络服务提供者是否针对同一网络用户的重复侵权行为采取了相应的合理措施。

上述规定为平台经营者提供了责任划分的基础。一般情况下，平台对于用户上传内容的侵权行为并不直接负责，但平台在明知或应知侵权的情况下，若未及时采取删除、断开链接等措施，则构成间接侵权，需承担相应的法律责任。在本案中，苹果公司作为App Store的运营方，拥有平台管理权和内容控制权，因此，在未经授权作品上架的情况下需承担更高的注意义务。

三、已确立的相关规则与平台的审查义务边界

（一）通知—删除规则

在平台经营者责任分配的框架下，"通知—删除"规则为处理网络侵权问题提供了主要的审查机制。"通知—删除"规则在《信息网络传播权保护条例》中确立，是网络平台应对侵权内容的基本义务之一，根据条例的规定，权利人有权向平台发出通知，要求其删除或屏蔽特定侵权内容，平台在接到通知后需及时采取措施，否则将承担连带责任。

（二）避风港原则

避风港原则是平台免除其内容审查责任的一项重要法律保护机制，即平台在不具备直接过错的情况下，对用户上传的内容不承担事前审查义务。只要平台未主动干预或直接参与内容的制作或上传，且在接到权利人通知后能够及时处理侵权内容，就被视为享有"避风港"保护。该原则的核心在于保护平台免于因用户生成内容而承担不必要的审查压力，从而促进信息自由流通。

(三）红旗原则

红旗原则是平台责任划分中一项更为严格的要求，指的是平台若能明确识别出明显的侵权内容（"红旗"内容），则即便权利人未提出投诉，平台也需承担起相应的审查和处理义务。这一原则通常适用于平台对某些侵权行为具备高度预见性或显而易见的情况下，平台经营者负有"应知"义务。对于普通的社交媒体平台，通常采取通知-删除后免责的处理模式。但若平台对上传内容具有高度控制权，如需要用户支付上架费用、分成收益等情况下，则平台应承担更高的审查责任。

平台经营者的审查义务在"通知-删除"规则的框架下具有明确的责任划分，但在一些具备较强控制力的平台中，经营者应承担更高的审查义务。本案判决要求苹果公司承担赔偿责任，强调了平台在"应知"侵权情况下的审查义务，对规范网络平台在内容控制与知识产权保护中的责任边界具有重要意义。上述原则的设立，旨在给予权利人合法途径以维护其权利，同时不强制平台进行全面内容审查，而是赋予平台"被动保护"义务。当平台依据通知删除侵权内容后，通常免于进一步的法律责任。这个机制在实践中形成了较为成熟的责任边界。

四、平台经营者的法律责任分析

在数字出版领域，内容的电子化和网络化是核心特征。传统出版以纸质书刊为载体，内容传播的途径较为局限，且具备相对稳定的物理媒介。然而，在数字出版中，内容可以在网络平台上发布、分发与传播，且无须物理介质，公众可以在网络环境中实时获取出版内容。这种传播方式在《著作权法》确立的信息网络传播权概念下得到了明确保护，使得作品在网络上的传播不再是无限制的公开流通，而是需要著作权人许可的特定行为。为进一步保障权利人的利益和维持网络传播秩序，我国还制定了《信息网络传播权保护条例》，其中详细规定了信息网络传播权的保护措施以及对侵权行为的界定标准。该条例要求，在网络环境中，未经授权擅自上传作品的行为构成对信息网络传播权的侵犯；而作为权利人，若其发现作品遭到侵权，可以依据条例要求平台删除侵权内容、终止侵权行为。

(一) 信息网络传播权与数字出版

信息网络传播权在数字出版领域具有基础性意义。随着作品数字化和互联网传播的普及，网络版权的保护成为文化产业的重要组成部分。《文化产业促进法（草案）》第 53 条强调了国家推动文化资源数字化的目标，同时鼓励各类组织将中华文化融入内容创作与数字出版。这体现了国家对文化资源数字化保护和推广的重视，也为数字出版行业提供了政策支持。然而，数字出版产业不但享有信息网络传播权，还必须通过技术和法律手段来维护自身的网络传播权益，同时应注意尊重他人的知识产权，避免直接或者间接侵权，以实现资源合法化、利益合法化和传播秩序的规范化。

从信息网络传播权的立法目的来看，其核心在于保障权利人的正当收益，促进作品的广泛传播，同时避免盗版等侵权行为破坏正常的市场秩序。数字出版企业在开发、传播和保护作品的过程中，需要合理利用网络传播权，采取包括技术加密、付费下载等措施，尽量防范盗版侵权行为。此外，数字出版企业也可以与平台经营者加强合作，探索在 App Store 等应用商店中实现更加有效的侵权预警机制和快速响应机制，推动行业在保护版权和推广内容之间达成平衡。

(二) 平台责任与应用商店的审查义务

平台责任的分配在数字出版和出版学领域尤为重要。应用商店在数字出版物的传播中承担着平台责任，特别是作为主要的数字内容推广和传播渠道时，审查义务与责任显得格外突出。《文化产业促进法（草案）》第 54 条拟规定，国家支持数字出版等新型文化业态的发展，这一条款反映了国家对数字出版及其传播渠道的重视。这也意味着应用商店服务提供者应当在经营过程中承担与传统出版行业不同的、更高的注意义务，以减少侵权内容的传播，保障版权秩序的健康运行。

本案凸显出平台经营者的"应知"责任和对侵权行为的预见性。法院认为，应用商店对平台上内容的管理控制力越强，对潜在侵权行为的预见性越高。因此，负有注意义务的平台经营者不仅要关注内容的基本合法性（如不含反动、暴力、色情内容），还应对知识产权进行一定的审查。本案判决明确了应用商店在知晓侵权内容后若未及时采取删除或屏蔽措施，即构成间接侵权的责任。这种责任界定为数字出版业提供了参考，即作为传播渠道的应用商店，若发现未经授权的数字出版内容，负有防止进一步传播的义务。

在实际操作中，应用商店经营者可以在技术审核、自动过滤和用户举报等方面加强版权保护。通过建立版权审核和用户举报反馈机制，平台能够在发现侵权内容后采取及时有效的应对措施，从而实现责任的有效管理。此外，平台经营者还可参考国际上的版权保护措施，如对内容上传进行审核并设置侵权监控程序，以减少侵权内容的传播。此类措施的实施不仅能够在一定程度上减轻平台的审查压力，还可以为权利人提供更加高效、便捷的维权途径。

（三）数字出版领域的启示与影响

本案的判决对于数字出版和出版学领域具有深远的启示，特别是在盗版侵权普遍存在的情况下，合理界定平台和内容提供者的责任尤为重要。《文化产业促进法（草案）》第 55 条提到国家支持科技在传统文化产业中的应用，并鼓励传统文化产业在内容创作和传播方式方面进行创新，这与数字出版产业的网络化转型密切相关。在数字出版领域，内容创作者和版权持有者在信息传播权和内容数字化的过程中面临新的版权保护挑战。数字出版企业要在版权保护、内容生产和传播手段上持续创新，借助技术手段实现对作品版权的数字化管理。

本案的处理结果对数字出版行业的规范化发展起到了积极的推动作用。法院明确了平台经营者在应对盗版侵权时的责任边界，这对规范应用商店和其他平台的内容审查提出了指导意见。数字出版领域可以借助此类典型判例，进一步推动平台内容的规范化管理。与此同时，应用商店等数字传播平台也应加强与数字出版企业的合作，共同构建版权保护和审查机制，提高版权作品的传播秩序，促进网络文学和数字出版行业的良性发展。

综上所述，本案为数字出版和出版学领域提供了重要的法律和实践参考。信息网络传播权的维护和平台责任的明确分配，将有助于推动数字出版业的健康发展，减少侵权行为的传播，同时也为数字出版在文化产业的数字化进程中提供了积极的借鉴。

第四节 影视与网络票务产业

案例1.13 短剧改编实质性相似与平台注意义务边界
——阅某公司诉唐某等网络短剧著作权侵权案

【关键词】

改编权侵权认定　实质性相似判断　平台过错标准　标签推荐技术

【裁判要旨】

1. 判断短剧视听作品是否侵害了小说作品的改编权,主要考量是否保留了原作品的基本表达,在人物设定、情节设置和故事情节发展脉络与原作品高度相似的情形下,应认定被诉侵权作品与原作品构成实质性相似。

2. 判断网络平台在信息网络传播过程中存在过错应包括对于网络用户侵害信息网络传播权行为的明知或者应知。虽有"标签"生成,但不能基于该标签直接获得涉案影视作品的,不构成"应知"之过错行为。

【案件索引】

(2022)赣10知民初44号。

【基本案情】

2017年4月,上海阅某信息技术有限公司(以下简称阅某公司)与作者战某某签订《文学作品独家授权协议》,约定战某某在六年内创作的所有长篇小说作品的著作权独家授予阅某公司,后战某某在起点中文网等网站开始连载网络小说《电竞大神暗恋我》,涉诉时已连载一千余章,200余万字。2021年7月,唐某根据该小说的部分章节片段,改编拍摄了一部某音短剧《某神攻略手册》共26集,并发布在其某音账号"苏某"中,某音平台用户名"苏某"旁边有"短剧最热榜"标签,点击"短剧最热榜",下有"最热榜"和"最新榜",榜单内均无涉案短剧。阅某公司起诉唐某及某音平台的运营方北京微某科技有限公司(以下简称微某公司),请求法院判令停止传播被诉侵权短剧,赔偿经济损失及合理维权费用。诉讼过程中,被诉某音短剧被下架。

【裁判结果】

法院经审理认为,涉案小说能体现出作者的个性化表达,即该小说具有创作性,受到著作权法的保护。短剧与小说在通用人物和情节设置高度相似,存在明显的雷同。虽然某音短剧与小说相似比重不高,但与小说部分章节构成了实质性相似,故唐某构成了侵权,综合考虑涉案作品知名度、涉案侵权短剧播放量、侵权持续时间等因素,酌定唐某应赔偿阅某公司经济损失10万元。本案的侵权短剧皆为用户上传不属于"主动"推荐行为,微某公司不存在"明知"或者"应知"唐某侵害阅某公司信息网络传播权的情形,微某公司不构成侵权。

【案件评析】

一、改编权侵权在本案中的适用分析

改编权是著作权法中规定的一项重要财产性权利,指将原作品以改变形式的方式创作出新的作品的权利。改编权的行使不仅关系到原著作权人对作品的控制权,也涉及改编作品作者的创作自由。因此,在改编权侵权认定中,需在保护原作品独创性表达和鼓励改编创作之间找到平衡。本案聚焦于短剧改编对原著小说的侵权问题,对改编权的行使与保护提出了重要的法律与实践启示。

(一)改编权的法律基础及其保护范围

《著作权法》第10条明确规定,改编权属于作者享有的著作权中的财产性权利之一。改编权的保护范围包括对原作品的核心表达进行再创作,其本质在于保障原作者对自己作品的控制权,同时鼓励合法改编创作。改编权保护的是作品的独创性表达,而非单纯的信息或思想内容。因此,当改编行为直接利用了原作品的独创性内容,例如人物设定、故事情节和情节发展的逻辑脉络，就可能侵犯改编权。

改编权的行使需获得原著作权人的授权，否则改编行为可能构成侵权。本案中，战某某已将《电竞大神暗恋我》的著作权独家授予阅某公司，因此阅某公司对该小说享有包括改编权在内的全部著作权。唐某未获授权即以小说内容改编短剧，直接侵犯了阅某公司对原作品的改编权。

（二）本案中改编权侵权的表现

第一，短剧对小说的核心表达进行了直接利用，本案中，短剧《某神攻略手册》虽仅改编了小说《电竞大神暗恋我》的部分章节，但该部分章节涉及小说的重要人物设定、情节发展脉络和逻辑推进。这些元素构成了小说的核心独创性表达。短剧直接利用这些内容进行改编和再创作，超出了改编权的合理使用范围，构成了侵权。

第二，改编行为未脱离原作品的独创性框架，尽管短剧在拍摄手法、场景设计和对白上有所调整，但其整体故事框架、主要情节走向和人物关系与小说的核心表达高度相似。根据《著作权法》的相关规定，改编行为不能仅通过形式上的改变规避侵权认定。法院在本案中通过对短剧和小说的整体观察，认定短剧未能脱离原作品的独创性框架，从而侵犯了改编权。

第三，部分改编亦可能构成整体侵权，尽管短剧仅使用了小说中的十余章节，但该部分内容交代了小说中的核心人物性格、关系和主要故事线索，构成了小说完整情节的重要组成部分。法院认定短剧对小说部分章节的实质性使用构成对整体作品改编权的侵害，强调了改编权保护的整体性和延展性。

（三）改编权侵权的认定标准

只有当原作品具有独创性时，其改编权才能受到保护。本案中，小说《电竞大神暗恋我》作为一部连载网络小说，不仅体现了作者对电竞文化的独特理解，也通过人物性格、情节设计和叙事逻辑展现了个性化表达，具有较高的独创性，符合改编权保护的前提条件。改编行为需超出合理使用的范围，才会构成侵权。本案中，短剧直接利用小说部分章节的核心内容，并未体现独立创作的充分性，其性质已超出改编权合理使用的界限。

在改编权侵权认定中，关键在于改编作品是否与原作品构成实质性相似。

本案中，短剧在人物设定、情节设置和故事发展脉络上高度相似，尤其是在原作独创性表达部分形成了直接对应关系，构成对原作品改编权的实质性侵害。

二、短剧改编行为如何认定实质性相似

实质性相似是著作权侵权认定中的核心标准之一。对于改编作品是否侵犯原作品的著作权，关键在于两者是否在独创性表达部分构成实质性相似。本案围绕短剧《某神攻略手册》和小说《电竞大神暗恋我》是否实质性相似展开分析，法院通过综合考量原作品的独创性表达及其与被控作品的重合程度，最终认定短剧与小说构成实质性相似。本案对于实质性相似的判断方法和适用标准提供了清晰的司法实践指导。

（一）实质性相似的认定方法

原作品需要具备独创性表达，在判断是否存在实质性相似前，必须明确原作品的独创性表达范围。本案中，法院认定《电竞大神暗恋我》具备独创性，小说围绕电竞主题，构建了一系列人物关系，包括主角与配角的性格特点、互动关系等，展现了作者独特的构思与表达。小说中的情节设计紧密围绕电竞赛事展开，人物间的互动情节展现了故事发展的逻辑性与连续性。小说通过章节内容呈现了主线剧情的发展逻辑及多层次情感表达，形成了较为完整的思想表达。上述独创性元素作为小说的核心表达内容，受到著作权法保护。

被控侵权作品与原作品应综合比对，实质性相似的认定通常采用整体观察与具体分析相结合的方法。本案中短剧的主要角色性格和关系几乎直接复制了小说中的人物特点，如主角的电竞身份、性格特质，以及与其他角色的互动关系。短剧围绕的核心情节与小说部分章节的具体情节高度一致，部分章节的叙事安排上与小说形成了紧密对应，对小说结构和逻辑直接借用，法院通过比对发现短剧《某神攻略手册》在人物设定、核心情节、叙事脉络等方面高度一致，因此法院认定短剧直接利用了小说核心内容，在表达层面与原作品形成了实质性相似。

（二）实质性相似的判断标准

第一，"普通观众"视角，法院在判断是否构成实质性相似时，引入了"普通观众"视角，即从普通观众的感知出发，判断两部作品在整体效果上是否形成了明显雷同。本案中，普通观众能够轻易辨别短剧与小说在角色设定、故事情节和发展脉络上的相似性。

第二，独创性表达的重合程度，实质性相似的核心在于被控侵权作品是否复制了原作品的独创性表达，而非思想或概念。法院认定短剧虽然仅使用了小说部分章节内容，但这些内容包括人物性格、主要关系和情节推进，属于小说的核心独创性部分，构成实质性相似。

第三，整体观察与局部分析相结合，法院综合考量短剧与小说整体情节发展的相似程度，同时具体分析短剧如何再现了小说部分章节的独创性内容。整体与局部的双重分析确保了认定过程的严谨性与客观性。

（三）本案中短剧实质性相似认定的特殊性

本案短剧改编的章节虽仅占小说全篇内容的较小比例，但这些章节在小说中交代了主要人物特点、关系发展及故事的基本脉络。法院认定，短剧对这部分内容的复制构成了对小说整体独创性表达的重要侵害。人物设定和情节设置是小说和短剧的核心表达内容，短剧未能跳脱小说的框架，而是直接借用了小说中的人物性格、关系设定及核心情节，导致两者在关键表达上形成高度相似。

短剧作为一种视听作品，与小说的表现形式有所不同。然而，改编作品的形式差异并不影响实质性相似的认定，只要短剧核心内容来源于小说的独创性表达，且未形成具有独立创作性的改编，就应被认定为侵权。

（四）实质性相似认定的司法意义

通过对短剧《某神攻略手册》与小说《电竞大神暗恋我》的综合比对，本案明确了短剧在人物设定、情节设置和故事发展脉络上的实质性相似，侵害了原著小说的改编权。法院以"普通观众视角"结合整体与局部分析的方法，科学界定了实质性相似的内涵与外延，为短剧与原著小说侵权认定提供了重要的司法实践范例。本案不仅彰显了司法对原创内容的保护力度，也为数字内容行业规范发展树立了法律标杆。

三、网络服务提供者的责任认定

明知或应知责任是网络服务提供者在著作权侵权案件中是否承担连带责任的核心标准之一。《著作权法》和《信息网络传播权保护条例》均对网络服务提供者的明知或应知行为作出了规定，即当服务提供者知道或应当知道平台上存在侵权行为却未采取必要措施时，应承担相应的责任。本案围绕短剧平台的侵权行为是否可归责于平台运营方微某公司，通过对明知或应知标准的具体适用，分析了网络服务提供者的过错判断标准。

（一）明知或应知的法律标准

根据《信息网络传播权保护条例》第22条规定，网络服务提供者需对用户上传内容的合法性承担合理注意义务。当侵权行为显而易见或权利人明确发出通知时，服务提供者应采取及时有效的措施阻止侵权行为，否则构成明知或应知过错。

首先，"明知"指网络服务提供者对侵权内容有明确认知，如收到权利人通知或直接发现侵权内容。本案中，阅某公司并未提供证据证明其已向微某公司发出正式通知，而微某公司也未通过日常管理直接发现涉案短剧的侵权行为，因此不符合明知标准。

其次，"应知"是通过合理注意义务判断服务提供者是否对侵权行为具备可预见性。适用应知标准时，应综合考虑侵权行为的显著性、服务提供者的技术能力、内容管理机制等因素。本案中，微某公司是否能通过自动生成的"短剧最热榜"标签及平台算法发现涉案短剧侵权行为，是应知责任认定的关键。

（二）本案中应知责任的要件

第一，侵权行为是否显而易见，法院认为，涉案短剧《某神攻略手册》虽与小说《电竞大神暗恋我》在人物设定、情节和发展脉络上高度相似，但并未在视频中直接标明小说来源，也未通过其他显著方式提示侵权内容。这使得侵权行为难以通过普通算法管理工具或人工审查自动识别，侵权行为不具有显而易见性。

第二，平台标签的作用起到何种作用，"短剧最热榜"标签由微某公司系统自动生成，并未通过人工操作对涉案短剧进行推荐。此外，标签下的"最热榜"和"最新榜"列表均未显示涉案短剧，普通用户无法通过点击标签直接获得侵权内容。因此，法院认为，标签的存在并不足以证明平台"应知"用户的侵权行为。

第三，是否存在平台内容管理制度，微某公司作为网络服务提供者，已建立了包括侵权投诉机制在内的内容管理制度。法院未发现平台存在技术漏洞或故意放任侵权行为的情况。平台对于普通用户上传的短剧，主要依靠自动化算法进行初步管理，并结合权利人通知后采取必要措施，这符合行业通常标准。权利人通知是认定明知或应知责任的重要依据。本案中，阅某公司并未提供证据证明其曾向微某公司发出针对涉案短剧的通知。因此，微某公司无法通过权利人的明确指控意识到该短剧可能涉嫌侵权。

（三）短视频平台特点对平台责任的影响

短视频平台的独特技术和运营方式，对应知责任的认定产生了重要影响，短视频内容以用户生成为主，具有数量庞大、时长短、更新频繁的特点。平台难以对每一部短视频逐一审查是否构成侵权，这使得平台的注意义务更依赖于自动化管理和权利人通知。

平台算法在内容推荐中发挥重要作用。本案中，"短剧最热榜"标签是系统依据用户行为生成，算法未将涉案短剧推送至榜单内容范围。法院合理区分了平台的推荐行为与用户主动传播行为，避免了对算法推荐的不合理扩责。短视频侵权问题的解决需依赖权利人与平台的协作。权利人通过通知机制及时向平台提供线索，平台在接到通知后采取有效措施，是平衡双方权利和义务的关键。本案中，权利人未充分利用通知机制，这使得平台应知责任认定缺乏直接依据。

【典型意义】

短剧作为近年来兴起的内容形式，具有制作成本低、传播速度快、内容更新频繁的特点。随着移动互联网技术的普及，短剧已成为网络视听内容的重要组成部分，同时也面临侵权问题的频发。本案从改编权保护和平台责任认定两个方面，为短剧行业规范发展提供了重要司法参考。

一、明确短剧改编权的法律边界

短剧常以小说、影视剧等现有文学艺术作品为基础，通过改编形式进行创作。本案对短剧是否侵害原作品改编权的认定，为短剧行业厘清了法律边界。本案例是一起涉及短剧视听作品"剽窃"小说著作权及短剧平台是否需要承担连带责任的典型案例。伴随着移动互联网及算法技术的迅猛发展，通过信息网络传播方式对网络文学实施侵犯著作权的行为也在呈上升趋势。本案对短剧与原著小说的人物设定和情节设置进行深入分析，通过整体观察的方法，综合分析认定短剧与原著小说是否构成实质性相似。

本案通过对短剧与小说的实质性相似分析，强调了改编创作需建立在尊重原作品著作权的基础上。未获得授权的改编，无论作品形式如何变化，若对原作品的核心独创性表达形成实质性复制，均构成侵权。短剧创作者应在原作品授权范围内进行改编，避免因侵权引发法律纠纷。

法院采用整体观察与局部分析相结合的方法，审视短剧在人物设定、情节设置和故事发展脉络上的相似性。本案明确，即使短剧仅借用了原作品的部分内容，但若该内容属于作品核心独创性表达，仍构成侵权。该标准为短剧创作者提供了清晰的法律指引，鼓励在创作中充分体现个性化表达，避免抄袭。

短剧行业的长远发展离不开原创内容的供给。本案的裁判结果对擅自改编行为形成了警示，同时鼓励短剧行业通过合法授权进行创新创作，丰富行业内容生态，推动短剧形式的多样化发展。

二、规范平台责任边界，促进行业健康运营

短剧行业的迅猛发展离不开短视频平台的支持。平台通过技术算法、用户数据分析等手段，为短剧提供传播渠道和流量分发功能。然而，侵权短剧的传播也常借助平台之力。本案对平台责任边界的认定，促进了行业自律与规范化发展。

本案对短剧平台应否承担连带责任范围进行了分析，认定某音用户名旁边出现的"短剧最热榜"标签系系统自动生成且标签下榜单内无涉案短剧，

该行为不属于短剧平台的"主动"推荐行为，网络服务提供商不构成帮助侵权。因此，平台未违反合理注意义务。本案的裁判结果有效防止对平台责任的泛化，避免加重平台的内容管理负担。

虽然本案中平台未被认定为侵权方，但其在内容管理中的角色不可忽视。随着短剧侵权案件的增多，平台需加强内容审核力度，通过技术手段识别侵权风险，并在接到权利人通知后迅速采取措施删除或屏蔽侵权内容。平台与权利人之间的良性互动机制是防范侵权的关键。短剧行业作为数字经济的一部分，其规范发展依赖于平台自律。本案通过司法裁判，为平台确立了合理注意义务的边界，同时引导平台进一步完善内容生态建设，避免放任侵权行为影响行业秩序。

三、助力短剧行业法治化与产业发展

该案清晰区分了短剧视听作品与小说文字作品权利范围，合理厘清了网络服务提供商的责任边界，平衡了权利人、侵权人及公众利益，彰显了服务数字经济健康发展大局的司法导向。不仅为短剧行业的发展提供了法治保障，也为行业内各主体如何规范自身行为、促进健康发展指明了方向。未来，短剧行业应在尊重知识产权的前提下，完善创作与运营机制，共同推动短剧这种新兴业务形态的持续繁荣。

案例1.14 短剧制作运营应符合国家法律法规和社会公序良俗
——微短剧被全网下架案例群

【关键词】

微短剧 公序良俗 法律法规 程序规范 社会监管

【基本案例1】

《大佬，你女儿被婆婆家欺负惨了》是由九州文化推出的网络微短剧，原计划在抖音等平台播出。该剧以其独特的主题和宣传策略，在播出前已经引起了一定关注。剧情主要围绕一位父亲将自己的女儿秘密嫁给了一个母子家庭，女儿在婆家遭受了种种虐待。剧中，儿子为了个人野心，与海外势力

勾结，甚至计划取出妻子腹中的女儿作为药引，这一情节引发了广泛争议和批评。该剧被指责为刻意制造和渲染婆媳、男女之间的矛盾，使用残忍的犯罪手段造成严重后果，涉及侮辱女性、传播违反社会道德的言论、随意的打骂和暴力血腥场面，严重违反了社会道德和法律秩序。2024年6月，中国网络视听协会在工作中发现了该剧存在的多重违规情况，包括低俗剧情、使用残忍犯罪手段、刻意制造和渲染家庭矛盾，以及传播违反公序良俗的言论和渲染血腥暴力等。这些内容不仅违反了国家法律法规，也对社会道德构成了挑战。针对这一违规微短剧的播出问题，中国网络视听协会迅速提示相关播出平台进行处置。随后，抖音、快手、微信、B站等主流平台纷纷响应，下线了该剧集，并禁止了相关视频素材的传播。

【基本案例2】

王女士的母亲，现年65岁，对智能手机的操作并不熟练，且鲜少参与网络购物活动。据王女士介绍，其母亲最初仅是在微信小程序中偶然浏览到一部微短剧，但在观看了前10集后，便遭遇了一个付费界面，提示最低充值额为9.9元。出于对剧情的浓厚兴趣，王女士的母亲误以为这9.9元能够解锁该剧的全部集数，然而实际上，这笔金额在换算成平台"币"后，仅能解锁9集，而整部剧实际上包含超过100集。因此，王女士的母亲不得不多次进行9.9元的充值，最终才得以完整观看该剧。此后，王女士的母亲又相继在不同微短剧小程序中，以19.9元至49.9元不等的金额，购买了天数或月数的会员服务。王女士坦言："这就像购买保健品一样，母亲对此有些上瘾。"她认为，尽管母亲是出于自愿进行付费，但微短剧的收费模式确实过于复杂且混乱，既有会员制度，又有充值解锁全集的选项，还夹杂着赠币等促销手段。这些看似诱人的优惠背后，实则隐藏着诸多消费陷阱。

【基本案例3】

A公司制作土味短剧，于是四方寻觅终于拿到了一个优质剧本，并迅速找到了B公司，约定由A公司出剧本出钱，B公司出人搭景拍摄，双方在沟通后一拍即合。2023年5月10日，B公司在合同上签字并盖章，A公司却一直因故没有签字盖章，但双方的确在口头上达成了统一的合作意愿。这种口头约定的形式简单并且合同上具体的权利义务也简化，后续在拍摄和利益分成上争议不断。

【案件评析】

网络微短剧因制作成本低廉、题材广泛（涵盖都市、穿越、重生、玄幻、甜宠等多种类型），凭借其便捷性、互动性和创新性，迎合了现代观众追求快速消费、轻松娱乐的内容需求，日益成为网络文化版图中的关键一环。艾媒咨询数据显示，2023年中国网络微短剧市场规模已攀升至373.9亿元，同比增长率高达267.65%，预计至2027年，该市场规模有望突破1000亿元大关。在目睹其巨大商业潜力的同时，我们也应加强对微短剧内容的审核力度，警惕"抄袭""洗稿"等侵犯知识产权的行为。针对含有色情低俗、血腥暴力、格调低下、审美恶俗等不良内容的"小程序"类网络微短剧，需开展专项整治行动，对违规作品采取责令整改、强制下架等措施。同时，确保微短剧观看程序合规，不得侵害消费者权益，摄制过程中合同需规范签署，以减少后续可能出现的争议与纠纷。这一系列下架整治举措对整个微短剧行业起到了重要的警示作用，有助于净化行业环境，促进微短剧行业的规范化发展，为其长期健康发展奠定坚实基础。

【微短剧乱象】

一、使用失范侵犯知识产权

（一）制作特点与知产侵权

近年来，网络微短剧作为一种新兴的网络剧形态迅速崛起，以其紧凑的剧情和强烈的情感共鸣快速吸引观众。《2023—2024年中国微短剧市场研究报告》显示，2023年我国网络微短剧市场规模达到373.9亿元，同比增长267.65%。这类短剧通常在小程序或相关App上发布，以低成本、快速制作和强互动性为特点，擅长展现碎片化、贴近生活的内容。与传统电视剧相比，网络微短剧以短小精悍、节奏紧凑和快速更新著称，使观众能在短时间内观看多集内容，因此受到许多用户的喜爱。然而，由于内容篇幅的限制，网络微短剧的流水线生产导致了内容的同质化、套路化和模式化问题。一些制作者为了迅速获利，忽视原创精神，采取复制粘贴的方式快速制作内容。一旦某个视频走红，便有大量模仿者迅速复制其剧情结构、人物设定和情感高潮，制作出大量相似的作品。这种快速生产的背后，不仅内容质量难以保证，还涉及严重的知识产权侵权问题。

（二）应承担的民事责任

根据《著作权法》规定，实施歪曲、篡改、剽窃他人作品等侵犯著作权行为的，应当根据情况，承担停止侵害、消除影响、赔礼道歉、赔偿损失等民事责任。此类"拿来主义"的抄袭手法是对原创作者的不尊重，也是对原剧本著作权的严重侵害。实践中，著作权侵权纠纷是付费短剧的重灾区。短剧的故事情节或素材来源往往是已经发表的网络小说（或剧本）或其他短剧中的情节，短剧版权方在制作短剧过程中未注意审查上游作品的合法性，出现抄袭等行为可能引发的侵权纠纷。同时，未经作品权利人许可，擅自搬运他人作品作为自己作品在平台发表，或将他人作品直接作为自己作品，并在平台发表获利，均侵犯了权利人的复制权等权利。

二、恶意引流违背公序良俗

（一）微短剧内容失范

新型的网络剧集——付费短剧，以其紧凑的时长和引人入胜的剧情迅速赢得了观众的关注，与传统电视剧相比，付费短剧以其短小精悍、节奏紧凑和快速更新的特点，让观众在零碎时间内迅速观看多集内容，因此受到许多人的喜爱。然而，由于篇幅限制和追求点击量，一些付费短剧创作者忽视剧本质量、艺术内涵和社会影响，推出了缺乏营养的快餐式剧集。这些剧集导向不正、内容浮夸、缺乏逻辑、脱离现实，违背了公序良俗。更有甚者，为了吸引流量，部分剧集中包含了色情低俗、血腥暴力、审美恶俗等内容，渲染复仇情绪，触碰了法律红线。以《大佬，你女儿被婆婆家欺负惨了》为例，该剧因剧情低俗、使用残忍犯罪手段、刻意制造和渲染家庭矛盾、传播违反公序良俗言论以及渲染血腥暴力等问题被全网下线。这类问题剧集不仅违反了国家法律法规，也对社会公序良俗构成了挑战。

（二）断开链接，强制下线

针对短剧领域"无序扩张"引发的负面效应，国家广播电视总局发布了《关于强化网络微短剧管理并推动创作提升的通知》。该通知着重指出，各平台需承担起主体责任，对所有网络微短剧等视听节目，无论是接入、分发、链接、聚合还是传播，相关主体或制作机构都应履行其应尽的职责，严格执行先审后播原则，严禁违规微短剧的传播。一旦发现违规，应立即采取断开链接、下线等处理措施。

国家广播电视总局现已明确了对微短剧进行分类分层审核的要求，未经审核备案的微短剧将不得在网络上进行传播，这标志着微短剧行业步入了更加规范的发展轨道。新规将微短剧分为三类进行审核：总投资额达到100万元及以上的"重点微短剧"，由国家广播电视总局进行统一备案管理；总投资额在30万元（含）至100万元之间且非重点推荐的"普通微短剧"，由省级广电部门进行规划备案和成片审查；总投资额低于30万元且非重点推荐的"其他微短剧"，则由播出或为其引流的网络视听平台负责内容审核和版权确认。近年来，主管部门已陆续出台了多项政策，如《国产网络剧片发行许可管理要求》《促进网络微短剧行业健康发展的通知》等，对粗制滥造的微短剧进行了专项整治。据统计，2023年3月至12月期间，全国共清理了35万余集低俗、同质化微短剧，总时长超过2055万分钟。

三、诱导付费侵害消费者权益

（一）微短剧收费形式

近期，媒体调查显示，在热衷于追看短剧的中老年观众中，不少人在短剧上投入了大量资金。有网民分享说，他们节俭一生的父母竟在短剧上花费了超过1万元。还有网民表示，家中长辈平均每月为追看微短剧充值约6000元，总充值额超过4万元。目前流行的微短剧主要有两种付费模式：一是成为会员，价格大多超过300元，远高于主流视频平台的年费；二是按集付费，价格从几毛到几十元不等，尽管单价不高，但由于微短剧集数众多且每集时间短，总体开销依然不菲。微短剧播放平台众多且相互引流，导致付费问题频发，包括诱导付费、随意定价、重复收费，以及自动续费和缺乏退款渠道等问题，严重侵犯了消费者权益。一些小程序的支付页面设计充满陷阱，缺少充值说明和用户须知，如果用户开通了免密支付，很容易在不知情的情况下完成支付且难以退款。部分平台甚至禁止截屏，使得取证变得困难，特别是对网络环境不熟悉的老年人，更容易陷入付费陷阱。此外，一些短剧制作方通过更换名称或下架视频来逃避责任，甚至因监管政策的加强而消失，导致消费者难以确定经营主体，维权变得复杂。2023年第四季度，中国消费者协会指出，短视频平台的微短剧诱导付费问题突出，许多中老年消费者因此受到侵权。黑猫投诉平台的数据显示，2022年相关投诉为15单，而2023年激增至402单，同比增长2580%，但解决率不足四成。

（二）消费者权益维护：申请退费

我国《消费者权益保护法》明确规定，消费者拥有知情权、自主选择权以及公平交易的权利。对于短剧平台而言，它们需要以清晰、显著的方式向消费者展示价格及收费规则。特别是涉及自动续费或解锁等特定功能时，更需要以醒目的方式提醒消费者，并确保消费者有权自主选择是否接受这些服务。这种显著提示应当足够明显，以确保大多数消费者都能注意到。早在2023年2月，工业和信息化部就已经发布了《关于提高移动互联网应用服务能力的通知》，明确要求采用自动续订或续费方式的服务，必须获得用户的明确同意，禁止默认勾选或强制捆绑开通。此外，在续订或续费前5日，服务提供者需要通过短信、消息推送等方式显著提醒用户，并提供便捷的随时退订途径以及取消自动续订、续费的选项。根据我国《价格法》的规定，经营者不得相互串通、操纵市场价格，损害其他经营者或消费者的合法权益。同时，经营者销售商品或提供服务时，必须按照政府价格主管部门的规定进行明码标价，详细注明商品或服务的名称、产地、规格、等级、计价单位、价格等信息。因此，短剧平台需要提前明确告知消费者全集购买的价格，并确保跳转链接中的扣费提示清晰明了，避免出现重复收费或诱导付费的情况。

对于已经上架但未通过审核备案的付费短剧被下架处理的情况，消费者已支付的费用应如何解决？2024年5月，针对微短剧收费领域存在的问题，如费用高、不透明、诱导付费以及维权困难等，国家广播电视总局相关部门已经启动了专项治理行动。在此期间，他们要求头部小程序主体和分发平台全面排查并处理现有用户的退费申请，确保应退尽退。同时，他们还要求小程序主体建立健全长期管理机制，优化收费和退费流程，明确标示收费内容、价格以及会员权益等信息，并为退订、投诉及维权提供便捷的通道和人工客服支持。此外，还严禁诱导付费、隐藏付费、强制二次收费以及未经允许自动续费等行为的发生。

四、合同简化加剧纠纷风险

付费短剧市场尚处于萌芽期，尚未建立健全的商业运作模式和投资逻辑体系，同时也缺乏统一且标准化的合同模板，这导致在实际合同执行过程中容易产生歧义与纠纷。鉴于付费短剧具有内容精练、制作周期短的特点，制作方在拟定合同条款时往往较为简略。然而，付费短剧的制作流程实际上涵盖了剧本采购、宣传推广、演员薪酬、后期制作、播放渠道选择以及收益分配等多个环节，因此，详尽、完备且严谨的合同条款能够在合同执行过程中提供明确的指导与约束，并在纠纷发生时提供有效的维权与解决机制。作为一种投资模式，付费短剧的主要目标是实现收益分成。在制作方投资拍摄短剧时，往往需要投入大量资金或与其他投资者共同出资，这种投资行为面临着未来投资收益的不确定性，从而增加了投资风险。此外，付费短剧市场还面临着不正当竞争风险、内容创作风险以及分账风险等多重挑战，这些都需要通过构建完善的商业模式和制定标准化的合同模板来加以规避，以减少合同履行过程中的争议。

针对上述问题，笔者建议短剧制作监管部门应加强对备案审核机制的建设，严格执行创作生产与内容审核标准，严厉打击侵权盗版行为。同时，加大对短剧台词和画面的审核力度，严防暴力、色情等不良内容的传播，确保内容符合公序良俗和法律法规要求。此外，平台应加大对违规短剧的惩戒力度，建立"黑名单"制度，及时下架违法违规内容，并畅通消费者投诉举报渠道。相关行业协会也应积极制定行业规范与引导措施，确立统一的合同模板，促进行业间的交流与合作，以提升行业的整体水平。

案例1.15 网络票务格式条款排除消费者权益的责任归属
——某影视公司诉长清区市场监督管理局行政处罚案

【关键词】

格式条款无效　技术强制交易　消费者知情权　平台连带责任

【裁判要旨】

经营者与网络销售平台经营商签订合作协议，由网络销售平台运营商负责票务销售工作，网络销售平台运营商根据经营者要求在其运营的网络销售平台上设置格式条款，排除经营者责任，侵害消费者合法权益的，经营者应承担责任。行政机关对经营者作出行政处罚决定的，处罚对象正确。本案对于规范网络电影票销售行为、保护消费者权益具有重要意义。提醒经营者在制定合同条款时，应遵循公平、公正的原则，不得损害消费者的合法权益。同时，也提醒消费者在购买商品或服务时，应仔细阅读合同条款，维护自身权益。

【案件索引】

一审：山东省济南市槐荫区人民法院（2021）鲁0104行初141号行政判决。

二审：山东省济南市中级人民法院（2022）鲁01行终194号行政判决。

【基本案情】

某影院由某影视放映有限公司（以下简称某影视公司）经营，从事电影放映业务。与某科技公司签订网络票务合作协议，授权其在其运营的网络售票平台上销售某影视公司影院全部影厅及座位的电影票，同时约定：退票功能不开通，改签功能不开通；甲方不支持退票或改签的，甲乙双方均应在各自渠道明确告知用户，并以此为原则向用户提供服务。

2021年1月8日，张某通过某科技公司运营的网络销售平台办理退票，销售平台客服告知其退票事宜需与某影院沟通。某影院以张某在购票时，已

111

经勾选同意"购票后不能退票与改签"条款为由拒绝其退票申请，张某遂向山东省济南市长清区市场监督管理局进行投诉。长清区市场监督管理局调查核实后，以某影视公司存在"限制排除消费者合法权益"经营行为，作出《行政处罚决定书》，责令某影视公司立即改正违法行为并对其罚款人民币6000元。

某影视公司对长清区市场监督管理局作出的行政处罚决定不服，提起行政复议。7月22日，山东省济南市长清区人民政府作出《行政复议决定书》，维持长清区市场监督管理局的行政处罚决定。某影视公司仍不服，提起行政诉讼，请求人民法院撤销上述处罚决定。山东省济南市槐荫区人民法院于行政判决，驳回某影视公司的诉讼请求。某影视公司不服一审判决，诉至山东省济南市中级人民法院。

【裁判结果】

法院认为，某影视公司通过格式条款限制消费者退票权利的行为，属于"利用格式条款并借助技术手段强制交易而限制、排除消费者合法的权益行为"，违反了《消费者权益保护法》。因此，市场监管部门对某影视公司的处罚决定合法合理。

【案件评析】

一、某影视公司作为本案被处罚人是否合法

（一）经营者主体责任的法律依据

《消费者权益保护法》第4条明确规定，经营者应当遵循自愿、平等、公平、诚实信用的原则，为消费者提供的商品和服务应当符合保障人身、财产安全的要求，不得设置不公平、不合理的交易条件。经营者是与消费者形成商品买卖或服务提供关系的法律主体，应对其行为承担责任。本案中，某影视公司通过与某科技公司签订合作协议，将电影票的销售权和交易规则的执行托付给某科技公司，但仍未改变其作为实际商品提供者的经营者身份。《电子商务法》第9条进一步规定，电子商务经营者包括电子商务平台经营者、自建网站经营者以及通过其他网络服务销售商品或者提供服务的经营者。

某影视公司授权某科技公司通过网络售票平台销售电影票，而消费者购票行为直接形成与某影视公司的买卖合同关系。作为电子商务交易中的商品提供方，某影视公司构成本案的经营者主体。

（二）诉讼法律主体的确认

在网络交易中，消费者权益的保护涉及多方主体，关键在于准确划定经营者与平台的责任。本案中，某影视公司授权某科技公司在合作平台上销售该公司的电影票，某科技公司代某影视公司收取所销电影票的相应收入并按照约定支付给某影视公司，某影视公司决定在某科技公司经营的网络平台上销售的电影票不允许退改签，某科技公司根据某影视公司的决定作出具体的技术设置。综上，消费者和某影视公司构成买卖合同关系，某科技公司为消费者和某影视公司提供了网络交易平台，消费者与某科技公司之间成立网络服务合同关系。某影视公司作为经营者，不允许消费者退改签所购电影票的行为违反法律法规规定。因此，法院裁定某影视公司是实际经营者，是格式条款的制定与执行方，其主体责任明确无误。《行政诉讼法》强调被告责任的具体性和针对性。长清区市场监督管理局依据行政执法权对某影视公司进行处罚，确认其为格式条款违法行为的责任主体，该处罚对象合法且适当。

（三）对经营者主体责任的警示意义

经营者主体责任的确认表明，无论通过何种平台或技术手段，经营者均不能借助第三方平台规避自身法律义务。这对类似合作模式具有普遍适用意义。网络交易的复杂性不应成为经营者转嫁责任的理由，任何对交易条件、规则的制定或授权行为，都将使经营者承担相应的法律后果。

二、被诉处罚决定认定事实是否清楚，处罚是否适当

（一）格式条款的法律效力

格式条款是经营者为重复使用而预先拟定，并在合同订立时未与对方协商的条款。《民法典》第496条明确规定，提供格式条款的一方应当遵循公平原则确定当事人之间的权利和义务，并采取合理方式提请对方注意免除或者限制其责任的条款。若格式条款未尽合理提醒义务或违反公平原则，则可

能被认定为无效。《消费者权益保护法》第26条进一步强调，经营者不得通过格式条款排除或限制消费者权利，减轻或免除自身责任。本案中，"购票后不能退票与改签"条款直接加重消费者责任，免除了某影视公司因消费者行使合同解除权而可能产生的损失责任，明显不符合上述法律规定。

（二）格式条款的争议点

本案争议的焦点是"不允许退改签"条款是否违反法律规定以及对消费者权益的影响。法院认为，消费者通过网络平台购买电影票属于标准化商品交易，退改签行为主要涉及系统中二维码或数字验证码的更新操作，并未对商品本身造成实质性影响，也不影响经营者的再销售能力。因此，"购票后不能退票与改签"的条款既不具有合理性，也无法律依据。《民法典》第502条规定，合同履行应当遵循诚实信用原则，保护当事人之间的合理期待和利益平衡。本案中，某影视公司通过格式条款强行免除自身责任，破坏了消费者在合同履行中的合理期待。消费者因不可抗力或其他正当理由申请退改签，经营者却完全剥夺其权利，明显违反公平与诚信原则。

（三）行政处罚是否适当

行政处罚的适当性应基于违法行为的性质、情节以及社会影响。本案处罚并未以个别投诉为唯一依据，而是查明了某影视公司长期以来普遍存在的违法行为。由于无法准确计算违法所得金额，执法机关依据《消费者权益保护法》第56条的规定，在无违法所得的情况下对某影视公司处以罚款6000元，符合法律规定的裁量范围。法院裁定长清区市场监督管理局的行政处罚认定事实清楚，处罚决定适当，进一步明确了执法机关对格式条款违法行为的监管职责。这一裁定对其他企业规范交易条款具有警示意义。

三、消费者权益保护问题

（一）消费者权益保护的法律依据

《消费者权益保护法》是维护消费者合法权益的基本法律，其核心在于保障消费者的知情权、选择权、公平交易权等基本权利。第26条规定经营者不得通过格式条款限制消费者的合法权益。本案中的"不允许退改签"条款未提前向消费者合理说明其不公平内容，明显违反法律要求。《消费者权益保护法》第 4 条规定，经营者提供的商品或服务应符合保障消费者合法权益的基本要求，不得侵害消费者的自由选择权。本案中，消费者在购票过程中被强制勾选"不允许退改签"的条款，实际上剥夺了其选择更符合自身需求的交易方式的权利。

（二）消费者权益保护在数字经济中的实践

数字经济的兴起使消费者的交易模式发生了重大变化，但交易中信息不对称的问题依然存在。网络售票平台的格式条款普遍由经营者单方面设计，消费者难以对其提出异议。这种不平等地位使消费者的知情权和公平交易权容易受到侵害。

本案中，某科技公司设置的不允许消费者退改签电影票的条款，明显属于加重消费者责任，减轻经营者责任的格式条款，应属无效。消费者通过网络平台购买的电影票不属于定制类商品，网购电影票以系统随机生成的专属二维码和数字验证码为标识，通常来说消费者如果购票后申请退改签，只需要在向系统提交退换申请即可，不会影响经营者二次售票。综上，某影视公司禁止消费者退改签所购电影票的行为，构成利用格式条款并借助技术手段强制交易而限制、排除消费者合法的权益行为，违反《消费者权益保护法》第 26 条的规定。本案虽系因个别消费者投诉引起的行政处罚，但针对的是某影视公司违法设定格式条款，限制、排除消费者合法权益的行为，查处违法行为的时间跨度是自开业以来至立案查处时，故不能以本案的举报者对应的消费额确定违法所得数额。

（三）对消费者权益保护的意义

法院裁定明确了消费者的合同解除权和公平交易权不容格式条款侵害。这一判决不仅维护了消费者在网络交易中的合法权益，也为数字经济背景下的消费者权益保护提供了法律依据。此外，执法机关和司法机关在处理类似案件时，应加强对格式条款的审查与规范，确保经营者不滥用其在交易规则设计中的主导地位。

【典型意义】

本案围绕影院设置"不允许退改签"格式条款展开,涉及消费者权益保护、数字经济环境下文化市场秩序规范以及经营者责任的明确。结合案情分析和《文化产业促进法(草案)》相关条款的规定,本案对文化产业和电影产业的健康发展、数字经济下消费者权益保护的完善,以及行政诉讼中的法律适用具有重要的参考意义。

一、文化产业经营应诚实守信

文化产业是现代经济的重要组成部分,其健康发展离不开公平的市场竞争环境与诚信经营文化。本案反映出部分文化经营主体在交易规则制定中的不合理行为,即利用格式条款单方面限制消费者的权利,免除自身责任。这种行为违背了《文化产业促进法(草案)》第10条关于"依法经营"的规定,以及第42条对"诚实守信"的价值强调。

电影作为文化产品的一种,其定价、退改签规则等直接关系到文化消费的公平性和消费者的权益保障。《文化产业促进法(草案)》第39条指出,文化产品的价格应通过市场竞争形成,同时政府在价格运行中应发挥引导作用。本案中的"不允许退改签"条款,既未考虑市场合理需求,也未遵循公平原则,影响了文化消费环境的优化。消费者在遭遇不可预见的突发情况时,应享有调整交易的灵活性,而格式条款的强制性设置无疑损害了这一权益。

本案启示文化企业在制定交易规则时,必须坚持公平与诚信原则,避免因短期利益损害长远发展。同时,行业协会或监管部门可制定相应的指导性条款模板,为文化企业经营提供规范化参考。

二、电影产业需规范化经营

电影产业是文化产业的重要领域,其经营活动不仅关乎经济效益,更关乎文化传播的社会价值。本案中的影院未考虑数字化销售模式下的票务灵活性,通过格式条款强制限制消费者退改签的权利,反映出部分影院在管理和服务理念上的滞后性。

《文化产业促进法(草案)》第6条拟规定,县级以上地方政府的电影主管部门需依法推动文化产业促进工作。本案中，市场监管部门的介入和行政处罚，彰显了基层政府在维护文化市场秩序方面的职责。《文化产业促进法（草案）》第41条进一步强调了国家对文化市场秩序的维护，禁止不正当竞争行为和破坏市场秩序的行为。

电影产业调整商业模式以适应数字经济的需求。影院可通过技术手段优化票务管理，例如建立动态退票机制，合理控制因退改签产生的损失。在提升服务的同时，通过消费者满意度的提高实现商业回报，为电影产业的健康发展奠定基础。

三、数字经济背景下文化消费者权益的保障

随着数字经济的普及，线上交易已成为消费者获取文化产品和服务的主要方式。然而，数字化环境中的消费者权益保护问题也更加复杂。本案中的影院利用网络平台制定和执行格式条款，借助技术手段加重消费者责任，这种行为与《消费者权益保护法》和《文化产业促进法（草案）》第42条的诚信经营精神不符。

数字经济环境下，交易双方的信息不对称问题更加突出。消费者在购票时面对影院和平台的双重主体关系，维权难度较高。本案通过明确影院为责任主体，进一步厘清了平台经济中各方责任的分工，强调经营者不得通过技术手段滥用格式条款。

《文化产业促进法（草案）》第38条拟规定，国家应培育新型文化消费模式，引导和促进文化消费。本案提醒文化企业在数字经济环境中应主动拥抱技术创新，通过数字化手段为消费者提供便捷、透明的服务，同时建立健全消费者权益保护机制，例如在票务平台中嵌入退改签的自动化处理模块，降低消费者的维权成本。

四、文化产业行政诉讼的实践意义

本案是一起因消费者投诉引发的行政处罚案件，通过行政处罚和行政诉讼的多轮程序，体现了司法与行政联动对市场不规范行为的纠正作用。《文化产业促进法（草案）》第44条拟规定，地方政府应加强文化市场监管，提

升技术监管水平，对违法经营活动实施处罚。本案中，市场监管部门依法认定影院利用格式条款排除消费者权益的行为，罚款金额和处罚依据充分，体现了执法的专业性和合法性。

行政诉讼程序在本案中的运用，体现了行政机关与司法机关在文化产业监管中的良性互动。长清区市场监督管理局通过行政处罚对影院的不公平格式条款进行了纠正，山东省济南市槐荫区人民法院对该处罚决定的审查则进一步确保了行政执法的合法性和正当性。通过行政诉讼，法院不仅对行政处罚作出了最终判决，还在判决中明确了经营者对消费者的责任和法律底线。本案的裁决和行政处罚对违规行为形成有效的震慑，促使市场主体更加注重自身行为的合法性和消费者的满意度。这种行政执法与司法审查的衔接机制对于文化产业中的其他领域同样具有示范意义。

《文化产业促进法（草案）》第43条拟规定国家应建立文化市场诚信体系。行政诉讼过程中，法院通过细致的事实分析和法律适用，明确了影院的责任主体地位和违法行为性质，为其他类似案件提供了司法参考。随着文化产业在数字化和网络化背景下的快速发展，涉及版权、票务、消费等方面的争议将愈加复杂。行政诉讼机制可以作为法律适用的最后审查机关，确保市场监管中的不当行为被纠正，并有效促进法律公平实施。

五、构建公平透明的文化消费环境

文化消费环境的优化离不开规则的透明与消费者权益的保护。本案中的"不允许退改签"条款暴露了当前文化消费领域存在的交易不公平问题。《文化产业促进法（草案）》第8条拟规定国家鼓励文化产业与科技等相关产业融合发展，拓展文化产业的广度和深度。本案启示文化产业在消费模式设计上，应充分运用技术手段简化流程，提升消费体验。

此外，文化企业需要更主动地融入国家诚信体系建设，遵循《文化产业促进法（草案）》第42条拟规定的诚信经营原则，通过透明的规则和优质的服务赢得消费者信任。行业协会可建立统一的退改签规则和标准化交易条款，为文化消费市场的健康发展提供制度保障。

第五节　出版与传媒产业

案例 1.16　假冒期刊非法经营行为的罪名辨析
——杨某等人非法经营出版物案

【关键词】

非法经营罪构成要件　出版市场秩序　欺诈行为竞合　犯罪客体区分

【裁判要旨】

未经许可从事出版物的出版、发行业务并牟利的行为认定，应当从侵犯客体和行为方式综合考虑。若行为人以散发广告等形式大量招揽客户，收取单个投稿人少量稿费，且按照约定组稿并出版、发行假杂志，行为人主观上希望通过经营行为牟利而非骗取投稿人的财产，侵犯客体为出版市场秩序的稳定性而非投稿人的财产权益；且投稿人基于行为人发稿流程、发刊速度、印刷质量、是否校审、版面费数额、能否退款及换刊等情况能够判断行为人系假冒正规出版单位期刊仍然投稿的，即使行为人在非法出版、发行过程中采用假冒正规出版社编辑名称等欺骗行为，也主要是为了吸引投稿，是整个犯罪行为的一部分，不应认定投稿人基于错误认识处分财产，不能认定诈骗罪，应当以非法经营罪追究其法律责任。

【案件索引】

（2022）京 0113 刑初 437 号。

【基本案情】

北京市顺义区人民检察院以被告人杨某、杨某虎犯非法经营罪，向北京市顺义区人民法院提起公诉。法院经审理查明：2018 年 1 月至 2021 年 9 月间，被告人杨某在未取得出版许可的情况下，以《基层建设》《防护工程》

《电力设备》《建筑细部》等期刊出版单位的名义进行组稿、收取版面费,并联系他人对收取的稿件排版、印刷,自行出版、发行后,向北京市顺义区等地进行邮寄,收取涉案期刊版面费共计人民币1200余万元。其间,被告人杨某虎协助杨某收稿并收取版面费共计人民币610余万元。2021年9月3日,被告人杨某、杨某虎被查获,从被告人杨某处扣押现金人民币65万元、证书8张、杂志社印章9枚等物,均已移送在案。经查证,上述印章系伪造。另冻结杨某工商银行账户人民币39万余元、支付宝账户人民币60余万元。被告人杨某另退赔赃款人民币30万元,被告人杨某虎退赔赃款人民币50万元,均已扣押。

被告人杨某、杨某虎对指控的事实、罪名及量刑建议没有异议,认罪认罚且签字具结,在开庭审理过程中亦无异议。其辩护人的辩护意见为:被告人杨某虎与杨某不属于共同犯罪,被告人杨某虎有部分版面费还未与杨某结算完毕,该部分钱款不应计入杨某非法经营数额。被告人杨某如实供述犯罪事实,自愿认罪认罚,系初犯偶犯,积极退赃,建议对其从轻处罚。

【裁判结果】

北京市顺义区人民法院于2022年8月31日作出(2022)京0113刑初437号刑事判决:(1)被告人杨某犯非法经营罪,判处有期徒刑3年8个月,并处罚金人民币200万元;(2)被告人杨某虎犯非法经营罪,判处有期徒刑2年缓刑2年,并处罚金人民币50万元;(3)在案扣押、冻结及退赔的赃款共计人民币2,451,603.93元,依法予以没收;(4)随案移送的印章9枚、证书8张,依法予以没收。

【案件评析】

一、非法经营罪的构成要件

非法经营罪是我国《刑法》规定的一种扰乱市场秩序的犯罪,目的是保护国家对特定行业的许可管理和市场运行秩序。《刑法》第225条明确规定,违反国家规定,有严重扰乱市场秩序的非法经营行为,扰乱市场秩序,情节严重的,处5年以下有期徒刑或者拘役,并处或者单处违法所得1倍以上5

倍以下罚金；情节特别严重的，处 5 年以上有期徒刑，并处违法所得 1 倍以上 5 倍以下罚金或者没收财产，最高人民法院《关于审理非法出版物刑事案件具体应用法律若干问题的解释》规定，非法从事出版物的出版、印刷、复制、发行业务，严重扰乱市场秩序，情节特别严重，构成犯罪的，可以依照《刑法》第 225 条第 3 项的规定，以非法经营罪定罪处罚。

该罪主要针对未经许可从事国家特许专营、专卖业务的行为，具体包括从事法律、行政法规规定的专营、专卖业务，扰乱市场秩序且情节严重的行为。非法经营罪的适用范围较为广泛，涉及法律、行政法规明确规定的需要特许经营的领域。在出版行业，出版物的出版、发行均需依据《出版管理条例》取得出版许可证，未经许可从事此类活动，即可构成非法经营罪。本案中，被告人杨某和杨某虎未经许可非法从事出版物的出版、发行业务，其行为扰乱了出版市场的管理秩序，严重侵犯了法律保护的法益。本案中，被告人杨某和杨某虎未经许可从事出版物的出版、发行业务，其行为已构成非法经营罪。

（一）犯罪主体

非法经营罪的主体是一般主体，包括自然人和单位。本案中，杨某和杨某虎均为完全刑事责任能力人，具备独立承担刑事责任的能力，因此可以成为本罪的主体。如果行为人是单位，则应当追究单位的刑事责任，并对直接负责的主管人员和其他责任人员追究相应的刑责。本案为自然人犯罪，因此不涉及单位主体的认定。从行为事实来看，杨某是非法出版活动的策划者和组织者，杨某虎则协助收稿和收取版面费，二人均参与了非法经营的全过程，符合本罪主体的要求。

（二）主观方面

非法经营罪的主观方面为直接故意，即行为人明知自己的行为违反国家规定，可能扰乱市场秩序，但仍然实施非法经营活动，并以此牟取非法利益。本案中，杨某和杨某虎的主观意图非常明确：杨某通过伪造印章、假冒出版单位的名义进行非法出版活动，其核心目的是收取版面费并获取非法经济利益。杨某虎在协助收稿和收款过程中，明知其行为违法，却仍积极参与其中，这表明其具有与杨某相同的犯罪故意。

本案中杨某虎的辩护人曾提出,其部分版面费未结算完毕,不应计入杨某的非法经营数额。法院认为,该情况仅为内部分工和结算模式的体现,并不影响犯罪故意的成立。这进一步表明,二人主观上均具有牟利意图,并共同故意实施了扰乱市场秩序的行为。

(三) 客观方面

非法经营罪的客观方面表现为行为人实施了违反国家规定的非法经营活动,且情节严重。本案中,杨某的行为包括伪造印章、假冒出版单位的名义组稿、印刷和发行假期刊,其通过这些行为扰乱了出版市场的正常秩序。具体来看,杨某等人的客观违法行为主要表现在以下方面:第一,未经许可从事出版物的出版和发行,出版活动属于国家严格监管的特许经营领域,需经出版行政主管部门批准并取得出版许可证。杨某在未取得出版许可的情况下,以多家期刊名义非法出版发行杂志,其行为严重违反了《出版管理条例》的规定。第二,规模性和持续性,杨某等人在2018年至2021年期间持续实施非法出版活动,涉案金额高达1200余万元,且涉及期刊种类多,发行范围广,社会危害性明显。第三,伪造出版单位及编辑名称行为,杨某等人伪造印章、假冒编辑身份,诱使投稿人提交稿件并支付版面费。这种行为进一步加剧了对出版市场秩序的破坏。

非法经营罪要求行为的情节严重。本案中,杨某等人非法出版物的数量大、金额高,且涉及伪造国家批准的出版单位名义,扰乱了正常的出版管理秩序,构成了情节严重。

(四) 犯罪客体

非法经营罪的客体是国家对特定经济活动的市场管理秩序。本案中,出版物的出版和发行属于国家严格许可管理的范围,行为人未经许可从事此类活动,不仅侵害了国家对出版行业的管理权,还破坏了合法出版单位的市场环境,构成了对市场秩序的严重侵犯。本案中,虽然杨某等人通过伪造手段吸引投稿,但投稿人基于自身发表文章的需求提交稿件,主要关注的是能否出版而非期刊合法性。投稿人与杨某之间的交易行为不符合诈骗罪中"因错误认识处分财产"的要件,因此认定非法经营罪更加符合行为本质。

结合上述要件分析,本案中杨某和杨某虎的行为完全符合非法经营罪的构成要件。杨某通过伪造手段非法组稿、印刷、发行,扰乱了出版市场秩序,且非法经营数额巨大,情节严重;杨某虎在犯罪过程中起辅助作用,协助杨某收稿、收取版面费,分工明确,符合共同犯罪的认定标准。法院认定杨某为主犯,并依据其在犯罪中的组织和实施行为对其量刑较重;杨某虎作为从犯,情节较轻,适用缓刑。这种判决体现了对非法经营罪主从犯区别对待的量刑原则,同时对非法出版活动形成了法律威慑,为类似案件提供了明确的司法指引。

二、非法经营罪与诈骗罪的界限

非法经营罪是《刑法》第225条规定的扰乱市场秩序犯罪,主要针对未经许可从事国家特许经营活动、违反市场监管法规并造成情节严重后果的行为。其保护的法益是国家对经济活动的市场管理秩序,行为本质是违反国家规定进行非法经营活动,目的是获取非法经营收益。诈骗罪是《刑法》第266条规定的侵犯财产犯罪,行为人以非法占有为目的,通过虚构事实或者隐瞒真相,诱使他人陷入错误认识,从而处分财产,直接侵犯了被害人的财产权。其保护的法益是公民财产权,行为的核心特征是以欺骗手段非法占有他人财产。

本案中,被告人杨某和杨某虎未经许可非法出版、发行期刊,通过假冒正规出版单位的名义组稿、收取版面费,其行为涉及伪造印章、假冒期刊名义的欺骗性操作。行为模式表现为:利用伪造的出版资质和虚构的编辑身份吸引投稿人提交稿件,随后通过收取版面费牟利。在这种情况下,需明确非法经营罪和诈骗罪的核心区别,以判断本案的行为性质。非法经营罪与诈骗罪的区分主要体现在以下四个方面:侵犯法益、行为方式、主观目的及犯罪结果。本案的认定中,这些区别尤为重要。

(一)侵犯法益的不同

非法经营罪的法益是国家市场管理秩序。行为人未经许可从事特许经营活动,扰乱了相关行业的监管和秩序。在出版行业,未经许可的出版行为破坏了国家对出版活动的许可管理和合法市场环境。诈骗罪的法益是公民的财产权。行为人以非法占有他人财产为目的，通过欺骗手段获取被害人的财产，直接侵害被害人的经济利益。

在本案中，杨某等人假借正规期刊的名义非法出版，虽然行为中存在欺骗手段，但其目的并非直接占有投稿人的财产，而是通过非法出版活动牟利，主要破坏的是出版市场的管理秩序。因此，本案侵犯的法益是市场秩序，而非投稿人的财产权。

（二）行为方式的不同

非法经营罪的行为方式是违反国家规定，未经许可从事特定经营活动，通常伴随规模化、持续性和经营性特征。行为人以提供非法服务或产品为核心，通过扰乱市场秩序获利。诈骗罪的行为方式是虚构事实或隐瞒真相，诱使被害人陷入错误认识，从而处分财产。行为核心是欺骗性，且欺骗与财产损失之间具有直接因果关系。

在本案中，杨某等人利用伪造印章和假冒期刊名义吸引投稿，这种行为虽带有一定欺骗性，但其目的是通过非法出版活动获取版面费，而非单纯通过虚构事实非法占有投稿人的财产。投稿人支付版面费的核心意图是发表文章，这表明行为人并未直接利用错误认识占有财产。

（三）主观目的的不同

非法经营罪的主观目的是非法从事特许经营活动并通过经营行为获利，其重点在于经营性和盈利性。行为人通常有特定的经营模式和目标，违法的重点在于未依法取得经营许可。诈骗罪的主观目的是非法占有他人财产，重点在于通过欺骗手段获取财物，其目的不是经营，而是非法占有。

在本案中，杨某等人的目的是利用非法出版活动获取经济利益，且行为具有持续性和规模化特征。这种经营模式表明其核心目的在于非法经营，而非直接侵占投稿人的财产，故其主观目的更符合非法经营罪的要件。

（四）犯罪结果的不同

非法经营罪的结果表现为扰乱市场秩序，破坏国家特许经营制度，并造成情节严重的后果。其非法获利是通过经营行为实现的。诈骗罪的结果表现为被害人基于错误认识处分财产,导致财产损失。行为人与结果之间有直接的因果关系。

在本案中,杨某等人的行为并未直接导致投稿人的财产损失,投稿人支付版面费后得以发表文章,行为与结果之间不存在直接因果关系。而杨某等人的非法经营活动对出版市场秩序造成了严重破坏,其结果符合非法经营罪的情节严重标准。

三、共同犯罪的认定

共同犯罪是指两人以上共同故意实施犯罪。本案中,杨某和杨某虎被认定构成共同犯罪,其关键在于二人是否具有共同的犯罪故意,并共同实施了非法出版活动的行为。

《刑法》第25条规定,共同犯罪要求行为人之间具有共同故意,并在客观上实施了符合犯罪构成要件的行为。本案中,杨某作为主要犯罪行为人,策划并组织了非法出版活动,包括伪造印章、联系印刷和发行渠道等;杨某虎则协助杨某收取稿件和版面费,二人分工明确。法院认定,杨某虎与杨某并非普通的上下家关系,而是基于家庭关系形成的长期合作模式,具有共同的犯罪目的。因此,二人之间构成共同故意,并共同实施了非法出版行为,符合共同犯罪的构成要件。

对于共同犯罪的参与人,刑法区分主犯与从犯,分别适用不同的量刑原则。根据《刑法》第26条,主犯是组织、策划、指挥犯罪行为的主要参与者。本案中,杨某为非法出版活动的核心组织者,其决定了经营模式和具体操作环节,属于主犯。根据《刑法》第27条,从犯在共同犯罪中起次要或辅助作用,应当从轻、减轻或者免除处罚。杨某虎在犯罪中主要负责辅助性事务,如收稿和收款,其犯罪地位明显低于杨某,符合从犯的认定标准。

本案共同犯罪的认定体现了刑法对主从犯分工的准确把握,并结合二人具体行为量刑,对类似案件具有重要指导意义。

四、量刑考量及从轻处罚

量刑是刑事司法的核心环节,需要综合考量被告人的犯罪情节、社会危害性以及悔罪表现等因素,确保罪责刑相适应原则的贯彻。本案中,法院在量刑时充分考虑了杨某和杨某虎的犯罪情节、认罪态度及社会危害性，对二人分别作出从轻处罚的判决。

对于杨某，其作为主犯，非法出版物的组织者和核心决策者，其犯罪行为对出版市场秩序的破坏尤为严重。然而，杨某在案发后积极配合调查，如实供述犯罪事实，并主动退赃30万元，表现出一定的悔罪态度。根据《刑法》第67条的规定，犯罪嫌疑人如实供述自己的罪行，可以从轻处罚。法院最终判处杨某有期徒刑3年8个月，并处罚金200万元，这一判罚既体现了对其主犯地位和严重犯罪情节的惩治，也反映了对其认罪悔罪态度的考量。

对于杨某虎，其在共同犯罪中起辅助作用，属于从犯。根据《刑法》第27条，法院依法对其减轻处罚，并宣告缓刑。缓刑的适用充分体现了刑法的宽严相济政策，同时考虑到杨某虎初犯、偶犯的情节，缓刑判决既能对其进行教育改造，也避免了对其生活和社会关系的过度干预。

在量刑时，法院还综合考虑了非法经营的数额及情节。1200余万元的版面费总额显示犯罪行为的情节严重性，而二人退赔的赃款则反映了悔罪表现。在认定非法经营数额时，法院审慎分析了未结算款项是否应计入犯罪数额，并结合具体证据排除合理怀疑，确保量刑准确、公正。

【典型意义】

本案涉及未经许可从事出版物的出版和发行活动，利用伪造资质非法出版期刊并牟利的行为。法院通过细致的构罪分析和合理量刑，彰显了法治对出版市场秩序的维护。

一、依法维护市场秩序，强化出版领域的许可管理

出版行业属于国家特许经营领域，出版物的出版、发行需要严格依照《出版管理条例》等法律法规进行审批。本案的判决明确传递出一个信号：出版活动的合法性与规范性是维护出版市场秩序的核心要求。被告人杨某和杨某虎未取得出版许可，假冒正规出版单位非法组稿、发行期刊，扰乱了出版市场的正常运行秩序。法院将其行为认定为非法经营罪，并以数额巨大的经营规模和伪造资质的严重情节为依据，予以严惩，充分体现了司法机关维护市场秩序的决心。

本案还揭示了非法出版活动对合法市场参与者的不公平竞争和对投稿人权益的侵害。假冒出版行为不仅侵蚀了合法出版单位的市场份额，还破坏了投稿人与出版机构之间基于信任建立的正常交易关系。因此，通过本案的裁判，司法机关进一步强化了对出版领域许可管理的严格要求，警示从业者必须依法合规经营。

二、明确非法经营罪的构罪边界，厘清罪与非罪及罪名适用的界限

非法经营罪的本质是扰乱市场管理秩序，而非直接侵犯个体财产。本案在界定非法经营罪与其他经济犯罪（特别是诈骗罪）的适用界限上具有重要意义。被告人杨某等人在非法出版活动中确实使用了欺骗手段（如伪造印章、假冒期刊名称等），但法院强调，这种欺骗行为的目的并非直接非法占有投稿人的财产，而是吸引客户投稿以扩大非法出版规模。因此，行为的本质是非法经营，而非诈骗。

这一裁定充分体现了司法机关对罪与非罪、不同罪名适用界限的准确把握。一方面，法院依据非法经营罪的构成要件，从行为的经营性、持续性和对市场秩序的破坏性进行认定；另一方面，通过分析投稿人与被告人的交易本质，明确了投稿人的财产权益并未直接因欺骗手段受到侵害。该案裁判厘清了非法经营罪与诈骗罪的法律适用边界，为类似案件的处理提供了可操作的司法标准。这种处理方式为类似案件的审理提供了清晰的刑法适用指引。

三、保护合法经营者和消费者权益，推进行业规范化发展

本案的裁判不仅打击了非法出版行为，还对合法出版机构和投稿人权益的保护具有积极意义。非法出版行为通过伪造资质和假冒期刊破坏了正常的市场竞争环境，使合法出版机构面临竞争压力。此外，投稿人虽然未直接遭受财产损失，但非法出版行为的普遍性可能削弱社会对出版市场的信任，影响学术研究、科技传播和行业信誉的整体发展。

通过本案的判决，司法机关向社会传递了明确的信号：出版市场必须依法经营，任何破坏市场秩序的行为都将受到法律严惩。这不仅有效保护了合法出版机构的市场地位，还提升了消费者和投稿人对出版行业的信任。更重要的是，本案进一步凸显了出版行业规范化发展的必要性，呼吁行业内部加强自律，通过资质审核、诚信评估等措施遏制非法出版行为。

本案的裁判还推动了对非法出版行为监管模式的反思。随着数字化技术的普及，非法出版活动的隐蔽性和复杂性增加，传统监管手段面临挑战。通过本案的审理，法院对非法出版行为的认定提供了重要参考，为出版市场的行政监管提供了新的思路。例如，可以利用大数据技术加强出版资质审核，建立覆盖全行业的期刊资质查询平台，提升非法出版行为的发现和追踪能力。

案例1.17 历史文献汇编作品独创性认定与惩罚性赔偿适用
——徐某诉中某书局《民国报纸总目》著作权侵权案

【关键词】

汇编作品独创性　历史文献整理　惩罚性赔偿适用要件　故意侵权情节

【裁判要旨】

本案是适用惩罚性赔偿，加强历史文献类智力成果知识产权保护的典型案例。本案对于历史文献类智力成果的独创性判断标准进行了明确，厘清了历史文献类汇编作品的权利边界。同时，法院严格执行惩罚性赔偿制度，加大对历史文献类智力成果知识产权保护力度，助力弘扬和传承中华优秀传统文化，对于相关领域案件裁判具有借鉴意义。

【案件索引】

一审：（2021）京0106民初29104号。

二审：（2022）京73民终4681号。

【基本案情】

徐某对民国时期全国范围内的约8000种报纸进行挑选，收集、整理出上万幅报纸图版，并为每个报纸图版配上文字介绍，由此形成《民国报纸总目》（以下简称涉案作品）。徐某与中某书局磋商将涉案作品申报国家出版基金项目，并向中某书局提供相关材料。中某书局获批国家出版基金项目资助款后，通知徐某其将自行完成该项目。此后，中某书局未经徐某许可，在出版的基金项目成果中,使用涉案作品作为核心内容,自行出版了同名图书(以下简称涉案侵权图书)。徐某主张,涉案作品系按照一定的逻辑整理、编排、分册,具有独创性,应当受著作权法保护。中某书局未经许可,在涉案侵权图书中使用了涉案作品的主要内容,侵害了徐某对涉案作品的署名权、复制权、发行权,故向法院提起诉讼。一审法院判决驳回徐某的诉讼请求。一审判决作出后,徐某提起上诉,二审法院判决撤销一审判决,中某书局赔偿徐某经济损失140万元。

【裁判结果】

法院生效判决认为,徐某对报纸图版及其对应著录文字进行汇编,在选择方面体现个性化表达,具有较高的独创性,构成著作权法规定的汇编作品。中某书局在明知徐某不同意将涉案作品许可中某书局使用的情况下,仍擅自使用徐某作品,侵权获利巨大,侵害了徐某对作品的复制权、发行权,应承担侵权责任。被诉侵权行为符合故意侵权、情节严重的主客观构成要件,故依法应当适用惩罚性赔偿。结合涉案出版基金项目申报书中规定的费用以及使用权利作品的比例,计算确定徐某实际损失数额为70万元,并综合考虑中某书局侵权故意明显、情节严重等情形,对徐某适用1倍惩罚性赔偿的诉讼请求予以支持,判决中某书局赔偿徐某经济损失140万元。

【案件评析】

一、汇编作品的独创性认定

汇编作品是《著作权法》保护的重要类型,其独创性的认定直接影响其能否受到著作权法保护。本案中,涉案作品作为汇编作品,其独创性成为核心争议点之一。

(一)汇编作品的法律定义与独创性标准

根据《著作权法》第14条,汇编作品是指汇编若干作品、作品片段或其他材料,并通过选择或编排等方式使其内容具有独创性的智力成果。汇编作品的核心不在于所使用素材的原创性,而在于作者对素材的选择和编排体现出的智力创造性劳动。这种劳动可以表现在主题选择、分类逻辑、素材搭配、排列顺序等方面。

法律对汇编作品独创性的要求并不苛刻。通常情况下，独创性只需达到作者独立完成对素材的选择和编排，体现个性化的智力劳动，选择和编排不能是机械的或完全依赖算法自动生成，体现创造性标准即可。

（二）汇编作品独创性的判断要素

虽然独创性汇编的结果并不产生文字内容、艺术造型、音乐旋律等传统文学艺术作品的表达形态，但也能表达汇编者的观点。将作品、数据或其他信息的集合加以体系化地呈现，其作用在于以汇编者认为的合理呈现方式，提供汇编者眼中有价值的作品、数据或其他信息。换言之，汇编者并非不加区别地、机械地收集客观信息，而是通过对信息价值的选择或对信息进行偏离常规方式的编排，体现汇编者对信息价值或呈现方式的观点。①

在具体司法实践中，判断汇编作品是否具有独创性：第一，素材的选取是否具有逻辑性、方向性，是否体现作者的主观判断和价值取向；第二，编排结构是否独特，是否形成了有序逻辑或展示了创作者的个性化表达；第三，最终呈现的汇编作品是否形成了一个完整且具有意义的作品，而非简单的材料堆积。在历史文献类汇编作品中，素材本身通常是历史资料或公有领域的内容，独创性更多体现在作者如何将这些内容重新组织以实现特定目标。

（三）本案中汇编作品独创性的体现

涉案作品通过对素材的选择，从8000种民国报纸中挑选出具有代表性的上万幅报纸图版。这一选择不仅涉及对庞大素材库的筛选，还需综合考虑报纸的历史价值、文化意义及研究用途。这种选择体现了徐某的个性化判断。对素材的编排，徐某将所选图版按照逻辑分类、分册整理，并为每幅图版配上文字介绍。分类逻辑、版面设计和文字内容均展示了创作者的智力劳动和创造性。这些编排和配文为报纸图版赋予了新的解释性意义，使其从单纯的历史素材转变为具有系统化特征的智力成果。整体表达的有机性，涉案作品不仅是对报纸图版的简单收集，而是通过分类和文字注释形成了一个有机整

---

① 王迁：《论汇编作品的著作权保护》，载《法学》2015年第2期。

体，展示了特定历史时期的文化面貌和研究价值。

因此法院二审判决认为，涉案作品在素材选择和编排方式上体现了个性化表达，具备较高的独创性，属于《著作权法》保护的汇编作品。这一认定不仅考虑了徐某的智力劳动，还明确了汇编作品的保护范围。

二、历史文献类汇编作品的著作权法特殊性

历史文献类汇编作品是一种以历史资料为基础，通过整理、分类和编排形成的成果，兼具学术性和文化价值。这类作品在著作权法保护下展现出与其他类型作品的特殊性，既涉及公共领域素材的利用问题，又需平衡作者的智力劳动成果与社会文化传播之间的关系。我国《著作权法》以保护创作和建立利益平衡关系为立法目的，旨在促进历史文化遗存的合理利用和出版事业的蓬勃发展，传播中华优秀传统文化，弘扬社会主义核心价值观。如何妥善界定历史资料的再创作，对于保护合法的著作权，鼓励文学作品的创作，实现《著作权法》的立法目的，具有十分重要的意义。[①] 本案对历史文献类汇编作品的著作权特殊性进行了深入探讨，为类似作品的法律保护提供了重要指引。

（一）历史文献类汇编作品的属性界定

历史文献类汇编作品的核心特征在于，作者并非创造新的素材，而是通过对已有资料的选择和编排实现二次加工。《著作权法》第 14 条规定，汇编作品因其选择和编排体现独创性，属于受保护的智力成果。本案中的涉案作品即是一部汇编作品，徐某通过挑选民国时期的 8000 种报纸，并配以逻辑清晰的分类和文字说明，将大量分散的报纸资源重新组织为系统化成果。这种组织方式赋予素材新的价值，是对历史资料的再创造。

在历史文献类汇编作品中，独创性不体现在素材本身，而在于对素材的选择和编排。例如，作者可以通过确定分类逻辑、设计展示形式、添加解释性内容等方式体现自己的智力劳动，从而使作品超越素材的集合而形成独立

[①] 侯笑宇：《史料汇编类作品著作权归属之辨——以〈过云楼梦〉著作权纠纷为研究对象》，载《出版参考》2023 年第 10 期。

作品。

(二) 公共领域内容的利用与保护的平衡

历史文献类汇编作品的素材多来自公共领域，例如已过保护期的历史文献、无著作权归属的历史资料等。这些素材的公共性允许任何人自由使用，但一旦作者对这些素材进行独创性整理，重新加工后的成果即受到著作权保护。

本案中的报纸图版虽然本身属于公共领域内容，但徐某对其选择、编排和解释性说明构成了独创性劳动。法院明确指出，这种劳动不仅赋予了资料新的价值，还改变了素材的使用方式，形成了具有独立价值的智力成果。因此，即便汇编作品使用了公共领域素材，其独创部分仍受到法律保护。

一方面，应确保社会对公共领域素材的自由利用权利不被限制；另一方面，应保护作者在素材整理和加工中的智力劳动成果。本案通过明确独创性部分的保护范围，既保障了徐某的权益，也未阻碍对公共领域素材的正常利用。

(三) 历史文献类汇编作品的权力边界

《著作权法》规定，汇编作品的作者对汇编作品整体享有著作权，但不改变素材本身的法律属性。例如，本案中，徐某对涉案作品的整体享有复制权、发行权等权利，但不能禁止他人对单一的公共领域报纸图版进行使用。这一界定确保了汇编作品的保护范围明确，不至于造成权利滥用或对公共领域内容的不当垄断。

本案明确了在出版领域中合作项目可能出现的权利争议。中某书局利用徐某的汇编成果作为出版物的核心内容，并获得经济收益，这种未经授权的行为超出了合理使用的范围，侵害了徐某的著作权。同时，法院裁定惩罚性赔偿，强调了权利边界的重要性和保护力度。

(四) 历史文献类汇编作品的社会文化意义

历史文献类汇编作品具有重要的学术和文化价值，其整理工作有助于历史文献的保存、研究和传播。例如，《民国报纸总目》通过对民国时期报纸的整理，展现了这一时期的历史风貌和文化特征，为后续研究提供了宝贵的参考资料。

另外，对历史文献类汇编作品进行法律保护，能够激励更多研究者参与到历史资料的整理和创作中。这不仅推动了文化产业的发展，也促进了传统文化的保护与传播。保护这些成果有助于形成良性的学术研究和文化传播生态。

三、惩罚性赔偿在本案中的适用分析

惩罚性赔偿是近年来知识产权领域加强权利人保护的重要制度，其核心在于通过加重侵权行为的经济成本，实现对侵权行为的威慑与预防。本案中，法院适用了《著作权法》中的惩罚性赔偿规定，对被告中某书局的侵权行为作出1倍惩罚性赔偿的裁定。这不仅体现了对故意侵权行为的法律规制，也为知识产权司法实践提供了有益探索。以下从法律依据、适用要件、裁量标准和案例分析等方面展开论述。

（一）惩罚性赔偿的法律依据

《著作权法》第53条明确规定，对于故意侵权并情节严重的行为，可以在确定实际损失、侵权获利或者法定赔偿金额的基础上，适用不超过5倍的惩罚性赔偿。其立法目的包括：弥补权利人损失不足，通过加重赔偿，填补实际损失之外的权益损害；惩戒侵权行为，提高侵权成本，使侵权行为得不偿失；强化社会警示，对潜在侵权行为形成震慑作用，维护公平竞争秩序等。

在本案中，法院依据上述法律条文，结合侵权行为的主客观因素，适用了1倍惩罚性赔偿，为知识产权侵权案件的裁判提供了规范参考。

（二）惩罚性赔偿的适用要件

根据《著作权法》第53条和相关司法解释，适用惩罚性赔偿需同时满足以下主客观要件：

第一，主观要件：侵权故意。惩罚性赔偿的适用前提是行为人具有主观故意，包括明知或者应知行为具有侵权性质。本案中，中某书局在明知徐某拒绝授权的情况下，仍使用其作品作为出版物的核心内容。侵权行为发生后，中某书局不仅未主动停止侵权，还通过擅自出版侵权图书获利。这种行为明显具有侵权故意，满足惩罚性赔偿的主观要件。

第二，客观要件：侵权情节严重。侵权情节严重通常通过以下因素判断：侵权行为的持续时间，侵权行为是否长期存在。侵权行为的规模和范围，侵权行为的影响力及受害范围。侵权获利与权利人损失，侵权获利是否显著，权利人是否遭受重大损失。其他恶劣情节，如侵权行为是否涉及欺诈、伪造等附加违法行为。

在本案中，中某书局未经授权，直接使用徐某的作品作为同名图书核心内容，侵权规模大、影响广。涉案图书还获得国家出版基金资助，其侵权行为不仅对徐某造成巨大损失，还破坏了国家扶持文化成果的公平性，情节严重。

（三）惩罚性赔偿的裁量标准

惩罚性赔偿的裁量标准主要体现在赔偿基数的确定及倍数的适用两个方面：

赔偿基数通常基于权利人因侵权行为造成的实际损失；行为人因侵权行为获得的违法所得；侵权获利与权利人损失均难以确定时的法定赔偿金额。本案中，法院参考了涉案出版基金项目申报书中规定的资助费用及涉案作品在图书中的核心地位，将徐某的实际损失确定为70万元。此基数不仅体现了对徐某劳动成果的合理评估，也考虑了侵权行为对徐某经济权益的实际影响。

根据《著作权法》的规定，惩罚性赔偿的倍数最高可达5倍，法院应根据侵权行为的情节严重性合理裁定具体倍数。本案中，法院认为中某书局侵权故意明显、行为恶劣、获利巨大，适用1倍惩罚性赔偿，使最终赔偿额达到140万元。这一倍数的裁定体现了法院在平衡惩罚性与合理性的基础上，对侵权行为的严厉打击。

（四）本案中惩罚性赔偿的司法意义

本案通过适用惩罚性赔偿，传递出司法对知识产权侵权"零容忍"的态度，强化了著作权法对文化成果的保护力度。这种裁判结果不仅保障了权利人的经济权益，还体现了对智力劳动的尊重。侵权行为的高额收益和低违法成本曾导致知识产权侵权屡禁不止。本案通过1倍惩罚性赔偿显著提高了侵权成本，使潜在侵权行为得不偿失，从而达到警示和威慑的效果。

涉案作品具有重要的学术与文化价值，其保护直接关系到历史文献整理者的权益和文化成果的传播。本案适用惩罚性赔偿，进一步明确了文化类智力成果侵权案件的裁判标准，为类似案件提供了有益的司法参考。

【典型意义】

本案聚焦于历史文献类汇编作品的著作权保护，对文物、文献及文化数据的保护和利用具有深刻的启发意义。在文化强国建设的背景下，如何在保护文化资源的同时促进其合理利用，是一项需要持续探索的重要课题。本案的裁判结果不仅体现了对文化资源创作者权益的尊重，也为推动文物、文献和文化数据的利用提供了思路和指引。

一、保护历史文献的智力劳动价值

本案的涉案作品是一项基于历史文献资源的系统整理成果，体现了作者在素材选择、分类编排和注释解读方面的智力劳动。这种整理工作不仅是学术研究的重要基础，还为公众了解和利用历史资源提供了便利。

本案判决有利于确保劳动成果的法律保护，历史文献整理涉及大量的时间投入和智力付出，其成果应当受到法律保护。本案通过确认汇编作品的独创性，将历史文献整理工作视为重要的智力劳动，并明确其法律保护范围。这一裁判结果激励了研究者和文化工作者继续投入历史文献的整理和研究中，为文化传承提供了保障。

本案判决有利于平衡保护与利用的关系，历史文献整理往往涉及公共领域的素材，如何平衡个人权益与公众利用权是实践中的关键问题。本案通过保护整理工作的独创性部分，而不对素材本身设限，为类似案例中如何划定权利边界提供了实践依据。这种平衡既鼓励了文献整理，又避免过度垄断文化资源。

二、推动文化资源数字化与数据化保护

文化资源数字化是推动文化传承和现代化的重要手段。本案涉案作品通过系统整理民国报纸，实现了文献的数字化结构化呈现，展示了文化资源数据化处理的重要价值。《民国报纸总目》通过对历史报纸的汇编、分类和注释，为传统文献资源的数字化利用提供了参考。数字化不仅提升了文献的可读性和研究便利性，也扩大了文化资源的传播范围。本案为数字化整理提供了法律保护，推动了文化资源的现代化利用，有助于鼓励数字化整理和创新。

随着数字化技术的广泛应用，文化资源逐渐呈现数据化特征。数据化文化资源的价值不仅体现在原始素材上，更体现在其数据结构和内容组织方式中。本案通过确认《民国报纸总目》的独创性，强调了数据化文化资源的整理方式同样可以受到知识产权保护，为文化产业保护数据化成果提供了参考。数字化为文献资源的智能化开发创造了条件。在历史文献整理中，智能技术可以进一步优化分类、注释和检索功能。本案通过对数字化整理的保护，鼓励更多资源管理者将数字化与智能化技术相结合，推动文化资源的深度开发。

三、弘扬和传承中华优秀传统文化

历史文献类汇编作品往往是中华优秀传统文化的载体。本案通过司法保护这一特定的文化成果，为传统文化的保护和传播提供了法律支持，推动了文化自信和文化创新。

涉案作品整理的民国时期报纸，是近代中国社会历史的宝贵记录，具有重要的学术研究和文化传播价值。本案裁判对文化成果的保护，为类似具有历史价值的文化资源整理提供了法律依据，鼓励更多文化工作者投入文化传承和传播工作。通过保护文化资源的整理成果，本案彰显了文化创新的重要性。文化资源的整理和编排不仅是对传统的保存，也是文化创新的起点。保护文化资源的独创性劳动，能够促进文化创意产品的开发，为文化资源注入新的生命力。

四、推动文化资源利用的规范化和法治化

文化资源的保护和利用应当以法治化为基本原则。本案判决明确权利归属与使用规范，文化资源的整理和利用需要建立明确的权利归属机制。本案通过确认徐某的著作权，对文化资源的使用规范提出了明确要求，强调未经授权使用他人劳动成果构成侵权。这一裁判结果对于规范文化资源的开发利用具有重要意义。法院通过适用惩罚性赔偿，加大了对侵权行为的打击力度。

这不仅维护了权利人的合法权益，也对文化资源利用中的不当行为形成了震慑，推动了文化产业的法治化发展。

五、推动出版行业与文化产业的良性发展

本案为出版行业及文化产业如何利用文化资源提供了实践警示。出版机构应在利用文化资源时严格遵守法律规定，避免侵权行为，同时建立完善的授权和合作机制。出版机构承担着传播文化和知识的重要使命。本案中，中某书局在未获授权的情况下擅自出版侵权图书，既损害了权利人的利益，也违背了出版行业的社会责任。本案提醒出版机构应依法经营，承担文化传播的社会责任。文化资源的保护与利用需要出版行业与文化工作者的紧密合作。本案中，徐某的成果与中某书局的资源整合若能在授权框架下进行，将实现双赢。因此，出版机构应注重与文化资源创作者的合作，共同推动文化资源的开发与传播。

案例1.18　广告语真实性争议中消费者认知的司法推定
——王老吉诉加多宝虚假广告宣传纠纷案

【关键词】

广告行业　虚假宣传　反不正当竞争

【裁判要旨】

人民法院认定广告是否构成反不正当竞争法规定的虚假宣传行为，应结合相关广告语的内容是否有歧义，是否易使相关公众产生误解以及行为人是否有虚假宣传的过错等因素判断。一方当事人基于双方曾经的商标使用许可合同关系以及自身为提升相关商标商誉所作出的贡献等因素，发布涉案广告语，告知消费者基本事实，符合客观情况，不存在易使相关公众误解的可能，也不存在不正当地占用相关商标的知名度和良好商誉的过错，不构成反不正当竞争法规定的虚假宣传行为。

【案件索引】

（2017）最高法民再151号。

【基本案情】

广州医药集团有限公司（以下简称广药集团）是第 626155 号、3980709 号、9095940 号"王老吉"系列注册商标的商标权人。广药集团作为"王老吉"商标权人，在 2012 年通过仲裁终局裁决收回"王老吉"商标的使用权，并授权广州王老吉大健康产业有限公司（以下简称大健康公司）使用该商标。加多宝集团自此失去"王老吉"商标的使用权，但仍继续生产红罐凉茶，并在市场营销中广泛使用"全国销量领先的红罐凉茶改名加多宝"这一广告语，强调其产品与之前的"王老吉"红罐凉茶的连续性。大健康公司认为，加多宝中国公司使用该广告语构成虚假宣传，误导消费者，遂提起诉讼。

【争议焦点】

加多宝中国公司使用涉案广告语"全国销量领先的红罐凉茶改名加多宝"的行为是否构成虚假宣传行为。

【裁判结果】

撤销重庆市高级人民法院（2014）渝高法民终字第 00318 号民事判决；撤销重庆市第五中级人民法院（2013）渝五中法民初字第 00345 号民事判决；驳回广州王老吉大健康产业有限公司的诉讼请求。

【案件评析】

一、加多宝中国公司使用涉案广告语"全国销量领先的红罐凉茶改名加多宝"的行为是否构成虚假宣传行为

《反不正当竞争法》第 9 条第 1 款规定，经营者不得利用广告或者其他办法，对商品的质量、制作成分、性能、用途、生产者、有效期限、产地等作引人误解的虚假宣传。最高人民法院《关于审理不正当竞争民事案件应用法律若干问题的解释》第 8 条规定，经营者具有下列行为之一，足以造成相关公众误解的，可以认定为《反不正当竞争法》第 9 条第 1 款规定的引人误解的虚假宣传行为：（1）对商品作片面的宣传或者对比的；（2）将科学上未定论的观点、现象等当作定论的事实用于商品宣传的；（3）以歧义性语言或

者其他引人误解的方式进行商品宣传的。以明显的夸张方式宣传商品,不足以造成相关公众误解的,不属于引人误解的虚假宣传行为。人民法院应当根据日常生活经验、相关公众一般注意力、发生误解的事实和被宣传对象的实际情况等因素,对引人误解的虚假宣传行为进行认定。加多宝中国公司使用"全国销量领先的红罐凉茶改名加多宝"广告语的行为是否构成虚假宣传,需要结合具体案情,根据日常生活经验,以相关公众的一般注意力,判断涉案广告语是否片面,是否有歧义,是否易使相关公众产生误解。

第一,从涉案广告语的含义看,加多宝中国公司对涉案广告语"全国销量领先的红罐凉茶改名加多宝"的描述和宣传是真实和符合客观事实的。根据查明的事实,鸿道集团自1995年取得"王老吉"商标的独占许可使用权后,加多宝中国公司及其关联公司生产、销售"王老吉"红罐凉茶,直到2012年5月9日中国国际经济贸易仲裁委员会对广药集团与鸿道集团之间的商标许可合同作出仲裁裁决,鸿道集团停止使用"王老吉"商标,在长达十多年的时间内加多宝中国公司及其关联公司作为"王老吉"商标的被许可使用人,通过多年的广告宣传和使用,已经使"王老吉"红罐凉茶在凉茶市场具有很高知名度。根据中国行业企业信息发布中心的证明,罐装"王老吉"凉茶在2007—2012年度均获得市场销量或销售额的第一名。而在"王老吉"商标许可使用期间,广药集团并不生产和销售"王老吉"红罐凉茶。因此,涉案广告语前半部分"全国销量领先的红罐凉茶"的描述与统计结论相吻合,不存在虚假情形,且其指向性非常明确,指向的是加多宝中国公司及其关联公司生产和销售的"王老吉"红罐凉茶。2012年5月9日,"王老吉"商标许可协议被仲裁委裁决无效后,加多宝中国公司开始生产"加多宝"红罐凉茶,因此在涉案广告语后半部分宣称"改名加多宝"也是客观事实的描述。

第二,从反不正当竞争法规制虚假宣传的目的看,反不正当竞争法是通过制止对商品或者服务的虚假宣传行为,维护公平的市场竞争秩序。一方面,从不正当竞争行为人的角度分析,侵权人通过对产品或者服务的虚假宣传,如对产地、性能、用途、生产期限、生产者等不真实或片面的宣传,获取市场竞争优势和市场机会，损害权利人的利益；另一方面，从消费者角度分析，正是由于侵权人对商品或者服务的虚假宣传，使消费者发生误认误购，损害权利人的利益。因此，反不正当竞争法上的虚假宣传立足点在于引人误解的虚假宣传，如果对商品或者服务的宣传并不会使相关公众产生误解，则不是反不正当竞争法上规制的虚假宣传行为。本案中，在商标使用许可期间，加多宝中国公司及其关联公司通过多年持续、大规模的宣传和使用行为，不仅显著地提升了王老吉红罐凉茶的知名度，而且向消费者传递了王老吉红罐凉茶的实际经营主体为加多宝中国公司及其关联公司。由于加多宝中国公司及其关联公司在商标许可使用期间生产的"王老吉"红罐凉茶已经具有很高知名度，相关公众普遍认知的是加多宝中国公司及其关联公司生产的"王老吉"红罐凉茶，而不是广药集团授权大健康公司于2012年6月生产和销售的"王老吉"红罐凉茶。在加多宝中国公司及其关联公司不再生产"王老吉"红罐凉茶后，加多宝中国公司使用涉案广告语实际上是向相关公众行使告知义务，告知相关公众以前的"王老吉"红罐凉茶现在商标已经为加多宝，否则相关公众反而会误认为大健康公司生产的"王老吉"红罐凉茶为原来加多宝中国公司及其关联公司生产的"王老吉"红罐凉茶。因此，加多宝中国公司使用涉案广告语不存在易使相关公众误认误购的可能性。

第三，加多宝中国公司使用涉案广告语"全国销量领先的红罐凉茶改名加多宝"是否不正当地完全占用了"王老吉"红罐凉茶的知名度和良好商誉，使"王老吉"红罐凉茶无形中失去了原来拥有的知名度和商誉，并使相关公众误认为"王老吉"商标已经停止使用或不再使用。其一，虽然"王老吉"商标知名度和良好声誉是广药集团和加多宝中国公司及其关联公司共同创造的结果，但是"王老吉"商标知名度的提升和商誉却在很大程度上源于加多宝中国公司及其关联公司在商标许可使用期间大量的、持续多年的宣传和使用。加多宝中国公司使用涉案广告语的确占用了"王老吉"商标的一部分商誉，但由于"王老吉"商标商誉在很大程度上源于加多宝中国公司及其关联公司的贡献，因此这种占用具有一定合理性。其二，广药集团收回"王老吉"商标后，开始授权许可大健康公司生产"王老吉"红罐凉茶，这种使用行为本身即已获得了"王老吉"商标的巨大商誉。其三，2012年6月大健康公司开始生产"王老吉"红罐凉茶，因此消费者看到涉案广告语客观上并不会误认为"王老吉"商标已经停止使用或不再使用，凝结在"王老吉"红罐凉茶上的商誉在大健康公司生产"王老吉"红罐凉茶后，自然为大健康公司所享有。其四，大健康公司是在商标许可合同被仲裁裁决认定无效后才开始生产"王老吉"红罐凉茶，此前其并不生产"王老吉"红罐凉茶，因此涉案广告语并不能使其生产的"王老吉"红罐凉茶无形中失去了原来拥有的知名度和商誉。

  本案中，涉案广告语虽然没有完整反映商标许可使用期间以及商标许可合同终止后，加多宝中国公司为何使用、终止使用并变更商标的相关事实，确有不妥。但是加多宝中国公司在商标许可合同终止后，为保有在商标许可期间其对"王老吉"红罐凉茶商誉提升所作出的贡献而享有的权益，将"王老吉"红罐凉茶改名"加多宝"的基本事实向消费者告知，其主观上并无明显不当；在客观上，基于广告语的简短扼要特点，以及"王老吉"商标许可使用情况、加多宝中国公司及其关联公司对提升"王老吉"商标商誉所作出的贡献，消费者对"王老吉"红罐凉茶实际经营主体的认知，结合消费者的一般注意力、发生误解的事实和被宣传对象的实际情况，加多宝中国公司使用涉案广告语并不产生引人误解的效果，并未损害公平竞争的市场秩序和消费者的合法权益，不构成虚假宣传行为。即便部分消费者在看到涉案广告语后有可能会产生"王老吉"商标改为"加多宝"商标，原来的"王老吉"商标已经停止使用或不再使用的认知，也属于商标许可使用关系中商标所有人与实际使用人相分离后，尤其是商标许可关系终止后，相关市场可能产生混淆的后果，但该混淆的后果并不必然产生反不正当竞争法上的"引人误解"的效果。因此，因加多宝中国公司不构成虚假宣传的不正当竞争行为，故大健康公司主张加多宝中国公司赔偿损失、合理费用以及在《重庆日报》上发表声明消除影响等诉求被驳回。

二、判断广告公司是否构成虚假宣传的要件

  在探讨本案时，一方面需要剖析两家公司的历史背景及其商标授权使用

的具体情况，同时评估涉案广告语的真实性及其与客观事实的契合度。具体而言，根据已查明的案件事实，鸿道集团自1995年起便享有"王老吉"商标的独家使用权，并授权加多宝饮料公司及其关联企业制造与销售"王老吉"红罐凉茶产品，直至2012年5月9日中国国际经济贸易仲裁委员会就广药集团与鸿道集团间的商标许可争议作出裁决，要求鸿道集团终止使用"王老吉"商标。在此期间，加多宝中国公司及其关联企业作为被授权方，通过长期的市场推广与品牌塑造，使得"王老吉"红罐凉茶在凉茶市场中占据了显著地位。在商标授权使用的时段内，广药集团并未涉足"王老吉"红罐凉茶的制造与销售。因此，涉案广告语中关于"全国销量领先的红罐凉茶"的表述，与统计结果相符，并无虚假成分，且明确指向了加多宝中国公司及其关联企业所产销的"王老吉"红罐凉茶。

另一方面，分析涉案广告语是否以恰当的方式向消费者行使告知义务，如果这种告知义务不足够恰当或者合理时，是否构成反不正当竞争法意义上的虚假宣传行为。

首先，从反不正当竞争法打击虚假宣传的立法意图出发。该法旨在通过遏制商品或服务的误导性宣传，维护市场公平竞争秩序。虚假宣传的核心在于其引人误解的特性，若宣传内容未导致相关公众的误解，则不属于反不正当竞争法的规制范畴。本案中，在商标授权期间，加多宝中国公司及其关联企业凭借持续且大规模的营销努力，不仅大幅提升了"王老吉"红罐凉茶的知名度，还向消费者传达了加多宝中国公司及其关联企业作为该品牌实际运营者的信息。当加多宝中国公司及其关联企业停止生产"王老吉"红罐凉茶后，其使用涉案广告语，实质上是在向公众说明原"王老吉"红罐凉茶的品牌已变更为"加多宝"，以避免消费者将王老吉大健康产业公司生产的"王老吉"红罐凉茶误认为是由加多宝中国公司及其关联企业生产的原产品。因此，加多宝中国公司的这一行为并未增加消费者误认误购的风险。

其次，从加多宝中国公司的主观意图及是否造成损害后果的角度考量。尽管加多宝中国公司在使用涉案广告语时，未全面阐述商标授权期间及授权终止后其使用、停用及更换商标的具体缘由，存在不妥之处，但其主观上并无恶意，毕竟双方存在长期的商标授权关系。同时，鉴于广告语的简洁性，以及"王老吉"商标授权使用的历史背景、加多宝中国公司及其关联企业对提升该品牌价值的贡献，结合消费者的普遍认知能力和市场实际情况，加多宝中国公司的广告语并未产生误导效果，也未破坏市场的公平竞争秩序或侵犯消费者的合法权益。

即便部分消费者可能因广告语而产生"王老吉"商标已变更为"加多宝"的误解，认为原"王老吉"商标已不再使用，这亦是商标授权关系中商标权人与实际使用人分离，特别是授权终止后，市场可能产生的合理混淆现象。然而，这种混淆并不等同于反不正当竞争法所定义的"引人误解"的效果。

在审理广告行业中是否构成虚假宣传，依据案件具体情况，结合日常生活经验，以普通消费者的注意力水平为基准，对涉案广告语是否片面、是否存在歧义、是否易于引发误解等问题进行了深入分析，明确了虚假宣传行为的判定依据与标准。同时，法院还考虑了被宣传商品及商标的实际情况，就涉案广告语是否不当利用他人商誉的问题进行了评估。在此基础上，最高人民法院还就涉案广告语的合理性范围和使用期限等方面，作出了符合市场实际的判断，既保护了竞争者的合法权益，又有助于进一步维护和优化市场竞争环境。

【典型意义】

1. 确立企业品牌更迭时期的广告宣传合规边界。本案对于品牌在商标权变更或品牌更名过程中如何进行广告宣传提供了重要的法律指引。在企业失去原商标后，如何向消费者传递品牌延续性的同时，避免构成虚假宣传，是许多企业关注的问题。本案判决确认了加多宝中国公司在品牌更名过程中所使用的广告语没有直接虚构事实，而是基于其长期市场地位的客观描述，提供了品牌更替期间广告宣传的合法性认定标准。

2. 明确虚假宣传的认定标准。虚假宣传是《反不正当竞争法》规定的违法行为，其关键在于是否存在虚构、误导或欺骗消费者的情况。本案中，加多宝中国公司的广告语虽然暗示产品延续了过去"王老吉"红罐凉茶的市场优势，但并未就"王老吉"商标的权属作出不实陈述，而是强调了产品本身的销量和市场地位。因此，最高人民法院的裁决明确了虚假宣传的构成要件，即企业的广告宣传需以客观事实为基础，避免对消费者产生实质性的误导。

3. 商标与品牌市场认知的区分。本案的另一个典型意义在于强调了商标权与市场认知之间的区别。商标权的归属决定了某一标识的法律使用权，但并不意味着消费者的品牌认知会立即发生变化。在市场经济中，品牌的影响力往往由长期的营销和消费者认知形成，而不仅仅取决于商标权人。本案裁决认可了加多宝中国公司作为"王老吉"凉茶原主要经营者的历史地位，并未完全否定其对红罐凉茶的市场影响力。

4. 对广告宣传自由与市场竞争的平衡。本案的裁决保护了企业在市场竞争中的合理广告宣传权，避免了商标权人通过法律诉讼过度限制竞争对手的宣传空间。如果加多宝因使用该广告语被认定构成虚假宣传，则意味着在品牌变更过程中，原品牌的经营方可能被完全禁止提及自身历史贡献，削弱市场竞争的公平性。因此，最高人民法院的判决为市场竞争环境提供了更为宽松的法律框架，确保企业在遵循诚实信用原则的前提下，享有一定的广告宣传自由。

5. 对行业品牌运营的启示。本案的判决对于其他行业的品牌运营同样具有借鉴意义。在企业面临商标变更、品牌重塑或商标授权期满的情况下，如何进行合法宣传、保持消费者忠诚度，同时避免法律风险，成为企业管理的重要课题。企业在进行品牌宣传时，需确保其广告内容符合事实，并考虑如何以合理方式表达品牌传承性，而不是直接误导消费者。

6. 商标许可合同的法律风险。本案也凸显了商标许可合同的潜在法律风险。广药集团虽然在合同终止后收回了"王老吉"商标的使用权，但由于加多宝中国公司此前长期经营该品牌，积累了巨大的市场认知，使得商标权人的品牌控制面临挑战。因此，商标权人在授予商标使用权时，应考虑品牌未来的回收策略，例如通过合同条款规定使用期限届满后的品牌过渡方式，以减少市场混乱和潜在法律争议。

该案件警示企业在进行广告宣传时，必须严格遵循相关法律法规，确保广告内容的真实性与合法性，不得含有任何误导性或虚假信息，以免侵犯消费者的知情权和选择权。同时，该案件也强调了品牌自主知识产权的重要性，企业应高度重视商标、包装装潢等知识产权的注册、保护与管理，避免因知识产权归属不清而引发纠纷。在未来，广告行业应倡导诚信经营和合规宣传的理念，加强行业自律，共同营造一个公平竞争、健康有序的市场环境，推动广告行业的持续健康发展。

第六节 版权管理与市场秩序

案例1.19 著作权集体管理组织反垄断规制的边界
——欢唱壹佰公司诉音集协滥用市场支配地位案

【关键词】

市场支配地位认定 著作权集体管理 捆绑交易 反垄断豁免

【裁判要旨】

本案的争议焦点是对于相关市场的界定，其次再判断被告中国音像著作权集体管理协会（以下简称音集协）在该相关市场是否具有市场支配地位，如果具有市场支配地位再判定被告音集协是否存在滥用市场支配地位的行为。本案涉及著作权集体管理组织运作机制、收费方式等诸多热点问题。判决明确了著作权集体管理组织仍受反垄断法规制，厘清了著作权集体管理组织的行为性质，及时回应了反垄断执法司法的实践需求。本案判决积极倡导加强集体管理组织的有序运行，有效保护权利人及各类经营者的合法权益，对推动文化产业有序发展、规范公平竞争的市场秩序具有重要意义。

【案件索引】

（2018）京73民初780号。

【基本案情】

惠州市欢唱壹佰娱乐有限公司（以下简称欢唱壹佰公司）曾三次向音集协发送《签订著作权〈许可使用合同〉要求书》，要求就音集协管理的相关曲目，直接与其签订使用合同。音集协复函均未同意，并要求其与案外人广州天合文化发展有限公司（以下简称天合公司）沟通相关事宜。因某公司签约条件不合理致协商无果且音集协三次拒绝直接签约，欢唱壹佰公司认为音集协将自身这一非营利性著作权集体管理组织引入某公司商业性集体管理的捆绑交易构成滥用市场支配地位的垄断行为，遂将其起诉至北京知识产权法院。

【裁判结果】

一审法院认为音集协在中国类电影作品或音像制品在KTV经营中的许可使用市场具有市场支配地位，但本案现有证据不足以证明其实施了《反垄断法》所规制的限定交易、附加不合理的交易条件等涉案被诉滥用市场支配地位的垄断行为。原告要求其停止涉案被诉垄断行为，即以合理、同等条件与原告签订著作权作品《许可使用合同》等诉讼主张，缺乏事实和法律依据，本院不予支持。驳回原告欢唱壹佰公司的诉讼请求。

【案件评析】

一、什么是著作权集体管理组织

著作权集体管理组织的相关活动受《著作权集体管理条例》规定和管理。《著作权集体管理条例》第2条规定了著作权集体管理的含义并明确了著作权集体管理组织进行的主要活动，第23条规定了著作权集体管理组织许可他人使用其管理的作品应签订的许可使用合同的要求，第24条规定了著作权集体管理组织应建立的权利信息查询系统的相关内容。其中《著作权集体管理条例》第23条规定，"著作权集体管理组织许可他人使用其管理的作品、录音录像制品等，应当与使用者以书面形式订立许可使用合同。著作权集体管理组织不得与使用者订立专有许可使用合同。使用者以合理的条件要求与著作权集体管理组织订立许可使用合同，著作权集体管理组织不得拒绝。

许可使用合同的期限不得超过 2 年；合同期限届满可以续订。"根据《著作权集体管理条例》第 34 条的规定，"使用者认为著作权集体管理组织有下列情形之一的，可以向国务院著作权管理部门检举：（一）著作权集体管理组织违反本条例第二十三条规定拒绝与使用者订立许可使用合同的；（二）著作权集体管理组织未根据公告的使用费收取标准约定收取使用费的具体数额的；（三）使用者要求查阅本条例第三十二条规定的记录，著作权集体管理组织拒绝提供的。"可见，《著作权集体管理条例》第 34 条赋予使用者就著作权集体管理组织违反《著作权集体管理条例》相关规定的行为，可以向国务院著作权管理部门进行检举的救济手段。

二、如何确定是否构成滥用市场支配地位

（一）关于相关市场的界定

根据《反垄断法》第 12 条的规定，相关市场是指经营者在一定时期内就特定商品或者服务（以下统称商品）进行竞争的商品范围和地域范围。在界定相关市场时，可以基于商品或服务的特征、用途、价格等因素进行需求替代分析，必要时进行供给替代分析。相关商品或服务市场的界定，通常首先从被诉实施垄断行为的经营者提供的商品或服务出发，进而考察最有可能具有紧密替代性关系的其他商品或服务。如果具有较高的替代性，则将后者与前者纳入同一个相关商品或服务市场，并继续扩大分析范围，直至被考察对象之间不存在这种具有较高替代性关系为止，以此作为案件涉及的最终相关商品或服务市场。法院在实务处理中对相关市场的界定，主要从需求者角度进行替代分析，辅之以经营者角度的供给替代分析。在实践中，界定相关市场既可以采取定性分析的方法，又可以采取定量分析的方法。定性分析通常是相关市场界定的起点。在定性分析足以得出明确的结论时，不必要进行复杂的定量分析。

关于相关市场是否应限定于"KTV 经营"的范围内：类电影作品或是音像制品的使用方式通常包括通过网络播放使用、KTV 经营使用、其他公共商业场所现场播放使用等多种类型，而本案中 KTV 经营者所需求的服务为在其

KTV经营场所的许可使用。KTV经营场所之外的类电影作品或是音像制品的其他类型的许可无法纳入该相关市场中。本案的相关市场应当界定为类电影作品或是音像制品在KTV经营中的许可使用市场。

关于相关市场是否应限定于集体管理的类电影作品或是音像制品范围内：被告音集协作为目前我国唯一的音像节目集体管理组织，主要管理受著作权法保护的类电影作品和音像制品等音像节目。根据法院查明的事实，虽然音集协所管理的类电影作品和音像制品数量超过11万首，但音集协事实上难以获得所有类电影作品和音像制品权利人的授权许可，故对于未将类电影作品或是音像制品纳入音集协集体管理范围的作品权利人，亦可将其作品或制品许可给KTV经营者使用。在KTV经营中，来自不同渠道的类电影作品或是音像制品许可之间的使用目的基本相同，同一地区的价格差异不大，影响价格波动的作品授权使用期限、作品流行度等因素亦基本相同，某个渠道的类电影作品或是音像制品许可的价格变化亦会影响其他渠道许可的价格变化。因此，不同渠道的类电影作品或是音像制品许可之间存在可替代关系，故应当认定其存在于同一市场中。无论是集中程度高的集体管理作品或制品的许可，还是仅由相关权利人享有权利的作品或制品的许可，从KTV经营者的需求角度来看并不存在实质性差异，不应将其划分为不同的市场。

（二）是否具有市场支配地位

根据《反垄断法》第17条第2款的规定，市场支配地位，是指经营者在相关市场内具有能够控制商品价格、数量或者其他交易条件，或者能够阻碍、影响其他经营者进入相关市场能力的市场地位。根据《反垄断法》第18条的规定，认定经营者具有市场支配地位，应当依据下列因素：（1）该经营者在相关市场的市场份额，以及相关市场的竞争状况；（2）该经营者控制销售市场或者原材料采购市场的能力；（3）该经营者的财力和技术条件；（4）其他经营者对该经营者在交易上的依赖程度；（5）其他经营者进入相关市场的难易程度；（6）与认定该经营者市场支配地位有关的其他因素。而音集协目前是唯一的集体管理组织，即使另行审批成立其他集体管理组织，其业务范围也不会与被告音集协出现交叉或重合。音集协所从事的相关类电影作品或音像制品的集体管理,应为其特有的业务范围,具有唯一性的特点,符合市场支配地位的特点。

(三)是否构成滥用市场支配地位的垄断行为,其是否应承担相应的法律责任

最高人民法院《关于审理因垄断行为引发的民事纠纷案件应用法律若干问题的规定》第8条规定,"被诉垄断行为属于反垄断法第十七条第一款规定的滥用市场支配地位的,原告应当对被告在相关市场内具有支配地位和其滥用市场支配地位承担举证责任。"如前所述,本案被告音集协在确定的相关市场具有市场支配地位,但具有市场支配地位并不意味着经营者的行为必然不合法,需要综合评估该行为对消费者和竞争造成的消极效果和可能具有的积极效果,进而对其合法性作出判断。原告主张被告音集协存在滥用市场支配地位的行为,违反了《反垄断法》第17条第1款第(四)项、第(五)项的规定,其应就此承担举证责任。《反垄断法》第17条第1款第(四)项禁止具有市场支配地位的经营者没有正当理由,限定交易相对人只能与其进行交易或者只能与其指定的经营者进行交易,即通常所说的限定交易。具有市场支配地位的经营者,利用自己的优势地位,限定交易相对人只能与其进行交易,或者只能与其指定的经营者进行交易,损害了交易相对人的合法权益,破坏了正常的市场秩序和竞争机制,应予以禁止。《反垄断法》第17条第1款第(五)项禁止具有市场支配地位的经营者没有正当理由搭售商品,或者在交易时附加其他不合理的交易条件,即搭售行为。具有市场支配地位的经营者,强迫交易相对人购买与交易合同本身无关的产品或者服务,目的是将其拥有的市场支配地位的优势,扩大到被搭售产品或者服务的市场上,或者阻碍潜在竞争者进入该市场,违反了公平交易原则,应予以禁止。

【案件评析】

该案件所涉及的著作权集体管理组织——音集协——在我国音乐版权市

场中承担着重要的角色。它负责代表权利人集中管理音像作品的权利许可，尤其是用于 KTV 等娱乐场所的音乐内容。这一案件涉及音集协是否在 KTV 音像制品许可使用市场中滥用市场支配地位的问题，并从反垄断法的角度评估了著作权集体管理组织的运作机制和交易行为。该案件对我国音乐产业以及娱乐休闲服务行业具有深远的启示。

一、音集协的市场地位

该案件突出了音集协在音乐产业中的市场地位与其经营行为是否受反垄断法规制的关系。著作权集体管理组织是一种特殊的非营利性机构，它通过集中管理大量作品的版权许可，可以有效降低权利人和使用者的交易成本。然而，由于其通常在特定市场内具有垄断地位，可能会被赋予支配市场的能力，从而带来潜在的反竞争风险。《文化产业促进法（草案）》拟规定，国家维护文化市场秩序，鼓励和保护公平竞争，制止垄断行为和不正当竞争行为，纠正扰乱市场行为，净化文化市场环境。法院在本案中认定音集协在 KTV 音乐内容许可使用市场中具有支配地位，但未发现其行为构成滥用。此判决表明，即便是公益性的著作权集体管理组织，若对市场竞争产生不良影响，依然会受到《反垄断法》的规制。对市场支配地位的认定并不意味着自动滥用，这一判断为音乐产业中的其他组织提供了合规参考，推动了对集体管理行为的合理监督。

音乐产业和娱乐休闲服务行业中，使用者（如 KTV、音乐厅、俱乐部等）经常会通过集体管理组织获得授权。在这种模式下，集体管理组织应避免向使用者施加不合理的交易条件，比如绑定特定的商业伙伴或收取不合理的费用。此外，案件还涉及对合同内容合理性和交易条件公平性的要求。在集体管理组织主导的市场中，使用者面临选择有限，因此管理组织在许可合同中设定的条件必须公允合理。该案件在一定程度上强调了著作权集体管理组织在与市场主体互动中的责任，提醒集体管理组织在为权利人谋取合理收益的同时，也需尊重使用者的合法权益，以实现市场各方的平衡。本案判决既保护了集体管理组织的合理市场地位，也传达出市场需要更多透明化的版权交易环境，从而为其他音乐内容平台提供了良好示范。

二、集体管理组织与使用者的关系需要进一步规范

法院对集体管理组织是否适用反垄断法以及如何认定其市场支配地位进行了清晰的阐述，这对我国反垄断执法实践具有重要的指导意义。著作权集体管理组织虽然负有保护知识产权的功能，但其垄断地位一旦影响到市场公平竞争，就需接受反垄断法的监管。本案判决不仅强调了集体管理组织的市场支配地位问题，还明确了在特定市场上如何界定垄断行为。这对文化娱乐产业中的集体管理和授权提供了明确的合规指引，有助于推动我国反垄断法律的进一步实施，维护市场秩序的公正和稳定。本案中，音集协要求欢唱壹佰公司与天合公司签订许可协议，而非直接与其签约。这种安排被原告认为是将音乐许可交易"商业化"的一种表现。虽然法院最终未支持原告的诉求，但该案揭示了集体管理组织在合作方式和交易安排上的市场行为。作为非营利性组织，集体管理组织在追求权利人利益的同时，仍应注重避免与营利性企业合作中的商业利益绑定，否则容易引发滥用市场地位的指控。通过本案可以看出，音乐产业中的集体管理组织在授权模式和交易模式上需要更加公开透明，以确保音乐内容使用者能够在公平合理的条件下获得授权，避免集体管理组织与商业公司进行不当的利益绑定。

三、反垄断法对行业有序发展的推动意义

该案件对于推动文化娱乐行业的有序发展具有重要意义。在保护音乐版权的过程中，集体管理组织肩负着"桥梁"作用，其行为模式、交易方式直接影响着整个行业的秩序。《文化产业促进法（草案）》拟规定，文化产品和服务价格主要通过市场竞争形成，同时更好发挥政府在价格形成、运行中的引导作用。经营者定价应当遵循公平、合法、合理和诚实信用的原则，依据生产经营成本和市场供求状况确定。通过本案，法院表明出进一步规范集体管理组织行为的信号，旨在为使用者提供更透明、合理的授权途径，从而规范市场中的公平竞争环境。本案的判决促进了文化产业的健康发展，确保版

权保护和市场竞争之间的平衡，这一平衡对于整个文化娱乐行业的有序、健康发展至关重要。该案件强调了集体管理组织在音乐和娱乐产业中应承担的义务和责任，明确了其市场支配地位的法律责任，为行业内其他主体在知识产权保护和反垄断法规之间的平衡提供了重要的实践经验。这一判决为文化娱乐休闲服务领域的从业者、权利人、集体管理组织提供了更为清晰的法律边界和操作规范，有助于推动我国音乐版权市场的健康发展和公平竞争的市场环境的形成。

第二章
公共文化服务篇

第一节　博物馆相关法律纠纷

案例2.1　博物馆数字化建设中文物影像资料的著作权保护
——全某客公司与同某公司著作权纠纷案

【关键词】

著作权权属　文化财产　博物馆数字化成果　侵权纠纷

【裁判要旨】

博物馆数字化建设中形成的馆藏文物影像资料，属于文物数据的范畴。对于部分可移动文物及不可移动文物拍摄形成的摄影图片，如果包含了采集制作者的智力选择、判断，具备独创性，构成著作权法规定的摄影作品。

【案件索引】

一审：（2018）京0108民初6306号。

二审：（2018）京73民终1219号。

【基本案情】

全某客公司是一家专业从事移动互联网和虚拟现实技术研发的公司，拥有专业的三维全景拍摄技术，创作完成了《故宫》VR系列全景摄影作品（以下简称涉案作品），并向北京市版权局进行了版权登记。同某公司未经许可，在其主办的网站（kuleiman.com）上传了涉案作品中共计76幅摄影作品。全某客公司主张，同某公司的上述行为侵害了其对涉案作品享有的信息网络传播权，故向法院提起诉讼。一审法院判决同某公司赔偿全某客公司经济损失及合理开支494,500元。一审判决作出后，全某客公司与同某公司均未提起上诉，一审判决生效。

【裁判结果】

法院生效判决认为，摄影作品是指借助器械在感光材料或者其他介质上记录客观物体形象的艺术作品。涉案作品属于可360度全景体现物体和场景的摄影作品，依法应当予以保护。全某客公司提交了涉案作品电子底稿、作品登记证书及展示有涉案作品的全某客公司网页打印件，上述证据相互印证，能够证明全某客公司享有涉案作品的著作权，有权提起诉讼。同某公司未经许可，在其运营的涉案网站上提供了涉案作品的360度全景展示，使公众可以在其个人选定的时间和地点获得涉案作品，侵害了全某客公司对涉案作品享有的信息网络传播权。

【案件评析】

本案是一起有较大影响的涉国有博物馆数字化成果诉讼，被选入北京市高级人民法院涉中华优秀传统文化知识产权保护典型案例，博物馆数字化建设是提升公共文化服务质量、扩大文化传播范围、增强文化体验感的重要途径。涉案作品是否具有独创性，是否属于摄影作品，同某公司在其运营的网站上提供了涉案作品的360度全景展示的行为是否构成侵权等问题，是本案重点研究的问题。

一、关于涉案作品是否具有独创性的问题

国有博物馆在数字化进程中，并非对其所有数字化成果都自然享有著作权。著作权的赋予，关键在于数字化成果是否具备"独创性"，这是著作权法保护的核心要素。独创性要求作品必须是作者独立完成的，且融入了作者的创造性劳动，体现了人类智力活动的结晶。

对于国有博物馆而言，其数字化的对象往往是年代久远、不易保存的脆弱文物。尽管这些文物本身可能具有一定的独创性，但由于它们往往已经超出了著作权法保护的时间期限，因此不再受著作权法保护。这意味着，这些文物已经进入了公有领域，任何人都可以对其进行使用，包括国有博物馆。

然而，国有博物馆在数字化过程中，可能通过拍摄照片、制作纪录片、音频、网络游戏、电视节目等方式，对文物进行再创作。这些数字化成果，如果不仅仅是文物的简单复制,而是融入了制作者的创造性劳动,如摄影师的构图、纪录片制作者的脚本和剪辑、网络游戏研发者的创新性融合等,那么这些成果就可能构成新的作品,具备独创性,从而受到著作权法的保护。

需要注意的是,著作权法对独创性的界定并没有具体明晰的标准。在学界和司法实践中,通常从"独"和"创"两个方面进行认定。其中,"独"要求作品是由个人独立完成的,不存在抄袭或复制他人作品的情况;"创"则要求作品融入了作者的创造性劳动,体现了人类智力活动的结晶。然而,对于"创"的高度,即"最低创造性高度",学界和司法实践中都没有给出明确的判断标准。在学界,关于国有博物馆数字化成果是否构成著作权法上的作品,有观点认为正是因为投入了人类的智力劳动,才实现了国有博物馆的数字化进程,因此数字化成果中必定融入了人的智力活动,这种智力活动成果受著作权保护[1];另有观点认为随着技术手段的不断革新,如3D打印、虚拟现实技术在数字博物馆建设中的应用,这些技术的应用旨在最大程度还原文物本身的样貌,属于对文物本身的复制与保留,且留给制作者发挥的创作空间十分有限[2],因此无法满足构成作品的"独创性"要求,并未形成新的作品。

因此,在判断国有博物馆数字化成果是否构成著作权法上的作品时,需要遵循相应的法律原则和司法实践,既不能无限扩大受著作权保护的客体范围,也不能将具有独创性的数字化成果排除在著作权保护的范围外。在具体判断时,要严格按照"独立完成"与"具备人类创造性"的要求进行,以确保公正和合理。国有博物馆的数字化成果如果具备独创性,即融入了制作者的创造性劳动,形成了新的表达,那么这些成果就应当受到著作权法的保护。这既有助于激发公众的创造性,推动文化创新,也有助于维护国有博物馆的合法权益。

二、国有博物馆数字化成果的合理使用分析问题

现行著作权法明确规定了十二种被视为合理使用的情形,这些规定主要

---

[1] 栾文静:《浅议博物馆的著作权保护》,载《中国博物馆》2014年第4期。
[2] 来小鹏:《网络技术发展与知识产权保护》,载《中国博物馆》2016年第1期。

围绕使用目的和使用限度的合理性来展开。著作权法规定了合理使用制度，该制度是国家创设的、为保障公民基本文化权利而设置的一种著作权限制制度。国有博物馆承担基本公共文化服务，就需要注重合理使用制度，不能阻碍公众获取数字成果进行合理使用。① 从使用目的的角度来看，合理使用强调的是非商业性使用。这意味着，对作品的使用并非出于商业营利的目的，而是为了满足个人的学习、欣赏或其他非商业性需求。这种使用目的体现了对著作权人权利的尊重，同时也保障了公众获取知识、文化和信息的自由。从使用限度的角度来看，合理使用要求对作品的利用必须限制在合理范围内。这意味着，即使是非商业性使用，也不能过度地损害原作品的商业价值或著作权人的其他财产性权利。具体来说，合理使用不应影响原作品的后续商业化利用，也不应剥夺著作权人通过其作品获得经济回报的权利。现行著作权法关于合理使用的规定，旨在平衡著作权人的权利与公众的利益。通过明确使用目的和使用限度的合理性要求，既保护了著作权人的合法权益，又促进了知识的传播和文化的繁荣。

合理使用制度是国家为了平衡公众公共利益与著作权人权益而设立的一项法律机制，旨在确保著作权人的权利不受非法侵犯，同时保障公众的基本文化需求得以实现。国有博物馆对其创作的数字化成果享有著作权，同时，公众也被赋予了对这些具有创造性价值的数字化成果进行合理使用的权利。这些独创性的数字化成果，作为知识产品，不仅因其创造性在市场上具有经济价值，而且在公众非商业化的使用中又能体现出其文化价值。本案中同某公司未经许可，在其运营的网站上提供了涉案作品的360度全景展示，使公众可以在其个人选定的时间和地点获得涉案作品，侵害了全某客公司对涉案作品享有的信息网络传播权。同某公司辩称其提供的是信息网络存储空间服务，涉案作品系由用户上传，其不构成侵权。其网站网页前端并未显示涉案作品的上传者信息，同某公司的法律声明中亦声称其网站上的所有内容均由其享有权利，且后台用户注册信息具有可修改性，全某客公司对此亦不予认

---

① 易玲：《文化法2.0时代博物馆知识产权风险控制研究》，载《法学评论》2019年第4期。

可，因此在同某公司未提交充足证据证明其就涉案作品提供的是信息网络存储空间服务的情况下，并不认为同某公司构成对国有博物馆的数字化成果的合理使用。

国有博物馆的数字化成果在合理使用方面展现了多样性，主要体现在个人学习欣赏、教育目的及保障少数人利益等关键方面，这些措施共同确保了公民的基本文化权利得以实现。为了对文物进行活化利用，"十四五"文物保护和科技创新规划中更是提出，博物馆要加强对文物数字资源的整合，及时有效对文物信息进行高清数据采集以备后续展示利用，同时保证文物数字信息的开放与共享，加强文物领域高质量知识产权创造，强化知识产权保护与运用，依法保护文物领域科技创新成果。网络的开放性和数字作品易于复制的特点，导致了网络环境中数字作品著作权侵权事件频发。对于博物馆数字化成果这一新型数字资源而言，如何在保护著作权的同时，满足公众获取这些数字化成果的需求，成为博物馆在推进数字化建设时必须面对的重要问题。国有博物馆，基于国有资产设立，具有显著的社会公益性质，其收藏、教育功能及非营利属性更为突出，这使得其社会功能与知识产权保护之间产生了更为明显的矛盾。

然而，其他法律规定的合理使用情形，如博物馆为保存版本复制藏品、对公共场所艺术作品的绘画或摄影等，并不直接适用于国有博物馆的数字化成果。同样，报刊、电视台等媒体对实时性文章的刊登或播放，以及国家机关为执行公务的使用，也较少涉及博物馆的数字化成果。鉴于技术的不断进步和数字化成果形式的日益丰富，未来在判断某项使用行为是否构成合理使用时，必须依据现行法律进行客观、全面的评估，不能简单地一概而论。

【典型意义】

当下，我国正处于经济快速发展、文化日益繁荣的阶段，国家先后出台了一系列政策法规指引文化事业发展，博物馆作为重要的公共文化设施和知识普及场所，迎来了新的发展机遇。据数据显示，2021年中国博物馆数量达5772个，博物馆文物藏品达4664.83万件/套，从业人数达125,704人，参观人次达74,850.45万人次，2022年中国博物馆数量达6091个，博物馆文物藏品达4691.61万件/套。然而，文旅市场侵权案件、博物馆侵权纠纷层出不穷，尤其是博物馆馆藏著作权归属与使用问题，已经严重阻碍博物馆馆藏文物资源的经济价值转化，甚至阻碍了博物馆文旅产业的发展。对此，有学者指出，博物馆作为公共文化机构，将其智力成果作为私权保护和满足公众文化需求、促进实现公民文化权利之间既存在一定矛盾，也存在一致性。当博物馆知识产权不当扩张时，有可能导致公民文化权利被挤占[①]。有鉴于此，有必要调整博物馆知识产权与促进文化权利实现之间的矛盾，寻求博物馆知识产权管理制度及实践策略，促进博物馆更好地履行文化宣传职能。

国有博物馆的数字化成果随着数字博物馆的兴起应运而生，它们在文物保护与知识传播方面扮演着至关重要的角色。然而，一个不可忽视的事实是，部分数字化成果已符合著作权法的保护标准，作为这些成果的创造者，国有博物馆依法享有著作权。作为数字化知识产品的著作权人，国有博物馆有责任保护自身作品的权益，同时也须履行其作为公共文化机构的使命与义务。

著作权的保护与限制并非相互排斥，国有博物馆的数字化成果享有著作权与其须承担社会公共职能也并不矛盾，它们如同一枚硬币的两面，紧密相连，不可分割。一方面，国有博物馆的公益性质要求其致力于满足公众的基本文化需求，承担保存、活化文化遗产资源，促进民族文化传承与知识共享的社会责任。另一方面，随着信息技术的飞速发展，国有博物馆的数字化成果呈现出多样化的利用方式，市场上相关的知识产品日益增多，博物馆逐渐深入民众生活。

然而，数字技术不断进步的同时，国有博物馆数字化成果的表现形式也将更加丰富，其著作权保护可能会面临更多挑战。数字化成果通过互联网及新媒体传播的"随时可及性"与"无偿性"和著作权所强调的"专有性"与"有偿性"之间存在一定冲突，这导致公众对博物馆的"过度商业化"产

---

① 王月芳：《博物馆知识产权保护与公民文化权利实现的冲突和平衡》，载《博物院》2022年第3期。

生疑虑。博物馆应通过知识产权制度建设及实践策略规避知识产权保护所带来的问题。例如，重视知识产权制度建设。博物馆知识产权制度建设时应合理体现"公共领域保留"的法律原则，即对于符合《著作权法》中"合理使用"情形的，可以适当简化授权流程并合理免除授权费用；博物馆知识产权制度建设应综合考虑基本文化服务和非基本文化服务两类情形，即对于提供基本文化服务而开展的知识产权授权项目应降低公众获取博物馆智力成果的成本。对于满足非基本文化服务需求而开展的知识产权授权项目应评估授权的必要性和定价的合理性。又如，在实践策略中对于馆藏文物的授权、捐赠等应订立民事合同，从而合理规避知识产权的使用风险。

在保护自身著作权权益以维持后续发展的同时，国有博物馆应确保社会公众能够获取与利用博物馆藏品所承载的公共知识。作为文物保存与文化服务机构，国有博物馆在与时俱进的同时，应坚守初心，履行服务群众的基本文化职能。在著作权保护与公民基本权利保护之间做好利益平衡，既不忽视数字成果的著作权保护，也不忽视公民基本文化权利的实现。通过做好社会范围内的文物保护与文化普及工作，国有博物馆将有力促进我国文化事业与文化产业的协调可持续发展。

案例2.2　美术馆未经许可使用捐赠作品构成侵权
——任某恭与某省美术博物馆著作权权属、侵权纠纷案

【关键词】

著作权权属　文化财产　侵权纠纷　美术馆

【裁判要旨】

对著作权人的身份提出质疑，应提供证据证明，否则提供摄影作品底片的人，可以认定为著作权人；拍照记录及信件，不能单独作为认定著作权人的依据；受捐赠人作为作品的使用者在接受作品捐赠时虽经捐赠作品者同意，仍负有审查注意义务；受捐赠人未经许可，在其举办的展览活动及其编著的书中使用著作权人的作品，构成侵权；确定损害赔偿额的法定情节之一是行

为人主观有过错。

【案件索引】

一审：（2017）陕01民初52号。

二审：（2017）陕民终993号。

【基本案情】

王某云是中国著名的美术史家、美术教育家、画家和雕塑家，是中国现代美术教育和美术考古的先驱。任某恭系王某云之长女王某蔷的丈夫。2016年3月9日某省美术博物馆（以下简称美术馆）与王某云之二女王某倩、长子王某芃签订的有偿捐赠意向书约定：王某倩和王某芃向美术馆捐赠王某云美术考古资料胶片及照片，将作品的所有权、出版权捐赠，王某倩承诺照片、底片、光盘等资料均系本人所有并持有，对捐赠物权属的来源与真实性保证其合法。美术馆支付定金及捐赠物移交后，有权进行宣传、展览、复制、汇编发行等。美术馆向王某倩支付捐赠奖金后，举办了"云开华藏——某省美术博物馆馆藏王某云作品及文献展"，编著有《云开华藏》上中下三册书。美术馆与王某倩、王某芃签订的捐赠收藏合同约定：王某倩、王某芃自愿将王某云美术考古研究活动史料捐赠给美术馆，其中底片2652张、照片2354张，共计5006件。王某倩、王某芃保证该批底片及照片依法规定为本人合法拥有，保证所捐的底片及照片均系王某云本人生前收藏，不存在造假、伪作等情况。美术馆支付王某倩、王某芃奖金220万元作为捐赠表彰。美术馆收藏底片及照片后拥有展览权、出版权、汇编权及网络信息传播权。

任某恭认为，美术馆未经许可，亦未署名，擅自使用其作品，侵害其著作权，故诉至法院，请求判令美术馆立即停止侵权并赔礼道歉。庭审中，任某恭提交了拍照时的记录及信件、与涉案照片同期拍摄的其他照片，以期证明其为涉案照片的著作权人。美术馆辩称，展览开展时，王某蔷作为王某云子女的代表对此次展览认可，捐赠人将其持有父亲遗留的照片捐赠给美术馆时，未约定捐赠图片的署名人，美术馆合法拥有照片的展览、出版等权利；美术馆代表国家对王某云的历史文献资料进行"抢救式"的收藏行为，没有过错。请求驳回任某恭的诉讼请求。

【裁判结果】

一审法院审理认为，任某恭持有 2 张王某云肖像照的底片，可以认定其系该 2 张照片的著作权人，其余 16 张，任某恭无底片，不能认定其为著作权人；美术馆未经许可，在展览及其编著的《云开华藏》书中使用了任某恭的 2 张照片，且未署名，未尽到应尽的审查义务，侵犯任某恭享有的著作权，应停止侵权并赔偿损失；任某恭请求美术馆在《人民日报》刊登赔礼道歉声明，因未能证明美术馆的侵权行为对其声誉造成损害，不予支持。遂判决：美术馆停止侵犯任某恭著作权的行为；美术馆向任某恭赔偿损失（含为制止侵权的合理费用）3000 元；驳回任某恭其余诉讼请求。宣判后，任某恭不服，提起上诉。二审法院审理后维持原判。

【案件评析】

本案是一起有较大影响的有关美术馆捐赠问题的诉讼，原告任某恭是否为涉案作品的著作权人，美术馆的行为是否构成侵权等问题，是本案重点研究的问题。

一、关于原告任某恭是否为涉案作品的著作权人的认定问题

首先，图片、照片是否属于著作权法保护的作品。《著作权法》第 3 条规定，作品是指文学、艺术和科学领域内具有独创性并能以一定形式表现的智力成果，包括文字作品，口述作品，音乐、戏剧、曲艺、舞蹈、杂技艺术作品，美术、建筑作品，摄影作品，视听作品，工程设计图、产品设计图、地图、示意图等图形作品和模型作品，计算机软件，符合作品特征的其他智力成果。《著作权法实施条例》对作品作出了进一步规定，该法第 2 条将作品定义为文学、艺术和科学领域内具有独创性并能以某种有形形式复制的智力成果；第 4 条则对不同作品的含义作出了明确规定。《著作权法实施条例》第 4 条将摄影作品定义为"借助器械在感光材料或者其他介质上记录客观物体形象的艺术作品"。在此，图片、照片是否属于著作权法保护的作品，首要的是判断该图片是否属于摄影作品。摄影作品包括传统认识中的照片、电

影片中的单独镜头、储存在计算机中并可以在终端屏幕上表现出的摄影作品、以红外线摄影或激光摄影或全息摄影等技术拍摄的特殊作品、多媒体作品等。判断摄影作品是否具有独创性表达，应当把握图片是否具有一定艺术抽象的表现形式、其智力成果的外在表现是否与原物存在最低程度的创造性。并非所有图片（包含以电子介质储存摄影作品的打印件）都构成摄影作品。纯复制性质的图片完全不具备独创性或初创性，不构成作品，不能享有著作权。因此，具有独创性是成为著作权法意义上的作品的必要条件，即相关图片、照片是独立创作并达到一定水准的智力创造高度。部分照片的拍摄在角度上可能进行了取舍，但仅仅是对空间内客观物体、形态的简单再现，如实反映特定空间的客观状态，无法体现独特的智力选择与判断，没有达到著作权法保护的作品所要求的创作高度，该类型照片不具备创造性或独创性，不属于著作权法保护的对象，不应当认定为著作权法保护的摄影作品，并施以著作权法保护。另有部分图片系在照片的基础上通过图像编辑软件合成图片，作者将摄影作品与背景素材利用数码技术合成图片，判断合成图片是否属于著作权法保护的作品，可从图片的具体内容、创作过程、合成方式、表现形式等方面进行分析。作品是具有独创性的智力创作成果，应体现一定程度的智力创作性，即能够体现作者独特的智力判断与选择、展示作者的个性。如合成图片系照片与美术素材的结合，整体体现了艺术的美感，表达了作者具有独创性的美学观点，可能属于美术作品。如合成方式单一，没有体现作者的智力选择和判断，不符合独创性要求，图片则不能形成新的作品，仍属于摄影作品。

其次，摄影作品的著作权权属证明。最高人民法院《关于审理著作权民事纠纷案件适用法律若干问题的解释》第 7 条规定："当事人提供的涉及著作权的底稿、原件、合法出版物、著作权登记证书、认证机构出具的证明、取得权利的合同等，可以作为证据。在作品或者制品上署名的自然人、法人或者非法人组织视为著作权、与著作权有关权益的权利人，但有相反证明的除外。"证明某一主体对案涉摄影作品享有著作权可从如下几方面着手：（1）著作权登记证书。我国对于著作权登记实行自愿登记，摄影作品的作者可以在完成作品后向《著作权法》第 7 条规定的著作权主管部门（版权局）申请登记，取得作品登记证书。(2) 对摄影作品的创作完成记录、首次发表时间、底稿、原件、原始载体等进行公证。公证是指公证机关依据自然人、法人或其他组织的申请，依照公证法及相关法律法规的规定对民事法律行为、有法律异议的事实和文书的真实性、合法性予以证明。

最高人民法院《关于审理著作权民事纠纷案件适用法律若干问题的解释》第 7 条规定："当事人提供的涉及著作权的底稿、原件、合法出版物、著作权登记证书、认证机构出具的证明、取得权利的合同等，可以作为证据"，任某恭持有 2 张王某云肖像照的底片，可以认定其系该 2 张照片的著作权人。涉案其余 16 张照片，任某恭未持有底片，不能认定其为其余 16 张照片的拍摄人。首先，原告任某恭并未提供有其署名的涉案作品的证据。其次，任某恭并不持有争议 16 幅照片的底片，其提供的当年日记和信件，也只能说明任某恭当时陪同王某云先生考察的事实。虽然日记中亦有任某恭拍摄、冲洗照片的记录，但记录中并无其创作涉案 16 幅照片的内容。任某恭另外提交的与涉案照片相似的图片，亦不能反证其为涉案照片的拍摄者。二审中，任某恭补充的证据，即使真实有效，也仅说明任某恭会拍照，不能直接证明其为涉案 16 幅照片的拍摄者。综上，任某恭提交的证据不能达到民事证据的证明标准，其应承担不利的法律后果，一审法院认定事实和适用法律是正确的，任某恭该项上诉理由不能成立。

二、关于美术馆的行为是否构成侵权的问题

（一）针对美术馆的行为是否构成侵权

《著作权法》第 10 条规定，著作权包括署名权、复制权、发行权、展览权等人身权和财产权。美术馆未经任某恭许可，在展览及其编著的《云开华藏》一书中使用了任某恭享有著作权的 2 张照片，且未署名，侵犯了任某恭享有的著作权。美术馆辩称，其在收藏、使用涉案照片的过程中没有过错，不应承担侵权责任，从法院已查明的事实来看，美术馆在接受王某倩、王某芃的捐赠过程中，王某倩、王某芃确实向其出具了承诺及声明函，保证其对捐赠物系合法持有，但是对于捐赠物的持有不等于享有相应的著作权，且从

王某倩、王某芃向本院的陈述来看，其二人并不是涉案照片的拍摄人，王某倩、王某芃也并未向美术馆提交任某恭享有著作权的涉案2张照片的底片，因此美术馆在使用该2张照片的过程中未尽到应尽的审查义务，其主观上存在过错，应承担相应的侵权责任。

（二）美术馆受捐赠行为中审查注意义务的认定

依照我国民法上的侵权理论，行为人的行为构成侵权并不必然要求行为人具有主观过错，而赔偿责任承担的认定在原则上则采取过错责任原则。赔偿责任的构成要件包括以下四个部分：（1）行为人具有主观过错；（2）行为具有违法性；（3）行为造成了损害后果；（4）行为与损害后果之间具有因果关系。我国民法上将过错分为故意和过失，故意是指出版者明知侵权行为会对权利人造成损害后果但却希望过失是指行为人因疏忽或者轻信而未尽应尽之注意义务，这是侵权责任中最常见的过错形态。注意义务是指义务主体谨慎、小心地行为而不使自己的行为给他人造成损害的义务。注意义务要求行为人在已经或应该预见到自己的行为已违反法律规定，已处于一种即将造成对他人损害的危险状态时，应采取合理的作为或者不作为排除此种危险状态。注意义务或者放任侵权行为的发生，是过失侵权中的重要概念，英美法系中过失侵权作为与故意侵权平行的侵权形态，其构成要件就包括：（1）注意义务的存在；（2）注意义务的违反；（3）损失的发生；（4）行为与损失之间的因果关系。也即，一般的疏忽并不足以使行为人承担赔偿责任，除非疏忽违反了其应当承担的注意义务。① 我国著作权法中对作品的使用者规定了"审查注意义务"和"合理注意义务"。受捐赠人作为作品的使用者在接受作品捐赠时应该负有审查义务，其应仔细核实捐赠人是否享有捐赠作品的著作权，以避免后续使用中的侵权风险。就摄影作品而言，受捐赠人可以通过署名、著作权登记证书、底片等核实著作权人。若非原始著作权人，则需要核查其继受著作权的证据，如转让协议、底片等。

根据最高人民法院《关于审理著作权民事纠纷案件适用法律若干问题的

---

① 屈茂辉：《论民法上的注意义务》，载《北方法学》2007年第1期。

解释（2020修正版）》第20条第1款和第2款，该规定明确了合理注意义务。美术馆在受捐赠过程中，在著作权法上确实承担着重要的注意审查义务。这一义务主要源于美术作品的持有人并不总是代表其是著作权人，且持有人的合法持有声明也不能作为享有著作权的依据。美术馆审查义务的内容包括：一是确认捐赠作品的原始性，美术馆需要确认所捐赠的作品是否是作者底片或底稿，以验证作品的真实性和原创性。二是核实捐赠人的身份，美术馆应核实捐赠人是否是著作权人，或者与著作权人存在何种关系。这包括确认捐赠人是否有权进行捐赠，以及是否获得了著作权人的授权。三是审查捐赠的合法性，美术馆需要确保捐赠行为本身不侵犯任何第三方的合法权益，特别是著作权。这要求美术馆对捐赠作品的来源、历史、流转等进行必要的调查。

因此，美术馆应建立一套完善的审查机制，明确审查流程、标准和责任分工。这有助于确保审查工作的规范性和有效性。美术馆应加强对工作人员的法律培训，特别是著作权法相关的知识和规定。这有助于提升工作人员的法律意识和专业素养，更好地履行审查义务。在接受捐赠前，美术馆应积极与著作权人沟通，了解其意愿和要求。这有助于避免潜在的侵权风险，并确保捐赠作品的合法性和合规性。

【典型意义】

美术馆、博物馆等公共文化机构主要的目的是为文化的交流传播与教育研究提供空间场所，其功能日趋专门化和向多层次方向发展。总体而言，公共文化服务的核心功能主要包括收藏、展览、学术研究、公共教育、文化交流五个方面。当下，在美术馆的运营实践中，不少美术馆重点关注了馆藏品物质载体所有权的归属，却忽视了在物质载体之上作为作品的艺术品权属问题，由此引发了美术馆藏品的知识产权风险。例如，就美术博物馆馆收藏的合法性问题，国务院及有关行政管理部门制定了《美术馆藏品征集工作管理办法》《美术馆藏品收购、捐赠实施办法》《美术馆藏品收藏利用和出版管理实施办法》等制度，明确了美术馆收藏的合法性问题。但是，这些规范主要针对的是藏品物质实体的所有权问题，对承载于藏品物质实体之上的作品权属问题尚没有专门规定。根据《著作权法》第 18 条的规定，美术馆取得作品原件或复制件的所有权时，便同时享有作品的展览权。这在很大程度上简化了美术馆利用作品的程序，但是展览权只是《著作权法》第 10 条赋予作者 17 项具体权项中的一种，美术馆在取得馆藏品所有权的同时并没有额外取得更多的著作权。

综上，在艺术品收藏过程中美术馆依据法律直接取得的是作品的展览权，而不意味着可以自由行使除展览以外的其他知识产权，美术馆在以展览以外的形式利用作品时，应当注意知识产权的保护问题。若美术馆未尽到合理的审查义务，擅自收藏、使用、展览涉案作品，可能会被认作主观上存在过错，进而承担侵权责任。这不仅会损害美术馆的声誉，还可能引发法律纠纷和经济损失。合理的审查义务有助于保护著作权人的合法权益，防止其作品被未经授权地利用或传播。这有助于维护一个公平、合法的文化市场环境。同时通过严格履行审查义务，美术馆可以展示其专业性和对知识产权的尊重。这有助于提升美术馆的公信力和社会形象，吸引更多捐赠者和观众。除此之外，美术馆在利用馆藏品的过程中，可能还会因自身的投入而产生新的自主知识产权，此时美术馆不仅是馆藏作品的使用者，也是新作品的创作者，因此在强调尊重和保护他人知识产权之外，也要善于保护自身知识产权。

案例 2.3　博物馆馆藏文物商标注册的法律效力
——北京画某画图文设计有限责任公司等诉国家工商行政管理总局商标评审委员会商标异议复审行政纠纷案

【关键词】

商标侵权　博物馆　馆藏文物　商标行政管理

【裁判要旨】

有害于社会主义道德风尚或者有其他不良影响的标志，不得作为商标使用。判断有关标志是否构成具有其他不良影响的情形时，应当考虑该标志或者其构成要素是否可能对我国政治、经济、文化、宗教、民族等社会公共利益和公共秩序产生消极、负面影响。

【案件索引】

（2014）高行（知）终字第2300号。

【基本案情】

2008年以来，河北省博物馆（现河北博物院）向国家工商行政管理总局商标局申请其镇馆之宝"长信宫灯"的商标注册。2010年博物馆发现北京画某画图文设计有限责任公司（以下简称北京画某画公司）在同类服务上在先申请了长信宫灯商标。随后，博物馆对北京画某画公司长信宫灯商标提出异议申请，经过两次申请，最终裁定被异议商标的商标注册和使用易产生不良影响，异议人的其他主张不予支持，被异议商标不予核准注册。北京画某画公司对于国家商评委的裁定不服，向法院提起了行政诉讼，最后判决异议复审裁定。北京画某画公司再次向北京市高级人民法院提起上诉。

【裁判结果】

北京市高级人民法院为，被异议商标系表现"长信宫灯"形象的图形，而"长信宫灯"实物是由河北省博物馆所收藏的国家级文物，将表现国家文物的图形作为商标申请注册在咖啡馆、自助餐厅、酒吧等商业服务上，被申请商标一旦核准注册，且用于商业目的，将严重影响文物的严肃性和历史价值，将会给申请人及整个社会带来极大的负面影响。最终驳回上诉，维持原判。

【案件评析】

本案是一起有较大影响的有关博物馆馆藏文物商标抢注问题的诉讼，依馆藏资源产生的商标权应具有社会性质，即全民共享，博物馆能否成为商标权主体、馆藏资源商标是否具备商标基本构成要素及其是否违反商标禁止注册事由等，是本案重点研究的问题。

一、关于河北博物馆是否能为商标权主体的问题

在民法的规范范畴内，博物馆被归类为事业单位法人及非营利性法人，

并享有民法赋予的知识产权主体资格,这意味着博物馆有权对馆藏资源进行合理使用并获取相应收益,这一权利并不与其作为非营利性机构的属性相冲突。《博物馆条例》中的第10条与第11条详细阐述了博物馆的设立条件、章程制定要求,为博物馆的制度构建与日常运营提供了指导,并引入了理事会制度及资产管理和使用细则,体现了馆藏资源所有权与管理使用权相分离的先进管理理念。这一制度设计进一步明确了博物馆的法人属性及其作为馆藏资源商标权主体的资格。[①]

此外,条例还规定了经费的使用方式,鼓励设立公益型基金,将馆藏资源的无形资产转化为研究经费,通过多渠道筹集资金来支持文博事业的发展。尽管博物馆是非营利性机构,但其在法人经营机构的探索上取得了显著成效,使博物馆的收入来源更加多元化,并在文化体制改革的推动下明确了自身定位,及时调整了职能要求,呈现出市场化特征和服务经营性趋势,这与知识产权的本质特征更为契合。

值得注意的是,馆藏资源并非无条件地供全民免费享用。其收藏、保护及推广过程凝聚了博物馆工作人员的智慧与努力。若仅强调博物馆的非营利性,可能会削弱其积极性并导致管理上的混乱,最终不利于公众利益。以故宫博物院为例,该博物馆作为知识产权主体,通过有效利用馆藏资源,已取得了良好的示范效应,并在缓解国家财政压力、推动文博单位改革方面发挥了重要作用。

在商标领域,博物馆也应积极作为。博物馆在商标领域应主动作为,商标作为识别标志,在提高博物馆服务水平、传播中华传统文化、提升国际文化竞争实力方面具有重要影响力,馆藏资源的知识产权适格主体只能是博物馆。[②] 商标作为博物馆的识别标志,在提升服务水平、传播传统文化、增强国际文化竞争力等方面具有重要影响。馆藏资源的知识产权主体只能是博物馆本身,这既符合博物馆的自身特征,也符合知识产权保护的初衷。若被其

---

① 马娜:《博物馆知识产权保护相关法律问题研究》,西北大学2016年硕士学位论文。
② 韩续峰:《商标侵权之混淆理论再思考》,载《长安大学学报(社会科学版)》2015年第3期。

他个人或社会组织不当利用，不仅会误导公众，侵犯社会大众的利益，还会影响文物文化的传播与教育功能，严重伤害民族感情。因此，博物馆应珍视并维护其作为馆藏资源知识产权主体的地位。

二、关于馆藏资源商标是否具备商标基本构成要素的问题

商标并非商品或服务的直接体现，而是作为一种有意识的标识，旨在帮助消费者区分不同经营者所提供的商品或服务。其本质在于识别功能，因此，博物馆馆藏资源的商标同样需要具备显著的特性，以避免消费者的混淆。

文物名称、形象、馆内建筑及风格美学等馆藏资源均属于实物范畴，而商标权则是从这些实物中派生出来的权利，是实物价值的延伸。在商标权领域，博物馆可以将馆藏资源，特别是那些生动、富含历史底蕴的文物形象，注册为商标。这样做能够将特定的标识与博物馆及其提供的商品和服务紧密联系起来，形成独特的品牌效应。博物馆的馆藏品，尤其是与博物馆有紧密联系的艺术藏品，是商标注册的宝贵资源。这里的"紧密联系"指的是公众在心目中能够直接将某件艺术藏品与博物馆建立直接联系的心理印象。经过多年的精心保管和维护，这种联系被不断强化和放大。例如，提到故宫、紫禁城，人们立刻会想到故宫博物院；提到兵马俑，就会想到秦始皇帝陵博物院；提到莫高窟和飞天壁画，则会想到敦煌研究院。这些馆藏资源在博物馆的悉心呵护下，已经在社会上赢得了极高的声誉和公众的信赖。

保护馆藏资源的名称和形象不被滥用，是博物馆的重要职责之一。如果其他个人或组织抢注这些资源为商标，他们就可以利用博物馆的声誉和影响力来赢得市场销量，从而可能导致商品和服务来源的混淆。一旦博物馆的产品或服务出现问题，基于前述的紧密联系，公众可能会错误地将责任归咎于博物馆，对博物馆的声誉以及文物自身的艺术魅力和历史价值造成不可估量的损害。

因此，在博物馆快速发展的过程中，加强馆藏资源商标的显著性保护尤为重要。他人抢注商标不仅侵犯了博物馆的权益，也削弱了馆藏资源与博物馆之间的紧密联系。如果商家将文物形象注册为商标并用于与博物馆相同或类似的商品和服务中，公众可能会在不了解真相的情况下选择与博物馆无关

的商品或服务。博物馆可以将享有声誉的无论是有形还是无形的馆藏资源注册为商标，与博物馆的商品和服务建立起特定的联系，并加强其显著性。这不仅是博物馆创新发展的新路径和新方向，还能使公众在接收博物馆提供的商品和服务的过程中对文物藏品有更深刻的认识和了解。同时，这也有助于博物馆打造品牌、实施品牌战略、释放无形资产价值和馆藏资源活力，从而提升中华文化的影响力和创造力。①

三、关于馆藏资源商标是否违反商标禁止注册事由的问题

在博物馆馆藏资源商标的注册问题上，国家的相关条例和政策展现出了鼓励和支持的态度。国家鼓励对馆藏资源进行发掘、使用和保护，并大力推动文创旅游产业与之相结合，旨在盘活无形财产，增强博物馆的发展潜力，同时为此提供了立法和政策上的保障。

然而，也有学者对此持反对意见，他们认为商标应具备显著性特征，以便与其他经营者的商品或服务相区分。虽然某些标志在经过使用后可能取得显著性特征，但商标法中也明确规定了禁止注册使用的情形。这些学者建议，可以将禁止文物注册商标的规定纳入其中，以确保商标的显著性特征。对于已经注册的、能够作为识别标志的商标，则可以继续保持其有效性。②

值得注意的是，我国的法律规范中目前并未明确定义博物馆馆藏资源商标权的概念，也未对馆藏资源的注册商标进行具体限定。虽然没有明确禁止馆内文物藏品、建筑及风格、造型及名称等馆资源注册为商标进行使用和保护，但在《商标法》第10条第8项中，设置了兜底条款来规范商标的注册使用。这一兜底条款规定，存在有害于社会主义道德风尚、有损社会整体利益或有其他不良影响的商标申请，均不能作为商标使用。对此，我们可以参照民法典中关于"公序良俗"的规定来理解。评判标准应为申请商标的图形、文字或组合等，其不会对我国社会发展带来不利影响，不会损害公共秩

---

① 侯珂：《博物馆文物藏品的知识产权保护初探——由一起案例引发的思考》，载《广西政法管理干部学院学报》2010年第3期。
② 魏敬贤：《文物管理机构注册商标问题——由"天下第一福"商标侵权案说开去》，载《中华商标》2010年第5期。

序，伤害民族情感，也不会对公共利益造成负面影响。

在本案中，自 2008 年河北省博物馆发现"长信宫灯"商标被抢注，博物馆迈上漫长的"维权路"，历时 5 年多，经 4 次维权较量，最后才赢得商标权，捍卫了国家文物的公益性。正是通过这一兜底条款，河北省博物馆得以将损害公共利益、公共秩序和民族情感的情形排除在商标注册之外。因此，如果博物馆以外的主体试图将馆藏资源，如文物造型、建筑名称等注册为商标，可以依据此条款驳回其申请或宣告其无效。商标注册管理部门也应根据实际情况，驳回可能造成不良影响的馆藏资源商标的注册，以防止对公共文化和公共利益的垄断和破坏。

【典型意义】

在新时期文化改革持续深化的背景下，馆藏资源的知识产权管理与保护工作显得尤为重要，其中博物馆馆藏资源的商标权保护问题尤为突出，诸如商标抢注、侵权行为和授权管理混乱等问题屡见不鲜。博物馆作为知识产权的主体，必须积极转变思路，增强对馆藏资源商标的使用、保护和维权意识，以应对这些挑战。博物馆馆藏文物商标注册、IP 授权等公共博物馆文化创意产品的开发和利用有其必须要坚守的底线或红线，要充分认识到公共博物馆文化创意产品所承载的公共利益，在对文化资源进行基于创新或创意层面的发掘和利用时不得"歪曲其历史原意"。[①]

针对博物馆馆藏资源商标频繁遭遇抢注的乱象，我们不仅迫切需要完善立法，为博物馆知识产权的保护提供明确的法律依据，并细化现有法律法规在博物馆知识产权方面的具体实施细则。同时，应加大对恶意抢注文物商标行为的惩罚力度，以形成有效的法律震慑。博物馆自身也应积极行动起来，增强对馆藏资源商标权保护的意识。博物馆应充分发挥其馆藏资源的优势，注重商标注册及使用管理，建立专门的法律部门来处理商标权纠纷。同时，博物馆还需根据馆藏资源商标权的发展现状，制定切实可行的管理制度，审

---

① 姚选民：《关于文化法"治心"的法哲学思考——从〈公共博物馆文化创意产品开发的法律问题研究〉切入》，载《时代法学》2024 年第 5 期。

慎行使商标授权，为保护和运用文物藏品商标权提供坚实的基础。

第二节　图书馆相关法律纠纷

案例2.4　图书馆数字文献传递行为的侵权认定
——北京三某向版权代理有限公司与北京世纪读某技术有限公司、深圳图书馆、深圳大学、深圳大学城图书馆、北京世纪超某信息技术发展有限责任公司侵害信息网络传播权纠纷案

【关键词】

著作权权属　侵权　侵害作品复制权　图书馆　网络信息传播权

【裁判要旨】

对由高校图书馆、公共图书馆与他人合作共同建设的网站，如未经许可传播他人享有著作权的作品，将可能承担共同侵权的法律责任。侵害信息网络传播权并不以营利作为构成条件。未经许可以公益为目的传播他人作品仍可以构成侵害信息网络传播权。对于共同侵权而言，并不要求每一侵权行为人均直接实施全部侵权行为，通过各被告之间的合作仍可能会构成共同侵权。以公益为目的传播作品的行为，只是承担较低赔偿额的考量因素。高校图书馆、公共图书馆应避免自认为通过网络免费传播作品属于公益性的不侵权的误区。

【案件索引】

（2017）粤0304民初1715号、1716号、1718号、1720号、1721号、1725-1729号、1731-1741号。

（2018）粤03民终5851-5897号。

（2018）粤03民终6046-6050号、6052-6053号。

【基本案情】

原告北京三某向版权代理有限公司（以下简称三某向公司）以继受方式取得《保健品投资的三个要点》《会议营销的实质和创新》《金龙鱼品牌策略何处去》三篇文章的信息网络传播权。

原告诉称：原告发现由被告深圳图书馆、深圳大学、深圳大学城图书馆合作创建、由被告北京世纪读某技术有限公司（以下简称读某公司）负责经营、由被告北京世纪超某信息技术有限公司（以下简称世纪超某公司）提供技术支持的"深圳文献港"（szdnet.org.cn）网站，未经许可提供上述三篇文章的信息介绍，包括作者、日期、关键词、来源等，同时，还提供指向 cxdrs.com、bzdrs.com 特定网站相应作品的链接。szdnet.org.cn 网站的 ICP 备案登记在读某公司名下。被链网站 cxdrs.com、bzdrs.com 在国内无法正常访问。基于上述事实，原告指控五被告构成共同侵权，请求五被告连带赔偿其经济损失及维权合理费用。

被告辩称：被告深圳图书馆、深圳大学、深圳大学城图书馆自认如下事实：其向"深圳文献港"开放数据端口，允许被告读某公司采集"MARC"格式的书目数据。书目数据非全文内容，而是指书名或期刊名、版次、出版时间、馆藏信息等数据信息；允许被告读某公司对馆藏图书、期刊信息进行链接展示，对接图书馆自动化管理的系统并设置链接，显示图书馆藏信息。

图书馆藏信息指的是，本馆馆藏的纸质图书位于本馆的具体书架的具体位置的信息；向已办理借阅证的读者提供"读者证"（账号）和密码，允许持证读者登录并使用"深圳文献港"。"深圳文献港"无任何收益或创收。

"深圳文献港"登录的方式有两种，一种是凭借相关图书馆的借阅证（账号）直接从"深圳文献港"进行登录；另一种是深圳图书馆、深圳大学图书馆、深圳大学城图书馆网站上设置了指向"深圳文献港"的链接，持证读者点击该链接后跳转到"深圳文献港"网站，输入"账号和密码"后登录。

"深圳文献港"上无其馆藏图书全文内容。注册读者登录"深圳文献港"

后，可以检索其书目数据和馆藏信息，但不能阅读全文内容。

【裁判结果】

深圳市福田区人民法院一审判决：被告读某公司赔偿原告三某向公司经济损失及维权合理费用 1200 元，驳回原告三某向公司的其他诉讼请求。

一审宣判后，原告三某向公司不服提出上诉。深圳知识产权法庭二审判决：撤销一审判决，改判读某公司、深圳图书馆、深圳大学、深圳大学城图书馆、世纪超某公司共同连带赔偿三某向公司经济损失及维权合理费用 3368 元。

【案件评析】

本案是一起有较大影响的有关图书馆数字文献传递的著作权侵权问题的诉讼，当下图书馆数字化建设过程中的版权侵权问题已经引起社会广泛关注，并成为众多学者的研究焦点。图书馆提供含有作品内容的链接和通过图书馆本地数据库镜像提供作品是否构成直接侵权；图书馆以定向链接方式提供侵权帮助和与数据库提供商之间建立合同关系是否与他人成立共同侵权是本案研究的重点问题。

一、关于图书馆数字文献传递中是否构成著作权侵权的问题

在本案中，法院认定图书馆提供含有作品内容的链接和通过图书馆本地数据库镜像提供作品构成直接侵权。直接侵权行为涉及未经著作权人许可，擅自实施其专有权利控制的行为。在本案中，图书馆因提供可阅读文献内容链接及基于镜像服务传递数字文献而被法院认定为直接侵权。法院支持了对被告侵犯信息网络传播权的指控。法院认为，这类链接提供作品内容服务，在法律上等同于提供作品行为，直接侵犯了著作权人的信息网络传播权。

在涉及被诉侵犯信息网络传播权的案件中，图书馆通常会提出抗辩，认为公众不能在其选定的地点获得作品，从而不构成侵权。然而，这种抗辩虽然得到法院的认可，但图书馆往往难以提供充分的证据来支持其主张，因此可能面临举证不利的后果。即使图书馆在"主体限定"和"地点限定"方面成功举证，但如果证据显示图书馆未经授权提供了涉案作品的链接，并且形

成了数字化复制件，那么图书馆很可能仍需承担侵犯复制权的法律责任。

图书馆通过本地数据库镜像提供作品亦可能构成直接侵权。绵阳图书馆系列案是关于本地数据库镜像提供作品而引发侵权纠纷的一个典型案例。在该案例中，持有图书馆读者证的读者能够登录图书馆电子书平台，并通过第三方服务提供商的浏览器在线阅读或下载电子图书。图书馆与数据库提供商之间有一个协议，即数据库提供商利用镜像技术将电子图书完整地复制到图书馆的本地服务器上，之后图书馆可以自主处理所购买的电子书。然而，图书馆建立本地数据库镜像并通过自有服务器提供作品的行为，却存在侵犯复制权和信息网络传播权的风险。

在复制权方面，侵权行为发生在图书馆购买电子书并将其存储到自身服务器的过程中，这是图书馆进行文献传递的准备步骤。而在信息网络传播权方面，侵权行为则表现为图书馆通过网络向读者传递他们申请的文献。具体而言，未经许可将侵权的作品复制到本地资源库，形成了作品的数字化复制件，这涉嫌侵犯了著作权人的复制权；同时，未经许可通过网络向公众提供作品，使他们能够在其选定的时间和地点接触作品，这涉嫌侵犯了著作权人的信息网络传播权。值得注意的是，如果复制了涉嫌侵权作品之后再通过网络向读者提供，那么复制行为会被信息网络传播行为所吸收，此时就只能适用信息网络传播权来进行规制。

在面临侵权指控时，图书馆试图通过主观目的、采取积极措施以及合法来源等方面进行抗辩，以降低自身所需承担的法律责任。然而，在著作权法中，行为人的主观过错、损害事实及因果关系不是认定著作权侵权的必要构成要件[①]。因为《著作权法》第 51 条和第 52 条已经明确规定了哪些行为属于侵权行为。在无合理使用等法定理由的情况下，只要行为违反了法律规定，行为人就需要承担包括停止损害、排除妨害、消除危险等在内的民事责任。只有在考虑损害赔偿责任时，才会涉及主观目的、采取积极措施和合法来源等抗辩因素。对此，绵阳图书馆系列案以及"深圳文献港"案的判决都明确

---

① 欧修平、李嵘：《论知识产权侵权行为与民事责任的关系》，载《科技与法律》2009 年第 3 期。

指出，著作权侵权的构成和侵权责任的承担并不以营利或故意为条件。图书馆的公益性质或免费服务并不能作为其实施侵权行为的正当理由。

二、关于图书馆数字文献传递中的风险防范问题

在数字文献传递过程中，主要涉及复制和网络传递两个环节，这两个环节均存在侵犯著作权的风险。为了避免侵权，首先需要深入理解著作权的本质，即著作权是对特定行为的规制，如复制权控制作品复制件的形成，信息网络传播权则控制网络环境下的交互式作品传播。将纸质作品数字化或通过网络将他人的数字化作品传送至自身服务器，均涉及作品的复制；而将服务器中的数字文献通过网络传递给读者，则涉及作品的传播和提供。

若行为人未经著作权人许可，提供可阅读文献内容的链接，使读者能在其个人选定的时间和地点接触作品，即使读者未实际获得作品，也构成对信息网络传播权的直接侵犯。而定向链接方式虽然看似未直接向读者提供侵权作品，但实质上对读者获得文献起到了关键性作用，属于帮助侵权行为。

为避免侵权，图书馆可以借鉴苏州图书馆系列案中的做法，即提供普通链接，使读者通过图书馆设置的链接被引导至数据库提供商的首页或次级页面。这种链接方式既不直接提供作品内容，也未定向链接至直接侵权人，只是起到了通道服务的作用，有助于图书馆证明其与其他侵权人对于向读者传递作品无直接因果关联性。此外，图书馆以普通链接方式参与文献传递时，不会直接接触侵权作品，仅提供技术支持，因此不构成直接侵害复制权和信息网络传播权以及间接侵权。

为防范数字文献传递侵权，图书馆应积极审查数据库内电子文献的授权情况。特别是当图书馆购置数据库提供商的数字资源到本地服务器时，需更加谨慎。图书馆合法传递数字文献需同时具备复制权和信息网络传播权。因此，图书馆在审查文献版权信息时，应关注自身和数据库提供商这两个主体，并特别注意数据库内数字文献的授权期限和具体授权内容。

为避免数据库内出现侵权电子图书并降低审查与侵权成本，图书馆在向数据库提供商购置数字资源前，应调查对方提供的作品是否具备完整、合法的著作权属凭证，并了解购买电子图书著作权的权利期限情况。考虑到图书馆可能无法全面审查所购买数据库中所有电子文献的授权信息，有必要在合同条款中拟定数据库提供商的版权信息提示义务。这既有助于图书馆在发生纠纷时证明作品复制件的来源合法，表明其已尽到合理注意义务，主观上不存在明知或应知使用了侵权作品的情况，从而免除赔偿责任；也能提醒数据库提供商主动履行版权审查义务，避免侵权。若图书馆因提供商提供的文献资源缺乏合法授权而被诉侵犯著作权并败诉，可向数据库提供商主张违约责任以降低或弥补自身损失①。合作关系达成后，图书馆应定期检查本地资源库中文献资源的更新情况，以及更新后的资源库中是否存在丧失合法授权的侵权作品；合作关系结束后，鉴于首次销售原则不适用于电子图书，图书馆应及时删除丧失授权基础的作品复制件。

图书馆在获取文献资源时，常常通过与数据库提供商签订合同来采购数字资源或其使用权。这种合同关系在法院判断图书馆与数据库提供商是否构成共同侵权时，往往成为一个重要的考量因素。尽管民法中的合同相对性原则表明，图书馆与数据库提供商之间的侵权责任条款仅对双方具有约束力，不能用来对抗著作权人，但在网络环境下，由于权利人难以找到直接侵权人，因此向图书馆提起诉讼往往成为其最便捷的选择。

在具体案件中，尽管图书馆可以提供涉案作品的合法来源证明，以减轻其法律责任，但为了避免被视为著作权的共同侵权者，或者受到数据库提供商等第三方的侵权牵连，图书馆需要审慎考虑其与数据库提供商的合作模式。图书馆与数据库提供商的合作模式主要分为两种：技术服务加产品销售模式和技术服务模式。在与数据库提供商合作时，图书馆应采用技术服务合作模式，即仅就数据库的使用、维护、搜索等技术支持达成合作。② 这种合作模式既有助于图书馆降低日常审查版权信息的成本，也有助于在发生纠纷时，证明图书馆与数据库提供商之间不存在共同侵权的主观意思联络。

---

① 张健、陈琳：《图书馆著作权侵权分析及应对策略——基于近十年图书馆著作权纠纷的实证研究》，载《数字图书馆论坛》2021 年第 10 期。
② 易磊、伏函、杨忠：《图书馆数字文献传递的著作权侵权表现及对策研究——基于公开民事判决书的实证分析》，载《高校图书馆工作》2024 年第 4 期。

【典型意义】

图书馆作为人类文明的守护者，其角色与形态随着信息时代的浪潮不断演进。2020年，《中共中央关于制定国民经济和社会发展第十四个五年规划和二〇三五年远景目标的建议》明确将公共文化数字化建设提上了日程，图书馆作为这一进程的引领者，正积极构筑一个全面、立体且广泛覆盖的专业知识服务体系。这一努力不仅旨在缩小城乡与不同群体间的数字鸿沟，更是数字社会赋予图书馆的历史使命与时代担当。当前，数字化图书馆的建设，特别是以数字典藏和专业数字知识服务为核心，已成为全球图书馆发展的必然趋势。然而，在这一进程中，图书馆也面临着日益严峻的版权侵权责任风险。随着数字化程度的加深，一系列涉及版权的诉讼案件频发，对现有版权体系构成了不小的挑战。这些案件不仅考验着图书馆在版权保护方面的法律意识与应对能力，也促使我们重新审视和构建适应数字化时代的版权保护机制。因此，图书馆在推进数字化建设的同时，必须高度重视版权问题，加强版权风险管理，确保在提供优质服务的同时，不侵犯他人的合法权益。这既是图书馆自身发展的需要，也是维护版权秩序、促进文化繁荣的必然要求。

案例2.5 公共图书馆违法安全保障义务的认定
——傅某英与北京市西城区青少年儿童图书馆生命权、身体权、健康权纠纷案

【关键词】

人格权纠纷　图书馆　公共场所　安全保障义务

【裁判要旨】

公共图书馆作为一类重要的公共场所，该场所的管理人所承担的安全保障义务并不因其公益性和无偿性而免除。侵权纠纷的发生既包括公共图书馆管理人是否切实履行了安全保障义务，也涵盖被侵权人自身的过错。根据《民法典》第1173条所确立的过失相抵规则，如果公共图书馆的管理人未能

尽到安全保障义务，同时被侵权人也存在一定的过错，公共图书馆管理人的责任可以被适当减轻。

【案件索引】

一审：（2021）京 0102 民初 39107 号。

二审：（2022）京 0102 民初 14744 号。

【基本案情】

2021 年 9 月 19 日上午 10 时左右，雨天，傅某英前往北京市西城区青少年儿童图书馆（西城区少儿图书馆）借阅书籍。进入图书馆一层大厅时地面干燥，傅某英在服务台询问登记后，于 10 时 20 分 07 秒在摔倒地点停留拨打电话，几秒钟后返回服务台再次登记，其离开后该位置地面留下水渍。10 时 20 分 36 秒，傅某英在服务台登记完毕离开时，右脚踩到水渍滑倒。图书馆随即拨打 120，急救人员将傅某英送至首都医科大学附属北京安贞医院救治。9 月 22 日傅某英接受经皮穿刺椎体形成术，9 月 23 日出院，住院 4 天，出院诊断为腰椎压缩性骨折（L2）、重度骨质疏松、自发型心绞痛、高脂血症。出院后傅某英多次复查。2021 年 12 月 17 日，傅淑英以生命权、身体权、健康权纠纷为由将西城区少儿图书馆诉至一审法院，请求赔偿医疗费等损失。

【裁判结果】

一审法院根据相关法律规定和证据，对傅某英的护理费、残疾赔偿金、鉴定费等合理损失进行认定，认为西城区少儿图书馆存在一定过失，应按 20% 比例赔偿傅某英相关合理损失，最终判赔残疾赔偿金 19,564.32 元、精神损害抚慰金 2000 元、鉴定费 450 元，合计 22,014.32 元。

二审查明事实与一审一致，判决驳回上诉，维持原判。

【案件评析】

本案是一起有较大影响的有关图书馆对读者安全保障义务问题的诉讼，被告西城区少儿图书馆是否未尽到安全保障义务，原告傅某英的补充责任等问题，是本案重点研究的问题。

一、关于被告西城区少儿图书馆违反安全保障义务的认定问题

(一) 公共图书馆承担安全保障义务的理论依据

根据《公共图书馆法》第49条公共图书馆从事或者允许其他组织、个人在馆内从事危害国家安全、损害社会公共利益活动，由文化主管部门责令改正，没收违法所得；情节严重的，可以责令停业整顿、关闭；对直接负责的主管人员和其他直接责任人员依法追究法律责任。这里的允许应当包括放任，即明知有人在馆内或图书馆平台上从事此类活动而不采取积极措施进行制止、举报等有效行动的，都应依法承担相应法律责任。2020年5月28日，第十三届全国人民代表大会第三次会议正式通过了《民法典》。其中，第1198条第1款明确指出，宾馆、商场、银行、车站、机场、体育场馆、娱乐场所等经营场所及公共场所的经营者、管理者，或群众性活动的组织者，若未尽到安全保障义务并导致他人损害，需承担侵权责任。公共图书馆作为公共场所的一部分，依据此条款，其管理人对进入馆内的读者及非工作人员负有安全保障责任。

关于公共图书馆管理人承担安全保障义务的理论依据，主要包括危险控制理论、作为义务和节约社会总成本等观点。首先，危险控制理论认为，由于公共图书馆的管理人对其场所内的设施和服务有深入的了解和控制力，因此他们更有可能预见并采取措施防止潜在危险的发生。就公共图书馆而言，基于管理人对馆舍内的危险源具有他人所不可比拟的控制力，赋予了其积极采取适当与合理的措施对交往中的危险予以控制或尽可能地降低危险发生的可能性。①

其次，作为义务要求公共图书馆的管理人不仅要履行法律规定的职责，还需采取合理的预防措施，确保读者和非工作人员的人身及财产安全。特别是《公共图书馆法》第29条第1款明确规定了公共图书馆应定期对其设施进行检查维护，这进一步强化了管理人的作为义务。此外，就注意义务而言，注意义务作为侵权责任法的一部分，乃基于侵权责任法旨在防范危险的原则

---

① 刘召成：《安全保障义务的扩展适用与违法性判断标准的发展》，载《法学》2014年第5期。

而产生，也要求公共图书馆的管理人积极作为，提供有效的预警、警告、指示说明、通知和保护措施。

从经济角度分析，节约社会总成本的观点认为，由公共图书馆等公共场所的管理人承担安全保障义务是成本效益最高的选择。这一观点在司法实践中也有所体现，尽管在公共图书馆管理人安全保障义务的案例中尚未直接出现，但已成为理论界和司法实务界的共识。

在司法实践中，我国审理公共图书馆管理人安全保障义务的案件主要采纳了作为义务理论和危险控制理论。虽然节约社会总成本的观点尚未在相关案例中直接出现，但三种理论依据之间并不相互排斥，可以单独或结合使用。具体选择哪种理论依据，需要根据个案的具体情况进行考量，通过对案情的梳理和分析，以及价值取舍来作出决定。

（二）公共图书馆违反安全保障义务的认定

1. 公共图书馆管理人的过错判断

公共图书馆管理人承担侵权责任的前提是未尽到安全保障义务，即存在过错。这种过错是基于客观事实的认定，而非法律上的过错推定。[1] 只有当管理人在安全保障义务方面存在明显疏忽或不当行为，并因此导致实际损害发生时，才构成过错。例如，在设施维护、环境管理等方面存在安全隐患，且这些隐患是管理人能够预见并采取措施避免的，但管理人未能做到，从而导致读者受伤或财产受损，此时管理人应承担侵权责任。在司法实践中，公共图书馆的管理人在安全保障义务方面没有过错的，无须承担侵权责任。[2]

2. 安全保障义务的范畴

安全保障义务的核心功能在于避免和防止危险，包括人和物可能面临的未知危险。但是，并非所有危险都属于公共图书馆管理人应防范的范畴。只有那些管理人能够控制和预防，且可能侵害他人人身及财产的危险源，才属于安全保障义务的范畴。例如，图书馆内的设施故障、安全隐患等。对于国

---

[1] 侯国跃、刘玖林：《安全保障义务：属性识别与责任分配——兼评〈民法典侵权责任编（草案第三次审议稿）〉第 973 条》，载《北方法学》2020 年第 1 期。

[2] 孙道锐：《公共图书馆管理人安全保障义务研究》，载《图书馆建设》2021 年第 3 期。

家公职人员依法执行公务的行为,虽然可能看似"侵犯"了读者的权益,但并不属于公共图书馆管理人履行安全保障义务的范畴。

3. 公共图书馆应尽到而未尽到安全保障义务

公共图书馆管理人是否尽到安全保障义务,需要以是否怠于履行善良管理人之注意义务为判断标准。违法性的认定上包含"应尽到"和"能尽到"之要义。"法律不强人所难",损害事件之发生属无法预见、无法避免的,自不得要求公共图书馆管理人承担安全保障义务。一个善良的公共图书馆管理人应当熟悉其所控制的空间领域内潜在的危险,并尽其所能地防范这些危险因素。例如,通过张贴警示标志、提供安全提示、协助公安机关等方式,保障进入馆舍的人员对自身安全的合理信赖。若管理人已尽到这些义务,即使存在损害事件的发生,也不承担损害赔偿责任。

4. 造成他人实际损害

安全保障义务设置的目的在于,当管理人违反该义务并造成实际损害后果时,请求其承担损害赔偿责任。学界有观点认为,"造成他人损害"的表述不妥,应修改为"侵害他人权益",不严格囿于现实损害。[①] 但这种观点将公共场所的管理人违反安全保障义务与否的判断标准交给了任意进入该场所的第三人,恐怕会造成滥诉的现象,造成司法资源的浪费。这里的"实际损害"应当是指已经发生的、可以量化的损害,而非假想或潜在的损害。若公共图书馆管理人的行为虽然违反了安全保障义务,但并未造成实际损害,则不构成侵权责任。根据《民法典》的规定,民事权益包括人身权利、财产权利以及其他合法权益。公共图书馆管理人违反安全保障义务时,若侵害了他人的人身权利、财产权利或其他合法权益,并造成实际损害的,应承担侵权责任。并非所有民事权益都能成为安全保障义务侵犯的客体。一项民事权益要成为安全保障义务侵犯的客体,需要结合侵权行为的方式以及该项权益的特点进行判断。例如,对于侵犯他人名誉权的行为,若侵权行为人在公共图

---

① 侯国跃、刘玖林:《安全保障义务:属性识别与责任分配——兼评〈民法典侵权责任编(草案第三次审议稿)〉第 973 条》,载《北方法学》2020 年第 1 期。

书馆的公告栏张贴侮辱、诽谤他人的海报，而图书馆管理人怠于清理的，则构成安全保障义务的违反，应承担相应的补充责任。

5. 因果关系的判断

因果关系是侵权责任法律关系中的核心要素，无因果关系即不产生侵权责任。通过因果关系的判定，我们可以明确侵权行为人，实现侵权责任自负。这有助于我们区分哪些事实是由某人的行为引起的，哪些事实与其无关，从而确定真正的侵权行为人。就事实因果关系的判断而言，在判断公共图书馆管理人是否因违反安全保障义务而导致损害发生时，如果公共图书馆的管理人积极履行了安全保障义务，损害是否还会发生？如果答案为否，则表明管理人的不作为是损害发生的必要条件。就法律因果关系的判断而言，法律因果关系主要解决的是损害赔偿的范围问题。在公共图书馆管理人安全保障义务案件中，采用相当因果关系理论和规范目的理论来判断法律因果关系。相当因果关系理论关注侵权行为对损害后果发生概率的提升是否具有相当性；而规范目的理论则侧重于检验所导致的损害后果是否可归责于侵权行为人，即依据管理人尽到安全保障义务的具体情况来判断受害人损失与管理人行为之间因果关系的紧密性。在公共图书馆管理人违反安全保障义务的侵权责任认定中，我们需要明确受损害人的范围，并准确判断因果关系，以确保侵权责任的正确归责和损害赔偿的合理确定。

二、关于原告傅某英的补充责任的认定问题

《民法典》第1173条规定了过失相抵规则，即当被侵权人对同一损害的发生或扩大有过错时，可以减轻侵权人的责任。《民法典》第1174条规定若损害结果由被侵权人自身故意造成，且公共图书馆管理人未违反安全保障义务，则管理人不承担侵权责任。该法条明确指出，如果被侵权人对同一损害的发生或扩大存在过错，那么侵权人的责任可以被相应地减轻。这一原则在实践中具有广泛的应用，特别是在公共图书馆等公共场所发生的损害事件中。

当损害事件发生时，往往涉及多个因素，其中既包括公共图书馆管理人是否切实履行了安全保障义务，也涵盖被侵权人自身的过错。根据《民法典》第1173条所确立的过失相抵规则，如果公共图书馆的管理人未能尽到安全保障义务，同时被侵权人也存在一定的过错，那么，公共图书馆管理人的责任可以被适当减轻。我们要明确公共图书馆管理人承担补充责任的前提是其违反了安全保障义务。这意味着，如果管理人未能切实履行法定义务和注意义务，导致损害事件的发生，那么他们就需要承担相应的责任。然而，如果损害结果完全是由被侵权人自身的故意行为造成的，且公共图书馆管理人并未违反安全保障义务，那么，根据《民法典》第1174条的规定，公共图书馆的管理人将不承担侵权责任。被侵权人的过错也是影响责任分担的重要因素。如果被侵权人存在故意或过失行为，那么这将在一定程度上减轻公共图书馆管理人的责任。特别需要注意的是，当被侵权人是未成年人时，如果其监护人存在故意或过失行为，那么同样可以减轻公共图书馆管理人的侵权责任。但是，如果公共图书馆的管理人因故意或重大过失导致损害事件发生，而被侵权人只有一般过失，那么公共图书馆管理人的责任并不必然被减轻。需要强调的是，即使被侵权人对损害的发生存在过错，这并不能免除公共图书馆管理人的侵权责任。因为公共图书馆的管理人对馆舍内的危险源享有控制力，并且负有法定作为义务及注意义务。因此，在损害事件发生后，公共图书馆管理人仍应承担与其过错相适应的补充责任。

在本案中，傅某英自身亦有一定责任。傅某英事发时作为一个67岁的高龄老人，应该能认识到自己在雨天穿着不合脚且不防滑的鞋子出行的危险性；且其在疫情防控登记处不断往返出入，注意力高度不集中，其摔倒的原因是自身造成的，傅某英本人存在过错。事发时傅某英已年满67岁，作为高龄的老年人，应谨慎注意自己的出行，应有注意安全的自我保护意识，防止意外发生，尤其是雨天出行。但事发当日，傅某英穿着鞋底极度磨损、沾有水渍且并不合脚的镂空凉鞋进入西城少儿图书馆处，本身未尽到正常老年人的注意义务。傅某英作为67岁的老年人，穿着鞋底过度磨损且不合脚的凉鞋出行，放任雨天出行的危险性，其自身存在过错。傅某英虽然是老年人，但其具备完全民事行为能力，应当对此次事故的发生承担全部责任。即便傅某英系在西城少儿图书馆大厅摔倒，大厅入口处均铺有防滑门垫，门口也设有警示牌,西城少儿图书馆已尽到警示及告知义务,傅某英作为成年人在如此情况之下受伤应当减轻西城少儿图书馆的赔偿责任。法院在审理此案时认为,可以认定西城区少儿图书馆在傅某英相关损害的发生中存在一定过失,应当按照20%的比例赔偿傅某英的相关合理损失。这一判决充分体现了过失相抵规则在司法实践中的应用,以及公共图书馆管理人在违反安全保障义务时应承担的补充责任。

【典型意义】

公共图书馆作为社会生活中不可或缺的重要公共场所,其管理人肩负着维护场所安全的重要责任。这种安全保障义务并不会因图书馆的公益属性及无偿服务性质而有所减免。不过,公共图书馆管理人无须达到如银行般的安全防范标准,配备全面的安保人员、高科技人脸识别系统以及复杂的报警装置等。其安全保障义务主要聚焦于防范日常生活中的常见风险。

在评判公共图书馆管理人是否履行安全保障义务时,应以善良管理人的标准作为判断依据。这要求管理人秉持合理、谨慎的态度确保图书馆的安全。若管理人未能履行法定作为义务和注意义务,致使读者遭受伤害,则需承担相应责任。但须明确的是,法定作为义务和注意义务并非要求图书馆提供绝对的安全保障,杜绝所有可能的损害,而是仅要求其采取合理且可行的防范措施来降低风险。在某些特定情形下,即便公共图书馆管理人已充分履行安全保障义务,若损害仍无法预见与避免,那么管理人无须承担侵权责任,这体现了法律对公共图书馆管理人责任的合理界定。

为有效减少因违反安全保障义务而引发的侵权责任纠纷,明确并强化公共图书馆管理人在安全保障方面的责任至关重要。公共图书馆管理人必须严格遵守《公共图书馆法》第29条第1款的规定,切实履行法定作为义务,同时以善良管理人的标准认真执行日常安全维护工作。如此,在损害发生时,才能有效切断损害后果与自身行为之间的因果关系,避免承担不必要的侵权责任,维护公共图书馆的合法权益。

第三节 美术馆著作权侵权纠纷

案例2.6 服装艺术作品作为实用艺术作品的认定与保护
——胡某三诉裘某索、中国美术馆侵犯著作权纠纷案

【关键词】

服装艺术作品　独创性　美术作品　实用艺术作品

【裁判要旨】

对于服装来讲，一般意义上大众化的服装所突出的是它的实用功能，但对于那些使用了极具艺术性和扩张性的表达方式的表演服装，其实用功能性已越来越被淡化，而艺术特征却越来越被强化，甚至有些虽然还被称为服装，但已经远离了一般意义上服装的实用功能性，成为纯艺术性的美术作品。因此，对于那些虽具有实用性但更具有艺术欣赏性的服装艺术作品，应作为实用艺术作品来看待。

【案件索引】

一审：（1999）二中知初字第145号。

二审：（2001）高知终字第18号。

【基本案情】

胡某三于1998年11月至12月，在中国美术学院（杭州）染织服装系进修期间为完成其所选修的"立体剪裁"课的作业，设计完成了白坯试佯布立体剪裁原形条纹状盘带式拼缝小胸衣。在该小胸衣基础上，胡某三还设计完成了一系列款式独特的小胸衣，同时使用了夸张的中国结的表现手法。裘某索曾目睹了胡某三设计完成的小胸衣。1999年3月、4月，胡某三在其设计的小胸衣的基础上又设计完成了三套连衣裙装，裘某索也目睹过上述裙装。

1999年7月，裘某索设计完成了8套系列服装。该系列服装以"春天的故事"为主题参加了第九届全国首届艺术设计展，并获得服装金奖。1999年12月，胡某三以裘某索抄袭自己的服装设计为由向北京市第二中级人民法院提起诉讼。

【裁判结果】

一审法院认为胡某三创作的服装艺术作品，无论就其单一的作品，还是其系列作品，与裘某索设计的服装艺术作品相对比，二者所使用的工艺手段和设计元素虽然大致相同，即都使用了拼缝工艺及条纹盘缠、色彩渐进和反差、中国结和牡丹花，而在普通欣赏者眼里，二者在整体色彩、造型、搭配组合及修饰上是不相同的，各自表达了不同的情感，不存在后者对前者的仿制，即使二者的创作风格相同，也属合理的借鉴与启发，不构成剽窃。二审法院驳回上诉，维持原判。

【案件评析】

本案中，法院对服装作品独创性及是否构成抄袭的判定，揭示了艺术服装作品认定与保护的复杂性。艺术性、独创性决定服装能否被认定为实用艺术品从而受著作权法保护，凸显出服装作品定性的关键地位。服装作品的定性、侵权认定是本案重点研究的问题。

一、何为实用艺术作品？

对于实用艺术品，世界知识产权组织（以下简称WIPO）在《保护文学和艺术作品伯尔尼公约（1971年巴黎文本）指南》中对实用艺术品作出解释："公约使用这种一般性表述来涵盖小装饰物品、珠宝饰物、金银器具、家具、墙纸、装饰物、服装等制作者的艺术贡献。"WIPO编写的《著作权与邻接权法律术语汇编》将其定义为："具有实际用途的艺术作品，无论这件作品是手工艺品还是工业制品。"2014年6月国务院公布的《著作权法（修订草案送审稿）》第5条列举了作品的种类，"实用艺术作品"被首次作为一项独立的作品类型列入作品的范围，与美术作品并列。送审稿第5条第（九）项对"实用艺术作品"定义为："实用艺术作品，是指玩具、家具、饰品等具有实用功能并有审美意义的平面或者立体的造型艺术作品。"然而，2020年全国人大常委会第十七次会议审议的《著作权法（修正案草案）》中"实用艺术作品"被单独列为作品类型的对应条款已被删除。从立法层面来看，"实用艺术作品"能否作为独立的作品类型被纳入著作权法保护还存在较大争议。尽管著作权法第三次修改仍然未能将"实用艺术作品"成功纳入著作权法的修改范围，但修法过程中所作出的尝试在一定程度上表明相关立法者对实用艺术作品的独特性的关注，力图将实用艺术作品与美术作品作出明确的划分。从2014年以来的大量司法判例看，将实用艺术作品单列为著作权法项下的作品类型的尝试所体现的立法者的意图也引起了司法者的共鸣。各级法院在审查涉案实用艺术作品是否具备独创性的过程中，增加了实用性与艺术性能否分离的辨析环节，如浙江克虏伯机械有限公司诉蓝盒国际有限公司等关于"熊脸面板滑轮游乐车"著作权权属、侵权纠纷案等。

二、关于实用艺术作品认定问题

为准确界定实用艺术作品受保护范围，有必要对其实用性和艺术性可否分离进行判断。在著作权理论中，实用性和艺术性分离可分为物理上的分离和观念上的分离。物理上的分离指实现实用功能的实用性与体现艺术美感的艺术性可以物理上相互拆分并单独存在。而观念上"可分离性"判定标准，主要有如下认识：以"改动艺术性设计是否导致实用功能实质性丧失"为标准；以"表达的有限性程度"为标准。实际上，无论是"改动艺术性设计是否导致实用功能实质性丧失"标准还是"表达的有限性程度"标准，其实质均系以考察创作空间为标准。

（一）以"改动艺术性设计是否导致实用功能实质性丧失"为标准

在北京中融恒盛木业有限公司、左尚明舍家居用品（上海）有限公司关于"唐韵衣帽间家具"著作权权属、侵权纠纷一案的再审中（以下简称唐韵衣帽间家具案），最高人民法院明确，若改动实用艺术品中的艺术性，不会导致其实用功能的实质丧失，则可认定该实用艺术品满足艺术性和实用性可分离。在法国轩尼诗公司与广东卡拉尔酒业有限公司等关于"Paradis瓶子"

著作权侵权纠纷案的二审中（以下简称轩尼诗案），广东高级人民法院采取了同样的认定标准，认为判断"观念上的分离"，应当关注实用物品独特的艺术或美学特征对于实现实用功能而言是否有必要。如果将实用艺术品的艺术部分进行改动，影响其实用功能的实现，则艺术性与实用性无法在观念上分离；反之，如果艺术部分设计的改动并不会影响实用功能的实现，则其艺术性与实用性可以在观念上分离。

（二）以"表达的有限性程度"为标准

在斯平玛斯特有限公司与汕头市澄海区广益金光玩具厂等关于"Zoomer 机器狗"著作权侵权纠纷一案（以下简称 Zoomer 机器狗案）的二审判决中，广东高级人民法院即以"表达的有限性"作为判断艺术性和功能性能否分离的标准。该案一审法院认为 Zoomer 机器狗的关节和球形滚轮系为了实现肢体活动性和地面行走功能而采用的技术性设计，据此将关节和球形滚轮认定为"技术性表达"，归为"思想"范畴，从而将其排除在著作权保护范围之外。二审法院广东高级人民法院则认为，关节和滚轮并不能因为其具有功能性，就简单地将其排除在著作权法保护的范围之外或不予考虑，而应当以"表达的有限性"程度为标准，因功能性设计导致的表达有限性程度越高，能够个性化取舍、选择、安排、设计等创造的空间就越小，"创作性"就越低。当表达非常有限甚至唯一时，该表达所传递的信息实质上就是"思想"。反之，表达有限程度越低，则可以进行个性化取舍、选择、安排、设计等创造的空间就越大，对思想表达的形式和内容就可以更加具体、丰富，思想和表达的区分就更清晰，也就更容易剥离了。

三、关于实用艺术作品"创作高度"的认定

（一）以与美术作品相当的艺术创作高度为标准

由于实用艺术作品可纳入著作权保护的特质在于具有"艺术性"，被保护是对其体现的"艺术贡献"的鼓励，因此，在具体表述上通常用"艺术"高度替代"创作"高度，以便契合实用艺术作品的特性，同时通常以"美术作品"的艺术高度作为参考对象，且大多认为应当与美术作品相当的艺术创作高度为准，但措辞略有不同，在"乐高积木"案中，北京高院认为"该物

品具有一定的艺术创作程度，这种创作程度至少应使一般公众足以将其看作艺术品"，在"玛莫特儿童椅"案中，法院要求涉案儿童椅"必须满足美术作品对于作品艺术性的最低要求"。

近年来审理案件中，也大多采用同样的标准，比如，唐韵衣帽间家具案再审中，最高人民法院认为"具有审美意义，具备美术作品的艺术创作高度"。轩尼诗案二审中，广东高级人民法院适用的标准为"具备美术作品的艺术创作高度，富有欣赏价值，可以使一般公众将之视为艺术品"。梵华系列家具案中，二审法院上同样认为"作为美术作品所需要的一定水准的艺术创作高度"。除此之外，还有部分案件中法院要求实用艺术作品的艺术创作应高于美术作品，但尽管看似要求的创作高度不同，但由于艺术创作高低的判断过于主观，缺乏具体的衡量标准，故无论要求与美术作品相当的艺术创作高度还是要求高于美术作品的艺术创作高度，其实质并无太大差别。以与美术作品相当的艺术创作高度为标准，从逻辑上、法理上看没有问题，其不足在于将"美术作品"作为参照对象，过于笼统，难以把握"艺术高度"的具体尺度，使得结论的得出过于依赖法官个人对艺术和审美价值的理解和认知，难以形成统一规则，由此形成的判定结论也因缺乏中间环节的推理过程而显得不够周密和严谨，有待进一步改进。

（二）以同时与"已有美术作品"和"同类实用艺术作品的造型"存在差异为标准

在 Zoomer 机器狗案再审阶段，最高人民法院明确："判断实用艺术作品的独创性应当从两个方面判断，一是实用艺术作品在平面或者立体造型上与已有美术作品是否存在差异，二是实用艺术作品在平面或者立体造型与同类实用艺术作品的造型是否存在差异。""与已有美术作品"是否存在差异，考察的立足点在于"艺术，来源于生活而高于生活"的理念，审查其造型上的线条勾勒和色彩搭配是否对自然元素进行了富有个性化的艺术加工，是否对自然元素进行了富有个性化的艺术加工，并呈现出审美意义上的艺术形象。如果答案是肯定的，则可以认定与已有美术作品存在差异，具有独创性。"与同类实用艺术作品的造型"是否存在差异，实际上是基于涉案实用艺术作品的实用性来确定同类产品，然后再将其造型与同类产品的造型比对，若涉案实用艺术作品的造型与使用类似元素设计的同类产品的造型存在明显不同，则可认定具有独创性。最高人民法院在Zoomer机器狗案再审中确定的双重比对方式兼具合理性和可操作性，理由在于：其一，如前所述，确定实用艺术作品独创性高度有两方面的目的，一是从普通艺术作品的角度看，防止将独创性不高的作品纳入保护范围；二是防止设计人怠于寻求外观设计专利保护，而直接选择著作权保护，从而架空外观设计专利制度。对于第一个目的的实现，按照审查传统美术作品的艺术创作高度的方式和标准即可实现。而在审查独创性时加入对涉案实用艺术作品是否构成新设计的判断，可使得实用艺术作品寻求著作权保护和寻求外观设计保护在实质条件上具有了旗鼓相当的难度，将有效防止实用艺术作品过度向著作权领域倾斜，导致外观设计专利被架空，有利于第二个目的的实现。其二，该标准将对比对象分别确定为"已有美术作品"和"同类实用艺术作品的造型"，使得比对对象更为明确，在一定程度上减轻了对法官个人主观认知的依赖，使得个案体现的审判思路、规则及标准更有章可循，符合司法趋势。

四、关于"服装作品"属性的法律定位及侵权判断问题

一审法院认为，对于那些虽具有实用性但更具有艺术欣赏性的服装艺术作品，应作为实用艺术作品来看待。我国著作权法规定的所保护的作品类型当中未明确列举实用艺术作品，但《著作权法实施条例》在界定美术作品时，采用了非详尽列举的方式，即规定美术作品是指绘画、书法、雕塑、建筑等以线条、色彩或者其他方式构成的有审美意义的平面或者立体的造型艺术作品。由此可以解释为，我国著作权法规定的美术作品不单指纯艺术性的美术作品，还包括了实用艺术作品，故对服装艺术作品的保护，应当可以适用对美术作品的保护规定。二审法院也认为，以线条、色彩或其他方式构成的有审美意义的平面或者立体的造型艺术品属于我国著作权法所保护的美术作品范畴。胡某三及裘某索利用造型、色彩、面料、工艺等设计元素各自独立设计的服装，从其艺术造型、结构及色彩等外在形态来看，均具有较强的艺术性和独创性，表现出了集实用性与艺术性、中西方文化相交融的现代美感,属于受我国著作权法保护的实用美术作品。

同时,一审法院认为,服装设计师的创作活动就是对诸多服装设计元素进行具有独创性的选择和编排,作为服装艺术作品能够受到著作权法保护的应当是由色彩、图案、造型、搭配组合及修饰而成的整体表现形式。通过对比分析可以看出,原告、被告作品在整体色彩、造型、搭配组合及修饰上是不相同的,各自表达了不同的情感,带给观赏者不同的感观,不存在后者对前者的仿制,即使二者的创作风格相同,也属合理的借鉴与启发,不构成剽窃。二审法院也认为,服装艺术作品固然有其特殊的创作规律,对服装艺术作品艺术性的判断,本领域的专家通常情况下当然比普通欣赏者更加专业。但是,对服装艺术作品艺术性的判断标准绝对不能等同于法律上判断服装艺术作品是否侵权的标准。本案胡某三将服装作品艺术性的判断标准混同于法律上判断著作权是否遭受侵害的判断标准,进而得出一审法院将本应由专家进行鉴别判断工作交给了普通欣赏者显然是错误的结论,没有法律依据。

【典型意义】

本案明确了服装艺术作品作为实用艺术作品在著作权法下的保护标准与认定路径,为类似案件提供了重要的参考和指导。强调了服装作品的法律定位,指出具有艺术性和独创性的服装设计可以作为实用艺术作品受到著作权法的保护。不仅为服装设计的法律保护提供了明确的依据,还为其他实用艺术作品的保护提供了借鉴。同时,本案进一步明确了侵权判断的标准,强调了在判断侵权时需要综合考虑作品的整体性和独创性。此外,本案的裁判体现了对服装艺术创作自由的尊重,为解决服装艺术作品著作权纠纷提供范例,促进服装艺术市场健康有序发展。

案例2.7 微信公众号中发布负面信息的侵权认定
——张某诉北京尤某斯美术馆名誉权纠纷案

【关键词】

名誉权 微信公众号 开放性 侵权

【裁判要旨】

微信公众号作为开放性的自媒体平台，发布的信息面向不特定的社会公众，任何用户都可以观看并进行二次传播，这种信息的广泛扩散可能对员工的名誉造成重大负面影响。尤其在劳动争议解决过程中，用人单位在公开媒介上发布涉及员工负面信息的行为应当审慎，否则可能被认定为对员工名誉权的侵害，从而需要承担相应的法律责任。

【案件索引】

（2020）京 0105 民初 32289 号。

【基本案情】

本案涉及一起名誉权纠纷，原告作为北京某文化交流咨询有限公司（以下简称某公司）的前零售部零售总监，因被公司单方辞退而引发了后续的名誉权争议。原告在 2018 年 12 月 3 日与某公司签订了劳动合同，担任零售总监职务。然而，在 2020 年 2 月 21 日，某公司以原告严重违反公司规章制度为由，单方解除了与原告的劳动合同。原告对此不服，认为公司的辞退行为属于违法解除劳动合同，随即在 2020 年 3 月 5 日向北京市劳动人事争议仲裁委员会申请了仲裁。

在仲裁申请期间，原告发现了一个新的问题：被告北京尤某斯美术馆，即 UCCA 集团旗下的一个机构，在其运营的微信公众号"UCCA 集团廉洁"上发布了一篇名为"UCCA 集团廉正通报"的文章。该文章详细描述了某公司与原告解除劳动合同的细节，包括原告被指称严重违反公司规章制度、违背职业道德等负面信息。原告认为，被告作为并非与原告签订劳动合同的用工主体，不具备公布、评价原告劳动关系有关事项的身份资格，其行为已经超出了"在企业内部进行廉洁警示"的合理范围，具有明显的恶意，严重侵犯了原告的名誉权。原告因此向法院提起诉讼，要求被告立即停止侵害原告的名誉权，从其运营的微信公众号上删除相关文章，并在该公众号上向原告公开赔礼道歉，消除影响，恢复原告的名誉，持续时间不少于 30 日。此外，原告还要求被告赔偿其经济损失 11,020 元（含公证费 1020 元、律师费

10,000元）以及精神损害抚慰金30,000元。

被告辩称，其运营的微信公众号"UCCA集团廉洁"是UCCA集团进行廉洁宣传、受理举报的官方公众号，由UCCA集团内审内控部独立运营管理。被告发布"UCCA集团廉正通报"文章的行为，是对原告违纪事实认定结论和辞退处理决定的通报，属于行使管理权限的行为。被告还指出，文章内容是对原告在UCCA集团任职期间严重违反规章制度、违背职业道德相关情况的客观描述，没有任何侮辱、诽谤的字眼，且发布目的是倡导廉洁正气之风、传递正确的核心价值观，主观上没有损害原告名誉权的故意。此外，被告还认为，其作为UCCA集团成员以及某公司和安某公司的关联公司，发布上述通报完全正当且合情合理。

【裁判结果】

被告北京尤某斯美术馆于本判决生效后7日内从其运营的微信公众号"UCCA集团廉洁"上删除名为"UCCA集团廉正通报"的文章；被告北京尤某斯美术馆于本判决生效后7日内在微信公众号"UCCA集团廉洁"上刊登声明，向原告张某赔礼道歉（道歉声明的内容需经本院审核，在微信公众号中的刊登时间不少于15日；如不能履行上述内容，本院依原告张某的申请在相关媒体刊登判决书主要内容，费用由被告北京尤某斯美术馆负担）。

【案件评析】

微信公众号作为当下流行的信息传播工具，其快速、广泛的传播特性在带来便捷的同时，也潜藏着侵犯名誉权的风险。由于其开放性和相对的匿名性，一些不法分子或不负责任的公众号运营者可能利用这一平台散布虚假信息、进行诽谤，从而损害他人名誉。近年来，法院已审理多起类似案件，依据《民法典》对侵权行为进行认定和处罚，表明了法律对此类行为的严肃态度。为了防范微信公众号成为侵犯名誉权的媒介，不仅需要平台方加强内容审核和管理，提升技术防范能力，还需要公众提高法律意识，不轻信、不传播未经证实的信息。同时，遭受名誉权侵害的个人或单位应积极采取法律手段维护自身权益，共同构建健康、有序的网络环境。

一、微信公众号是否可以作为侵犯名誉权的媒介

微信公众号属于开放性的自媒体,其发布的信息面向的是不特定的社会公众,任何使用微信的用户都可以观看微信公众号所发布的内容。微信公众号的信息传播路径通常是公众号将相关内容推送给订阅用户,用户在收到订阅信息后,可以将内容转发到微信朋友圈、微信群或者微信好友,使得相关信息可能通过上述媒介进行了二次传播,并可能继续借助这样的模式,形成信息的多次扩散。截至2021年2月,已有将近400名用户阅读了涉案文章,由于上述阅读了涉案文章的微信用户可以将文章转发至微信朋友圈、微信群或微信好友,存在信息扩散以及更多人员看到该文章的可能。因此,被告在其设立的微信公众号上刊登对原告产生重大负面评价的文章的行为不应认定为企事业单位等对其管理的人员作出的结论或者处理决定的情形,微信公众号可以作为侵犯名誉权的媒介,原告也可提起相应的名誉权纠纷之诉。

二、被告在涉案的微信公众号中发布的涉案文章是否侵犯了原告的名誉权

是否侵犯名誉权,应当根据受害人确有名誉被损害的后果,行为人行为违法、违法行为与损害后果之间存在因果关系、行为人主观上有过错等因素来认定。

(一)是否造成受害人名誉权的损害

某公司前零售部门总监张某利用职务便利,私自将由其直系亲属担任法人代表的企业引进成为零售部供应商。在张某的操作下,某公司与该供应商签订多份采购合同,采购金额高达几十万元人民币,张某在引入该供应商时未进行利益冲突披露,此行为已违反某公司员工手册2.13条(b)关于利益冲突供应商条款。UCCA集团现已对张某进行辞退处理及张某的行为严重违反集团管理制度,违背职业道德,触犯集团廉正工作红线,上述评价对原告而言应属重大负面评价,该评价的作出可能直接影响原告的职业生涯。另,"违背职业道德"系针对自然人品德的定性,在本案中缺乏明确客观的判断标准,更多体现他人的主观感受,涉案文章以此评价原告,并不属于对客观事件的描述，而是针对原告个人品德的主观评价。不论涉案文章的内容是否完全真实，将此不具备客观判断标准的评价发布在微信公众号中确有造成原告名誉被损害的后果。

（二）行为人行为是否违法

某公司以原告严重违反规章制度为由与原告解除劳动关系，根据京劳人仲字〔2020〕第693号裁决书显示，某公司在劳动仲裁时主张的解除理由为涉案文章载明的相关内容。因此，涉案文章针对原告作出负面评价与处理决定的内容涉及原告与被告关联公司之间的劳动仲裁案件，但涉案文章发布时，相关劳动仲裁案的结果尚未作出。首先，涉案文章载明的内容对于原告的影响甚大，但相关劳动仲裁案件尚在审理中，涉案微信公众号即发布涉案文章，即使北京劳动仲裁委作出裁决，该仲裁案件的双方当事人仍有针对双方劳动纠纷继续起诉乃至上诉的权利，双方争议可能持续较长时间，在此期间涉案文章中的争议内容均无法得到最终确认。其次，被告虽称其属于UCCA集团的下属机构，而涉案文章系由UCCA集团内审内控部所发布，但被告系涉案微信公众号的设立者，其对该公众号负有相应的管理与监督义务，其所述的UCCA集团内部如何分工不影响被告对外承担相应责任，而被告在本案的庭审中称其并未详细核实过涉案文章内容的真实性。最后，涉案文章称原告引入供应商时未进行利益冲突披露，所以违反了员工手册的规定，并评价其"严重违反集团管理制度，违背职业道德"。但京劳人仲字〔2020〕第693号裁决书显示某公司主张的解除劳动合同的理由并未得到支持与认可，该裁决书载明"某公司用2020年1月6日实施的《员工手册》评价张某在该手册生效之前的行为，于法无据，对此本委亦不予认可"，北京劳动仲裁委亦确认某公司系违法解除劳动合同。虽然，被告不认可上述劳动仲裁案的裁决结果，并称已提起劳动争议之诉，但其未详细核实涉案文章内容的真实性，在涉案文章的内容未得到生效法律文书最终确认的情况下提前在公开媒介发布涉案文章，该行为本身即存在过错。

（三）违法行为与损害后果是否存在因果关系

涉案文章的发布时间为2020年3月13日，截至2021年2月7日，该文章依然可以通过涉案微信公众号阅读，故该行为处于持续的状态中，本案可以适用《民法典》的相关规定。《民法典》第1024条规定，民事主体享有名誉权。任何组织或者个人不得以侮辱、诽谤等方式侵害他人的名誉权。名誉是对民事主体的品德、声望、才能、信用等的社会评价。涉案文章中"张某的行为严重违反集团管理制度，违背职业道德，触犯集团廉正工作红线"的相关内容，正是对原告的品德以及声望作出的社会评价。《民法典》第1025条规定，行为人为公共利益实施新闻报道、舆论监督等行为，影响他人名誉的，不承担民事责任，但有例外情形，包括"捏造、歪曲事实""对他人提供的严重失实内容未尽到合理核实义务""使用侮辱性言辞等贬损他人名誉"。而《民法典》第1026条规定，认定行为人是否尽到合理核实义务应考虑相关因素，包括"内容来源的可信度""对明显可能引发争议的内容是否进行了必要的调查""受害人名誉受贬损的可能性"等。第1025条规制的是行为人为公共利益实施新闻报道、舆论监督的行为影响他人名誉的情形，而本案诉争事项虽非上述情形，但为公共利益实施新闻报道、舆论监督的行为若对他人提供的严重失实内容未尽到合理核实义务从而影响他人名誉的都应承担民事责任，那么"为公共利益实施新闻报道、舆论监督"之外的行为更应受到如此规制。现因被告并未进行详实地调查且无权威机构或生效法律文书对相关内容予以确认，被告亦未考虑涉案文章发布在微信公众号后使得原告名誉受损的可能性，即允许对原告名誉造成重大负面影响的涉案文章在涉案微信公众号中发布，故其应认定为未尽到合理核实义务。

综上，被告在对涉案微信公众号负有管理义务的前提下，未详细核实涉案文章内容的真实性，未尽到相应的管理义务，由于其过错导致由其完成认证并设立的微信公众号发布了对原告名誉造成损害后果的文章，被告应对此承担相应的责任。

三、通过社交平台侵犯名誉权的责任承担

（一）名誉权相关规定

名誉权是指自然人、法人或者非法人组织对其名誉所享有的不受他人侵

害的权利。① 《民法典》第 1024 条明确规定了民事主体享有名誉权，并不得以侮辱、诽谤等方式侵害他人的名誉权。深入理解名誉权的涵义，还要注意其与隐私权的区分。隐私权的享有者严格限定为自然人范畴，而将法人或其他组织排除在外，这一界定体现了隐私权主体的特定性与专属性。隐私权作为一种人格权，其行使与保护一般独立于外部第三方的评价，展现出较强的自主性与封闭性。而隐私权的客体，即私密空间、活动与信息，呈现出一种静态的稳定性，不具备可变性或可量化的属性。两者比较而言，名誉权的客体——名誉，则是一种动态变化的评价，它随着社会交往的深入而可能提升或降低，并伴随着正面或负面的评价差异。进一步而言，在实际的法律实践中，有时会出现行为人擅自披露他人隐私的情况，进而导致受害者名誉受损的复杂情形。在这种情形下，若同一行为同时触犯了隐私权与名誉权，权利人应当在这两项权利中选择一个进行主张，能够避免对同一不法行为实施重复的法律评价，确保法律适用的精准性与公正性，从而不仅能有效维护权利人的合法权益，彰显法律评价的合理性与一致性。

（二）利用社交公众平台侵犯名誉权的构成要件

1. 表意人行为违法，且为第三人知悉

侵犯他人的名誉权，首先需要有一个明确的违法行为。该行为可以是口头的，也可以是书面的，但需要注意的是，因法律保护的名誉系社会评价，因此该违法行为应当是公开的，即该损害行为至少应被第三人所知晓。根据《民法典》的规定，上述违法行为主要包括侮辱、诽谤、诋毁等。

首先，名誉侵权行为涵盖言语与行动两大方面，其中行动通常指向肢体动作，而言语则广泛包含口头表述与书面文字。在数字化时代背景下，互联网上的名誉侵权行为尤为显著，其主要以语言、文字、图像等形式呈现。在现实环境中，肢体动作若构成侵权，也往往伴随着言语或文字的侮辱与诋毁，如扇耳光、吐唾沫等行为常伴随辱骂，而散发传单诋毁则需依赖文字内容的

---

① 王利明：《人格权法研究》，中国人民大学出版社 2018 年版，第 464 页。

辅助。如果文字内容蕴含暗示性或引导性的隐喻，如某案例中被告使用的"混迹于保健行业"等表述，结合其在社交媒体上的其他文字，以及公众对该行业的固有偏见，这些表述有意引导受众做出不利于原告的负面判断，也构成对原告的人格尊严的侵犯。

其次，名誉侵权行为必须指向明确的对象。此处的明确对象不仅包含直接点名，亦涵盖在特定情境下，根据描述特征能够合理推断出的具体个体。再者，第三人知悉是名誉侵权行为成立的必要条件。只有当表意人的言语或文字被第三人获知，才有可能在社会层面传播，从而引发对权利人名誉的负面评价。如果侵权行为仅限于受害人知晓，未对外界公开，则不会造成社会评价的降低，故不构成侵权。例如，在微信私人对话中辱骂对方，或在朋友圈发布贬损信息但屏蔽其他人，此类行为因不具备公开性，故不具有违法性。

最后，不作为亦可能构成名誉侵权。以转载失实文章为例，虽转载行为本身不违法，但若未尽审核义务，导致有损名誉的事实广泛传播，增加受害人负面评价，则构成侵权。民法典对此有明确规定，行为人在为公共利益实施新闻报道、舆论监督时，若对他人提供的严重失实内容未尽合理审核义务，影响他人名誉的，应承担民事责任。

2. 权利人名誉受损

损害后果不仅限于社会评价降低和心理创伤，还包括隐性财产损失，如失业、晋升机会丧失等。以"杭州主妇出轨快递小哥"案为例，受害者还因诽谤被解雇，失去生活来源，这种损失亦应当计入裁判结果的考量因素。

公众人物名誉侵权判定标准与普通民众不同。公众人物包括影视明星、政府官员及网红等，因其社会影响大，需承担更多道德责任，接受更严格的舆论监督。其名誉权受损认定标准应当提高。如汪峰案中，微博夸张描述未构成侮辱或诽谤，属修辞表达，法律不应过度限制。公众人物应理解并宽容此类评价。同时，对其专业能力和喜好的褒贬评价，只要不构成侮辱或诽谤，就不应认定为名誉侵权。

3. 违法行为和损害结果之间有因果关系

由于名誉权侵权中的损害事实，即社会评价降低这一后果本身往往是根据相关事实所推定或者说抽象出的结果，因此在认定存在损害事实的情况下，通常也同时认定了存在因果关系。但是此时仍然要考虑是否有偶发性因素的存在，如被害人自身疾病、先前精神压力大等因素。

4. 行为人主观上有过错

过错作为一种主观心理状态，涵盖了故意与过失两大范畴。一般而言，侵犯名誉权的行为多出于故意，诸如侮辱、诽谤、嘲讽及诋毁等，从其字面意义即可明显感知存在贬损他人名誉的意图。类似于其他类型的人身侵权行为，侵犯名誉权亦可能在过失的情形下构成。过失心态进一步细分为疏忽大意与过于自信两种类型。一方面，疏忽大意导致的名誉权侵犯，通常表现为行为人应当预见其行为可能引发损害结果，但因未能充分注意而未能预见。例如，某行为人误以为甲与其男友乙存在不正当关系，并对此进行谩骂，而实际上甲与乙存在不正当关系。在此情境下，尽管行为人的初衷是批判甲，并无贬损乙之名誉的故意，但乙却因此无辜受累，社会评价降低，此时，行为人便对乙构成了基于疏忽大意的名誉权过失侵犯。另一方面，过于自信导致的名誉权侵犯，则是指行为人已预见到可能侵犯名誉权的风险，却轻信能够避免，最终导致侵权结果的发生。这种情况在新闻媒体领域尤为常见，特别是在转载失实文章时。转载行为本身可能并无降低受害人名誉的故意，但媒体若未能履行审慎核查的职责，便可能因过失而导致受害人的社会评价受到负面影响，进而构成侵权。

【典型意义】

明确名誉权的法律边界和保护机制，提升公众对名誉权重要性的认识，还能为公共文化服务中心在运营过程中如何避免类似纠纷提供有益的参考。通过深入分析这些案件，公共文化服务中心可以更加清晰地了解名誉权侵权的构成要件和法律责任，从而在信息发布、内容审核等方面采取更加审慎和负责任的态度，以确保公共服务的合法性和规范性，进而促进公共文化服务中心的健康发展和社会的和谐稳定。

第四节　其他公共文化服务机构著作权侵权纠纷

案例2.8　假唱他人演唱的歌曲小样的行为认定
——芦某与某县人民政府、周某萍、某县文化馆侵害表演者权纠纷案

【关键词】

歌曲小样　假唱　表演者权　责任承担

【裁判要旨】

文化馆是开幕式文艺表演的具体组织、策划、实施单位。本案中，文化馆将芦某演唱的歌曲小样制作MTV，以及在开幕式文艺表演上播放芦某演唱的歌曲小样，却将歌曲演唱者署名为周某萍的行为，不仅侵犯了芦某应当享有的表明表演者身份权，同时，文化馆擅自将侵权MTV上传至网络平台等播放，侵犯了芦某的信息网络传播权。某县政府作为四川省第五届乡村文化旅游节的承办单位之一，其是乡村文化旅游节的责任主体，对乡村文化旅游节期间发生的侵权行为亦应承担相应的侵权责任。

【案件索引】

一审：（2015）巴中民初字第11号。

二审：（2016）川民终900号。

【基本案情】

2012年6月，某县文化馆邀请聂某罡等人到某县采风创作歌唱某县的歌曲。同年10月，聂某罡将歌词、曲谱、音乐伴奏及芦某演唱的歌曲小样通过网络传给了文化馆。文化馆根据聂某罡提供的歌曲小样组织制作了MTV，并将该歌曲的演唱者署名为周某萍。文化馆将该MTV提供给某县人民政府网、某文化网、某县旅游网、某县电视台进行播放。2014年4月25日，

由某县人民政府等单位承办的四川省第五届乡村文化旅游节开幕式在某县举行。开幕式中关于文艺表演的相关事宜均由文化馆具体组织、策划和实施。在开幕式上，周某萍受文化馆的邀请和安排，参与了此次开幕式的文艺表演，并演唱了歌曲《江口水乡》，屏幕注明的演唱者是周某萍，但在表演过程中，播放的是芦某演唱的歌曲小样，周某萍在舞台上进行表演。2014年4月底，芦某向四川省旅游局反映周某萍假唱侵权之事，要求予以赔偿。后经调解达成调解协议。2015年1月，芦某认为某县人民政府对自己演唱的《江口水乡》歌曲宣传力度不大，也未将原侵权视频从部分网站上删除，故提起诉讼。

【裁判结果】

一审法院认为：芦某是《江口水乡》歌曲小样的演唱者，享有表演者权。文化馆在制作MTV，向相关网站提供歌曲视频，具体组织旅游节开幕式文艺演出活动中，使用了芦某演唱的《江口水乡》歌曲小样，而未表明芦某就是该歌曲的演唱者，侵犯了芦某作为表演者应当享有的表明表演者身份的权利，以及许可他人通过信息网络向公众传播其表演，并获得报酬的权利。对芦某要求其承担侵权责任的主张，不予支持。二审法院判决驳回上诉，维持原判。

【案件评析】

一、关于某县政府、周某萍是否侵犯芦某表明表演者身份权以及某县政府是否侵犯其信息网络传播权问题

本案中，芦某在一审起诉时主张其著作权、表演权和名誉权受到了侵犯，但在上诉时将其中的"表演权"改称为"表演者权"。对于两者的区分：其一，两者的法律性质不同。表演权属于著作权，表演者权属于邻接权。表演权是指著作权人依法享有的对其作品公开表演的权利，我国《著作权法》将表演权定义为"公开表演作品，以及用各种手段公开播送作品的表演的权利"。其二，两者的保护客体不同。表演权的保护客体为作品，表演者权的保护客体为表演，即表演者自身在表演作品时的形象、动作、声音等一系列表演活动。其三,两者的权利主体不同。表演权的权利主体为著作权人,表演者权的权利主体为表演者。其四,权利内容不同。表演权为财产权,表演者权既包括财产权也包括人身权。人身权表现为表明表演者身份和保护表演形象不受歪曲的权利,财产权为复制、发行权、信息网络传播权等。其五,保护期限不同。表演权的保护期为作者终生及其死亡后 50 年。表演者权利的保护期限因权利的内容不同而有所差别,具体而言,表明表演者身份和保护表演形象不受歪曲的权利的保护期不受限制,其他权利的保护期为 50 年,截止于该表演发生后第 50 年的 12 月 31 日。

本案中,卢某对涉案《江口水乡》歌曲依法享有表演者权,并受法律保护。表演者权,如前文所述,是指作品的表演者依法对其表演所享有的权利,表演者权产生的前提是作品著作权人对于表演者表演作品的许可,而表演者是否以公开方式表演作品以及表演者与词曲作者之间是基于委托还是劳务关系对作品进行演唱,并不影响其表演者身份以及依法享有的相关权利。芦某经涉案歌曲《江口水乡》词、曲作者同意试唱歌曲并录制小样,其依法享有表演者权以及基于表演者权产生的表明表演者身份权、信息网络传播权等相关权利。文化馆将芦某演唱的歌曲小样制作 MTV,以及在开幕式文艺表演上播放芦某演唱的歌曲小样,却将歌曲演唱者署名为周某萍的行为,不仅侵犯了芦某的表明表演者身份权,同时,文化馆擅自将侵权 MTV 上传至某县人民政府网、某文化网、某旅游网、某电视台等播放,侵犯了芦某的信息网络传播权。某县政府作为乡村旅游节活动的承办方和某县人民政府网的主办方,其和文化馆构成共同侵权。周某萍在开幕式上演唱《江口水乡》歌曲时,署名为周某萍,播放的却是芦某演唱的歌曲小样,无论其演唱是否收取费用,该演唱行为侵犯了芦某的表明表演者身份权。

二、关于"假唱"演出不同主体的责任分担问题

(一)"假唱"演出中演员的责任承担

1. 行政责任

(1) 行政处罚。《营业性演出管理条例(2020 修订)》第 28 条规定,演员不得以假唱欺骗观众,演出举办单位不得组织演员假唱。任何单位或者个

人不得为假唱提供条件。《营业性演出管理条例（2020修订）》第47条规定，以假唱欺骗观众的，由国务院文化主管部门或者省、自治区、直辖市人民政府文化主管部门向社会公布。个体演员在2年内再次被公布的，由工商行政管理部门吊销营业执照。以假唱欺骗观众的，由县级人民政府文化主管部门处5万元以上10万元以下的罚款。2019年4月，宁波市鄞州区文化和广电旅游体育局向宁波文化广场保利大剧院管理有限公司做出行政处罚，在当晚的演出中因女主演嗓子失声，故而使用了播放录音的方式替代了该主演的现场演唱，对此罚款5万元。

（2）行业自律惩戒。根据《演出行业演艺人员从业自律管理办法》第15条的规定，对违反从业规范的演艺人员，中国演出行业协会根据道德建设委员会评议结果，监督引导会员单位在行业范围内实施以下自律惩戒措施：①进行批评教育；②取消参与行业各类相关评比、表彰、奖励、资助等资格；③根据演艺人员违反从业规范情节轻重及危害程度，分别实施1年、3年、5年和永久等不同程度的行业联合抵制；④协同其他行业组织实施跨行业联合惩戒。

以上措施可以单独实施，也可以合并实施。

2. 民事责任

（1）消费者可主张3倍赔偿

《营业性演出管理条例（2020修订）》第47条规定，以假唱欺骗观众的，观众有权在退场后依照有关消费者权益保护的法律规定要求演出举办单位赔偿损失；演出举办单位可以依法向负有责任的文艺表演团体、演员追偿。《消费者权益保护法（2013年修订）》第55条规定，经营者提供商品或者服务有欺诈行为的，应当按照消费者的要求增加赔偿其受到的损失，增加赔偿的金额为消费者购买商品的价款或者接受服务的费用的三倍。同时，根据最高人民法院《关于适用〈中华人民共和国民法典〉总则编若干问题的解释》第21条的规定，故意告知虚假情况，或者负有告知义务的人故意隐瞒真实情况，致使当事人基于错误认识作出意思表示的，人民法院可以认定为《民法典》第148条、第149条规定的欺诈。

(2) 履约风险之违约责任

依据演员与演出举办单位之间的合同约定,演员等演艺人员可能还面临着违约责任,但具体还是要根据演员与演出单位之间的过错分配。文化馆未经芦某同意,使用了其演唱的《江口水乡》歌曲小样进行现场播放,并安排其他演员对口型进行表演,这侵犯了芦某的表演者权。根据相关法律,芦某有权要求文化馆停止侵权、赔偿损失等。在芦某案中,经过调解,文化馆赔偿了芦某各种侵权费和伤害及各种损失费共计 15 万元。

(二)"假唱"演出中演出举办单位的责任承担

1. 行政责任

根据《营业性演出管理条例实施细则(2022 修订)》第 26 条的规定,营业性演出不得以假唱、假演奏等手段欺骗观众。前款所称假唱、假演奏是指演员在演出过程中,使用事先录制好的歌曲、乐曲代替现场演唱、演奏的行为。演出举办单位应当派专人对演唱、演奏行为进行监督,并作出记录备查。记录内容包括演员、乐队、曲目的名称和演唱、演奏过程的基本情况,并由演出举办单位负责人和监督人员签字确认。《营业性演出管理条例(2020 修订)》第 47 条规定,为演员假唱提供条件的,由国务院文化主管部门或者省、自治区、直辖市人民政府文化主管部门向社会公布。演出举办单位、文艺表演团体在 2 年内再次被公布的,由原发证机关吊销营业性演出许可证。《营业性演出管理条例(2020 修订)》第 47 条规定,为演员假唱提供条件的,由县级人民政府文化主管部门处 5000 元以上 1 万元以下的罚款。

2. 民事责任

民事责任除了前文提到的消费者权主张的索赔之外,如果假唱使用的是其他表演者的作品,则另外侵害了其表演者权益。在王某、张某、某县路易酒吧侵害表演者权纠纷中,王某经过授权获得案涉歌曲《我们不一样》的终身独家演唱的权利,即其享有案涉歌曲的《我们不一样》的表演者权,某县路易酒吧未经王某的同意,在现场演出宣传图片中引用王某(大壮)形象、且在现场表演中通过播放由王某演绎的案涉歌曲《我们不一样》的原声、再由他人对照口型的方式完成演出,其并未告知现场观众演唱者与原唱者的身份不符的情形，该行为侵害了王某享有表明表演者身份的权利。因王某未提供证据证明其实际损失也未提供证据证明侵权人某县路易酒吧的违法所得额，法院综合某县路易酒吧的规模、王某及案涉歌曲《我们不一样》的知名度等因素，酌情认定某县路易酒吧赔偿给王某经济损失（包含合理开支）4万元。

【典型意义】

本案对表演者权保护的明确界定，强调了表演者对其表演所享有的法定权利，为类似纠纷的处理提供了重要的参考范例。同时，明确了文化活动组织者在假唱行为中的法律责任，强调了其在组织文化活动时对表演者权的尊重和保护义务。此外，本案的判决对文化活动的规范开展和表演者权益的保护具有重要的指导意义。它提醒文化活动组织者在策划和实施文化活动时，必须严格遵守法律法规，尊重表演者的合法权益。同时，也为表演者提供了切实的法律保护实例，使其能够更好地维护自身权益。通过本案的判决，进一步推动了文化活动的规范化和法治化，为社会主义文化事业的健康发展提供了有力的法律保障。

案例2.9　合作作品的著作权侵权诉讼资格

——杭州某文化传播有限公司诉某县档案馆等侵犯著作财产权纠纷案

【关键词】

档案馆　知识产权侵权　技术保护措施

【裁判要旨】

合作作品的著作权由合作作者共同享有，其著作权行使受到一定限制，根据《著作权法》现行规定，在其他合作作者未参与诉讼的情况下，不能单独作为诉讼主体提起诉讼。同时，著作权法的核心原则之一是"保护表达，不保护思想"，表达是作者独特思维的外化，具有独创性和可复制性，是著作权保护的客体，而思想、观念、原理等抽象内容，属于公共领域，任何人都可以自由使用。

【案件索引】

(2009) 浙杭知初字第 365 号。

【基本案情】

原告杭州某文化传播有限公司(以下简称某公司)是一家长期为政府部门提供文化项目服务的公司。早在 2006 年,某公司与杭州市余杭区档案学会签订了合作协议,策划并编辑了一本名为《魅力余杭》的大型图书,用于全面、系统地宣传、介绍余杭地区。该书于 2007 年 5 月印制完成并交付。此后,某公司继续与多个档案局合作,编辑了《魅力东营》《魅力临安》《魅力桐庐》等系列图书。2007 年 12 月,被告某档案馆为开展某地区的宣传教育工作,表达了与某公司合作的意愿。某公司为此向某档案馆提供了《魅力淳安·档案记载淳安发展》的编辑纲要及《魅力余杭》《魅力临安》的样本,以展示自己的创作思路及成功案例。然而,某档案馆最终并未与某公司达成合作。2008 年 10 月,某公司在市场上发现了一本由被告某档案馆编辑、被告段某会担任策划的名为《魅力淳安》的图书。某公司认为,该图书在书名、排版、装帧及创作思路上均与其提供给某档案馆的创作思路及案例极为相似,构成侵权。其中,段某会原系某公司员工,曾代表某公司与某档案馆联系业务,后却成为侵权图书的策划人。某公司据此向法院提起诉讼,指控被告某档案馆和段某会违反了《著作权法》的相关规定,侵害了其合法权益,并请求法院判令两被告立即停止侵权行为、收回并销毁侵权图书、消除影响、公开赔礼道歉以及赔偿损失 10 万元,并承担本案诉讼费用。被告某档案馆则辩称,某公司并非《魅力余杭》等作品的作者,不享有相关著作权,因此没有诉权。同时,某档案馆认为其行为并未侵犯著作权,因为"魅力"属于通用名词,"魅力淳安"这种表述方式并非著作权法所保护的对象;而《魅力淳安》的排版、装帧与风行公司提供的作品也有明显区别;且创作思路并非著作权法所保护的对象。因此,某档案馆请求法院驳回风行公司的诉讼请求。

【裁判结果】

原告某公司作为合作作品《魅力余杭》等图书的编辑者之一,在其他合作作者未参与诉讼的情况下，不能单独作为诉讼主体提起诉讼；并且，原告某公司对被告某档案馆、段某会提出的侵权指控没有事实及法律依据，不应予以支持。

【案件评析】

一、关于围绕本案争议焦点的问题分析

（一）原告某公司是否系《魅力余杭》等图书的著作权人问题

某公司（乙方）与杭州市余杭区档案学会（甲方）于 2006 年 9 月 8 日签订的《关于合作编辑〈魅力余杭〉的协议》中约定：《魅力余杭》由甲乙双方共同编辑。甲方委托乙方全权代理《魅力余杭》一书的彩页、黑白广告征集工作，乙方无偿提供《魅力余杭》成书给甲方，其创意效果、图文内容须征得甲方同意后方可印刷；历史图文资料由甲方提供、其余由乙方拍摄。乙方具体负责编辑设计内容、彩页、广告征集等工作；负责图片资料的征集和摄影；负责条目的图片、文字（彩页）校对工作；负责《魅力余杭》的彩页组稿、设计制作、印刷全过程。

某公司与某档案局为编辑《魅力临安》图书而签订的《关于编辑、合作协议》，以及某公司与桐庐档案局为编辑《魅力桐庐》图书而签订的《关于编辑〈魅力桐庐·档案记载桐庐发展〉的合作意向》等协议，其内容与《关于合作编辑〈魅力余杭〉的协议》大致相同。

《魅力余杭》《魅力临安》《魅力桐庐》等图书编辑成册后，在封面上署名的编辑者分别为杭州市余杭区档案局、杭州市余杭区档案学会；临安市档案局（馆）、临安市档案学会；桐庐县档案局（馆）、桐庐县档案学会。在封二等版权页上标明"设计排版"为原告某公司。此外，《魅力余杭》《魅力桐庐》图书上还有摄影、封面题字、书画等作者的署名。

根据上述证据可以确定：《魅力余杭》等图书由某公司与余杭区档案局等档案部门共同编辑。理由如下：（1）在《魅力余杭》等图书上署名的编辑者为余杭区档案局等档案部门，按照《著作权法》第 11 条第 4 款的规定："如无相反证明，在作品上署名的公民、法人或者其他组织为作者"；同时，在图书的编辑过程中，按照协议约定，余杭区档案局等档案部门负责提供历

史图文资料等材料,并负责审查某公司制作图书的"创意效果、图文内容"。据此,可以确定,《魅力余杭》等图书的编辑者之一为余杭区档案局等档案部门。(2)原告某公司在上述图书中虽然署名为"设计排版"者,但根据其与余杭区档案局等部门在协议中所作的约定,《魅力余杭》等图书由"双方共同编辑",并由某公司具体负责"设计制作、彩页组稿、图片资料的征集和摄影"等工作,据此可以认定,在《魅力余杭》等图书的编辑过程中,某公司对编辑工作付出过独创性劳动,应当认定为编辑者之一,享有相应的著作权。

由于《魅力余杭》等图书由某公司与余杭区档案局等档案部门共同编辑,因此,该图书为合作作品,按照《著作权法》第13条第1款的规定,著作权应由双方共同享有。

在合作作者未作为诉讼主体参加诉讼、或声明放弃诉讼权利、或声明由风行公司单独行使诉讼权利的情况下,原告风行公司不能单独提起著作权之诉。

(二)被告某档案馆、段某会编辑《魅力淳安》的行为是否侵犯了风行公司著作权的问题

首先,《著作权法》保护的作品,应是一种思想观念的表述,而非思想观念本身。原告某公司在起诉状及庭审中也认可,其告知被告某档案馆的仅是《魅力淳安》图书的创作思路,并未实际编辑该图书,而且某公司曾交付《魅力淳安》编辑纲要的事实也未得到有效证据证明。即使某公司确实曾交付《魅力淳安》的编辑纲要给某档案馆,相对于《魅力淳安》图书而言,该编辑纲要仅为一种创作理念和思路,而非创作本身,即并非《著作权法》意义上的作品。

其次,淳安与余杭、临安、桐庐等地,由于在历史沿革、自然地理、民俗风情、风景名胜、特色物产、城市风光等方面存在天然的不同,因此,不可能存在图片、文字等方面的相同。而某公司提出的所谓版式相同,也因《魅力余杭》《魅力临安》《魅力桐庐》《魅力淳安》各有不同的版式,而不存在相同之处。因此,被告某档案馆、段某会编辑《魅力淳安》的行为没有侵犯某公司著作权。

二、合作作品的权属认定

（一）合作作品的定义

合作作品是指两个以上的作者经过共同创作形成的作品。关于合作作品的主体身份认定及其权利归属，历来争议颇多。普遍观点认为，构成合作作品，需要具备两个要件：一是合作作者必须有共同的创作意愿，对创作行为及后果有明确的认识、目标一致，若缺少共同的创作愿望，则不能成为合作作者；二是合作作者必须实际参加了共同的创作劳动，作出实质性贡献。没有参加创作，仅为创作提供咨询意见、物质条件、素材或其他辅助劳动的人不能成为合作作者。另有观点认为，在此基础上，还应具备一点，即每个合作作品所完成的文学艺术形式，应当达到《著作权法》所要求的作品的标准。其实，无论是"二要件说"抑或"三要件说"，本质区别不大，均起码具备两个核心要素，即共同创作的意图与共同创作的行为，该两个要素从著作权主体身份确认和权利归属的角度，阐述了合作作品区别于其他作品的基本元素。至于"创作作品最终形态应符合《著作权法》要求的作品的标准"此类要件，是合作作品之所以能够称为作品的应有之义。合作作品非单人作品，需要两人甚至多人对一部作品分享权利，对该作品的权利归属进行认定，要解决的最根本的问题就是确定谁是合作作者，对合作作品构成要件的准确把握是解决前述问题的基础。

（二）合作作品的构成要件

1. 共同创作意图

所谓共同创作的意图，更多地体现在创作者的主观心理状态。两个以上作者在创作时应当意识到自己是在与他人共同创作一个作品。如果没有合作意图，即便两个创作者的创作成果在一个作品中融合，二者也不能成为合作作者。例如，在常见的编辑与作者的关系里，编辑需要对作者完成的作品进行修改，但这并不意味着编辑可因此而成为合作作者，因为编辑对作品的修改往往出于其工作职责而并非因其具有成为合作作者的实际意图。又如，出版社经过多位作者同意后，将各个作者已发表的同类型作品集结成册，则该文集仅有可能成为汇编作品，却很难说是上述作者的合作作品。也就是说，共同创作意图不仅具有将自身贡献融入整个作品中的意图,还应具有成为合作作者的意图。此外,合作意图亦应当从时间上进行把握,合作意图应当是在创作过程中产生,而非创作之后产生。如果创作结束之时,并无此类意图产生,则意味着作者无意愿与他人分享创作成果上的权益。各个作者按照著作权自动获得规则,对自己创作的作品享有独立的权利。实践中,由于法院在审理案件的过程中无法探知当事人彼时的内心想法,所以对于是否具有共同创作的意图,更多的还需要通过客观证据进行推定,这就涉及举证责任分配的问题。在作品上未被署名的一方,若要主张自己为该作品的合作作者之一,则应当举证证明其存在合作意图,即不仅要证明其具有合作意愿,也要证明另一方对其合作意愿是接受的,一般此类证据可表现为书面或是口头的协议,或创作过程中能够表明该意图的各项事实。

2. 共同创作行为

对于共同创作行为的认定,无论是立法还是学界均未形成确定的、一致性的标准或规则。在司法实践中,也存在判断标准不一的情况。在《著作权法》及相关司法解释中,可以找到与共同创作行为要件内涵有关的相关规定。2020年《著作权法》第14条规定,没有参加创作的人,不能成为合作作者。最高人民法院《关于贯彻执行〈中华人民共和国民法通则〉若干问题的意见(试行)》(已废止)第134条规定:"二人以上按照约定共同创作作品的,不论各人的创作成果在作品中被采用多少,应当认定该项作品为共同创作。"我们认为,共同创作行为通常要求作者参与创作,进行了创造性智力活动,对作品作出直接的、实质的贡献。实践中,可以根据合作作者在创作过程中的贡献是否满足一定的"质"和"量"的要求去判断,既要在"量"上把握其行为确实属于参加了创作,又要在"质"上判断其行为导致的创作结果达到《著作权法》对作品的要求。

本案中,《魅力余杭》等图书由"双方共同编辑",并由某公司具体负责"设计制作、彩页组稿、图片资料的征集和摄影"等工作,据此可以认定,在《魅力余杭》等图书的编辑过程中,某公司对编辑工作付出过独创性劳动,应当认定为编辑者之一,享有相应的著作权。由于《魅力余杭》等图书由某公司与余杭区档案局等档案部门共同编辑，具有共同创作的意图，也享有共同创作的行为。因此，该图书为合作作品，按照《著作权法》第13条第1款的规定，著作权应由双方共同享有。

3. 合作作品的权利归属与行使

2020年《著作权法》在关于合作作品权利归属与行使的规定上，改动较大。2010年《著作权法》第13条规定，合作作品的著作权"由合作作者共同享有"，另规定，对于可以分割使用的合作作品，"作者对各自创作的部分可以单独享有著作权"。对于不可以分割使用的合作作品，2013年《著作权法实施条例》规定，合作作品的著作权通过协商一致行使；不能协商一致，又无正当理由的，任何一方不得阻止他方行使除转让以外的其他权利，但是所得收益应当合理分配给所有合作作者。2020年《著作权法》对该部分进行了修改完善，将2013年《著作权法实施条例》中有关不可以分割使用的合作作品的著作权如何行使的规定纳入2020年《著作权法》。另外，对于某一合作作者无正当理由反对其他合作作者行使合作作品著作权的情况，在其他合作作者可行使权利的排除范围中增加了"许可他人专有使用"和"出质"两项权利。有学者认为，这一修改的原因，在于"出质"有导致权利变动的可能，而"专有许可"的法律后果接近权利变动。合作作品既然由合作作者基于创作的合意共同创作完成，其著作财产权应为合作作者的共同财产。对其作出导致权利变动的处分行为，将涉及全体合作作者的重大利益，立法者认为应当经过全体合作作者同意。同时，为了实现《著作权法》有关鼓励作品传播的立法目的，立法者认为在部分合作作者无正当理由反对时，应允许其他合作作者对合作作品进行不涉及权利变动的处分。

另外，关于合作作者之一死亡后的权利承继问题，2013年《著作权法实施条例》第14条所作的规定，是与《继承法》（2021年1月1日已废止）以及《民法典》关于继承的一般原则不同的特殊规定，即"合作作者之一死亡后，其对合作作品享有的著作权法第十条第一款第五项至第十七项规定的权利无人继承又无人受遗赠的，由其他合作作者享有"。根据该条规定，合作作者之一死亡后，如果没有继承人也没有受遗赠人的，则其对作品享有的财产权利不会像其他民事权利一样归国家所有，而是归其他合作作者享有。本案中，该图书为合作作品，按照《著作权法》第 13 条第 1 款的规定，著作权应由双方共同享有。

三、档案馆数字化与知识产权保护

随着信息技术的迅猛发展，档案馆数字化成为提升档案管理效率、扩大档案利用范围的重要手段。然而，数字化过程中涉及的知识产权保护问题日益凸显。档案资料往往包含大量的著作权、专利权、商标权等知识产权，如何在数字化过程中妥善保护这些权益，避免侵权行为，成为档案馆面临的重要挑战。一方面，数字化需要复制、上传和共享档案资料，可能触及著作权人的复制权、信息网络传播权等；另一方面，数字化后的档案资料更容易被非法复制、传播和利用，增加了知识产权保护的难度。因此，档案馆在推进数字化的同时，必须建立完善的知识产权保护机制，明确权属关系，规范使用行为，加强技术防范和法律保障，确保知识产权得到有效保护，促进档案资源的合理利用和可持续发展。

档案，是人们在政治、经济、文化、科技等多个方面的实践活动的真实历史记录，反映着人们对客观事物、现象的认识，是知识产品的一种重要表现形式。

需要注意的是，档案并非知识产品本身，而是知识产品的一种载体。《著作权法》第 18 条规定："美术作品原件所有权的转移，不视为著作权的转移，但美术作品的原件的展览权由原件所有人享有。"《著作权法实施条例》进一步补充规定："著作权法第十八条关于美术作品原件所有权的转移，不视为作品著作权的转移的规定，适用于任何原件所有权可能转移的作品。"由此可见，知识产品作为一种精神产品，其效能和价值是载体难以体现的。档案所有权并不等同于档案版权[①]。ICA 非常重视档案版权的保护。2021 年 4 月，国际档案理事会法律事务委员会编制了《国际档案理事会版权声明（草案）》（ICA Copyright Declaration）。2022 年 8 月，该法案得到了国际档案理

---

① 朱桂华、魏来勋：《知识产权保护对档案所有权的影响》，载《档案学研究》1996 年 S1 期。

事会国家档案工作者委员会、项目委员会和执行委员会的认可,并已由专业协会委员会、研究服务和外联委员会讨论通过。《国际档案理事会版权声明(草案)》主要包括"档案中存在受版权法保护的作品""档案的特点及其版权影响""与数字档案及数字化档案有关的版权挑战""档案工作人员作为版权改革的倡导者"四部分。具体内容如下:

1. 档案中存在受版权法保护的作品。档案由许多不同类型的材料组成,包括文字记录、图纸、照片、录音录像等。其中部分档案在版权法保护范围之内,其管理和利用也需注意版权问题。为有效、合法地管理和利用这类档案,档案工作者考虑到各种可能影响档案的选择、保存、维护、获取和使用的版权因素。

2. 档案的特点及其版权影响。从版权的角度看,档案中的每一个项目都是一个独立的知识作品。虽然保存在世界各地档案馆中受版权保护的档案有数以十亿计,其版权所有者更是数以百万计,但被选做档案保存的材料大多不是为商业目的或向公众传播而创作,而是未出版的状态(不包括离散的出版作品或以附文形式摘录的出版材料)。

为保护档案的版权,档案馆必须实施特定的管理程序,如档案复制需得到允许。与许多图书馆的出版资料不同,档案多为孤本,不能被借走,而为了使其得到利用,需允许档案复制,而这需要权利人根据版权法给予许可。但与此同时大多数档案材料不是为了经济效益而创作,也从未出版,因此鲜有版权所有者主张其权利,且通常很难确定或找到权利人。因此,档案复制获取许可的成本较高,甚至是难以实现的。

在《国际档案理事会版权声明(草案)》中要求各个国家应当遵循支持档案使命的基本版权规定,主要从以下几个方面展开:

(1)在国家法律中设置例外与限制条例,以保证版权所有者的权利与公共利益之间的平衡。在此过程中,档案必须能够实现跨国界的获取与利用。

(2)例外与限制条例适用于以任何形式出版或未出版的版权作品,不以任何直接或间接的商业利益或私人利益为目的。

3. 实施例外与限制条例,使经正式授权的档案工作者能够进行以下活动：

（1）拷贝工作：以保护世界各国的文献遗产；

（2）向个人及其他用户提供任何格式的材料副本：以推进研究与知识传播；

（3）复制并向公众提供任何遵循国家法律进行搜寻后，无法确定或找到权利人的作品；

（4）翻译工作：针对用户为教学、学术研究目的所需，但没有对应语言版本的档案；

（5）向国内外残疾人提供无障碍格式的副本；

（6）促进文本与数据挖掘以对其进行分析，在国家法律允许的范围内进行信息处理，如模式、趋势与关联性分析。

4. 在进行上述活动时，任何超过例外与限制条例规定范围的合同条款都应予以拒绝。

5. 采取适当措施，以保证针对技术规避行为的相关法律法规不会妨碍图书馆、档案馆和博物馆对限制与例外条例的适用性。

6. 在其职责范围内进行工作的档案工作人员应当受到保护，使以下善意行为免于索赔、被追究刑事责任以及被侵犯版权：该档案是在合法限制或限制与例外条例范围内利用，或以不受版权限制的方式利用；该档案为公开档案。

自20世纪80年代起，版权逐渐受到中国社会各界重视，并逐渐向国际管理靠拢接轨。1980年6月3日，我国正式加入世界知识产权组织；1984年12月19日，我国递交了"保护工业产权巴黎公约"加入书，并于次年3月正式成为成员之一；1989年10月4日，我国加入"商标国际注册马德里协定"；1992年7月，第七届全国人大常委会第26次会议决定我国加入《伯尔尼保护文学和艺术作品公约》和《世界版权公约》。

而在档案版权方面，我国与国际相比则明显存在政策缺位、档案侵权现象频发的问题。目前，只有1999年批准实施的《档案法实施办法》及2020年修订的《档案法》对档案公开与利用做出了相关规定，但对档案版权归属、档案复制与使用等内容仅有"利用、公布档案，不得违反国家有关知识产权保护的法律规定"一句话。可见我国档案版权相关政策、法规的制定任重而道远，需结合国际做法，结合我国档案工作实际情况，为我国各级档案馆制定切实可行的版权政策。

【典型意义】

在强调创新驱动发展、文化自信提升以及数字政府建设的政策背景下，档案馆作为承载历史记忆、传承文化精髓的重要载体，其知识产权的保护与利用成为衡量公共文化服务水平的关键因素之一。通过明确知识产权归属，合理界定使用权限，不仅能够有效激发档案资源创造者的积极性，保障其合法权益，还能促进档案资源的深度开发、广泛传播与高效利用，为公众提供更加丰富、多元、便捷的公共文化服务。同时，鼓励档案馆创新服务模式，加强数字化、网络化建设，以更加开放、共享的姿态融入公共文化服务体系，实现档案资源的价值最大化，为构建社会主义文化强国贡献力量。

第五节　公共文化传播中的著作权侵权纠纷

案例2.10　音乐类短视频的著作权侵权认定与权利限制
——北京某文化传媒有限责任公司与徐州某网络科技有限公司等侵害录音录像制作者权纠纷案

【关键词】

音乐作品　侵害录音录像制作者权纠纷　网络短视频

【裁判要旨】

1. 通过互联网发表的作品，作者署非真名的，主张权利的当事人能够证明该署名与作者之间存在真实对应关系的，可以推定其为作者。

2. 因信息网络传播行为在实施过程中必然经过复制过程、存在复制行为，故上述侵犯信息网络传播权的行为可以吸收前置的复制行为，由此法院认定春雨听雷公司在制作短视频使用未经授权的涉案音乐并将其上传至网上的行为侵犯了涉案作品录音制作者权中的信息网络传播权权能。

3. 对于网络用户翻唱涉案歌曲并录制、上传短视频的行为，在短视频平台未提供证据证明其无过错的情况下，构成帮助侵权，应当承担相应的侵权责任。

【案件索引】

（2019）京 0491 民初 22014 号。

【基本案情】

北京某文化传媒有限责任公司（以下简称北京某公司）是国内专业的音乐版权授权与音乐版权定制服务公司，已为上千家公司或机构提供音乐版权服务，具有较高知名度。2019 年 3 月 19 日，经日本知名唱片公司 Lullatone 公司合法授权，北京某公司取得音乐 *Walking On the Sidewalk*（以下简称涉案音乐）版权独家专有使用权以及维权权利，授权期限自 2019 年 1 月 1 日至 2019 年 6 月 30 日。*Walking On the Sidewalk* 系 Lullatone 公司于 2011 年制作发行的知名音乐，自上线以来获得广泛传播，该音乐具有极高的商业使用价值。徐州某网络科技有限公司（以下简称徐州某公司）和春雷听雨公司是国内知名短视频制作品牌"papitube"的经营管理者，2019 年 1 月 8 日，北京某公司发现其未经许可擅自使用涉案音乐作为背景音乐制作名为"20180804 期 2018 最强国产手机大测评"的商业广告推广短视频，并将该视频上传至"酷燃视频"通过自媒体账号"Bigger 研究所第一季"传播，该视频播放近 600 万次，转发近 4 万次，评论超 5 万次，点赞近 3 万次。北京某公司认为徐州某公司和春雷听雨公司已侵害涉案音乐录音制作者的复制权、发行权和信息网络传播权，遂起诉至法院要求其赔偿经济损失。

【裁判结果】

春雨听雷公司在庭审中认可其制作了涉案视频并将其上传至"酷燃视

频"及新浪微博上,该行为包含复制行为及信息网络传播行为,因信息网络传播行为在实施过程中必然经过复制过程、存在复制行为,故上述侵犯信息网络传播权的行为可以吸收前置的复制行为,由此法院认定春雨听雷公司在制作短视频使用未经授权的涉案音乐并将其上传至网上的行为侵犯了涉案作品录音制作者权中的信息网络传播权权能。关于赔偿数额,北京某公司未能提交证据证明其经济损失及被告因使用涉案作品而获得的违法所得,法院综合考虑涉案作品的创作时间、创作难度、知名度、市场价值以及被告过错程度、侵权行为影响范围以及使用涉案作品的数量、时间、方式等因素,酌情确定为4000元。

【案件评析】

本案是一起有较大影响的有关音乐类短视频中音乐作品著作权问题的诉讼,媒体称该案是MCN网络短视频第一案。音乐类短视频中音乐作品与平台责任、音乐类短视频中音乐作品的合理使用制度等问题,是本案重点研究的问题。

一、音乐类短视频音乐作品与平台责任

如今音乐类短视频发展得如火如荼,短视频平台侵权现象越来越严重。平台责任的类型包括直接责任与间接责任。当平台自行上传、传播音乐时,若未经音乐作品著作权人许可,则构成直接侵权,需承担直接责任。这包括将音乐作品上传至服务器、设置共享文件或利用文件共享软件等方式,使公众能够在个人选定的时间和地点以下载、浏览或其他方式获得音乐作品。当用户通过网络平台上传含有他人音乐的视频时,平台可能承担间接责任。这主要取决于平台是否尽到了合理的注意义务,以及是否采取了必要的措施来防止和制止侵权行为。若平台明知或应知用户利用其服务实施侵权行为,但未采取删除、屏蔽、断开链接等必要措施,或提供技术支持等帮助行为,则构成间接侵权,需承担相应责任。关于平台的侵权行为,我国法律上没有直接侵权和间接侵权的概念。我国法律采用是"共同侵权"的概念。《民法典》第1194条、第1195条、第1197条分别规定了网络用户或网络服务者单独侵权应当承担的责任;权利人在通知网络提供者之后,网络提供者却没有采取必要措施来阻止网络上的侵权行为,在知道或应当知道其平台用户发布在平台上的内容已经构成对他人合法权益的侵犯,却没有采取必有措施予以阻止,在此情况下,权利人有权要求网络提供者承担相应的管理责任。直接侵权和间接侵权认定难,法官自由裁量权大,且不利于责任分配,使司法审判变得复杂化。

关于平台责任的归责原则,学界存在激烈的争论,主要围绕是否应采用过错原则或无过错原则展开。理论上,这一争论被划分为一元归责和二元归责两大阵营。在一元归责的立场中,王利明教授和沈世娟副教授虽然观点一致,但具体原则却大相径庭。王利明教授主张采用过错责任原则,即平台仅在有过错的情况下才承担责任。而沈世娟副教授则针对音乐产业,提出应严格采用无过错责任原则,即无论平台是否有过错,均须承担责任。然而,大多数学者认为一元论难以适应复杂多变的网络形式,因此更倾向于采用二元论。但在二元论的学者内部,也存在不同的看法。吴汉东教授认为,对平台的责任应主要视为过错责任,但在实际操作中,可以辅以过错推定原则来具体确定平台的责任①。而郑成思教授则提出,对平台的责任认定应更为灵活,可采用过错责任原则与无过错原则相结合的方式来进行规则制定。② 平台应加强对音乐作品版权的认识和尊重,建立健全版权管理制度和流程。在上传、传播音乐作品前应进行严格的版权审核和授权确认工作。平台应采用先进的技术手段来识别和过滤侵权行为的发生,如建立版权过滤机制、侵权内容识别系统等。平台应加强对用户的管理和教育引导工作。如制定用户行为规范、加强用户版权意识教育等。平台在接到侵权通知后应及时采取必要的措施来防止和制止侵权行为的发生或扩大损害后果,如删除侵权内容、断开侵权链接等。在音乐类短视频领域,平台作为网络服务提供者承担着重要的责任。平台应加强对音乐作品版权的认识和尊重,完善技术措施和用户管理制度,及时履行通知—删除义务等责任和义务,以共同维护一个健康、有序的音乐

---

① 吴汉东:《知识产权侵权损害赔偿中的举证责任倒置》,载《中国审判》2014 年第 5 期。
② 郑成思:《知识产权论》,法律出版社 2001 年版,第 120 页。

市场环境。

二、音乐类短视频中音乐作品的著作权限制

（一）音乐类短视频中音乐作品的合理使用

针对音乐类短视频中音乐作品侵权泛滥的问题，相较于采取"堵"的策略，更应采取"疏"的方式来解决，因为"疏"更符合当前短视频快速发展的趋势，能够促进文化的快速交流与碰撞，而"堵"则可能阻碍社会文明的发展。①

具体而言，对于将他人已发表的音乐作品作为短视频背景音乐的行为，虽然这并不属于《著作权法》中合理使用的明确情形，但如果符合"两不"原则（即不影响作品的正常使用，也不存在不合理地损害著作权人的合法权益），则应当视为合理使用。此外，对于《著作权法》第24条第9项中规定的"表演"，应进行扩大解释，不仅限于现场表演，还应包括机械表演。随着数字时代的到来，表演者不再局限于现场表演，而是通过网络平台将表演成果展现给全球观众，打破了时间和空间的限制。因此，将音乐类短视频中的音乐作品的机械表演纳入合理使用的范围，是符合时代需求的。

然而，新《著作权法》对免费表演构成合理使用的条件进行了严格规定，即不以营利为目的。但在实践中，如何判断"以营利为目的"存在争议。一些法院认为，如果创作者的账号是企业类的营销账号，就应当认定为以营利为目的，进而构成侵权。但这种以身份性质认定的方式过于片面。企业作为商业主体，其行为并不一定都以营利为目的；同样，个人或政府机构的行为也不能简单地视为非营利性质。实际上，有些主播通过翻唱过气老歌，反而使这些歌曲重新走红，不仅没有影响作品的正常使用，也没有不合理地损害著作权人的合法权益，反而实现了侵权人与著作权人的双赢。应当科学、合理地平衡著作权人、使用者和公共利益之间的关系。

（二）音乐类短视频中音乐作品著作权法定许可制度

法定许可制度旨在平衡私利与公共利益，防止作品垄断，通过省略许可

---

① 孙海天、尹晓晗：《"堵"不如"疏"——解读〈著作权法〉（修正草案）二审稿》，载《中国新闻出版广播广电报》2020年第5期。

环节，降低了使用者的谈判成本，显著提升了作品传播效率。随着音乐作品使用方式的多样化，特别是翻唱类音乐短视频的兴起，法定许可制度面临着新的挑战与要求。然而，该制度在实践中暴露出若干不足。

首先，法定许可的适用前提和范围缺乏明确性。《著作权法》虽规定了录音制作者可不经许可使用他人已合法录制的音乐作品制作录音制品，但未明确"已合法录制"是否要求作品已发表或发行，这是法定许可实施的前提条件之一。此外，对于二次创作的录音制品，其复制、发行和信息网络传播的权利归属亦不明确。在当前音乐类短视频快速发展的背景下，信息网络传播已成为作品传播的主要方式，若法定许可不包含网络传播，将严重阻碍音乐作品的广泛传播。然而，由于法定许可使用前提和范围的不明确，实践中常出现首次发行与二次创作作品同时发行的情况，对首次录制权利人的市场占有造成负面影响，甚至影响著作权人的合法权益。

而许可费规定亦存在不完善之处。法定许可允许先使用后支付报酬，这导致著作权人在谈判中处于被动地位，议价能力受限，许可费往往被压低至市场正常价值以下。实践中，许可费有时由第三方评估，但评估标准不详细，权利人缺乏主动权。虽然《著作权法》规定了集体管理组织可与使用者协商许可费，但仍缺乏具体标准。对于非会员作品的许可费收取方式，以及使用者将费用交给权利人或集体管理组织的情况，均存在沟通不畅、信息不透明的问题。此外，即使权利人有权收取报酬，由于难以掌握作品使用情况，搜索成本高，许多著作权人选择放弃维权。

其次，法定许可制度遭到许多著作权人的反对，他们常在作品中声明未经许可不得使用，这阻碍了作品的快速传播。尽管2012年《著作权法》修改草稿曾尝试删除声明排除规定以提高法定许可的落实效果，但遭到强烈反对，最终定稿保留了该规定。至今，是否删除该制度仍存在较大争议，立法者态度摇摆不定。2020年修改的《著作权法》对此问题采取回避态度。为完善法定许可制度，应当采取开放式立法模式，细化合理使用标准，以在个人利益与公共利益之间达到平衡状态，实现互利共赢。这有助于促进音乐作品的广泛传播和文化创新的发展。

【典型意义】

当下音乐版权越发受到重视,作为短视频行业从业者,背景音乐在作品制中往往不可或缺,短时频从业者必须要了解版权准则,才能在不侵权的情况下制作优良的短视频作品。完整的音乐作品,它的版权由四个部分组成:分别是词、曲版权,录音版权,表演者权益。音乐版权根据不同的使用情况还会涉及不同的引申权益,比如互联网信息传播权、翻唱权、公播权、改编权、同步权、复制权等等。关于平台的侵权责任,根据避风港原则,在发生著作权侵权案件时,如果平台能够在接到通知书之后封锁侵权人的作品、表演、视频链接,即只提供空间服务,不制作网页内容,那么就不承担侵权责任。但红旗原则同样规定,如果侵犯著作权,主要指信息网络传播权的事实是显而易见的,就像是红旗一样飘扬,平台方不能装作看不见或者以不知道侵权的理由来推脱责任。在这样的情况下,如果平台方不移除侵权信息,就算著作权人没有发出通知,也应该认定第三方是侵权的,应该承担相应的法律责任。

案例2.11 视频聚合平台提供"深层链接"行为的性质界定与侵权判断

——深圳市某计算机系统有限公司诉北京某科技有限公司案

【关键词】

深层链接 信息网络传播权 服务器标准 实质替代标准 用户感知标准

【裁判要旨】

快看影视在其播放页面中显示的乐视网页面地址表明,其行为是对第三方网站存储文件的链接。用户点击链接后,可以在线下载或打开文件,而网络地址并未发生变化。因此,可以判断网络用户实际上是通过乐视网观看《宫锁连城》,快看影视并未利用自己的服务器进行展示。"深层链接"行为与侵害信息网络传播权的行为不属于同一行为,应该进行分开判断。

【案件索引】

一审：（2015）海民（知）初字第 40920 号。

二审：（2016）京 73 民终 143 号。

【基本案情】

2013 年 4 月，湖南某公司合法地将电视剧《宫锁连城》的独家信息网络传播权授予了深圳市某计算机系统有限公司（以下简称深圳某公司）。深圳某公司又将其转授权给乐视网，但乐视网的权限仅限于在其网站上进行信息存储和传播，并且乐视网也采取了相应的保护措施来维护该剧的版权。2014 年 6 月，深圳某公司起诉北京某科技有限公司（以下简称北京某公司），指控其未经授权对涉案影视作品进行了选择、编辑和整理等，通过"深层链接"的方式非法为公众提供了在线观看服务，侵犯了该剧的信息网络传播权。

【裁判结果】

一审法院认为，北京某公司的行为不仅限于简单的设链，而是具有商业运作模式，并通过技术手段对作品内容进行了选择，这种为了谋取不正当利益而隐藏的侵权行为，主观上存在过错，因此不适用避风港规则。北京某公司通过向公众提供作品的在线播放服务，并未采用合理合法的途径，而是借视频聚合平台之名盗用作品。这种行为在客观上取代了乐视网的角色，导致深圳某公司对《宫锁连城》的信息网络传播权控制力下降，作品的传播范围扩大，进而使深圳某公司的著作权利益在一定范围内遭受了损失，著作权受到严重威胁。二审中，法院对视频聚合平台的角色进行了严格对比，并认为快看影视在其播放页面中显示的乐视网页面地址表明，其行为是对第三方网站存储文件的链接。用户点击链接后，可以在线下载或打开文件，而网络地址并未发生变化。因此，可以判断网络用户实际上是通过乐视网观看《宫锁连城》，快看影视并未利用自己的服务器进行展示。由于深圳某公司已将被链接的视频作品合法授权给乐视网，所以二审法院认为快看影视的行为并未违反我国著作权法。

【案件评析】

本案是有关视频聚合平台提供"深层链接"行为性质界定及侵权判的重要案件。针对视频聚合平台"深层链接"行为的判定,"服务器标准""实质替代标准""用户感知标准"等是极为关键的衡量依据。从本案一审与二审截然不同的判决结果中不难看出,综合运用这些标准精准判断行为性质与是否构成侵权,存在相当大的难度与复杂性。而精准界定视频聚合平台提供"深层链接"行为的性质,梳理出侵权判定的关键要点,不仅是理解本案的核心,更是明晰此类案件法律适用与裁判逻辑的关键所在。

一、视频聚合平台提供"深层链接"行为性质界定

"深层链接"又称"内链""深度链接",是指设链网站所提供的链接服务使得用户在未脱离设链网站页面的情况下,即可获得被链接网站上的内容,此时页面地址栏里显示的是设链网站的网址,而非被链接网站的网址。关于提供"深层链接"行为的认定标准,主要存在以下观点:第一,"用户感知标准"。用户感知标准是以用户的感知作为判断网络服务提供者是否实施了信息网络传播行为的标准。该标准存在一定的主观性和不确定性,因为用户的感知可能因个体差异而有所不同。与之类似的是"实质替代标准",其关注设链平台与被设链平台之间是否存在替代关系,亦是一种主观标准。"实质呈现标准"则强调设链网站是否实质呈现被链接平台作品。第二,"服务器标准"。服务器标准是指只有将作品上传或以其他方式置于向公众开放的服务器的行为,才是网络传播行为。根据该客观标准,"深层链接"本身并不构成信息网络传播行为,因为被链接的内容仍然存储在原网站的服务器上,而设链网站只是提供了一个访问该内容的链接。因此,在服务器标准下,"深层链"接通常不被视为侵权行为。第三,"传输状态标准"。强调信息网络传播行为的核心在于将作品连接到公开的信息网络,并使其处于可被传输的状态,最终为公众所获得。根据这一标准,一般的"深层链接"是指向已经向公众开放的作品,这种行为没有再次使作品处于可被传输的状态,因此不构成信息网络传播行为。只有当"深层链接"行为将作品从原先不能被传输的状态转变为可以被传输的状态时,才构成信息网络传播行为。

本案中，被告辩称其提供的链接服务并不构成信息传播行为，因为该服务并未直接涉及演绎作品的传播途径，也未将作品内容存储在自己的服务器上，仅仅是作为用户与信息提供者之间的桥梁，且未产生实际的盈利效果，因此不应被视为侵权行为。相反，原告认为被告提供的服务实质上是内容服务，通过向公众传播作品而获得了社会利益，且未获得相关授权，故构成直接侵权。一审法院倾向于将被告提供的"深层链接"行为视为传播作品的行为，并据此认为视频聚合服务应遵循严格的服务模式。然而，二审法院则认为应对作品的提供行为进行更为严格的限制，认为"深层链接"行为应归类为一般性的技术服务行为。这种分歧的根源在于"深层链接"的技术特性，它使得对作品的控制范围可能超出了传统意义上提供服务的行为边界，从而影响了著作权的利益分配。在法院判定链接是否构成侵权时，由于标准的不统一，导致理论界与实践界在认定信息网络传播行为及"深层链接"的性质上存在分歧。特别是，认定标准在"实质替代标准"与"服务器标准"之间摇摆不定，前者强调链接服务是否替代了原作品提供者的服务，后者则侧重于作品内容是否存储在提供链接的服务器上。一审法院采"实质替代标准"，认为设链平台与被设链平台之间存在实质替代效果。二审法院则认为，"服务器标准"是认定信息网络传播行为的合理标准：其一，信息网络传播行为是对作品的传输行为，该传输行为足以使用户获得作品。其二，对作品的传输行为系指初始上传作品的行为，即将作品的数据形式置于向公众开放的网络中，使得公众可以最终获得作品的行为。其三，任何对作品的初始上传行为均需以存储行为为前提，其存储介质即为服务器标准中的"服务器"。

实际上，自 2006 年美国 Perfect 10 诉 Google 案首次提出"服务器标准"以来，该标准逐渐在我国司法实践中得到了广泛应用，并一直持续至今。尽管近年来学术界不断提出多种新型侵权认定标准，但服务器标准仍然保持着其广泛适用性。以华视网聚诉上海幻电与看看牛视案、奇艺世纪诉上海幻电案等为例，一审法院在这些案件中均因视频聚合平台未经授权实施"深层链接"行为，而判定其构成直接侵权。二审法院在审理这些案件时，均援引了"服务器标准"对案件进行改判，并最终得出间接侵权或不侵权结论。尽管随着时间推移,"服务器标准"在司法实践中的适用逐渐减少,但其主流地位仍然不可忽视。在司法实践中,法院通常会综合考虑多种因素判定"深层链接"是否构成侵权。这些因素包括但不限于:链接内容、目的、效果;设链网站是否对被链接网站内容进行了选择、编辑或修改;设链网站是否从链接行为中获得经济利益;以及被链接网站是否采取了防止链接的技术措施等。"深层链接"行为的认定标准并非一成不变,而是随着司法实践和技术的发展而不断演变和完善。在当前的司法实践中,"服务器标准"仍占主流地位,但"用户感知标准""传输状态标准"等也一定程度上得到了应用和考虑。

二、视频聚合平台提供"深层链接"行为的侵权判定

司法实践中,法院会根据具体情况判断"深层链接"行为是否构成侵权。如果链接行为明确标注了视频来源,且未对视频内容进行改变、增加或删减,那么这种链接行为实质上是将被链网站的内容提供给了用户,可能会带来广告收益及流量,因此不构成不正当竞争。然而,如果设链网站在链接过程中屏蔽或篡改了被链网站的内容,如广告等,则可能构成不正当竞争侵权。此外,即使设链网站获得了被链网站的许可,仍然需要尽到必要的注意义务,否则仍可能侵犯他人对视频享有的信息网络传播权。在《人民法院案例选 2014 年第 3 辑总第 89 辑》,北京市第二中级人民法院审理的深圳市迅雷网络技术有限公司诉宏达通讯有限公司、北京华信通电讯有限公司侵害作品信息网络传播权纠纷案中,设链网站虽然获得了被链网站的许可进行"深层链接",但由于其参与了视频的传播过程,实施了选择、整理、推荐等编辑行为,因此被认定为负有更高的注意义务。当被链的第三方平台提供侵权视频时,设链网站被认定为帮助侵权。

而在判断"深层链接"行为是否侵犯信息网络传播权时,关键在于理解权利本质属性和边界,而非单纯依赖技术特征或行为表象,如是否上传至服务器或是否采用易混淆的技术手段。这些技术因素和行为特征不应成为定义"深层链接"行为性质的主导,而应将其置于法律和权利框架内进行审视,以适应网络环境的动态变化。其判断的核心在于考察著作权人的专有控制权是否因此受到侵害。"深层链接",特别是聚合型"深层链接",往往被视为

一种破坏作品著作权人控制范围的手段，通过吸引用户并获取经济效益。从技术上讲，"深层链接"并不复杂，它允许用户绕过被链接网站的主页，直接访问所需资源，从而提高了访问效率。然而，这种技术也引发了与信息网络传播权之间的利益冲突。"深层链接"减少了被链接网站主页和二级页面的流量，对被链接网站的预期利益构成潜在损害。聚合网站通过"深层链接"绕过第三方网站的技术措施，扩大作品传播范围，直接向公众提供作品，它不仅突破了原始作品所有者所设定的权利边界，还通过广泛传播损害了权利人的经济利益。因此，一审法院认为该行为构成侵犯网络信息传播权。二审认为，应采用"服务器标准"判断被诉行为是否构成信息网络传播行为。将涉案内容置于网络中传播的是乐视网，快看影视仅提供了指向乐视网中涉案内容的链接。同时法院认为，即便链接服务提供者是通过破坏技术措施而实现的链接，该行为与链接行为仍为相互独立的两个行为，破坏技术措施行为的存在并不会对链接行为这一事实的认定产生影响。据此，在上诉人未实施将涉案作品置于向公众开放的服务器中的行为的情况下，其虽然实施了破坏技术措施的行为，但该行为仍不构成对涉案作品信息网络传播权的直接侵犯。

"深层链接"行为在当前的互联网环境中频繁引发不正当竞争侵权及信息网络传播权侵权案件，这要求设链网站运营者在实施"深层链接"时必须尽到合理的注意义务，并对用户进行明确的提示，同时不能篡改被链网页的内容，否则很容易构成侵权。在实际操作中，被链网页往往附带广告内容，这些广告内容容易被设链者屏蔽。如果"深层链接"设计得不易被终端用户感知，用户可能会误以为他们仍在所访问的视频聚合平台上观看视频，而实际上，视频的提供者已经通过"深层链接"访问了其他网站。这种未经被链网站运营者许可的"深层链接"行为，特别是当视频内容属于电影或类电影作品时，可能构成对被链接网站运营者的不正当竞争，并涉嫌侵犯他人享有的著作权。

【典型意义】

视频聚合平台作为互联网链接技术进步的产物，以及用户需求的直接响应,其所采用的"深层链接"技术并非仅限于提供网络地址信息或简单设置链接的传统行为,其还能打破传统局限,实现用户高效获取海量视频资源,重塑交互模式,成为视频行业重要发展助力。为平衡网络技术创新发展与权利人等多元利益保护,促进网络视频行业良性发展,通过明确视频聚合平台"深层链接"行为性质,统一侵权认定标准,确保法律的正确理解和应用。本案中,对于"深层链接"行为法律性质不同观点的思辨,尤其是"服务器标准"的深度分析和阐释,对于深刻认识"深层链接"行为法律性质提供了有益思路。对于"深层链接"行为侵权判定的细致剖析,为统一侵权认定标准亦提供了重要方法论、价值论和实践论视角,为网络视频行业的繁荣发展提供卓有实效的法律实践样本。

第六节 著作权集体管理组织纠纷

案例2.12 著作权集体管理组织以按期分配版权费为核心职责
——音集协与某集团的著作权许可代理服务合同违约纠纷案

【关键词】

音乐作品 音乐版权 集体管理制度

【裁判要旨】

中国音像著作权集体管理协会(以下简称音集协)作为我国的著作权集体管理组织,其委托某集团及其子公司向全国卡拉OK经营者收取著作权许可使用费的《服务协议》及系列补充协议,并非普通的委托合同。在考虑双方的合同履行行为是否违反合同约定时,应结合著作权集体管理组织法定的著作权集体管理职能、对授权集体管理组织权利人的利益维护情况,以及被委托方代为履行集体管理职能的过程中对完善我国著作权集体管理制度的影响等因素进行判断。

【案件索引】

一审：（2018）京73民初904号。

二审：（2021）京民终929号。

【基本案情】

音集协是我国音像著作权集体管理组织。2007年12月27日，音集协与某集团签订《服务协议》，音集协委托某集团组建卡拉OK版权交易服务机构，代音集协向全国各地的卡拉OK经营者收取卡拉OK节目著作权许可使用费。后双方又签订了系列补充协议。某集团为此成立了各省子公司共同执行著作权许可使用费的收取、转付等。双方合同履行过程中，音集协陆续发现某集团及其子公司存在多项违约行为。音集协多次催告无果，将某集团及其20家子公司诉至法院，请求解除其与某集团所订立的《服务协议》等涉案九份协议，某集团及其子公司支付著作权许可使用费9530余万元及相应利息，某集团及其子公司支付侵占所收取的著作权许可使用费及给音集协造成的损失共计336万余元等。某集团反诉要求音集协继续履行涉案九份协议，音集协因违约赔偿其损失3000万元以及因停止履约给其造成的损失7000万元等。

【裁判结果】

一审法院认为，《服务协议》及相关补充协议约定了双方实行许可使用费快速分配机制，结算周期为三个月，某集团及其子公司无正当理由延迟支付许可使用费。某集团未兑现其在补充协议中的"三统一"承诺，且部分某集团子公司存在许可使用费不入共管账户、侵占许可使用费等行为，某集团及其子公司构成违约。某集团主张音集协违约缺乏事实依据，故判决解除涉案九份协议，某集团向音集协支付许可使用费9530余万元及相应利息，某集团支付2016年第四季度至2018年第一季度延迟支付许可使用费利息410余万元，某集团及其部分子公司赔偿音集协损失33万余元等，同时驳回某集团的反诉请求。某集团不服上诉。二审法院判决驳回上诉，维持原判。

【案件评析】

本案为推动我国著作权集体管理制度发展完善的典型案例，有关音集协是否存在违约行为、是否有权解除代理服务合同等是本案所关注的重点问题。

一、关于音集协是否存在违约行为、应否承担违约责任的问题

音集协系我国音像集体管理组织。2007年12月27日音集协（作为甲方）与某集团（作为乙方）签订了为期10年的《服务协议》，此后音集协同某集团又签订了系列补充合同。甲方委托乙方在全国范围内组建卡拉OK版权交易服务机构，代甲方向全国各地的卡拉OK经营者收取卡拉OK节目版权使用费。某集团及其各省子公司共同代理执行著作权许可的收费、转付、运营和服务。音集协诉称，实际履行中，各被告存在多个违约行为，如多次迟延支付许可费、侵占许可费以及未按约定完成"三统一"等，故请求判令某集团及其子公司支付合同款及迟延履行的利息，并赔偿损失、返还制式合同等。经审理查明，某集团及各子公司在履行合同期间，存在不兑现"三统一"承诺、连续故意延迟结算、利用收取版权费独家执行方的便利截留版权费等多种持续的违约违规行为。一审法院认为，对著作权集体管理组织而言，按时向权利人支付使用费，是其重要甚至是核心职责。按期结算构成合同的基本要素，是某集团及各子公司的基本合同义务，也是音集协的主要合同目的。多次持续超出履行期限将会严重影响音集协作为著作权集体管理组织的主要活动，造成音集协合同目的无法实现。因此，本案中，某集团及其各子公司迟延支付合同款的行为，致使音集协合同目的无法实现，音集协可以行使解除权，某集团及其子公司应承担违约责任。

修订的《著作权法》对著作权管理组织的相关内容进行了修改。其中第8条第3款为新增内容，主要涉及著作权使用费的收取、标准、转服、管理以及相关信息查询等工作机制。本案查明的事实中能反映出，部分卡拉OK经营者存在多次支付许可费的情形，某集团及其子公司存在跑冒滴漏、迟延支付许可费的问题。上述情形，既影响卡拉OK经营者的正常经营，损害其经济利益；更会直接影响权利人著作权许可费的收益，从而影响音集协著作权集体管理工作的开展。

我国现行的音乐集体管理模式长期受到僵化问题的困扰。以音著协的分配通知为例，各类使用费的分配频次较低，如卡拉 OK 使用费每年分配一次，而其他如复制权、表演权、广播权的使用费每年分配两次，仅互联网使用费分配频次稍高，每季度一次。对于海外作品使用费的分配，也遵循每年一次的节奏，这显示了分配效率的低下。

在实践中，音著协、音集协有时被架空，音乐著作权人选择直接与音乐平台进行授权。然而，这可能导致平台因拥有过多音乐版权资源而触犯反垄断法规，如腾讯音乐平台因独家曲库资源占比过高被市场监督管理总局责令解除独家音乐版权，这标志着"独家音乐版权"时代的终结。

集体管理模式僵化的成因多样。从历史角度看，音乐集体管理组织带有官方色彩，其转变需要时间。从立法角度看，《著作权集体管理条例》规定同一业务范围内只允许存在一家集体管理组织，这导致管理机制不够灵活，效率低下。此外，高昂的许可成本和冗长的授权程序也增加了潜在用户的使用负担。

但根据我国目前的集体管理模式，想要取得音乐版权授权，需要经过一个非常烦琐的授权程序，对于潜在用户而言，获得授权的时间成本过高。中国音乐市场在全球排名靠前，但版权信息的检索成本和途径仍存在局限，检索华语或英语音乐作品版权信息的途径有限，且授权程序烦琐。

某集团与音集协的纠纷案也揭示了我国著作权集体管理模式存在的问题。某集团曾作为音集协与卡拉 OK 经营者的中介机构，便利了版权管理，但长期的合同关系最终通过诉讼解除，这为我国著作权集体管理制度敲响了警钟。

二、与音乐集体管理组织一揽子许可的侵权风险

（一）音集协许可协议下的潜在侵权风险

尽管 KTV 经营者与音集协签订了著作权许可协议，但依然存在侵权的可能性。这主要源于协议所涵盖的作品范围可能并不全面。若 KTV 经营者所使用的音乐作品或视听作品并不在音集协集体管理的范畴内，那么即便他们签署了许可协议，也无法视为已经获得了著作权人的正式许可。这种一揽子许可的方式，虽然为经营者提供了便利，但也隐藏着侵权的风险。

在卡拉 OK 经营场所涉及的音乐作品或视听作品侵权案件中，通常可以观察到两种不同的情况：一种情况是经营者未获得权利人或者著作权集体管理组织的明确许可；另一种情况则是经营者虽然获得了音集协或音著协的许可，但被指控侵权作品的权利人实际上并非著作权集体管理组织的会员。通过近 3 年的案例检索，我们可以发现，即便经营者已经获得了一揽子许可，但法院最终认定构成侵权并判决赔偿的案例仍然占有一定比例。然而，考虑到被告在侵权行为发生时已经获得了音集协或音著协的许可，并支付了版权使用费，这表明他们在主观上具有积极寻求版权许可的意愿，在客观上也已经承担了一定的费用。因此，与那些既未经权利人许可，也未与著作权集体管理组织签订许可使用合同的经营者相比，这类使用者的主观过错程度相对较小，所承担的侵权赔偿责任也会相应减轻。

（二）合理注意义务与侵权责任的认定

在 KTV 经营者被诉侵权的案件中，他们往往会以已与音集协签订著作权许可协议，并支付了版权使用费为由进行抗辩，同时指出其点播系统包含海量作品，无法逐一甄别著作权人并缴纳版权费，因此已经尽到了合理的注意义务，并无侵权故意，不应承担赔偿责任。然而，南京市中院认为，KTV 点播系统的海量作品并不能成为否定经营者合理注意义务的理由[①]。而福建省南平市中院在类似案件中的裁判意见则有所不同，认为对于已经向著作权集体管理组织交纳了著作权许可使用费的经营者，应视为其对经营使用的作品的著作权来源已经尽到了相应的合理注意义务。[②] 尽管不同法院在认定经营者是否尽到合理注意义务方面存在不同的裁判意见，但即使认为经营者已经尽到了合理注意义务，也只能减轻而不能免除其被诉侵权时的侵权责任。

对于 KTV、酒吧等娱乐场所来说，他们常常以营利为目的，在经营场所内通过点播设备向公众放映音乐作品。如果著作权人或相关权利人以其播放行为未经许可为由认定其构成侵权，并要求经营者停止侵权并赔偿损失，那

---

① 南京市中级人民法院（2021）苏 01 民终 2416 号民事判决书。
② 南平市中级人民法院（2019）闽 07 民初 155 号民事判决书。

么经营者能否以已与音集协签订了《著作权许可使用合同》为由进行免责呢？答案是否定的。因为与音集协签订《著作权许可使用合同》并非法定的免责事由，而一揽子许可又无法涵盖所有的音乐作品。因此，未经许可使用非协会管理范围内的作品仍然构成侵权，经营者应承担相应的侵权责任。然而，考虑到行业经营所需的作品量大等特点，或者合同约定的具体内容等因素，法院可能会根据个案的具体情况，相应减轻经营者的侵权责任。

（三）音集协与非会员版权冲突的处理困境

音集协作为著作权集体管理组织，其管理范围仅限于会员授权的作品。然而，在现实中，存在大量非会员作品被KTV等娱乐场所使用的情况。由于音集协无法对这些非会员作品进行有效管理，导致非会员权利人往往只能通过法律途径来维护自己的权益，从而引发版权冲突。音集协通常会向KTV等娱乐场所提供一揽子许可，允许其使用音集协管理的所有作品。然而，这种一揽子许可无法涵盖所有音乐作品，特别是非会员作品。因此，即使KTV等娱乐场所已经获得了音集协的许可，仍然可能因使用非会员作品而面临侵权风险。

为了降低涉诉风险，音集协曾要求KTV经营者下架6000余首非会员音乐作品。这一举措引发了广泛的关注和讨论。音集协方面表示，这些音乐作品的权利人均非音集协会员，并且相关作品的权利人或者其委托的代理公司已经陆续向KTV经营者提起侵权诉讼或者即将提起侵权诉讼。如果不下架这些作品，KTV经营者很可能会面临诉讼赔偿的风险。这对于已经缴纳了版权费用的经营方来说显然是不公平的，因此他们只能被迫下架这些作品。对于非会员权利人来说，他们往往缺乏与音集协进行谈判和协商的渠道。当他们的作品被KTV等娱乐场所使用时，他们只能通过法律途径来维护自己的权益。然而，由于诉讼成本高、周期长等原因，非会员权利人在维权过程中往往面临诸多困难。

在我国，音集协作为官方认可的音乐集体管理组织，在处理与非会员权利人之间的版权冲突方面显然存在不足。《著作权集体管理条例》第20条的禁止性规定是否意味着已加入音集协的会员权利人已经将向卡拉OK经营者起诉的权利让渡给了协会呢？换句话说，如果著作权权利人加入了著作权集体管理组织，将自己享有著作权的作品授权其管理，那么他们是否还可以保留自己提起诉讼的权利呢？从司法实践来看，答案并非绝对。在北京太合麦田公司与天津市快乐迪公司著作权侵权纠纷案①中，法院认可了北京太合麦田公司依据合同约定保留的诉权。同样地，在广州市俊荣酒店与北京鸟人公司侵害作品放映权纠纷案②中，法院也认可了北京鸟人公司依据与音集协签订的授权合同及变更协议所保留的诉权。这些案例表明，协会成员与音集协签订的《音像著作权授权合同》为信托性质的合同，属于平等主体之间订立的民事合同。当事人可以协商一致变更合同内容，包括将本属于自己行使的诉权收回。为了降低涉诉风险，音集协曾采取过要求 KTV 等娱乐场所下架非会员音乐作品等措施。然而，这些措施的效果有限。一方面，下架非会员音乐作品可能会影响 KTV 等娱乐场所的经营和用户体验；另一方面，即使下架了部分非会员作品，仍然无法完全避免非会员权利人提起侵权诉讼的风险。

目前，我国关于著作权集体管理组织的法律法规尚不完善。例如，《著作权集体管理条例》对于著作权集体管理组织的非营利性质、权利行使方式、争议解决机制等方面缺乏具体规定。这导致音集协在处理与非会员版权冲突时缺乏明确的法律依据和指导。因此，音集协在处理与非会员权利人的版权冲突时，需要更加谨慎和灵活，探索更加灵活和多样的授权许可方式，如按需授权、分区域授权等，以满足不同娱乐场所的需求，以避免引发不必要的法律纠纷。加强音集协与非会员权利人之间的沟通与合作，建立有效的协商和谈判机制，共同维护版权秩序。

【典型意义】

本案为推动我国著作权集体管理制度发展完善的典型案例。本案争议反映了我国著作权集体管理组织初创时期采用委托他人收取著作权许可使用费等管理模式存在的缺陷和弊端，如被委托人延迟支付、私自截留著作权许可

---

① （2016）津 0101 民初 2479 号民事判决书。
② （2018）粤 73 民终 1571 号民事判决书。

使用费等。此类问题不仅损害了权利人的合法权益,影响公众合法获得文化产品,而且阻碍了集体管理组织职能的充分发挥。本案判决不仅挽回了因天合集团违约给著作权权利人带来的重大利益损失,对促进著作权集体管理组织充分发挥职能作用、进一步完善集体管理制度也具有积极意义。

第三章

非物质文化遗产篇

第一节 非遗知识产权客体认定

案例 3.1 非遗商标注册的显著性认定
——"汤瓶八诊"商标案①

【关键词】

非物质文化遗产　商标注册　显著性　通用名称

【裁判要旨】

中华文化源远流长，明末清初中原名医杨明公，创立了传承至今八代的"汤瓶八诊疗法"，注重以人为本、施法自然的理念。第七代传承人杨某祥教授，为了汤瓶八诊能够更好更完善地发扬光大，向国家商标局将创始人杨明公所创立的"汤瓶八诊"注册为商标，并得到了批准。于法而言，该商标能否得到保护并无确切的规定；于情而言，此种为传承和发扬非物质文化遗产的行为值得法律的保护。

【案件索引】

一审：（2015）京知行初字第 3581 号。

二审：（2016）京行终 1479 号。

再审：（2018）最高法行再 63 号行政判决书。

【基本案情】

"汤瓶八诊"即头诊、面诊、耳诊、手诊、足诊、骨诊、脉诊、气诊八种诊疗方法，是源自阿拉伯末梢经络根传法，并与中医精华相结合，经历代学者、医者的总结、探索和完善，逐步形成的具有回族特色的保健疗法。

---

① "汤瓶八诊"商标案，最高人民法院（2018）最高法行再 63 号行政判决书。

2004年4月2日，杨某祥在国际分类第44类按摩（医疗）、医疗诊所、医务室、医院、保健、医疗辅助、理疗等服务上申请注册了"汤瓶八诊"商标（以下简称争议商标），有效期限为2007年2月21日至2017年2月20日。2008年6月7日，"回族汤瓶八诊疗法"被确定为第二批国家级"非遗"项目，杨某祥是第七代传人。2012年、2014年，争议商标被评为宁夏著名商标。2013年1月28日，争议商标被提出撤销申请。

2015年4月29日，国家工商行政管理总局商标评审委员会依据2001年《商标法》第11条第1款第（一）项的规定，对"汤瓶八诊"商标作出无效宣告请求裁定，认为该标志缺乏商标应有的显著性，予以无效宣告。杨某祥不服，向北京知识产权法院提起行政诉讼。

【裁判结果】

一审法院判决：驳回杨某祥的诉讼请求。争议商标由文字"汤瓶八诊"构成，"汤瓶"代表了一种穆斯林文化，"八诊"则是八种诊疗方法，争议商标在整体上描述的是一种具有穆斯林特色的诊疗方法，核准使用在第44类理疗等项目上，直接表示了服务内容，不能起到区分和识别服务来源的作用，故杨某祥的使用系对"汤瓶八诊"非物质文化遗产的一般性传承，而非商标法意义上的使用。但杨某祥作为非物质文化遗产的传承者，亦不妨碍其继续使用该标志。

二审法院判决：驳回上诉，维持原判。争议商标虽然经过了使用有一定知名度，并被评为宁夏著名商标，但相对于已有1300年历史，在回族民间广泛流传并被认定为国家级非物质文化遗产的"回族汤瓶八诊疗法"，无论是在争议商标的使用时间、使用范围方面，还是在相关公众的客观认知效果方面，争议商标通过使用所建立的知名度，仍不足以抵消或者超越相关公众对"汤瓶八诊"是一种具有中国回族特色的养生保健疗法的认知，因此，在案证据尚不足以认定争议商标属于《商标法》第11条第2款规定的可以注册的情形，争议商标应予无效宣告。

再审法院判决：撤销一审、二审判决，撤销原国家工商行政管理总局商标评审委员会裁定。商标中含有描述性因素，并不意味着一定缺乏显著性。

虽然"汤瓶八诊"疗法源自回族民间流传的传统疗法，但是其最早系由杨氏家族创立并命名。争议商标已与杨氏家族形成了较为明显的服务来源指向关系，在客观上发挥了指示特定服务来源的功能，故争议商标的注册应予以维持。

【案件评析】

一、非遗和通用名称不能完全等同，以非遗名称作为商标申请注册并非天然失去显著性

列入非遗名录是否将被视为通用名称

我国参照《保护非物质文化遗产保护公约》（2003）规定在《非物质文化遗产法》（2011）第18条、第19条中设置了"国+省+市+县"四级非物质文化遗产名录，但列入名录的非遗并非完全处于公共领域而被视为通用名称。所谓公共领域是指知识产权权利所涉权利对象以外的空间，使用者无须额外付费便可任意使用公共领域的各种知识，公共领域内知识形态可能欠缺权利主体，权利边界也甚为模糊。从上述概念内容中可以明显看出，公共领域应当是一个开放、公开、共享的空间，其权利主体或权利边界可能并不明确。尽管公共领域缺乏权利主体，但作为非物质文化遗产表现形式的传承人，以及他们所在的集体和社区，无疑是这些文化财富的利益相关人。因此，即使被列入名录的非物质文化遗产表现形式在法律上可能没有明确的权利主体，它们仍然与特定的利益主体和利益相关人紧密相连。这些利益相关人对于非物质文化遗产的保护、传承和发展起着至关重要的作用，他们的权益应当得到充分的尊重和保护。

商标通用名称是指在某些范围内被约定俗成使用的某类商品（服务）的名称，《商标法》第11条认为商标通用名称不能作为注册商标使用，除非经过使用后取得显著特征，发挥指示商品或服务来源功能，方可申请商标注册。商标通用名称具有它所指代的商品或服务的一般形态、特点与特征，而不是所指代商品或服务本身。相比之下，非遗名录所示的非遗名称是非遗表现形式本身，而不是其指代或代表，两者存在本质区别。非遗名录所列举的非遗是通过行政确认的非遗表现形式，它代表了特定文化传统和社区的价值。而商标通用名称是民间社会相关公众反复使用、约定俗成的商品符号，它代表了商品或服务的特定特征和品质。

将非物质文化遗产名录与商标通用名称混淆，可能导致对非物质文化遗产的保护和传承产生误解。非物质文化遗产名录的目的是保护和传承特定的文化传统和社区的价值，而不是作为商品或服务的商标使用。因此，基层司法机关需要加强对非物质文化遗产名录的性质和作用的理解，以确保对非物质文化遗产的保护和传承得到正确的实施。

二、涉案"汤瓶八诊"商标是否具备"显著性"要求

《商标法》第9条规定，申请注册的商标应当有显著特征，便于识别，并不得与他人在先取得的合法权利相冲突。显著性是成为商标最本质的要求。"汤瓶八诊"能否注册为商标同样需回归于显著性的评价标准。商标的显著性可以分为两类：第一类是固有显著性，即在设计之初就因为对应的创意或构思，使得有关标志满足了显著性要求；第二类是获得显著性，即在实践中通过长期使用而获得了商标所需要的显著性条件。一些要素本身并不具备显著性，无法实现识别作用，但经过了长期连续使用以后，被市场和消费者所认知和肯定，因此具备了与其他商品或服务区别开来的效果，从而获得了显著性。

标志能否核准注册为商标，考察的核心在于其是否具有显著特征，而显著特征的判断应当根据诉争商标指定使用商品的相关公众的通常认识，从整体上对商标是否具有显著特征进行审查判断。任何能够将自然人、法人或者其他组织的商品与他人的商品进行区别的标志，均可以作为商标申请注册。

"汤瓶八诊"文字商标虽然是对核定使用服务内容的一种描述，但商标具有描述性要素不等于该描述方式系商标核定使用商品或服务的唯一描述方式，也不当然意味着商标成为通用名称。且没有证据证明这种描述方式已经成为相关市场内，相关公众通用的指代该类服务的名称。作为争议商标权利人的杨某祥，同时也是"回族汤瓶八诊疗法"的传承人，根据非物质文化遗产法的相关规定，其负有传承非物质文化遗产的义务。在案证据显示，杨某祥及其杨氏家族在通过培训、提供医疗服务等多种方式推广"回族汤瓶八诊

疗法"的同时,也使得争议商标"汤瓶八诊"产生了指向特定服务来源的功能。

三、非遗商标注册存在公益与私权保护的冲突

由杨明公创立的"汤瓶八诊"疗法起初只在杨氏家族内部传承,本案原告杨某祥以博大的胸怀,打破了家传"传内不传外"的禁忌开始广泛传播,经过几十年的不懈努力,得到了国家及海内外的肯定。对于非物质文化遗产应该通过公权保护还是私权保护便存在众多不同的观点。

有学者认为,应该将非物质文化遗产的保护作为政府责任,通过公权来保护非物质文化遗产。① 也有学者指出,有必要在公权保护之外用私权来保护非物质文化遗产,理由为私权保护有助于非物质文化遗产的保存、保护与弘扬。② 但目前多数学者主张采取公权与私权相结合的方式对非物质文化遗产进行保护。③

随着学术研究的不断深入,学者对非物质文化遗产的法律保护问题进行了更为细致和全面的探讨。他们不再仅仅局限于公权与私权保护的二元对立,而是开始提出更为多元、具体的观点和建议。这些观点不仅关注非遗的文化价值和经济利益,还涉及法律保护、社会参与、国际交流等多个层面。学者通过跨学科的研究方法,试图构建一个更为全面、系统的非遗保护理论框架,以应对非遗保护的复杂性和多样性。因此,有学者提出我们应当从非物质文化遗产保护的本质属性出发,实施双重权利保护策略。首先,对于传统文化表现形式,应赋予其知识产权保护,这种权利应被视为一种"集体产权",旨在确保传统文化在现代社会中的创新和发展。其次,对于非物质文化遗产,应强调其文化权利的保护,这种权利应被视为一种"集体人权",旨在维护和传承非物质文化遗产所承载的文化价值和精神内涵。于是主张在传统文化领域,分别在私法和公法领域建立"传统文化表现形式保护制度"和"非物

---

① 牟延林、吴安新:《非物质文化遗产保护中的政府主导与政府责任》,载《现代法学》2008年第1期。
② 黄玉烨:《论非物质文化遗产的私权保护》,载《中国法学》2008年第5期。
③ 徐辉鸿:《非物质文化遗产传承人的公法与私法保护研究》,载《政法与法律》2008年第2期。

质文化遗产保护制度"。① 通过这种双重权利保护，我们可以在尊重传统文化的基础上，促进其与现代社会的和谐发展。也有学者主张对非物质文化遗产的保护采取特别权利模式——设立无形文化标志权，将非物质文化遗产保护与知识产权进行有机对接。②

这些学者的观点都从不同视角进一步剖析了公权保护与私权保护的具体措施及其内部的逻辑关系。总而言之，公法和私法对于非物质文化遗产的保护实际上并不相悖，非物质文化遗产的双重性质——既具有文化性，又具有经济性——决定了其在利益关系上的双重性，既代表着公共利益，又体现着私人利益。这种双重利益关系使得非物质文化遗产保护的法律路径选择变得复杂多样。因此，在构建法律保护体系时，必须兼顾和协调公法保护与私法保护的关系，以确保非物质文化遗产在文化传承和经济利用之间达到平衡。本案中法院均依据《商标法》判断"汤瓶八诊"是否完全具备商标的构成要件，便是对非物质文化遗产进行私法保护的认同和支持。

四、非遗商标注册显著性规则认定

笔者经在威科先行中输入"非物质文化遗产"可检索到4504个案例，再增加关键词"商标权"可检索到2378个案例，增加关键词"著作权"可检索到452个案例，增加关键词"专利权"可检索到169个案例。由此可见，在持续得到关注的非物质文化遗产案件中，利用非遗商标的情况最多因而产生的纠纷也最多。

2021年5月文化和旅游部出台《"十四五"非物质文化遗产保护规划》指出："推动修订、出台相关法律法规，进一步完善非物质文化遗产（以下简称'非遗'）保护法律法规体系。研究修订《非物质文化遗产法》，推动制定实施条例。加强非遗知识产权保护的研究和探索，综合运用著作权、商标权、专利权、地理标志等多种手段，建立非遗获取和惠益分享保护制度。"

---

① 吴汉东：《论传统文化的法律保护——以非物质文化遗产和传统文化表现形式为对象》，载《中国法学》2010年第1期。
② 严永和：《民族民间文艺知识产权保护的制度设计：评价与反思》，载《民族研究》2010年第3期。

2021年8月中办、国办印发的《关于进一步加强非遗保护工作的意见》中指出："研究修改《非物质文化遗产法》，完善相关地方性法规和规章，进一步健全非遗法律法规制度，建立非遗获取和惠益分享制度。综合运用著作权、商标权、专利权、地理标志等多种手段，加强非遗知识产权保护。"2021年9月中共中央、国务院印发的《知识产权强国建设纲要（2021—2035年）》中指出："加强遗传资源、传统知识、民间文艺等获取和惠益分享制度建设，加强非遗的搜集整理和转化利用。开展知识产权基础性法律研究，做好专门法律法规之间的衔接，增强法律法规的适用性和统一性。"前述三部文件共同提出了建立以《非物质文化遗产法》为主的非遗法律保护体系，采用公法和知识产权法相结合的模式，实现非遗获取和惠益分享的目的。此外，国家知识产权局于2023年1月13日发布的《商标法修订草案（征求意见稿）》第15条关于禁用标志增加了"同重要传统文化符号名称及标志相同或者近似的，但经授权的除外"，体现了《商标法》与《非物质文化遗产法》的衔接与协调。

通过前述数据的整理和分析，可以发现我国对非物质文化遗产的重视程度逐年增加，尤其是非遗商标的保护，正日益给予高度重视，且有关非遗商标的案例占比一直位居榜首。然而，结合前述关于非遗商标显著性问题的深入探讨，由于非遗商标所具有的公共属性这一特殊性，我国现行的法律体系尚不能完全有效地解决非遗商标所面临的各种问题。因此，在现行商标法背景下针对非遗商标的特殊性，采用"获得显著性"规则予以审查，将有助于更好地平衡非遗的文化传承与商业利用之间的关系，确保非遗的知识产权得到充分且适当的保护。

非物质文化遗产商标同普通商标相比，最大的区别是其往往具有公共文化属性，且易于被公众认为是通用名称或描述性标志，而我国法律并未考虑非物质文化遗产的特殊性对其申请商标的显著性认定所产生的影响，导致非物质文化遗产商标的显著性判断并无统一标准。比如同样为民俗类项目，且指定商品或服务也相同或类似，"九华立春祭""都江堰放水节""马街书会"等诸多项目未获注册，而"秦淮灯会""桃林坪花脸社火""胡集书会"

等却注册成功。传统美术类项目"朱仙镇木板年画"获得注册，而"杨柳青年画""武强年画"却未获注册。① 由此可见，仅仅通过现行《商标法》的规定判断非物质文化遗产商标的显著性并不妥当。

若适用固有显著性进行判断，非物质文化遗产的符号可能被广泛注册在众多不相关的商品或服务上。即使非遗传承人或相关群体已经将非遗符号申请注册为商标，但由于现行商标法规定"注册商标的专用权，以核准注册的商标和核定使用的商品为限"，只要非遗商标未达到知名商标或驰名商标的地位，他人仍有可能将该非遗符号注册在与已申请注册类别非相类似的商品或服务上，而无须证明已经在市场中实际使用该非遗商标。这种情况下，非遗符号的保护范围受到限制，可能导致非遗的文化内涵被淡化或误用。②

从适用获得显著性进行判断，则要求该非物质文化遗产商标在市场中的持续使用，从而获得了识别商品或服务来源的能力。本案中，最高人民法院最终作出认定"汤瓶八诊"商标具有显著性的理由便是其符合获得显著性的构成要件。最高人民法院认为判断包含描述性因素的商标是否具有显著性，还应根据商标所指定商品的相关公众的通常认识，从整体进行判断，相关商标的实际使用情况，以及是否经过使用产生识别商品来源的作用。而本案中的"汤瓶八诊"疗法虽然源自回族民间，但最早由杨氏家族总结吸收阿拉伯医学等基础上创立并命名。杨某祥为该疗法的第七代传人。自杨某祥2004年注册商标后，通过广泛的宣传及许可使用，"汤瓶八诊"商标已经产生了一定知名度，并两次被评为宁夏回族自治区著名商标。除杨某祥及其家族外，目前从事"汤瓶八诊"治疗、使用"汤瓶八诊"作为公司字号或商标使用的主体或经杨某祥授权，或与杨某祥存在关联关系。争议商标基于杨某祥长期的实际使用，已经与其形成了较为明确的服务来源指向关系。公众能够将争议商标与杨某祥及其家族建立联系，该争议商标客观上已经发挥了指示特定服务来源的功能。

---

① 罗宗奎：《物质文化遗产商标保护的实践、问题和对策》，载《文化遗产》2020年第2期。
② 易玲、石傲胜：《非物质文化遗产商标注册与使用：制度机理、现实困境及规范路径》，载《知识产权》2023年第12期。

综上，根据现有的法律规定，通过"获得显著性"标准判断非遗商标是否具有显著性更具合理性和可操作性。

【典型意义】

"汤瓶八诊"商标案具有重要的法律与社会意义，揭示了非物质文化遗产保护与知识产权法之间的复杂关系。作为国家级非物质文化遗产，"汤瓶八诊"疗法的商标权纠纷引发了关于如何平衡传承人私权与公共利益的广泛讨论，反映了法律在处理传统知识与现代知识产权保护之间的困境。案件历时多年，经过多级法院的审理，最终由最高人民法院作出裁定，体现了法律在处理非物质文化遗产相关知识产权问题时的审慎态度，展现了法律适用的复杂性和示范效应，不仅为类似案件提供了法律先例，也为未来的法律实践提供了宝贵的经验和参考。当然，案件还引发了关于非物质文化遗产商业化与保护模式的思考。如何在保护传承人权益的同时，确保非物质文化遗产不被过度商业化和滥用，是案件背后更深层次的社会问题。

非物质文化遗产是全社会共同的精神财富，加强对非遗文化的法律保护，不仅是现代法治工作的重要任务，同时也是所有社会成员义不容辞的责任。非物质文化遗产的法律保护是一项长期而艰巨的任务，我们仍然需要不断地完善和加强保护工作。保护非物质文化遗产，增强民族自信，守护民族文化的根与魂，为人类文明进步贡献中华智慧和力量。

案例3.2 民间文学艺术衍生作品的独创性判断

——洪某远、邓某香诉贵州五福坊食品有限公司、贵州今彩民族文化研发有限公司著作权侵权纠纷案

【关键词】

民事 著作权侵权 民间文学艺术衍生作品 独创性

【裁判要旨】

在民间文学艺术衍生作品的创作过程中，如果作者能够展示出其表达属

于独立思考和创新劳动的结果,并且这些表达具有明显的个性化特征和艺术价值,符合著作权法对于作品独创性的要求,那么这些部分就应当被视为符合著作权法保护的作品特征。在这种情况下,法律应当认定作者对其作品中的独创性部分享有著作权。

【案件索引】

(2015)筑知民初字第17号。

【基本案情】

本案涉及原告洪某远、邓某香与被告贵州某食品有限公司(以下简称贵州某食品公司)及第三人贵州某文化研发有限公司(以下简称贵州某文化公司)之间的著作权纠纷。原告洪某远创作了《和谐共生十二》作品,并发表在2009年出版的书籍中。洪某远将该作品的使用权(蜡染上使用除外)转让给邓某香,由其维护著作财产权。原告发现贵州某食品公司未经授权,擅自在其销售的商品上使用了洪某远的画作,认为此举侵犯了洪某远的署名权和邓某香的著作财产权,遂向法院提起诉讼。

【裁判结果】

法院判决:支持原告洪某远、邓某香部分诉讼请求。理由为,本案所涉原告洪某远的《和谐共生十二》画作中两只鸟尾部重合,中间采用铜鼓纹花连接而展示对称的美感,而这些正是传统蜡染艺术的自然纹样和几何纹样的主题特征,可以认定涉案作品显然借鉴了传统蜡染艺术的表达方式,创作灵感直接来源于黄平革家蜡染背扇图案。但涉案作品对鸟的外形进行了补充,融合了作者的构思而有别于传统的蜡染艺术图案,因此属于传统蜡染艺术作品的衍生作品,是对传统蜡染艺术作品的传承与创新,符合著作权法保护的作品特征,在洪某远具有独创性的范围内受著作权法的保护。

在被告贵州某食品公司生产、销售涉案产品之前,洪某远即发表了涉案《和谐共生十二》作品,贵州某食品公司有机会接触到原告的作品。据此,可以认定第三人贵州某文化公司有抄袭洪某远涉案作品的故意,贵州某食品公司在生产、销售涉案产品包装礼盒和产品手册中部分使用原告的作品,侵犯了原告对涉案绘画美术作品的复制权。

【案件评析】

一、基于非遗传统技艺革家蜡染所创作的作品是否属于我国《著作权法》所保护的"作品"范围

自 2011 年《非物质文化遗产法》实施以来，我国非物质文化遗产的法律地位得到了确立。当前，我国已经构建起以《非遗法》为核心，辅以其他相关法律法规的非物质文化遗产法律保护框架。尽管我国已经建立了从国家到地方的四级非物质文化遗产保护名录，并出台了一系列旨在保护非物质文化遗产的法律、法规和规章，但这些法律制度主要依赖行政手段进行非遗保护。在个人私权保护方面，我国的相关法律仍然显得不足，如《著作权法》第 6 条规定："民间文学艺术作品的著作权保护办法由国务院另行规定。"如果要将该衍生作品纳入《著作权法》的保护范围，则需要判断其是否具有独创性。

独创性是著作权法中作品获得保护的根本条件和关键要素。作品是否具备著作权，关键在于其是否拥有独创性。然而，我国现行的法律体系尚未明确界定作品独创性的具体判定标准。于司法审判实践进程中，法官针对作品所具有的独创性进行精准判定颇具难度。而民间文学艺术衍生作品的独创性界定更是难上加难。究其根源，民间文学艺术衍生作品实则为处于公共范畴的民间文学艺术同私有领域内个人独特创作元素相互交融的混合形态，致使个人创作部分与民间文学艺术之间难以实现清晰明确的区分。尤其是针对那些以无形形式呈现的民间文学艺术而言，由于缺乏可供参照对比的在先作品样本，故欲确定后续产生的衍生作品所具备的独创性，更是面临重重困境与挑战。①

对于判断作品独创性的观点，有学者认为应当结合主观和客观两个方面。在主观评价标准方面，主要存在两种观点：一种是以普通消费者为基准，另

---

① 唐海清、胡灵：《民间文学艺术衍生作品著作权的认定及其权利边界——基于相关司法判例的思考》，载《贵州民族研究》2022 年第 3 期。

一种是以专业技术人员为基准。对于民间文学艺术衍生作品的独创性评价，应当采用普通消费者的标准。考虑到这类作品源自公共领域，其创作旨在从公共利益中获取个人利益，因此，由普通消费者来评定独创性程度更符合利益均衡原则。然而，仅凭普通人的观察来判断作品之间是否存在实质性相似性并不十分有效。在这种情况下，引入专家证人代表普通消费者进行评估，可以有效地弥补这一缺陷。客观分析时，必须严格遵循实质相似性与接触原则，以判断相似性是否出现在作品的核心部分或非核心部分，进而确定衍生作品是否具有独创性。如果发现作品之间存在实质上的相似性，还需进一步考察是否存在接触的可能性，以判断这种相似性是否为偶然发生，从而避免因偶然的相似性而否定作品的独创性。[1]

本案首次明确了民间文学艺术作品的保护对象及其保护范围，提出了对民间文学艺术衍生作品传承与创新的审查标准。案件中区分了衍生作品与民间传统艺术作品之间的共性与个性，并确立了对衍生作品中创新部分的著作权法保护。此外，本案还界定了知识产权在保护民间文学艺术衍生作品时的广度与深度。在审理侵犯民间文学艺术衍生作品著作权的案件时，需认识到著作权人创新的客观限制及其在相对有限的空间内的作用，为非物质文化遗产的衍生作品的著作权保护提供了依据和指导。

二、确定非物质文化遗产衍生作品著作权侵权纠纷的责任方式及赔偿数额应考量的具体因素

本案中所争议的以非遗为基础创作的作品产生的著作权侵权纠纷，原告邓某香享有该作品的著作财产权，提出了经济损失赔偿，但原告、被告对于具体数额并不能达成一致。由于涉及非物质文化遗产衍生作品的著作权侵权案件具有自身的特殊性，在审理中确定赔偿额度需细致考量一系列特定因素。这些因素包括作品创作所受的限制、作者在艺术领域的成就及其影响力、作品的艺术价值、侵权行为的规模，以及侵权行为是否超出了作品的传统流传

---

[1] 唐有临、吴光侠、石磊：《〈洪福远、邓春香诉贵州五福坊食品有限公司、贵州今彩民族文化研发有限公司著作权侵权纠纷案〉的理解与参照》，载《人民司法·案例》2021年第17期。

区域。尤为重要的是，作品创作空间的限制和侵权行为是否跨越了其传统流传范围，这两个因素对于确定侵权责任，包括赔礼道歉等责任形式的承担以及赔偿金额的设定，具有显著的影响。

人民法院在确定赔偿数额时，应当考虑作品类型、合理使用费、侵权行为性质、后果等情节综合确定，以本案为例，结合案件的客观实际情况，我们可以从以下五个方面考虑对侵犯著作权赔偿数额的影响：

第一，洪某远的涉案《和谐共生十二》作品属于贵州传统蜡染艺术作品的衍生作品，著作权作品的创作是在传统蜡染艺术作品基础上的传承与创新，涉案作品中鸟图形的轮廓与对称的美感来源于传统艺术作品，作者构思的创新有一定的限度和相对局限的空间。

第二，贵州蜡染有一定的区域特征和地理标志意义，以花、鸟、虫、鱼等为创作缘起的蜡染艺术作品在某种意义上属于贵州元素或贵州符号，贵州某食品公司作为贵州的本土企业，其使用贵州蜡染艺术作品，符合民间文学艺术作品作为非物质文化遗产固有的民族性、区域性的基本特征要求。

第三，根据洪某远与邓某香签订的作品使用权转让合同，洪某远已经将其创作的涉案《和谐共生十二》作品的使用权（蜡染上使用除外）转让给邓某香，即涉案作品的大部分著作财产权转让给了传统民间艺术传承区域外的邓某香，由邓某香维护涉案作品著作财产权，基于本案著作人身权与财产权的权利主体在传统民间艺术传承区域范围内外客观分离的状况，传承区域范围内的企业侵权行为产生的后果与影响并不显著。

第四，洪某远几十年来执着于民族蜡染艺术的探索与追求，在创作中将传统的民族蜡染与中国古典文化有机地揉合，从而使蜡染艺术升华到一定高度，对区域文化的发展起到一定的推动作用。尽管涉案作品的大部分著作财产权已经转让给了传统民间艺术传承区域外的邓某香，但洪某远的创作价值以及其在蜡染艺术业内的声誉应得到尊重。

第五，贵州某食品公司涉案产品贵州辣子鸡、贵州小米渣、贵州猪肉干的生产经营规模、销售渠道等应予以参考。根据贵州某食品公司提交的其与广州卓凡彩色印刷有限公司的采购合同，尽管上述证据不一定完全客观反映贵州某食品公司涉案产品的生产经营状况，但在原告方无任何相反证据的情形下，被告的证明主张在合理范围内应为法律所允许。

三、著作权的"私权属性"与非物质文化遗产的"公共属性"之间的矛盾与冲突

首先，针对"非物质文化遗产保护"与"民间文艺作品著作权保护"之间的矛盾进行分析。鉴于"非物质文化遗产保护"与"民间文艺作品著作权保护"在中文名称里皆运用了"保护"这一表述，致使不少学者产生误解，错以为这两类保护具备相同性质。实则二者在英语表达以及内涵层面均存在根本性差异。前者是在联合国教科文组织引领下，以"人类共同遗产"理念为根基所衍生出的保护机制；后者则是于世界知识产权组织主导下，依据"私有财产"理论构建而成的保护体系。

著作权隶属于无形财产权范畴，具备知识产权的一般性特征。知识产权体系乃是依据私有财产理论构建而成的资源分配规则体系，即从根源上而言，知识产权默认了全部创造性劳动成果皆为私有财产形式。然而，与著作权所秉持的私有性质保护观念截然不同，文化遗产着重凸显其作为人类共同财富的特性，故而在对其进行保护时，更为注重全人类对于这些文化遗产的共同持有、协同守护与传承。我国在非物质文化遗产保护领域取得的显著成就，以及《民间文学艺术著作权保护条例》在修订过程中的犹豫和缓慢进展，凸显了将传统文化表现形式视为"全人类共同财富"的观念之先进性，同时也暴露了将其作为某些特定社区或群体"私有财产"的理论所存在的局限。①

其次，非物质文化遗产的保护期限与现行知识产权法律规定的保护期限存在明显冲突。非物质文化遗产在保护期限方面，与现行知识产权法律所设定的期限存在显著差异与矛盾。知识产权相关法律一般都明确规定了特定的保护时长界限，然而非物质文化遗产乃是历经漫长岁月沉淀，凝聚人类智慧与文明结晶的珍贵成果，其作为世代延续传承的文化瑰宝，在传承进程与保

---

① 施爱东：《"非物质文化遗产保护"与"民间文艺作品著作权保护"的内在矛盾》，载《中国人民大学学报》2018年第1期。

护举措上,迫切需要长期乃至永续性的法律保障与支撑机制。《著作权法》第13条规定,著作权的保护期为作者终生及其死亡后50年。这一规定适用于个人创作的作品。不过,就非物质文化遗产这类亟须长期传承维护的文化瑰宝而言,如此时长规定显得极为短促。诸如传统民间文学、音乐以及戏剧等非物质文化遗产项目,其诞生多源于诸多世代群体智慧的凝聚与汇聚,并且伴随时光流转,这些作品所蕴含的文化价值与社会意义不但不会有所衰减,反倒有增无减,愈发彰显其珍贵性。由此可见,《著作权法》现行的保护期限设定难以契合非物质文化遗产保护的真实诉求,极有可能致使非物质文化遗产在法律保护时限终结之后,陷入遭受冷遇忽视,抑或被肆意处置运用的不利境地。①

最后,在保护主体的范围方面存在矛盾。非遗保护主体超出了著作权理论范畴,现行《著作权法》不能完全适用部分非遗作品的保护。非遗的保护主体呈现多元化,包括国际组织、各国政府相关机构、各级各类非遗保护机构、社区以及民众等。国际组织如联合国教科文组织,通过制定相关公约等方式推动全球非遗保护工作;国家政府承担着主导责任,制定政策、投入资金、建立保护体系等;各级各类非遗保护机构则具体实施保护项目、开展研究等工作;社区与民众不仅是非遗的传承者,也是重要的保护力量,他们在日常生活中传承和延续着非遗。著作权保护主体是依法享有著作权的人,主要为作者,即直接创作作品的公民,在特定情况下,法人或者非法人单位也可被视为作者。此外,还包括依法取得著作权财产权的其他著作权人,如继承人、受遗赠人、版权受让人等,他们通过继承、受让等方式获得著作权中的财产权利。

此外,非遗保护侧重于文化传承和文化多样性的维护,注重保护非遗所蕴含的历史、文化、社会等多方面的价值,以确保这些珍贵的文化遗产能够代代相传,成为人类文化宝库的重要组成部分,同时促进不同文化之间的交流与互鉴,增强民族认同感和文化自信。著作权保护主要目的是激励创作和

---

① 宁子昂、于忠卉:《浅析我国非物质文化遗产的知识产权保护》,载《法学》2024年第8期。

创新，通过赋予创作者对其作品的专有权，使其能够获得经济回报，从而鼓励更多的人投入到创作活动中，推动文化艺术和科学技术的不断发展进步，丰富社会的精神文化产品。

四、利用非遗进行创作的要求和限制

利用非物质文化遗产进行创作，不仅有助于传承和保护珍贵的文化遗产，还能促进文化的创新与发展。这种创作活动能够增强公众对非遗价值的认识，提升文化多样性，同时为传统文化注入新的活力。通过将非遗元素融入现代艺术，可以激发新的创意，推动文化交流，增强社区认同感，以及促进经济发展。此外，非遗创作也是文化教育的重要途径，能够培养新一代对传统文化的尊重和保护意识，对维护全球文化多样性具有重要意义。然而，这些积极影响都建立在合理利用非物质文化遗产的基础之上。如果对此类创作活动不加以适当约束，可能会导致与预期相反的结果。

第一，深入了解非遗文化内涵和背景。创作出深度与情感并重的作品，要求创作者不仅要深入探究非物质文化遗产（非遗）的历史脉络、技艺精髓，还要洞察其在现代社会的实践与应用。通过与非遗的传承人深入对话，挖掘他们背后的故事和技艺精华，作品便能获得更强烈的感染力和说服力。每项非遗都是历史、文化和价值观等多元文化要素的集合体。因此，创作者应深入研究非遗的文化底蕴，包括其起源、演变历程和象征意义。以剪纸艺术为例，创作时不仅要精通剪纸技术，还要理解剪纸图案背后的吉祥寓意，以及不同地区剪纸风格所体现的文化特点。这种深入的研究和理解，使得作品能够在传承非遗的同时，展现出其深邃的文化内涵和与时俱进的时代气息。

第二，保持非遗的原真性。在进行艺术创作时，尊重并保护非物质文化遗产的核心价值观和原始风貌是最基本的要求。非遗承载着历史的印记，同时也是文化多样性的显著代表。创作者在创作过程中应坚守一个原则：在不破坏非遗的精神内核和文化深意的基础上进行创新。例如，在采用传统技艺进行创作时，创作者应努力保持技艺的原始风貌和独特风格，防止对其进行随意的改动，以确保非遗的传承不失去其原有的韵味和意义。这样的创作态度不仅能够确保非遗的传承得以延续，还能在现代艺术中展现出非遗的独特魅力和时代价值。

　　第三，尊重传承人的意愿和权益。非物质文化遗产的传承者在文化遗产的保护与传播中扮演着至关重要的角色，他们对非遗的保护、传承和发展具有深刻的认识和独到的期待。当创作者在创作中借鉴非物质文化遗产时，应充分尊重这些传承者的意见和建议，并保障他们的合法权益不受侵犯。以传统舞蹈的创新改编为例，创作者需要与传承者进行深入的沟通，重视他们对于舞蹈的每一个动作、节奏等细节的专业见解，确保改编工作既尊重传统，又能够适应现代审美，从而在保护中实现文化的创新与发展。

　　第四，体现创作者自身的价值。创作者应当以特定且别具一格的视角深入探究非物质文化遗产，诸如凭借特定的手工技艺、特色节庆典礼活动抑或传承者的经历事迹来彰显非物质文化遗产的独特魅力。与此同时，运用"历时性"与"共时性"相结合的叙事架构，全方位呈现非物质文化遗产的演进历程及其蕴含的丰富文化内涵。同时，应当注重对细节之处的深度挖掘与精妙呈现，于创作成果中着力于对细微之处的精心雕琢描绘，如详尽的制作工艺流程、技艺中所展现出的精湛巧妙之处等，此皆为提升作品感染力与表现力的关键要素。就如在纪实影像作品里展现剪纸艺术的制作手法及背后的文化底蕴，能够让观赏者更为真切地领略到非物质文化遗产的迷人之处。

【典型意义】

　　本案首次明确了民间文学艺术作品的保护对象及其保护范围，并提出了对民间文学艺术衍生作品传承与创新的审查机制，不仅保护了作者的智力成果和创作积极性，而且也维护了文化多样性，鼓励了对传统文化的创新性传承和发展，在非物质文化遗产保护领域具有深远影响和典型的示范意义。本案明确了民间文学艺术作品的保护对象和范围，为类似案件提供了案例参考。通过对衍生作品与民间传统艺术作品的细致区分，案件确立了创新部分的著作权法保护，这不仅捍卫了作者的智力成果和创作积极性，也为传统文化的创新性传承提供了法律保障，为判定以非遗为基础创作的作品是否享有著作权提供了法律依据，而且为非物质文化遗产的著作权保护工作提供了坚实的支撑。尤其是案件中的审查机制创新性地提出了对民间文学艺术衍生作品传承与创新的评判标准，既尊重了传统文化的原真性，又鼓励了现代创作的发展。这种平衡艺术与法律的尝试，为非物质文化遗产的动态保护提供了新的思路。此外，案件认定对作者独创性部分的使用、许可和转让权利，实现了文化和经济价值的双重提升，一定程度上激发了社会各界对非物质文化遗产保护的热情，推动文化产业的健康发展。

第二节　非遗知识产权侵权判断

案例3.3　未经许可使用"西湖龙井"商标及包装
——杭州市西湖龙井茶管理协会与姚某公益诉讼案

【关键词】

非遗技艺　地理标志　公益诉讼　管理协会

【裁判要旨】

本案是浙江省首例地理标志商标侵权纠纷公益诉讼案，检察机关以"刑事追责＋公益诉讼保护"的新工作模式，落实"一案三查"机制，打破民刑壁垒，促进刑民证据转化，引导注册商标权利人依法提起民事诉讼。同时，运用"检察听证""支持起诉"等方式开展地理标志公益诉讼保护，降低权利人的维权成本，实现知识产权检察保护升级。

【基本案情】

2008年西湖龙井制作技艺经国务院批准列入第二批国家级非物质文化遗产名录。2011年6月28日"西湖龙井"国家地理标志证明商标注册成功。2011年"西湖龙井"被授予"中国国际最具影响力品牌"；2012年被国家工商行政管理总局商标局认定为"中国驰名商标"。2021年"西湖龙井"国家地理标志产品保护示范区列为全国首批筹建的国家地理标志产品保护示范区。

2018年至2021年4月，姚某未经注册商标权利人杭州市西湖龙井茶管理协会许可，在其经营的淘宝店铺中擅自使用"西湖龙井"字样的标题、图片、文字描述，并从他人处购买"西湖龙井"茶外包装袋、茶叶罐等，将非出自西湖龙井茶产区的茶叶以"西湖龙井"茶进行包装后予以销售，销售金额达人民币60万元以上。2021年4月7日，公安机关从被告姚某仓库查获大量带有"西湖龙井""西湖龍井"字样的茶叶包装物品。经杭州市西湖龙井茶管理协会认定，上述带有"西湖龙井"茶产品的生产商及销售商均未获得"西湖龙井"地理标志证明商标的使用许可，也没有获得包装印制许可。

【办案流程】

浙江省杭州市临平区人民检察院（以下简称临平区检）在办理刑事案件中发现"西湖龙井"地理标志注册商标被侵犯，随即将该侵权线索移送给杭州市西湖龙井茶管理协会。在沟通过程中，杭州市西湖龙井茶管理协会表示此类侵犯"西湖龙井"地理标志注册商标的现象层出不穷，其在维权方面存在现实困境，希望检察机关能够给予支持。

接到支持起诉的书面请求后，临平区检进行充分调查取证并立案审查，以"检察听证＋专家论证"相结合的方式，厘清知识产权公益保护的边界。临平区检举行公开听证会，邀请相关领域的人大代表、政协委员等对"西湖龙井"地理标志证明商标的公益保护问题进行充分论证，同时邀请高校学者对该案进行理论研判与分析，认为姚某假冒"西湖龙井"地理标志通过淘宝销售龙井茶的行为，侵犯"西湖龙井"地理标志，破坏"西湖龙井"品牌形象，损害区域公共资源，影响包括原产地茶农在内的西湖龙井茶产业链从业人员利益，严重侵害社会公共利益。2021年12月，在杭州市西湖龙井茶管理协会向法院递交起诉状后，临平区检向法院递交支持起诉意见书及证据材料，对协会的诉讼请求予以支持。

【裁判结果】

该案件在庭审中原被告双方达成调解协议。检察官当庭对姚某进行教育，姚某将致歉信递交杭州市西湖龙井茶管理协会，承诺立即停止侵权行为，赔偿侵权损失，并在协会官网、媒体上刊登声明，消除影响。

【案件评析】

在当前全球化与市场经济交织的复杂背景下，非物质文化遗产地理标志产品面临着严峻的保护挑战。非遗项目因其独特的历史文化价值而成为文化传承的重要载体，地理标志产品则以其与特定地域的紧密关联和品质保证而成为市场中的稀缺资源。然而，非法仿冒、侵权行为屡禁不止，严重侵蚀了这些宝贵资源的文化和经济价值。在这一背景下，公益诉讼法律保护机制逐渐受到关注并应用于非遗地理标志的保护领域。特别是检察院作为法律监督机关，其在支持起诉方面的积极作用尤为显著。检察院凭借其法律专业性和权威性，能够代表公共利益对侵害非遗和地理标志权益的行为提起诉讼，有效弥补了个体维权力量不足的短板。

一、非遗地理标志公益诉讼的必要性

（一）非遗地理标志具有公共利益属性

地理标志具有典型的"公共产品"特征，涉及的权益主体具有多元性和公众性，蕴含社会公共利益。以本案中"西湖龙井"地理标志为例，涉及的权益主体包括地理标志产品的生产者、消费者及所属地域范围的公众。保护非遗地理标志主要涉及对以下社会公共利益的保护。

其一，非遗地理标志的保护对于维护区域公共资源和塑造地域品牌形象至关重要。这些标志不仅承载着特定地区的文化特色和历史传承，而且凝聚了当地劳动者的智慧和创造力。它们代表了一代代人的努力和成就，是地方文化和区域特征的集中体现。

其二，保护非遗地理标志也是为了保障广大消费者的合法权益。地理标志作为产品产地和品质的保证，是消费者在购买过程中识别产品的关键标识。非法使用假冒的非遗地理标志会误导消费者，剥夺他们通过商标获取产品真实信息的权利，侵犯了消费者的知情权，导致市场上的信息不对称。

其三，维护非遗地理标志的合法权益对于保持市场经济秩序和保护当地

同行业生产经营者的利益同样重要。这些生产经营者共同构成了一个利益共同体，他们共同努力维护非遗产品的独特品质和市场声誉。假冒非遗地理标志的行为不仅会误导公众对产品原产地和特定品质的认知，而且会不正当地夺取其他经营者的交易机会，这种行为违反了诚实信用原则，破坏了公平竞争的市场环境。长期而言，这种假冒行为还会损害非遗地理标志产品的整体质量和声誉，削弱其市场竞争力和辨识度。①

（二）非遗地理标志具有现实的保护需要

首先，从政策方面出发。地理标志不仅与特色产业的发展紧密相关，还承载着历史文化的传承，对乡村振兴具有深远影响。我国作为一个自然资源丰富的农业大国，地理标志成为我国知识产权领域的一大优势。保护地理标志，实际上也是在保护地理标志农产品，这直接关系到消费者的高品质农产品需求和农民的收入增长，进而推动乡村振兴战略的实施。

其次，从现状层面考虑。因地理标志具有集体垄断权属性和开放性，随着其价值的日益凸显，资源滥用现象也日益普遍。当众多使用者对一项资源拥有使用权但缺乏排他性时，便可能导致资源的滥用，忽视长远利益。公益诉讼通过维护社会公共利益，防止私权或公权的滥用，从而保护消费者基于地理标志形成的信任利益，有效解决地理标志领域的"公地悲剧"。

最后，从公益诉讼的适用角度探讨。检察机关公益诉讼的开展具有广泛性和普适性，能够产生较大的社会影响力。通过惩戒侵权者和警示其他经营者，检察机关公益诉讼有助于地理标志行业的可持续发展。这种诉讼方式能够保护消费者权益，还能够维护市场经济秩序和当地同行业生产经营者的利益，确保地理标志产品的品质和声誉，避免因假冒行为而导致的市场混淆和不正当竞争。

二、我国法律体系对非遗地理标志公益诉讼保护存在不足

2020年，全国检察机关共立案办理公益诉讼案件151,260件，其中民事

---

① 王东、张薇：《地理标志公益诉讼保护问题探析——以"西湖龙井"地理标志公益诉讼支持起诉案为例》，载《中国检察官》2023年第6期。

公益诉讼类立案 14,264 件，占立案总数的 9.4%；行政公益诉讼类立案 136,996 件，占立案总数的 90.6%。① 2021 年，全国检察机关共立案办理公益诉讼案件 16.9 万件，其中民事公益诉讼类立案 2 万件，占比 11.8%；行政公益诉讼类立案 14.9 万件，占比 88.2%。② 2022 年，全国检察机关共立案办理公益诉讼案件 19.5 万件，其中民事公益诉讼类立案 2.9 万件，占比 14.9%；行政公益诉讼类立案 16.6 万件，占比 85.1%。③ 2023 年，全国检察机关共立案办理公益诉讼案件 19 万件，其中民事公益诉讼类立案 2.2 万件，占比 11.6%；行政公益诉讼类立案 16.8 万件，占比 88.4%。④ 最高人民检察院第八检察厅负责人介绍，2019 年 10 月至 2024 年 6 月，全国检察机关共立案办理文物和文化遗产保护领域公益诉讼案件 1.7 万余件，⑤ 仅占 2020 年至 2023 年公益诉讼案件总数的 2.4%。

通过以上数据可知，我国司法实践中有关"文物和文化遗产"的行政公益诉讼比例非常小，并且大多与文物保护直接相关，真正非遗行政公益诉讼的司法实践还未得到充分展开，非遗的民事公益诉讼更是面临着重重挑战。主要原因在于，现行的《民事诉讼法》和《行政诉讼法》虽然对公益诉讼制度作了规定，但没有明确将"文物和文化遗产保护"纳入公益诉讼的范围，对非遗公益诉讼的主体也没有做出详细规定，导致其缺乏明确的基本法的依据。

一方面，尽管我国已有一些针对"文物和文化遗产保护"的行政公益诉讼案例，但与众多非遗侵权案件相比，保护力度仍显不足。行政公益诉讼主

---

① 《2020 年全国检察机关主要办案数据》，载最高人民检察院门户网，https：//www.spp.gov.cn/spp/xwfbh/wsfbt/202103/t20210308_511343.shtml#1。
② 《2021 年全国检察机关主要办案数据》，载最高人民检察院门户网，https：//www.spp.gov.cn/spp/xwfbh/wsfbt/202203/t20220308_547904.shtml#1。
③ 《2022 年全国检察机关主要办案数据》，载最高人民检察院门户网，https：//www.spp.gov.cn/xwfbh/wsfbt/202303/t20230307_606553.shtml#1。
④ 《2023 年全国检察机关主要办案数据》，载最高人民检察院门户网，https：//www.spp.gov.cn/xwfbh/wsfbt/202403/t20240310_648482.shtml#1。
⑤ 刘硕：《最高检：持续加大文物和文化遗产公益诉讼办案力度》，载中国法院网，https：//www.chinacourt.org/article/detail/2024/06/id/7977592.shtml。

要侧重于监督行政机关履行职责,是一种事后补救措施,具有明显的事后性。然而,非遗侵权往往影响深远、范围广泛,具有不可逆性,其保护需要贯穿事前、事中和事后的全过程。受限于行政公益诉讼的性质,它难以实现对非遗全面而有效的保护。

另一方面,我国尚未建立非遗民事公益诉讼制度,未将非遗明确纳入民事公益诉讼的保护范围,起诉主体的规定也不明确。同时,由于受到上位法基本法的限制,地方立法在实践中显得力不从心,效果不佳。这导致非遗民事公益诉讼在实际操作中面临诸多困难,难以发挥应有的保护作用。①

三、非遗地理标志公益诉讼保护的完善路径

党的二十大报告明确指出:"中华优秀传统文化源远流长、博大精深,是中华文明的智慧结晶。"新时代深入推进民族文化自信自强,铸就社会主义文化新辉煌,离不开对中华优秀传统文化的不断继承和发扬。非遗是文明的体现、历史的见证,承载着一个民族的精神和信仰,深入推进非遗保护工作,不仅是维护社会共同记忆和利益的需要,也是对中华优秀传统文化的继承与发展的必然要求。2020年最高人民检察院发布《关于积极稳妥拓展公益诉讼案件范围的指导意见》,要求检察机关在文物和文化遗产保护等领域积极探索公益诉讼工作,党的二十大进一步明确提出要"完善公益诉讼制度"。开展非遗地理标志领域公益诉讼是贯彻落实中央关于非遗保护工作重要指示和党的二十大精神的重要举措,也是积极探索检察机关非遗司法保护的新路径。目前,检察机关在文化遗产保护方面重点是在于对不可移动文物和物质文化遗产的保护上,而对非遗的保护监督尚处于摸索阶段。基于此,如何通过公益诉讼制度更好保护非遗地理标志产品,成为全国检察机关亟须探讨的重大课题。

(一) 完善非遗公益诉讼立法

在立法保护、机制建设等方面构建非遗公益诉讼制度。通过公益诉讼的

---

① 严永和、妥学进:《论我国非物质文化遗产公益诉讼制度的构建》,载《文化遗产》2021年第4期。

司法途径开展非遗保护，关键要做到完善立法、有法可依。一方面，应针对非遗的自身属性和公益诉讼实践，加强立法的顶层设计规划，丰富非遗公益诉讼具体实施条款，让非遗保护相关法律法规建设成一个完整的、系统的法律体系。另一方面，可以考虑将非遗作为公益诉讼的一个单独分类，借鉴环境公益诉讼和消费者公益诉讼等成熟的模式，探索构建我国非遗公益诉讼制度，如明确非遗公益诉讼的原告资格、畅通司法程序等。①

（二）结合个案考虑检察公益诉讼的介入路径

实践中，有部分检察机关在地理标志公益诉讼中，通过行政公益诉讼诉前程序对地理标志进行保护，以诉前圆桌会议的方式联动相关行政机关、协会、电商平台等，通过构建白名单监管制度、违法线索与保护信息互联互通等方式，形成各方合力，维护地理标志和消费者合法权益。

本案中临平区检通过调查研究发现，地理标志协会作为地理标志的保护主体，具有强烈的维权意愿，但由于人员缺乏、维权经验欠缺、法律专业知识不够等原因，地理标志维权力度和广度不够。因此，检察机关在开展公益诉讼进行保护时，应尊重协会作为地理标志第一顺位保护者的身份。地理标志权利人所提起的民事侵权诉讼，相对于一般的商标民事侵权诉讼而言具有特殊性，地理标志权利人的保护者角色与环境保护组织、消费者权益保护组织具有一定的相似性。临平区检创新运用公益诉讼支持起诉的方式对"西湖龙井"地理标志进行保护，积极促进刑民证据转化，降低权利人的维权成本，助力权利人更好地实现对地理标志的管理和保护；在更大程度、更广范围上震慑侵权人和潜在侵权主体，保护"西湖龙井"地理标志，全方位推进知识产权司法保护，维护社会公共利益。

对地理标志的公益诉讼保护，应当根据具体的地理标志，结合当下的社会实际情况加以区分，对真正有地域、品质和文化传承识别作用的、蕴含社会公共利益的地理标志开展公益诉讼保护。

---

① 王彗洁：《公益诉讼助力探索非遗保护新路径》，载《中国文化报》2023年11月21日。

【典型意义】

非遗地理标志作为一种特殊的具有地域和文化内涵的知识产权，其有别一般商标权，所蕴含的社会公共利益值得我们关注和保护。非遗地理标志公益诉讼不仅是对非物质文化遗产的保护，更是对地域特色文化的传承与弘扬。作为非遗地理标志保护领域的典型案例，本案深刻揭示了公益诉讼在维护文化传承和市场经济秩序中的独特价值。检察院的支持起诉有效提升了公益诉讼的权威性和影响力，该案件的成功审理，不仅有效打击了非法使用"西湖龙井"地理标志的侵权行为，保护了商标权利人的权益，还维护了当地同行业生产经营者和消费者的合法权益，体现了公益诉讼在保护地理标志、维护社会公共利益方面的积极作用，更彰显了公益诉讼在保护非遗地理标志方面的典型意义，为类似非遗地理标志公益诉讼案件提供了法律依据和判例参考，有助于推动非遗地理标志的保护和传承。

案件 3.4 擅自使用非遗"传人"称谓的法律规制
——天津市泥人张世家绘塑老作坊、张某诉陈某谦等擅自使用他人企业名称及虚假宣传纠纷案①

【关键词】

不正当竞争　虚假宣传　擅自使用他人企业名称　"传人"称谓

【裁判要旨】

行为人使用"传人"称谓进行宣传，并未单独或突出使用他人企业名称，不构成对他人企业名称权的侵害。行为人使用"传人"称谓进行宣传，应考虑其使用行为是否具有历史及事实基础，是否有不正当竞争的故意，以及是否会导致相关公众的混淆、误认等因素，综合判断其是否构成虚假宣传的不正当竞争行为。而对于"传人"的界定、是否具备"传人"的身份等问

---

① 天津市泥人张世家绘塑老作坊、张某诉陈某谦等擅自使用他人企业名称及虚假宣传纠纷案，天津市高级人民法院（2012）津高民三终字 16 号民事判决书。

题，审理时应注意分清艺术问题与法律问题，个案中不宜直接加以认定。

【案件索引】

一审：(2011) 二中民三知初字第 150 号。

二审：(2012) 津高民三终字第 0016 号。

【基本案情】

原告天津市泥人张世家绘塑老作坊（以下简称泥人张世家）、张某系"泥人张"彩塑的创始人张明山的第六代孙，现任泥人张世家经理职务，专业从事彩塑创作。被告陈某谦系天津泥人张彩塑工作室（以下简称泥人张工作室）职工，师从该工作室的逯某、杨某忠，与张某家族没有任何血缘和姻缘关系。自 2010 年开始，被告陈某谦在杂志、网站等媒体上公开宣扬自己是"泥人张第六代传人"。被告宁夏雅观收藏文化研究所（以下简称宁夏某研究所）所属《收藏界》杂志社、被告北京某网络技术有限公司（以下简称北京某公司）主办的凤凰网亦在其文章中宣扬陈某谦为"天津泥人张第六代传人"。原告认为被告的行为侵犯了"泥人张"的企业名称权，并且陈某谦冒充张宇"泥人张第六代传人"身份，为自己争取了更多的交易机会和成名机会，其行为已经构成不正当竞争，给张某造成了精神损失，给泥人张老作坊造成了严重的经济损失，故向法院提起诉讼。

【裁判结果】

一审法院判决：驳回天津市泥人张世家绘塑老作坊、张某的诉讼请求。理由为，本案所涉"泥人张"称谓的使用争议，从案件事实来看，三被告并未将"泥人张"作为商标、企业名称和服务标记使用，而是从被告陈某谦所具有的彩塑艺术高度的角度宣传其为"泥人张第六代传人"。本案实质是传人身份之争，即宣称被告陈某谦为"泥人张第六代传人"是否虚假的争议。"泥人张"彩塑艺术的形成有其特定的历史渊源，艺术传承方式已不单纯依赖于张氏家族成员，泥人张工作室亦是该彩塑艺术的传承单位。由泥人张工作室培养起来、掌握"泥人张"彩塑技艺、作品具有其风格并具有较高艺术成就的人可以作为"泥人张"彩塑艺术的传人，弘扬此项民间彩塑艺术。按照民间艺术传承有序的传承方式，作为"泥人张"第五代逯某、杨某忠的亲传得意弟子，陈某谦应具备"泥人张第六代传人"的身份。

二审法院判决：驳回上诉，维持原判。理由为，被上诉人使用"泥人张"的方式属于商业性使用，一审判决认定并非反不正当竞争法所规定的商业性使用，有失妥当。但被上诉人使用"泥人张第六代传人"具有事实基础、没有攀附泥人张世家和张某的故意且不会导致相关公众的混淆、误认，故不构成擅自使用或虚假宣传的不正当竞争行为。

【案件评析】

传人身份的认定在传统与现代之间存在着明显的张力，在非物质文化遗产传承中尤为复杂，既涉及传统家族观念中的血缘和姻缘，也包含现代师承关系的认可。传统观念中，传人往往局限于家族成员，强调血缘和姻缘的纽带；而现代观念则更加开放，认为师承关系和艺术成就同样重要。张某基于家族传统，认为传人应限于家族成员；而陈某谦则凭借师承和艺术成就自称为传人。这一争议反映了传统与现代在身份认定上的冲突，凸显了非物质文化遗产传承中法律与文化的交织难题。纠纷的背后还隐藏着传统艺术传承与现代市场运作的矛盾。传统艺术往往依靠家族或师徒口传心授，而在现代市场中，品牌和声誉成为重要的竞争手段。陈某谦通过媒体宣传自身技艺，无疑触动了张某及泥人张世家在市场中的利益。泥人张世家与陈毅谦的纠纷不仅是一场身份之争，更是传统与现代、法律与文化、艺术与市场等多重因素交织的复杂问题。它提醒我们，在非物质文化遗产的传承和保护中，需要更加细致地平衡各种利益关系，制定更为完善的法律和政策，以促进传统艺术的健康发展。

一、非遗传承与虚假宣传

一方面，随着我国对于非遗的保护越来越重视和公众保护意识的增强，导致非遗逐渐"炙手可热"。但非遗多为专业性较强的传统文化知识，普通公众对其了解有限，而虚假宣传者利用这种信息不对称，故意制造混淆，使公众难以辨别真伪。实践中便出现了许多商家未经授权随意悬挂"非遗"标识牌匾以招揽顾客，如河南平顶山湛河区的部分商户，在无法提供合法证明的情况下，擅自使用"非遗"字样进行商业宣传，甚至一些资质已被取缔撤销的商户仍在使用，还有商家称牌匾由厂家提供却未求证其真实性。① 另一方面，由于当今网络发展迅猛，信息基础设施不断升级，网民规模庞大，互联网应用广泛且创新活跃，正深刻改变着人们的生产生活方式以及全球产业、经济等格局。随之而来，越来越多的商家利用网络作出虚假宣传非遗的违法行为，如"建阳区老邓建盏直播陶瓷工作室作虚假或引人误解的商业宣传"一案中，当事人在直播过程中，用"福建省非物质文化遗产保护项目《建窑建盏烧制技艺》代表性传承人烧制"为噱头，作虚假或引人误解的商业宣传销售建盏。经抖音直播平台技术运营、维护方协助核实，2022年7月6日至2022年10月26日，当事人的直播运营收入共计285,871.9元。有学者认为这一现象出现的原因可以总结为以下四点：第一，网络直播带货虚假宣传的相关规制条款难以合理协调；第二，网络直播带货虚假宣传构成不正当竞争的判断标准错位；第三，网络直播带货虚假宣传中各方主体的定位和责任不明；第四，网络直播带货虚假宣传的监督和治理手段可操作性差。② 针对这一现象，有学者认为应当建立和完善"实质性关联"信息披露制度，即商家应主动说明身份，或要求主播在直播活动中披露与自身的"实质性关联"，并且建立能够引导和监督主播的机制；主播须向消费者提示自己与商家的"实质性关联"，在接受赞助或者从直播内容获取赏金情况下，应当主动披露这一事实，并且做到"明晰且突出"；直播平台须做好监督，对主播提出披露"实质性关联"这一要求。③

二、实践中常出现的非遗名称混淆行为的不正当竞争纠纷

通过对实践中非遗名称的混淆行为进行检索和分析，主要可以分为两种类型，即擅自使用非遗名称和模仿企业字号。

---

① 刘立新、陈彦培、李浩明：《河南平顶山湛河区："非遗"标识打假记》，载《检察日报》2024年11月3日，第1版。
② 丁国峰、蒋淼：《我国网络直播带货虚假宣传的法律规制——兼评〈禁止网络不正当竞争行为规定（公开征求意见稿）〉》，载《中国流通经济》2022年第8期。
③ 刘雅婷、李楠：《直播电商虚假宣传的法律规制》，载《知识产权》2021年第5期。

其一，关于擅自使用非遗名称。湖北郭某正骨医学科技公司（以下简称湖北某公司）诉洛阳郭氏堂医药科技公司（以下简称洛阳某公司）未经许可擅自使用"平乐郭氏正骨"名称和技艺进行商业活动，法院认为洛阳某公司经营范围与湖北某公司经营范围及注册商标"郭灿若"核定的商品服务项目相近，成立时间晚于商标注册时间，洛阳某公司作为从事医药相关服务的企业，并未清晰释明其对"平乐郭氏正骨法"的传承渊源或习承"郭灿若"，应当对注册商标"郭灿若"合理避让，但将该商标作为企业名称中的字号使用，并在经营中多次使用"郭灿若"文字进行宣传，容易使相关公众对双方提供的服务产生误认，或以为其与湖北某公司存在特殊联系，主观上存在故意攀附"郭灿若"商标的故意，客观上侵害了湖北某公司的合法权益，违反了公平竞争、诚实信用的经营原则和市场经营者应共同遵循的商业道德，构成不正当竞争。[①] 而在"自贡扎染工艺"案中，自贡扎染技艺被列入国家级非物质文化遗产名录，扎染厂被认定为保护单位。扎染厂起诉同行公司非法使用"非物质文化遗产——自贡扎染工艺"进行不正当竞争。法院认为"自贡扎染工艺"属于自贡人民的共同财富，不属于任何个人或企业，被告公司使用该字样属于对非物质文化遗产的合理利用，不构成不正当竞争。两个案件的争议相似，原告都认为被告擅自使用了其作为传承人的非遗项目的名称，但前一个案件中的原告将"郭灿若"注册为了商标，后一个案件中的原告仅依据被告使用"非物质文化遗产——自贡扎染工艺"即认为其构成不正当竞争。二者裁判结果的不同表明作为具有公共性质的非物质文化遗产的保护并不到位，我国目前的法律无法妥当处理非遗的公共属性和私有权利之间的关系。

其二，关于模仿企业字号。常州某梳篦厂与非遗传承人邢某的不正当竞争纠纷，涉及常州梳篦行业某知名企业字号创始人及其后人、非遗传承人、改制企业等关于企业字号权益的争议。主要为原告主张被告恶意抢注"真老卜恒顺"商标、被告标识性使用原告享有在先权利的"真老卜恒顺"字号（包括门头标识、进门整墙标识）、被告在其产品上标识性使用原告的未注册

---

① 参见河南省高级人民法院（2021）豫知民终711号民事判决书。

商标"宫梳名篦"、被告在其经营场所使用"真老卜恒顺梳篦博物馆退休职工之家"牌匾、"常州梳篦厂"曾用宣传纸的行为构成不正当竞争。本案几经磋商协调，最终三方达成共识，握手言和，以调解方式结案。单从本案来看，本案的圆满化解，维护了常州梳篦行业的和谐与稳定，又以案说法，提升了非遗传承人的知识产权保护意识，为其他类似的案件提供了参考的价值。

三、对于"非遗传人"的认定

"传人"一词具有丰富的含义，就民间艺术领域而言，宜理解为从民间艺术前辈处继承了独特的艺术技巧和艺术气质。商业领域中，介绍作者身份时使用民间艺术领域"某某传人"等称谓，是对作者所从事的艺术流派、传承及其在相关领域获得认可的一种描述。本案二审法院判断使用该称谓是否构成《反不正当竞争法》意义上的虚假宣传行为，综合考虑了以下三方面因素：第一，当事人使用该称谓是否具有相应的事实基础；第二，当事人使用该称谓是否具有恶意攀附的故意；第三，当事人使用该称谓是否会造成公众主观认识上的混淆。

从非遗传承人的认定来看，目前我国采取代表性非遗传承人的认定制度存在认定方式单一、一般性传承人的权益没有保障、缺乏造血式的事权激励等问题，应构建多元的传承人认定模式，既要进行代表性传承人、个体性传承人的认定和资助，也要保护一般性传承人和团体性传承人的合法权益，从而推动我国非遗保存、保护和发展工作的良好运行。[1] 在非遗优秀传承人推荐认定工作推进期间，应着力突破我国传统的推荐认定受理模式，即融合他人实名推荐与地方个人实名申请的机制。地方非遗相关部门需及时部署工作人员开展非遗传承人的信息采集事宜，针对非遗传承人所具备的技艺与资料予以详尽记录，助力其顺利完成个人申报流程。同时，要积极鼓励并扶持更多地方民众参与非遗优秀传承人的申报与推荐工作，充分运用地方社会资源，委派文化部门专业人员深入地方开展调研，挖掘并推举符合资质的非遗传承

---

[1] 黄玉烨、钱静：《我国非物质文化遗产传承人认定制度的困境与出路》，载《广西大学学报（哲学社会科学版）》2016年第3期。

人，以此推动非遗传承与发展工作的高效开展，确保优秀的非遗技艺与文化得以有效传承与弘扬，促进非遗保护事业的全面进步与可持续发展。[1]

对于非遗传承人的保护机制来看，我们应当针对生存现状，强化培养机制，在非遗保护过程中，只有从日常生活、技艺传承、保障体系构建等方面对传承人进行全方位保护，非遗保护才能真正取得成绩。[2] 同时，对传承人应当统一规划，加强组织机构建设；主张采取科学认定，广泛开展普查工作；建立档案，面向社会广泛宣传；加大投入，保障传承人权利；社会各界共同参与，为传承提供有力保障。[3]

四、互联网时代下的非遗传承问题

随着互联网的迅猛发展，非遗传承面临着新的挑战与机遇。传统非遗项目往往依赖口传心授、家族或师徒传承，但在信息爆炸的今天，这种传承方式受到冲击。互联网的普及使得信息传播更加快捷，但也导致了许多非遗项目的原真性和独特性被稀释。同时，网络平台为非遗提供了更广阔的展示和传播空间，吸引了更多年轻群体的关注。然而，如何确保非遗在数字化传承中的真实性和活态性，如何平衡商业开发与文化保护，成为亟待解决的问题。互联网时代下的非遗传承，需要在传统与现代、保护与利用之间找到新的平衡点。

首先，所谓"网红"的一些行为会直接误导公众对于非遗的认识。如前段时间在公众视野中，诸如"火壶""漆扇"等流行词汇频繁出现，它们在众多网络红人的推崇下，似乎无端地被冠以"非物质文化遗产"的名号。根据大型纪录片《非遗火壶》的描述，火壶表演被宣称为国家级非物质文化遗产的一部分。该表演涉及将烧红的木炭置于两侧的铁丝网中，并通过铁网的快速摆动产生飞溅的火花。然而，据实际考证，火壶表演最初是由德国的一

---

[1] 黄本平、刘坚：《非物质文化遗产传承人保护中存在的问题及对策》，载《天工》2023年第18期。
[2] 马伟华：《主体的彰显：非物质文化遗产传承人保护问题研究》，载《青海民族大学学报（社会科学版）》2016年第4期。
[3] 周丽华、王卓：《我国民族传统体育非物质文化遗产传承人保护与培养机制的构建》，载《体育成人教育学刊》2014年第5期。

个艺术团队以"火"为主题所创造的表演艺术,并非源自中国传统的非物质文化遗产。这种误导公众的行为无疑对公众正确理解真正的非物质文化遗产造成了混淆和困扰。而尽管漆扇被认定为非物质文化遗产,但其起源地并非中国,而是土耳其,属于享誉世界的非物质文化遗产——湿拓画。将漆扇笼统地归定为中国非遗的做法,不仅误导了公众对非物质文化遗产的认识,还可能对真正的非遗文化传承与发展造成负面影响。

其次,公众接触最多的网络宣传可能就是"直播"。网络直播中便会存在虚假广告、夸大宣传的现象,网络直播带货的生存和发展依赖于其吸引消费者的能力及转化率,即推介成功率。然而,由于信息发布者与直播观众在信息接收的时间和空间上存在差异,导致夸大产品功效的虚假宣传成为了激发消费者购买意愿的最直接手段。这种策略虽然短期内可能有效,但长期来看可能会损害消费者的信任,对直播带货的可持续发展构成威胁。[1] 针对直播领域中出现的虚假宣传等混乱现象,我们必须明确不同法律规范的相互关系,并考虑到主播的法律地位差异。通过整合直播平台、相关监管机构以及消费者等多方利益相关者的资源和力量,我们可以共同促进直播行业的规范运作。这样的合作不仅有助于推动经济的健康发展,还能确保消费者权益得到切实保护。[2]

【典型意义】

该案件明确了非遗品牌权利主体及权益范围的重要性,并为其他非遗项目确定权利主体提供了参照,有助于解决类似的权利纷争。本案中法院细化了虚假宣传行为的认定标准,综合多方面因素判断是否构成虚假宣传,使非遗领域反不正当竞争的法律适用更具可操作性和确定性。此外,该案平衡了非遗传承的多元性与市场竞争中各方利益,既保障了非遗品牌所有者权益,又认可了合法传承人的地位,为处理非遗传承与市场竞争冲突提供了有益借鉴。

---

[1] 丁国峰:《协同共治视角下网络直播带货法律治理体系的构建》,载《学术论坛》2024年第2期。
[2] 杨铠先:《短视频平台主播直播带货虚假宣传的法律责任及规制路径》,载《武汉冶金管理干部学院学报》2024年第1期。

案例 3.5 非遗作品的著作权侵权认定
——赵某宪与某公司著作权侵权纠纷案
——"南京绒花"非遗传承技艺著作权侵权案

【关键词】

南京绒花　非遗技艺　著作权侵权

【裁判要旨】

赵某宪作为江苏省非物质文化遗产绒花制作技艺的代表性传承人，其创作的"福寿三多"绒花作品具有独创性，属于著作权法意义上的美术作品。某公司未经授权，擅自制作和销售与赵某宪作品实质性相似的绒花制品，侵犯了赵某宪的著作权。法院判决某公司停止侵权行为，并赔偿赵某宪损失及合理费用共 5 万元，明确了基于传统要素创作的绒花作品的侵权判定思路，对推动非物质文化遗产的传承与发展具有积极意义。

【案件索引】

一审：（2022）苏 0192 民初 1062 号。

二审：（2022）苏 01 民终 6088 号。

【基本案情】

赵某宪系江苏省非物质文化遗产绒花制作技艺代表性传承人，其设计、制作的绒花具有较高的知名度和美誉度，被电视剧《延禧攻略》等采用，多家媒体予以宣传报道。赵某宪创作了"福寿三多"绒花，进行了作品登记。某公司通过西塘汉服节及淘宝店铺（南京摇曳绒花）等渠道销售"南京摇曳绒花"。赵某宪认为某公司侵害其绒花作品著作权，遂诉至法院。一审法院判决摇曳公司停止侵权行为，并赔偿赵某宪经济损失及合理费用共计 5 万元。某公司不服提起上诉。

【裁判结果】

一审法院判决：某公司停止侵权行为，并赔偿赵某宪经济损失及合理费用共计5万元。理由为，赵某宪依法享有涉案作品著作权。"福寿三多"虽系以"佛手、寿桃、石榴"等元素寓意"福多、寿多、子多"的传统创作题材，但系赵某宪进行个性化创作而形成的作品，属于著作权法意义上的美术作品。赵某宪的绒花作品、某公司销售的绒花制品与故宫款"福寿三多"制品，虽然都主要包括"佛手、寿桃、石榴、绶带鸟"元素，但与故宫款相比，某公司销售的绒花制品、赵某宪的绒花作品中"绶带鸟"较为舒展，鸟的翅膀、尾羽较为飘逸，表现了鸟的飞翔状态，"佛手"微蜷且上面较尖，整体占比较小，上述特征与故宫款"福寿三多"制品差别较大。而某公司销售的绒花制品，从各种元素的相对大小、相对位置、排列布局、整体形态、视觉效果、色彩处理等方面，与赵某宪作品实质性相似。某公司未经赵某宪授权，擅自制作、销售"南京绒花"，侵害了赵某宪涉案作品的著作权。

二审法院判决：驳回上诉，维持原判。

【案件评析】

非物质文化遗产是中华文化的瑰宝，承载着深厚的历史文化底蕴。在当代，非遗传承人如赵某宪等，通过创新传统技艺，创作出既保留传统文化精髓又融入现代审美的独特作品，这些作品具有高度的艺术价值和市场价值。然而，由于非遗作品的特殊性和传统性，其在知识产权保护方面往往面临认定难、维权难的问题。侵权行为不仅损害了传承人的合法权益，也影响了非遗的传承与发展。因此，加强非遗创作作品的知识产权保护，对于激励传承人创作、维护文化多样性、推动非遗的可持续发展具有重要意义。

一、维权难：非遗传承人自证所需的证据难以收集与固定

在本案中，赵某宪于2021年底在西塘汉服文化周活动中注意到，有商家销售的产品在设计、包装、宣传材料以及字体方面与其原创作品极为相似，并且这些产品在网上销售异常火爆。面对这种情况，赵某宪选择通过法律途径维护自己的权益。然而，由于他未能及时对其绒花作品的创作时间和完成状态进行证据保全，且未对作品进行美术作品的登记，这使得他自证原创性的难度大大增加。为了确立自己的作者身份并证明对方的侵权行为，赵某宪在律师的指导下收集了相关商铺销售侵权动画的视频证据以及媒体报道其作

品的材料，并为之前的作品补办了著作权登记。在证据收集齐全后，赵某宪向法院提起了诉讼。从该案例我们可以将非遗传承人收集与固定用于证明其权利的证据面临的困难总结以下几点：

第一，证据意识淡薄：非遗传承人通常将大量精力倾注于技艺的承袭与创新发展之上，因此，他们中的绝大多数人在著作权保护领域，尤其是证据收集与留存方面，意识普遍处于较为薄弱的状态。一方面，他们鲜少能敏锐且及时地察觉到，需要对自身创作完成的作品采取妥当方式予以固定，以留存作品的原始风貌，也未能养成常态化记录创作进程的习惯；另一方面，在创作实践中，诸如与创作流程紧密相关的草图绘制、手稿撰写、现场照片拍摄以及过程视频录制等环节，他们往往容易忽视，未曾用心保留这些关键的证据素材。如此一来，一旦面临需要证实作品著作权归属的情形，他们才惊觉手中空空，缺乏能够支撑自身主张的有力依据，进而陷入举证艰难的困境之中。

第二，创作过程记录缺失。在非物质文化遗产领域，非遗作品的孕育环境通常颇具私密性。其创作流程大多是在相对隐蔽、不对外公开的空间里推进，这就致使整个创作轨迹缺失可供外界回溯、查证的详实记录。许多非遗传承人要么尚未形成对创作进程予以记录的常态化习惯，要么受困于现实条件，诸如缺乏专业的记录设备、适宜的记录场地，抑或无暇分心顾及记录事宜，进而难以对创作全程实施完备且连贯的记录。如此一来，当面临需要证实自身著作权归属的关键时刻，他们便会陷入窘境，拿不出足够详实、确凿的依据，用以展现作品究竟是如何一步步创作而成，也难以有力地彰显自身在作品创作中所融入的独特创意与个性化付出，使得著作权自证之路阻碍重重。

第三，证据保存的专业性和成本问题。尽管部分非遗传承人已然具备了一定程度的证据留存意识，然而在面对某些别具一格的证据形式之际，依旧会遭遇棘手难题。以传统手工艺制作流程的视频资料、音频素材为例，此类证据的妥善保管与科学管理，离不开专业的器材设备以及精湛的技术手段加持。但现实状况是，诸多非遗传承人囿于自身知识结构的局限性，往往并未掌握与之匹配的专业技能，加之在资金筹备方面力不从心，难以负担购置专业设备、聘请专业技术人员所需的高昂开支。这般情形之下，极易致使珍贵的证据材料在保存过程中出现纰漏，诸如视频画质模糊、音频失真，甚至因存储介质损坏而彻底丢失等问题频出，最终使得这些原本极具证明力的证据无法达到法律所要求的有效性标准，难以在维权诉讼等法律程序中发挥应有的关键作用。

二、非遗作品侵权的判断要素及方法

本案所涉绒花作品就传统主题所涉诸元素在色彩选取、造型演绎、组合方式、尺寸比例、层次排布等方面均体现出了作者赵某宪的独创性，故涉案绒花作品应当认定为著作权法意义上的美术作品。在此基础上，我们应当进一步探讨认定非遗作品是否被侵权的要素及方法。

第一，整体实质性相似的比对。本案中法院在判断侵权时，便采取了此种方式。在是否构成实质性相似的比对上，除应比对涉案作品整体表达方式，即线条对创作客体的外形和姿态勾勒，色彩搭配、光线明暗的独创表达并体现层次的视觉美感外，相较于通常意义上于二维平面创作的美术作品而言，本案涉及的非遗作品的独创性特征更多地体现于立体空间的造型创意与排布组合，美术作品的价值就在于通过独创表达在整体上给公众呈现一种视觉审美冲击和享受。因此，整体独创性表达和美感是美术作品的基本属性，判定被诉侵权商品与涉案美术作品是否属于实质性相似应该采用整体比对的方式，即从各种元素的相对大小、相对位置、排列布局、整体形态、视觉效果、色彩处理等方面进行整体的对比。对于非遗手工制品这类立体空间造型创意丰富的作品，整体比对的方式更能准确判断是否构成侵权，避免仅因局部细节的差异而忽视整体的抄袭。

第二，广泛征集多专业领域的权威见解。鉴于非遗作品侵权认定工作具有高度专业性，且横跨非遗专业范畴，因而邀请非遗领域内造诣深厚之士，诸如资深传统技艺大师、精通民俗文化的学者等来为非遗作品及疑似侵权作品做精准鉴定，不失为一种恰当且行之有效的举措。这些专家能够依托自身深厚的专业素养，从非遗作品所展现出的精湛技艺水准、深邃文化底蕴以及对传统元素的精妙运用等诸多维度给予极具价值的专业评判。与此同时，针对侵权认定过程中牵扯到的一系列复杂法律问题，尤其是关乎非遗作品独创性判定这一关键要点，交由法律专业领域的专家进行深入剖析与精准认定显得尤为必要。法律专家凭借自身丰富的专业知识储备以及长期积累的实践经验，能够敏锐地甄别出非遗作品在传承传统基础之上所孕育出的独特创新闪光点，进而精准判定侵权作品是否存在对这些创新性成果的不当盗用或抄袭行径，为侵权认定提供坚实可靠的法律依据。

三、非遗的著作权保护仍然有待加强

本案最终原告胜诉，但侵权却并未停止。在本案的判决生效后，被告公司对"福寿三多"等主题的绒花进行了所谓的"改良"，仅仅将石榴籽从点状变成了长条状，同时改变了佛手瓜一定的弯曲程度，便再次在市面上销售。2023年，赵某宪再次将被告公司告上法庭，经过整体对比，原被告双方的作品仍然构成实质性相似，认定被告侵权。考虑到被告公司是第二次实施侵权行为，主观恶意明显，因此这次判决大幅提高赔偿额度，判令被告公司停止侵权、赔偿原告经济损失及合理开支共计12万元。我们可以分别从现实层面与法律层面来看待此种现象。

首先，现实层面。第一，经济利益驱动。非遗作品通常蕴含深厚的文化价值，在市场上具有一定的吸引力和认可度。一些不法商家觊觎其商业潜力，企图通过低成本抄袭并稍加修改的方式，快速进入市场分一杯羹。以传统手工刺绣非遗作品为例，一幅精美的原创刺绣可能需要非遗传承人耗费数月甚至数年的心血，成本高昂，售价自然不菲。而侵权者只需简单模仿其图案，稍作色彩或针法的改动，利用廉价劳动力和劣质材料，就能在短时间内批量生产，以远低于正版的价格出售，从而获取巨额利润。消费者对非遗文化的热爱与需求不断增长，但辨别能力参差不齐，部分消费者更注重价格因素。侵权商家正是抓住这一消费心理，通过修改侵权作品使其看似与正版有所差异，以低价诱惑消费者购买，进而扩大市场份额，实现经济利益最大化。

第二，非遗传承保护意识淡薄。社会大众对非遗传承保护的重要性认识不足，未形成尊重知识产权的良好氛围。许多人认为非遗作品是公共文化资源，人人皆可使用，忽视了非遗传承人的创作付出和合法权益。这种错误观

念纵容了侵权行为的发生,使得侵权者毫无顾忌地对非遗作品进行修改和再售。部分非遗传承人自身也缺乏足够的维权意识和商业运营能力。他们大多专注于技艺传承,对市场动态和法律知识关注不够,未能及时发现侵权行为,即便发现了,也因不熟悉维权流程和证据收集方法,难以采取有效的制止措施,导致侵权现象屡禁不止。

其次,法律层面。第一,著作权界定模糊。非遗作品具有独特的历史性、传承性和群体性特征,与传统著作权法所保护的现代个体创作作品存在差异。对于非遗作品中哪些部分属于公有领域,哪些具有独创性应受著作权保护,法律规定不够明确。同时,对于侵权作品修改到何种程度可视为具有新的独创性,缺乏清晰的判断标准。不同法官在审理相关案件时可能因个人理解和专业背景的差异,作出不同的裁判,导致法律适用的不确定性,给侵权者留下可乘之机。第二,法律处罚力度不足。现行法律对非遗作品侵权行为的处罚相对较轻,与侵权者所能获取的巨额利润不成正比。一般情况下,侵权者只需承担停止侵权、赔偿损失等民事责任,赔偿数额往往依据权利人的实际损失或侵权人的违法所得确定,但由于非遗作品价值评估难度大,实际损失和违法所得难以精确计算,导致赔偿数额偏低,无法对侵权者形成有效威慑。而刑事处罚门槛较高,对于大多数轻微或中度的非遗作品侵权行为,难以追究刑事责任。这使得侵权者心存侥幸,认为即使被发现侵权,付出的代价也较小,从而肆无忌惮地对侵权作品进行修改并再次出售。

【典型意义】

非物质文化遗产是中华优秀传统文化的重要组成部分,是中华文明延续和传承的生动见证,也是连接民族情感、维护国家统一的重要基础。保护、传承和利用非物质文化遗产,对于延续历史文脉、坚定文化自信、促进文明交流互鉴、建设社会主义文化强国具有重要意义。通过本案的审理,明确体现了司法对南京绒花等非物质文化遗产在新时代焕发活力的支持与保障作用,也探索了非物质文化遗产传承创新的司法保护路径,为今后审理此类案件提供了有效的实践参考。对传承人在非遗传承中作出的创新性智力成果给予知识产权保护,能够进一步激发非遗传承群体的创新活力,使非遗在提升中发展,在发展中传承。

第三节　非遗商标行政保护

案例 3.6　非遗商标注册异议审查中混淆的认定
——"黄塔膏药"商标异议案

【关键词】

老字号　商标异议　混淆

【裁判要旨】

本案基于非物质文化遗产"黄塔膏药"的历史传承和使用现状,结合在案证据,突破类似商品和服务区分表(以下简称《区分表》)上商品和服务的类似关系,适用《商标法》第 30 条,对不同市场主体的商标权边界进行清晰划定,有力制止了市场混淆误认,守护了公平竞争的市场秩序。

【案件索引】

(2023)商标异字第 0000125642 号。

【基本案情】

黄塔膏药(明氏外用接骨膏)及黄塔明氏正骨术创始于清顺治年间末至清康熙年间初期,至今相传 14 代已有 300 多年历史。"黄塔膏药"是一种"接骨续筋"特效中草药膏,是由二十余味中草药材炸、熬而成的,制作方法科学严谨,配方、火候、温度、搅拌等是祖传绝技,该药膏疗效奇特,治愈率高。

被异议人滑县黄塔寺骨伤医院将第 61172988 号"黄塔膏药"商标申请在第 35 类,指定使用服务为"替他人推销;为商品和服务的买卖双方提供在线市场"等。异议人滑县骨科医院引证在先注册的第 13597533 号"黄塔膏药"商标核定使用商品为第 5 类"人用药；膏剂"等，对该商标提出异议申请。

【裁判结果】

商标局决定：对第 61172988 号"黄塔膏药"商标不予注册。理由为，异议人于 2019 年 3 月被河南省商务厅认定为第六批"河南老字号"，"黄塔膏药"于 2009 年 6 月被河南省文化厅列入河南省第二批非物质文化遗产保护名录，"黄塔膏药"商标经异议人长期宣传和使用具有一定知名度。被异议商标与异议人商标文字构成完全相同，被异议商标指定使用服务与异议人引证商标核定使用商品在消费对象、消费内容、消费场所等方面存在密切关联，属于类似商品和服务。被异议人作为同行业经营者，与异议人同处河南省安阳市滑县半坡店乡，在第 35 类"替他人推销；为商品和服务的买卖双方提供在线市场"等服务上申请注册被异议商标，易使相关公众认为是来自同一市场主体的系列商标或二者之间存在特定关联，从而对服务的来源产生混淆误认。异议人称其"黄塔膏药"商标为相关公众所熟知，已构成驰名商标，异议人主张被异议商标系摹仿其商标，应依据《商标法》第 13 条之规定不予核准注册。本案中，商标局已依据《商标法》第 30 条的规定对异议人商标权利予以充分保护，因此无须再适用《商标法》第 13 条之规定予以扩大保护，对上述商标是否构成驰名商标不作评述。

【案件评析】

本案中在先注册第 13597533 号"黄塔膏药"商标的异议人所提出的意见是依据《商标法》第 13 条第 3 款，即"就不相同或者不相类似商品申请注册的商标是复制、摹仿或者翻译他人已经在中国注册的驰名商标，误导公众，致使该驰名商标注册人的利益可能受到损害的，不予注册并禁止使用"。而被异议人则主张双方商标共存于市场不会产生混淆误认。因此，商标是否近似，商品或服务类别是否类似是判断产生混淆的重要因素。

一、涉案商标近似与商品或服务类似的判断

本案中商标局突破《区分表》对不同市场主体的商标权边界进行清晰划

定，但也绝不意味着只要涉及非遗商标，就能毫无约束地突破《区分表》划定的边界。倘若不加甄别，对全部类别一律采取突破之举，那么非物质文化遗产将会被赋予远超驰名商标的宽泛跨类保护力度，这必然会与现行《商标法》悉心架构的保护体系格格不入，引发激烈冲突。有鉴于此，在针对非相同或类似商品、服务领域内的非物质文化遗产实施保护行动之时，对于界定"商品和服务的关联程度"这一核心要素的过程中，必须恪守"适度逾越区分限定"的准则，万万不可肆意妄为地拓展《商标法》第 30 条的适用范围，以免破坏业已稳固的法律秩序。

在商标异议程序中，通常参考《区分表》来判断商品和服务是否属于类似类别。然而，在具体案例分析时，通过综合考量多个因素，包括商标的相似性、商品与服务之间的联系、商标的显著性和知名度、商品或服务的实际使用状况、相关公众的重叠程度及其注意力水平，以及异议人的主观意图等，可以超越《区分表》所设定的类似关系框架。这种综合评估有助于更准确地界定商品和服务的相似性，从而为商标异议案件提供更合理的判断依据。

具体到本案，商标局依据当事人的诉求及相关证据材料进行审查后发现，被异议人在明知异议人及其引证商标的情形下，仍执意申请注册与之文字完全一致的被异议商标，其致使市场产生混淆的主观故意颇为显著。鉴于被异议商标所指定使用的服务与异议人引证商标核定应用的商品在销售目标群体、销售具体内容以及销售场地等维度均存在着一定程度的交叉重合性，故而商标局决定突破《区分表》中所规定的商品与服务的类似关系界定，直接依据《商标法》第 30 条展开审理工作，最终判定双方商标在类似商品和服务范畴内构成近似商标。①

从法律适用逻辑层面审视，该案件与《北京市高级人民法院商标授权确权行政案件审理指南》中的相关规定呈现出高度的一致性。此审理指南明确提到，在"适用商标法第三十条、第三十一条的情境下，能够全方位综合考

---

① 江京晖、贾敏：《有力制止市场混淆误认强化非物质文化遗产商标保护——第 61172988 号"黄塔膏药"商标异议案》，载《中华商标》2024 年第 5 期。

量诸多关键要素，诸如商标标志的近似状况、商品的相似水平、引证商标所具备的显著性与知名度高低、相关公众的留意程度，以及诉争商标申请人的主观动机等方面，同时充分顾及前述各类因素彼此间的交互影响，进而以是否极易致使相关公众产生混淆作为根本性判定标尺"。这般高度契合的情形充分彰显出，行政与司法在审查审理标准方面正持续迈向融合、趋于统一的发展态势，为类似案件的处理提供了更为坚实且协调一致的规范依据。

二、非遗商标行政保护若干问题

首先，关于非遗商标行政保护的法律适用问题。第一，相对条款适用受限。实践中，存在着数量众多的非物质文化遗产尚未完成商标注册流程。鉴于在初始阶段未曾针对非物质文化遗产的名号展开商标注册层面的防护性举措，当遭遇其他主体所实施的诸如将老字号抢夺式注册等行为时，便难以运用《商标法》第13条以及第30条此类相对条款的规定来应对处理。此外，如本案的情况，非相同或类似商品或服务上申请注册与非遗名称相同或近似商标时，《商标法》第30条同样难以直接适用，而是否决定突破《区分表》，又需要谨慎权衡，否则会与现行商标法保护体系冲突。第二，绝对条款考量因素复杂。当依据《商标法》绝对条款保护非遗商标时，更多的是回归非物质文化遗产的属性本身，需综合考虑非遗的社会性、公共利益性等属性从社会权益层面进行保护。但此时判断商标注册是否会产生不良影响的具体标准又较难把握。例如"瓜洲铁锅"商标异议复审行政纠纷案中，需考量诉争商标与非遗技艺的关联以及对非遗传承的影响等因素，最终才能依据2014年《商标法》第10条第1款第（八）项所指"有其他不良影响"之情形作出决定。①

其次，关于非遗商标保护范围界定问题。第一，商品和服务类似性判断难度较大。非遗商标涉及的商品和服务种类繁多，在判断其与其他商标指定的商品或服务是否类似时，难以简单依据《区分表》。需综合考虑非遗项目

---

① 洁白：《浅论非物质文化遗产的知识产权商标授权确权行政保护实务》，载知识产权律师网2024年8月15日，https://www.ciplawyer.cn/articles/154290.html。

的特点、相关公众的认知习惯等因素，来确定商品和服务的关联程度，这增加了判断的难度和复杂性。第二，跨类保护的适度性较难把握。对于非遗商标的跨类保护，既要防止过度保护导致对公共资源的不合理垄断，又要避免保护不足使非遗商标被不当利用。如驰名商标的跨类保护强度较高，但非遗商标获得驰名商标认定较难，在适用《商标法》第13条进行跨类保护时需谨慎把握范围。

最后，关于非遗商标审查标准统一问题。第一，行政与司法审查标准存在差异。商标授权确权的行政审查与司法审查在某些问题上存在标准不一致的情况。例如在对商标近似性、商品类似性以及混淆可能性等的判断上，行政机关和司法机关可能存在不同的理解和侧重点，导致同一案件在不同阶段的审查结果存在差异。第二，地域间审查标准也存在差异。不同地区的商标行政审查部门在非遗商标授权确权的审查实践中，也可能存在审查标准不统一的问题。这会导致类似的非遗商标案件在不同地区出现不同的审查结果，影响法律适用的一致性和权威性。

三、公法和私法在非遗保护实践中的衔接和协调

非物质文化遗产作为人类文明的瑰宝，承载着厚重的历史、文化与艺术价值，其保护工作至关重要且错综复杂，既涉及公法领域的政府职责，又关乎私法领域的个体权益，公法与私法的交织运用尤为重要，二者相互补充、共同作用，构建起完整的非遗保护体系。公法侧重于从国家管理、公共利益维护的视角出发，在非遗保护中扮演着主导角色，通过立法、行政等手段，为非遗提供制度保障和政策支持。政府作为公权力的代表，负责制定非遗保护的法律、法规，明确保护对象、保护措施和法律责任。同时，政府还承担着非遗的普查、认定、记录、研究、传承、传播等具体工作，确保非遗得到有效保护和合理利用。然而，公法保护并非万能，其局限性在于难以充分调动社会力量和个体积极性。此时，私法的作用便得以凸显；私法则聚焦于非遗传承主体、相关权利人的私权利保障，通过确认非遗传承人、持有人等个体的合法权益，激发其保护非遗的内在动力。例如，通过知识产权制度，赋予非遗传承人对其传承的技艺、作品等享有相应的著作权、商标权等，使其

在传承过程中能够获得经济收益,激发市场活力从而形成良性循环,以促进非遗的传承发展。

首先,从商标保护来看,非遗商标的授权确权过程尽显公私法互动的复杂性。商标注册审查依据商标法等私法规则判断商标的可注册性,如显著性等要素考量,但非遗所蕴含的公共文化属性又要求行政机关依据公法职责介入,防止恶意抢注、维护非遗文化内涵,避免商业利用对非遗造成不良影响,这就需要精准平衡商标权人的私权与社会公共利益。本案就是一个典型的例子,商标局既要遵循私法规则审视商标本身特性,又要依公法考量非遗传承大局,突破常规商品服务类似判断标准,维护公平竞争秩序。

其次,非遗传承中的资金支持体系同样凸显公私法协同难题。公法通过强制性规定确保非遗得到基本保护,而私法则通过激励机制调动个体积极性,实现非遗的活态传承。例如,在非遗传承人培养方面,政府可以通过公法手段设立传承人培养计划、提供资金支持等,而私法则可以通过确认传承人的知识产权、保障其经济收益等方式,吸引更多人投身于非遗传承事业。公法层面,政府通过财政拨款、项目资助等行政手段为非遗保护输血,但资金监管需严密防控挪用、贪污风险,确保专款专用,这依赖于公法的监督与问责机制。私法范畴,鼓励社会资本参与非遗产业开发,借助投资、捐赠等形式助力非遗发展,此时需私法合同保障投资方、捐赠方权益,以及明晰非遗传承主体在商业合作中的权力边界,防止过度商业化侵蚀非遗本质。

最后,侵权救济环节更是考验公私法配合默契度。非遗保护过程中难免出现各种纠纷,如传承人权益纠纷、非遗利用纠纷等。此时,公法与私法应共同发挥作用,提供多元化的纠纷解决途径。公法可以通过行政裁决、行政复议等手段解决纠纷,而私法则可以通过协商、调解、仲裁等方式化解矛盾。

综上所述,公法与私法在非遗保护实践中具有不可替代的作用。二者通过衔接与协调,共同构建起完善的非遗保护体系,确保非遗得到有效保护和合理利用。未来,随着非遗保护工作的不断深入,公法与私法在非遗保护中的衔接与协调将更加紧密,为人类文化的传承与发展贡献力量。

【典型意义】

此案件系非物质文化遗产商标保护领域的典型范例。非物质文化遗产的系统性保障工作契合中央所制定的重大决策部署,而商标权的维护在非物质文化遗产系统性保障体系之中占据关键地位,属于重要构成部分。本案件依据非物质文化遗产"黄塔膏药"的历史沿袭脉络与实际运用情形状况,判定所涉及的商品与服务存在相似关联属性,进而明确划分不同市场主体在商标权方面的界限范围,有效地遏制了市场中可能出现的混淆与错误认知现象,切实捍卫了公平竞争的市场环境秩序,增强了对非物质文化遗产商标的保护力度,对于同类型案件的审查工作具备一定程度的参考借鉴价值与示范效用。

案例3.7 非遗地理标志保护
——陆某华诉商标评审委员会商标行政纠纷案

【关键词】

商标　地理标志　行政诉讼

【裁判要旨】

商标是用来区别一个经营者的品牌或服务和其他经营者的商品或服务的标记。经国家核准注册的商标为"注册商标",受法律保护。商标注册人享有商标专用权。地理标志,是指标示某商品来源于某地区,该商品的特定质量、信誉或者其他特征,主要由该地区的自然因素或者人文因素所决定的标志。地理标志可以作为证明商标或者集体商标申请注册,同时相关法律对该种商标注册的特殊要求等作了明确规定。《商标法》第16条规定,商标中有商品的地理标志,而该商品并非来源于该标志所标示的地区,误导公众的,不予注册并禁止使用;但是,已经善意取得注册的继续有效。

【案件索引】

一审:(2009)一中行初字第233号。

二审:(2009)高行终字第1437号。

【基本案情】

2004年6月24日,陆某华提出第4135180号"杨柳青"商标(以下简称申请商标)注册申请,指定使用商品是第16类报纸、杂志(期刊)、笔记本或绘图本、印刷品、日历、书籍、印刷出版物、年画、剪纸、文具。2007年5月28日,国家工商行政管理总局商标局(以下简称商标局)作出ZC413518OBH1号《商标部分驳回通知书》,初步审定陆某华对"杨柳青"商标在报纸、杂志(期刊)上的注册申请;驳回在笔记本或绘图本、印刷品、日历、书籍、印刷出版物、年画、剪纸、文具上的注册申请。陆某华不服,向商标评审委员会提出复审申请,请求核准申请商标在年画、剪纸商品上的注册申请。2009年4月27日,商标评审委员会作出《关于第4135180号"杨柳青"商标驳回复审决定书》(以下简称第10584号决定),对申请商标在复审商品上的申请予以驳回。陆某华不服复审决定,向法院提起诉讼,请求撤销第10584号决定。

【裁判结果】

一审法院判决:维持商标评审委员会第10584号决定。理由为,"杨柳青"系天津市的一个镇的名字,历来以木版年画著名。"杨柳青"虽然可以有其他含义,但将"杨柳青"注册在年画、剪纸商品上容易造成相关公众对商品来源的误认,产生不良影响。因此,申请商标违反了我国《商标法》第10条第1款第(8)项的规定,商标评审委员会据此驳回申请商标在部分商品类别上的注册申请是正确的,予以支持。

二审法院判决:驳回上诉,维持原判。

【案件评析】

本案中陆某华的申请被驳回后,又有一名叫范某娟的外地自然人以及天津杨柳青古镇文化发展有限公司也提出将"杨柳青"注册为年画类商品商标的申请,但均未获成功。这一系列事件引起了相关部门和社会的关注,强调了"杨柳青年画"作为一种有特殊制作方法和工艺的商品,更应成为由有监督能力的组织所控制的、所有具备使用条件的企业和个人均可使用的"证明商标",而不应归属于某一个人或单位,即对于此类非物质文化遗产应当采取地理标志保护。非遗如何能通过地理标志进行保护,即非遗与地理标志之间联结点;地理标志保护非遗的现状及存在的问题;如何完善非遗的地理标志保护等一系列问题值得我们探讨。

一、地理标志与非物质文化遗产之间的关联

非物质文化遗产蕴含了丰富多样的传统文化表现形式,同时也包括了那些与传统文化外在展现紧密相连的实体物品和特定空间场所。而地理标志所保护的商品,通常都发源于某一特定地域,这类商品所展现出的独特质量水准、所积攒的卓越商业信誉,又或是其他别具一格的特性,往往极大程度上倚仗该地域独有的诸如特殊的气候、土壤条件等自然生态要素,或者是如世代沿袭的手工技艺、民俗风情等底蕴深厚的人文社会要素。显而易见,正是深厚的文化要素将非遗与地理标志紧密串联,促使二者之间呈现出颇高的适配程度。一方面,从社会价值的宏观视角审视,二者均彰显出显著的公共属性,其所承载的文化内涵、技艺传承等诸多价值并非为个体所独占,而是面向社会大众广泛辐射;另一方面,聚焦于地域维度,它们都带有鲜明的地方烙印,深深扎根于特定的地域环境,与当地的风土人情水乳交融。此外,在传承演进的进程中,二者都烙印着浓郁的民族特性,承载着特定民族的历史记忆、精神寄托,依靠民族群体的代代相传得以延续。综合上述各点,地理标志在非物质文化遗产的知识产权捍卫体系中,具备与生俱来的优势特质,能够为非遗的保护、传承与发展提供强有力的支撑,开辟全新的路径。[①]

但在非物质文化遗产的十大类别中,并非所有类别都适宜通过地理标志进行保护。根据国内外的实践经验,传统美术、传统技艺和传统医药等领域更适合利用地理标志进行保护。究其原因,地理标志实际上并不直接对非遗本身进行保护,而是保护那些与非遗紧密相关的产品。非遗与这些产品之间形成了一种相互促进的关系:产品为非遗的传承提供了动力,而非遗则为产品提供了文化和知识的支持。传统美术、传统技艺和传统医药等领域的产品

---

① 杨永:《非物质文化遗产的地理标志保护研究》,载《文化遗产》2020年第5期。

不仅作为文化传承的媒介，而且与市场需求紧密相连，受到消费者的青睐，具备规模化生产的能力，并能满足特定的技术要求。

二、我国非物质文化遗产地理标志保护存在的不足

与本案类似的涉及非遗地理标志保护的案例还有许多，如"逍遥镇胡辣汤事件"中河南焦作、濮阳、安阳等多地胡辣汤店主反映，因店名含"逍遥"或"逍遥镇"字样，被西华县逍遥镇胡辣汤协会起诉，协会要求店主若想继续使用需赔付此前侵权费5000元及每年缴纳1000元会费，国家知识产权局指出，"逍遥镇"为普通商标，注册人不能据此收取会费；"潼关肉夹馍事件"中河南多地商户反映被潼关肉夹馍协会指涉嫌侵权，要求赔偿3万至5万元不等，若想继续使用该商标则需缴纳99,800元，国家知识产权局指出，"潼关肉夹馍"作为集体商标注册的地理标志，其注册人无权向潼关特定区域外的商户许可使用并收取加盟费，也无权禁止潼关特定区域内商家正当使用地名；"信阳毛尖事件"中信阳毛尖是地理标志保护产品和地理标志证明商标，归信阳市茶叶协会持有。信阳市茶叶协会曾向金星啤酒出具授权函，允许其在产品包装上使用信阳毛尖证明商标标识，同时收取品牌管理费。然而之后，协会又发布维权公告，要求非信阳毛尖茶品类产品不得商标性使用"信阳毛尖"字样，并调整对金星啤酒的授权有效期。

这类案例均反映出我国对非物质文化遗产的地理标志保护存在不足。具体可以总结为以下几个方面：

第一，协会对于普通商标和地理标志的区分不够清晰。如在逍遥镇胡辣汤维权事件中，逍遥镇胡辣汤协会在接受媒体采访时表示"起诉的目的是通过法律途径去伪存真"，"通过协会的统一管理，希望将逍遥镇胡辣汤做大做强，走向全国"。针对这一解释，众多媒体和公众并不认同，引发了广泛的舆论争议。争议的核心在于，被起诉的商家可以选择加入相关协会，并支付每年1000元的会费以接受协会的管理，否则将可能承担侵权责任。这种要求使得公众感觉到商标维权的过程似乎已经偏离了其原本的目的，甚至让人怀疑是否存在变相勒索的行为。如果我们以善意去推测逍遥镇胡辣汤协会采取维权行动的初衷，可以认为他们可能是试图通过普通商标的维权手段来实现

地理标志商标的保护目标。即便目的正当，采取的手段也应当是合法和合理的。普通商标并不具备地理标志的功能。依据《商标法实施条例》的规定，地理标志可以通过注册集体商标或证明商标的方式来获得保护和注册。① 因此，可以看出在实际操作中，利用地理标志来保护非物质文化遗产的方法需要进一步强化，相关组织也必须及时更新对这种保护机制的理解和应用。

第二，地理标志相关立法不统一，保护力度较弱。我国现行法律法规对地理标志的规定分散、不统一，由于制定部门不同、目的不一致，《商标法》《地理标志产品保护规定》《农产品地理标志管理办法》等对地理标志的概念界定、具体保护等规定不统一。存在保护重叠和冲突的多套地理标志规则，使得行政管理上多头并举，给地理标志保护工作带来诸多不便，亟待统一整合和重新界定。且除《商标法》外，均通过部门规章的形式对地理标志进行规定，法律效力层级不高。②

第三，对于注册为证明商标或集体商标进行保护的地理标志监管有待加强。如信阳毛尖事件中协会在授权过程中，未充分考虑相关法律法规以及可能产生的风险，对合作企业及产品的审查不够严格，在未经充分研究的情况下就同意授权，暴露出决策的随意性和不严谨性。同时，协会在考虑地理标志的商业利用时，过于关注短期的品牌管理费收入等利益，而忽视了地理标志的长远发展和品牌形象维护。在推动地理标志产品产业创新发展方面，也未能很好地平衡创新与保护的关系。一方面希望通过跨界合作等方式拓展产业边界，但另一方面又因担心商标权受侵犯而对创新产品的商标使用进行严格限制，使得一些具有市场潜力的创新产品面临困境，阻碍了地理标志产业的多元化发展。

第四，地理标志侵权现象普遍，维权成本过高。地理标志因其独特性、稀缺性和高附加值而备受市场青睐。随着某一地理标志产品的知名度和市场认可度的提升，其经济价值也随之增长。然而，这种价值的增长往往伴随着

---

① 王琦：《从"胡辣汤"说起民间小吃的地理标志保护问题》，载《安徽警官职业学院学报》2022年第5期。
② 王靖：《我国地理标志法律保护困境与出路》，载《中阿科技论坛（中英文）》2023年第6期。

市场主体为了追求利润而进行的假冒行为。但地理标志产品的生产者通常分布广泛，导致单个生产者在维权过程中面临较大的困难和高昂的成本，而侵权行为的违法成本相对较低，利润却相对较高，这使得地理标志侵权现象变得普遍。

第五，地理标志保护的非遗项目范围有限且保护方式存在重复。目前，中国先后有传统美术、传统医药、传统技艺受到地理标志的保护，而传统舞蹈、传统曲艺、传统体育等十余类非物质文化遗产中，有一些适合采用地理标志保护的项目还未被列入地理标志保护的范围内。即使以地理标志形成保护和传承的非物质文化遗产种类，所涉及的具体项目也较少，如传统美术类中以地理标志形成传承和保护的，仅集中在雕刻类与刺绣类两大类。[①] 正如本案和前述所提及的类似案例，都属于对于传统技艺的地理标志保护，出现此类情况的原因可能为当被认定为申请地理标志保护的非遗难以证明其与自然因素或人文因素具有关联性。在非物质文化遗产项目寻求地理标志商标保护的过程中，申请人必须提供证据，以证实其产品与特定自然环境或人文环境之间的联系。所需的证明材料可以包括地方志、农业志、产品志、年鉴、教科书、正式出版的书籍、国家级专业期刊文章以及古籍等。这些文件不仅要在形式上合法，还要在内容上保证真实性。在实际操作中，非物质文化遗产的认定工作通常由政府相关部门联合领域内的专家共同完成，主要依据项目的文化价值来进行评估。评定过程中，专家拥有较大的裁量权，对于证明材料的要求并不像商标审查那样苛刻。这种评定方式可能会导致某些地区的重要非物质文化遗产项目，由于缺乏权威的书面证据，难以证实其产品与自然和人文环境的联系，进而无法获得地理标志商标的保护。目前，非遗地理标志保护方式主要分为三类，即地理标志商标保护、地理标志产品保护和农产品地理标志保护。从目前的发展情况来看，有的非遗只采用了地理标志商标的保护方式，有的只采用了地理标志产品这种保护方式，有的只采用了农产地理标志这种保护方式，还有的同时采用了地理标志商标和地理标志产品

---

① 黎丹：《以地理标志强化非物质文化遗产的传承》，载《中学地理教学参考》2023 年第 34 期。

两种保护方式，甚至有的同时采用了三种保护方式。正是这种可以同时申请多种地理标志保护方式的情况是造成重复保护问题的根源。而在仅申请一种保护方式的情况下，若是非遗项目的不同传承人或者传承团体申请了不同的地理标志保护方式，也会引起不同保护体系下不同权利主体的利益冲突。①

三、我国非物质文化遗产地理标志保护的完善路径

（一）基于地理标志的特殊功能属性，通过专门立法保护地理标志

地理标志因其与特定地理区域的紧密联系而具有独特的功能属性，使其与风土环境自然因素关系不甚紧密的含地名集体商标或证明商标有所区别，因此仅依靠商标法体系来管理地理标志，并不能充分发挥其特有的功能属性，且存在根本性的缺陷，容易导致地理标志与普通商标之间的内在逻辑冲突。因此，为了更好地满足地理标志的内在属性需求，建议将地理标志产品纳入专门的地理标志法律体系进行管理。构建一个统一的地理标志质量管理制度，涵盖事前和事后管理，以确保地理标志产品的特殊功能属性得到充分实现。此外，地理标志的保护和管理还需要考虑其特殊权利属性和制度属性，科学合理地设定权属关系，以确保地理标志的合法权益得到有效保护。通过这样的专门法体系，可以更有效地管理和保护地理标志，避免与普通商标的冲突，同时提升地理标志的品牌价值和市场竞争力。②

（二）完善地理标志法律制度体系

当前的地理标志法律制度确实面临一些挑战，包括立法的不一致性、效力层级较低以及保护力度不足。在实践中，地理标志的民事法律保护主要依赖于《商标法》的原则性规定，这种保护缺乏针对性和严密性。《民法典》第 123 条将地理标志明确列为一类知识产权客体，这为完善地理标志法治提供了制度空间。因此，为了加强地理标志的立法保护，需要深入总结我国在地理标志保护方面的制度经验和不足之处，对相关概念和保护规定进行重新界定和体系化整合。建议制定专门的地理标志保护法，以完善地理标志法律

---

① 胡晓燕：《非物质文化遗产的地理标志保护研究》，昆明理工大学 2022 年硕士学位论文。
② 周春峰：《地理标志的若干属性与中国地理标志法律制度完善过程中需要考虑的几个维度》，载《中华商标》2023 年第 12 期。

制度体系,确保其能够更好地适应地理标志的内在属性需求。① 完善地理标志法律制度体系,核心在于立法、执法和使用管理三大层面的系统构建。首先,在立法层面,应制定专门的地理标志法,明确地理标志的法律地位、保护范围和注册程序,同时细化注册条件、审查标准、保护期限及侵权责任等条款,确保法律的科学性和可操作性。同时需借鉴国际先进经验,与国际规则有效衔接,提升地理标志的国际化保护水平。其次,在执法层面,建立专门的地理标志执法机构至关重要,该机构负责注册、审查、监管和侵权查处,形成高效、专业的执法体系。加大执法力度,对侵犯地理标志权的行为实施严厉处罚,如行政罚款、没收违法所得、吊销营业执照等,以形成有效的法律威慑。跨区域执法协作同样不可或缺,以打破地域限制,共同打击跨地区侵权行为。最后,在使用和管理层面,需建立严格的地理标志使用管理制度,规范生产者使用地理标志的行为,确保产品质量与地域特色的一致性。加强地理标志的监管和追溯体系建设,利用现代技术手段,如区块链、大数据等,提升监管效率和透明度。推动地理标志产品的市场化运作,鼓励行业协会、企业等积极参与,形成地理标志保护的合力。

【典型意义】

地理标志作为一种保护手段,对于维护我国非物质文化遗产具有重要作用。它不仅能够确保非物质文化遗产权利人的利益得到维护,还能激励社会对非遗保护的主动性和积极性,实现对非物质文化遗产更为全面和深入的保护。此外,地理标志证明商标对于提升非物质文化遗产的地域文化特性和知名度具有积极影响,有助于塑造地方特色文化、区域品牌和城市形象。非遗类地理标志中蕴含的历史文化价值、艺术审美价值和品牌经济价值等文化要素,不仅内涵丰富,而且具有高附加值。这些文化记忆作为农耕文明的遗产,是地理标志文化传播的核心,其开发和利用的潜力巨大。因此,积极推动非遗类地理标志的建设,是挖掘中华传统文化价值、提升国际传播能力、增强国家文化软实力的重要举措。

---

① 管育鹰:《我国地理标志保护中的疑难问题探讨》,载《知识产权》2022 年第 4 期。

案例 3.8　家族式非遗注册商标的合理使用

——王某兰诉商标评审委员会、第三人童某商标无效宣告行政纠纷案①

【关键词】

知识产权　老字号　家族非物质文化遗产　在先权利　合理使用

【裁判要旨】

处理家族非物质文化遗产传承及相应的商业标识保护时，应当综合考虑当事人家族技艺的历史传承脉络、民间传统、当地相关政府部门等对有关问题的认定及双方当事人的实际使用情况。与老字号相同或近似的文字被他人注册为商标后，其传承人仍有权正当使用。举重以明轻，与老字号相同或近似的文字被家族内部非物质文化遗产传承人之一注册为商标后，其他传承人仍然有权对该老字号进行正当使用。

【案件索引】

一审：（2015）京知行初字第 6344 号。

二审：（2017）京行终 1397 号。

【基本案情】

江苏省泰州市兴化市中堡镇，古称中堡庄，又称中庄，中堡镇范围内制作的醉蟹在当地被称为"中庄醉蟹"。2007 年 5 月，江苏省泰州市人民政府、泰州市文化局认定"中庄醉蟹制作技艺"为"泰州市非物质文化遗产"。2010 年 1 月，江苏省泰州市兴化市人民政府、兴化市文化局就"中堡庄童记醉蟹制作工艺"颁发"兴化市非物质文化遗产"证书。2013 年 1 月，兴化市文化广电新闻出版局就"中庄醉蟹制作技艺"向兴化市中堡醉制品厂颁发"兴化市非物质文化遗产生产性保护基地"证书。

---

① 王春兰诉商标评审委员会、第三人童钢商标无效宣告行政纠纷案，北京市高级人民法院（2017）京行终 1397 号行政判决书。

诉争商标"童德大"由童某于2011年8月31日申请，2014年3月14日获注册，有效期至2024年3月13日，适用于第29类的醉蟹（非活）、甲壳动物（非活）等商品。引证商标"童德大"由王某兰于2012年7月27日申请，2015年4月7日获注册，有效期至2025年4月6日，同样适用于第29类的醉蟹（非活）、甲壳动物（非活）等商品，但申请和注册时间均晚于诉争商标。

原告王某兰晚于第三人童某申请"童德大"商标，但其以：①自己系"童德大"醉蟹制作工艺的唯一传承人及该标识的所有人，并在先使用"童德大"商标；②第三人童某与其处于同一地区和同一行业，且两人系亲属关系，童某以不正当手段抢先注册诉争商标具有主观恶意，易造成不良影响为由，主张撤销第三人童某注册的"童德大"商标，遂诉至法院。

【裁判结果】

一审法院判决：驳回原告王某兰的诉讼请求。理由为，其一，"童德大"系王某兰及童某共同的先辈始创并使用在醉蟹商品上的商标标识，经过童氏家族的历史传承及长期使用，在醉蟹商品上已具有一定影响力；其二，根据相关证据只能证明其传承了家族技艺，但无法认定其系"童德大"醉蟹制作工艺的唯一传承人及该标识的所有人；其三，童某亦为童氏家族子孙，其夫妻为童氏祖宅作坊的现持有人，童某正从事着传统工艺醉蟹产品的生产经营，其行为并不符合商标抢注的构成要件。

二审法院判决：驳回上诉，维持原判。理由为，一审法院认定的事实和裁判理由准确无误。

【案件评析】

家族式非物质文化遗产是指以家族为单位，在特定家族内部世代相传的一种非遗类型。家族式传承通常以口传心授、师徒相承为主要手段，长辈将技艺、知识、信仰等非物质文化遗产传授给晚辈，形成了一种稳定的传承链，保证技艺的纯正性和独特性，体现了对传统文化的尊重和敬畏，这种传承方式在中国历史悠久，根植于深厚的传统文化土壤之中，不仅保证了非物质文化遗产的活态传承，而且增强了家族成员的认同感和凝聚力。然而，随着现代化、城市化进程的加快，家族式传承也面临着诸多挑战，如传承人的减少、传承环境的变迁等，因此，如何有效地保护和传承家族式非物质文化遗产，成为当代社会的重要课题。

家族式非物质文化遗产传承在延续文化传统、保持技艺独特性的同时，也带来了诸多非遗权属纷争。由于非物质文化遗产通常缺乏明确的法律界定和权属证明，家族成员间在传承过程中容易产生权益分配不均、传承顺序争议等问题。一方面，不同家族分支可能对非遗的归属权和使用权产生分歧，导致内部矛盾和冲突；另一方面，随着非遗文化价值的日益凸显，外部利益相关者也可能介入，试图通过商业开发、商标注册等手段获取利益，进而引发与家族传承人的权属纠纷，尤其是将非遗抢注为商标产生的纠纷日益增长。因此，如何妥善解决非遗权属纷争，平衡各方利益，成为保护和发展非物质文化遗产亟待解决的问题。

一、非遗商标抢注的成因分析

利益冲突是法律现象背后的驱动力，非遗商标被抢注现象的出现正是这种冲突的体现。从制度层面看，我国单一的"注册取得商标权"模式是商标抢注现象发生的"制度本源"，[①] 商标注册取得制度下，商标的申请注册主要审查标志的显著性及是否与在先注册商标相同或近似，对于商标是否实际投入使用一般并不过问，这为恶意抢注提供了机会，且当商标被他人恶意抢注时，相较于抢注者所承担的低廉违法成本，商标异议人或者无效宣告请求人往往需要付出更多的时间和精力成本来进行维权。[②] 从经济层面上来看，非遗标示商品本身所蕴含的丰富的商业价值和利益驱动着相关人员将非遗标志抢注为商标。[③] 从社会层面来看，非遗标志的价值不仅在于其能够转化为经

[①] 李扬：《我国商标抢注法律界限之重新划定》，载《法商研究》2012年第3期。
[②] 田晓玲、张玉敏：《商标抢注行为的法律性质和司法治理》，载《知识产权》2018年第1期。
[③] 梁越、段沁欣、廖兴宇：《论非遗标示商标抢注问题——以〈商标法〉第三十二条为视角》，载《西部学刊》2021年第13期。

济效益，更在于它是当代创造力与灵感的源泉。一方面，非遗标志能够满足消费者对"品牌"的追求，抢注者不仅可以自己使用，还可以通过"明码标价"的方式转卖，从而获得利益；另一方面，抢注商标可以限制竞争对手，挤占市场份额，成为市场竞争的工具。一些精美的非遗元素标志已经成为具有代表意义的民族文化符号，在商业领域能够与来自世界的多元文化碰撞出火花，进而成为激发社会创造力和创新的杠杆，因而广受投资者青睐。从主体层面来看，被抢注者（非遗代表性传承人或来源传承群体）商标保护意识淡薄。非物质文化遗产的传承往往依赖于口头传授和心领神会，部分传承者对于知识产权的保护意识不够强烈，他们可能没有意识到将那些已经具有较高知名度和良好商誉的非物质文化遗产项目进行商标注册的重要性。此外，即便有些权利持有者具备了一定的知识产权保护意识，他们也可能忽视了在激烈的市场竞争中，商标所具有的战略价值。本案中原告王某兰之所以以第三人"抢注商标"为由提起诉讼，也许正是因为其认为第三人在申请争议商标注册具有前述目的。

二、非遗"商标抢注"的构成要件

将非遗作为商标抢先注册应满足普通商标抢注的构成要件。《商标法》第32条规定：申请商标注册不得损害他人现有的在先权利，也不得以不正当手段抢先注册他人已经使用并有一定影响的商标。这应当是对商标抢注最为直接的描述，对于其构成要件的分析可以从该条法律条文入手。

其一，对于"不得损害他人现有的在先权利"。所谓"在先权利"，《商标法》第13条、第15条、第30条、第31条以及第32条的后段，分别对特殊情形的在先权利作出了特别规定，而该条规定前段中的"在先权利"则属于概括性规定，是指根据民法典和其他法律规定属于应当予以保护的在先合法权益。判断现有权利是否"在先"的时间节点，是以商标的申请注册日，还是以商标的核准注册日为准，将直接影响现有权利是否"在先"。关于这个问题学界有不同讨论，一种观点认为，商标只有在被核准注册之后，才会产生受法律保护的注册商标专用权，即在此时间节点之后才可能与其他民事权利或权益产生冲突。因此，应当以商标核准注册日为准判断其他民事权利或权益是否"在先"。另一种观点则认为，商标申请权是"现在的权利"，《商标法》第 31 条对"申请在先"的保护，即已形成了现实存在的权益，故应当以商标申请日为判断基准。对于该问题，最高人民法院知识产权庭在《统一法律适用标准依法履行商标授权确权司法审查职责——最高人民法院知识产权庭负责人答记者问》中给出了明确回答，即判断是否损害在先权利，原则上应当以商标申请日为准。[①] 本案中原告王某兰于 2012 年 7 月 27 日申请注册；而第三人童某于 2011 年 8 月 31 日申请注册，仅就该条要件，原告已经不再具备。

其二，对于"不得以不正当手段抢先注册他人已经使用并有一定影响的商标"。首先关于何为"已经"，有学者认为非遗的历史与长期形成的公众稳定认知即可表明其长期的适用时间区间，因此对于非遗标示商标，无须严苛要求其与普通注册商标认定一样，即不需再要求"在先使用时间"必须为注册商标申请之日前。关于何为"以不正当手段"，有学者认为如果单从诉争商标注册人申请注册商标的行为本身来看，是难以判断其是否存在不正当性的。但该条规范的是恶意抢注行为，其中"不正当"和"抢先"均体现了诉争商标申请注册人的主观恶意。因此，只要能证明申请人明知或者应知他人已经使用并有一定影响的商标而予以抢注，即可认定其采用了不正当手段。在判断恶意或明知、应知时，通常可以考虑以下因素：一是诉争商标申请人与在先使用人有业务往来；二是诉争商标申请人与在先使用人同处一地或系同业竞争者；三是诉争商标申请人曾向在先使用人提起侵权诉讼或者高额商标转让费、许可使用费或损害赔偿金。关于何为"使用"，"使用"通常是指主动使用，也就是说只有权利人主动地去申请获取保护，存在于商标和商品之间的联系才能在某种意义上得到强化。非遗商标的特殊之处在于其具有一

[①] 孙柱永：《商标法第三十二条的构成要件及适用——评北京银谷艺术馆有限公司诉商标评审委员会、山东百年巨匠艺术馆有限公司商标权无效宣告请求行政纠纷案》，载《中华商标》2019 年第 3 期。

定的公共属性。这种公共属性会导致其权利主体的不确定性，因此必须针对商标属性分情况进行判断，判断的标准也越发重要。"非遗"的公共属性不应该限制其在相关案件中的判断标准，相反，应该从多个维度、多个层次去判断是否构成"在先使用"。本案中法院就采取了综合考量的方式，认定第三人童某同样作为涉案非遗的传承人，且原告王某兰所提交的证据并不足以认定其在先使用，从而驳回了其诉讼请求。最后何为"一定影响"，即对非遗商标的知名度给出一定的判断。对于普通商标而言，实务中一般要求对商品的销售途径、营销方式以及购买数量予以证明。而对"非遗"，最重要的并不是卖出去了多少，而是影响力有多大。这也是"一定影响"要件存在的初衷，其中重要的学术评价标准依据就是非遗的商标记录以及各种宣传报道。本案中各方当事人所提交的部分证据便是为了证明该争议非遗商标的影响力。

三、非遗商标抢注可能造成的后果

（一）淡化甚至歪曲非遗文化内涵

非遗是民族文化的重要组成部分，其具有自身独特的文化内涵与历史价值。抢注非遗商标并长期使用的行为极有可能逐渐降低或者改变社会公众对某项非遗文化的认知。在非遗的商业化开发中，非遗的文化价值有时无法得到连贯完整、最贴近非遗本真性的传承。相反，淡化甚至损害非遗文化内涵的行为方式多样。例如，将非遗名称或符号用于与非遗文化无关的商品或服务上，可能会使公众对非遗产生错误的认知，有的为了标新立异，大搞噱头，迎合低级趣味将非遗名称抢注在毫不相干的产品上，这些行为不仅伤害了大众对传统文化的感情，长此以往，势必会造成非遗文化价值的减损，导致文化价值的稀释。

（二）扰乱市场竞争秩序

商标所积累的商誉是市场主体参与竞争的重要资产，在商品交易过程中，消费者往往倾向于选择自己熟悉或者知名度较高的品牌作为购买对象。在这种情况下，商标成为消费者和品牌人之间降低选购成本和营销成本的纽带，影响着消费者的选择。然而，一些抢注商标的行为往往会导致不正当竞争的发生,尤其是在后使用或者并不知名的商业标识的所有人,通过其与在先使用或者知名的商业标识之间表现形式上的相同或近似,攀附商誉、巧搭便车,从而误导相关公众。在这种情况下,"货真价实"的优质产品无法通过商业标识所积累的商誉获取应得的效益与价值,反而可能要承担抢注者恶意利用或者非诚信经营下产生的不良后果。这种行为严重违背了反不正当竞争所确立的公平原则、诚实信用原则以及遵守商业道德的基本原则,扰乱了市场经济下公平自由的竞争秩序。

(三)损害消费者权益

随着经济与时代发展,人们消费观念发生转变,逐渐从关注产品物理性质、实用价值逐渐转向产品品牌背后所蕴含的文化内核、情感归属,尤其是非遗商标产品的开发与推广,其背后所蕴含的文化内涵、传统品质是消费者认牌购物的首要选择。而在过度追求商业化目的下,粗制滥造或非精细化的批量生产不仅将导致消费者丧失对非遗商标品牌所承载商业信誉的信任,而且有损非遗所蕴含的文化内涵和情感价值认同。商标抢注大多数意味着抢注人主观上具有混淆视听的主观恶意,其意图利用对知名商标的模仿使其达到市场混淆的结果,抑或是将他人苦心经营的在先权利占为己有并限制包括被抢注人在内的竞争对手,从而利用消费者的疏忽或误认坐享其成。当抢注现象发生时,消费者无法实现既定的消费目标,无法获得所预想的商品或服务质量,因而成为直接受害者。

(四)破坏非遗的传承与发展

非遗作为一种无形文化遗产,具有强烈的公共文化属性,其传承和保护依赖于社会共同参与,在保护利用中应当侧重于文化传承和社区利益,而非单纯的经济利益。然而,抢注行为往往基于商业目的,将非遗元素符号化、商品化,将非遗资源私人化,忽视了其背后的文化价值和社会意义。如果商标抢注行为不受控制,可能会导致对非遗资源的过度商业化开发,破坏其传承和发展的自然进程,并且过度的商业干预可能会使非遗失去其原有的社会和文化意义。

四、非遗商标保护的路径思考

（一）借鉴美国真诚使用意图规则，引入非遗注册审慎管理、使用宣示性声明①

商标法的本质是使用之法而非注册之法，商标使用是商标法的主轴。②中国《商标法》实施40年来，从最初的商标注册效力被神化到逐渐重视商标使用形成的利益，反映了商标价值观从注册到使用的演变态势，商标的功能在"符号圈地"③现象中逐渐被拨乱反正、返本归真。实体如第4条"恶意注册禁止"条款，第10条第1款中的"民族歧视性""欺骗性""不道德性和不良影响性"条款，第11条"缺乏显著性"条款，第19条的"禁止代理机构注册"条款，第32条的"在先权利"条款等；程序条款如第33条的"标异议"条款、第44条的"无效宣告"条款均是在一系列背景下逐步确立。2019年《商标法》第四次修改增加"不以使用为目的的恶意申请，将予以驳回"，表明虽然我国实行注册取得制度，但仍在注册审查时对申请人"使用意图"加以考量，这也是商标注册取得制度下又一次寻求注册与使用合理平衡的有益探索。美国为防止大量无真诚使用意图的商标注册申请，在商标注册过程中设置真诚使用意图规则，④基于"使用意图"申请注册的商标通常在申请日期后才开始在商业中使用，申请人在申请注册时必须提交一份经核实的声明，承诺申请人自申请提交日起，有善意意图在申请所列的商品或服务上或与之有关的商业中使用该商标。通过提交首次投入实际使用时间、使用方式、商标图样等将主观意图外化为实际可量化因素进行审核，若他人对商标注册提出异议，则由申请人承担具有真诚使用意图证明责任。商标使用虽然不是我国注册取得制度下的强制要求，但借鉴美国真诚使用意图规则对于维护非遗商标注册秩序、规范非遗商标使用行为具有重要意义。

---

① 易玲、石傲胜：《非物质文化遗产商标注册与使用：制度机理、现实困境及规范路径》，载《知识产权》2023年第12期。
② 陈明涛：《"商标使用"之体系建构与反思》，载《环球法律评论》2022年第3期。
③ 李琛：《中国商标法制四十年观念史述略》，载《知识产权》2018年第9期。
④ Trademark Manual of Examining Procedure §901.

我国可因地制宜在非遗商标注册申请时借鉴美国做法，对于申请非遗商标注册的，无论是协会或个人均应当提交持续审慎管理、使用宣示性申明，具体提交包括不超过核准注册商品或服务类别上使用非遗商标、不得不合理地歪曲、损毁非遗商标所承载的文化、精神、风俗习惯等价值内涵、不得有意使消费者产生不文明联想等声明、善意使用非遗商标并保证商品或服务质量、维护非遗文化可持续发展目标等承诺，同时设置违反该声明或承诺应承担的相关责任。如一旦违反，经商标行政机关依职权审查或他人提出异议，该商标将被宣告无效、同时禁止该主体针对非遗符号一切商标注册行为的行政责任，并根据对非遗产生不良影响程度承担一定经济赔偿的民事责任，以弥补精神损害及后续维护非遗良性发展，加强对获得非遗商标注册的权利主体审慎管理、使用、维护非遗商标的限制与监督。

（二）非遗商标恶意抢的《反不正当竞争法》规制

除了利用《商标法》通过不予注册、限制权利行使与保护的方式打击非遗商标抢注之外，还可以通过《反不正当竞争法》规定实施恶意抢注不正当竞争行为的主体所应当承担的民事责任和行政责任。《反不正当竞争法》具有为知识产权提供补充保护的功能，知识产权法与反不正当竞争法在立法目标与保护对象方面具有相通之处。[①]《商标法》主要针对注册商标提供保护，确保商标专用权的有效行使，而《反不正当竞争法》则为未注册的商业标识提供反混淆和反误认的保护。商标恶意抢注通常指抢先注册他人已经使用但未注册的商标，以此注册商标专用权来排除他人对在先使用的标识的继续使用。在这种情况下，适用《反不正当竞争法》规制商标恶意抢注不仅具有合法性，而且具有正当性。

【典型意义】

本案件在老字号商标法保护领域具有深远影响和典型的学术意义，不仅触及了商标专用权与商标合理使用之间的复杂关系，更在家族内部非物质文化遗产传承的语境下，对如何平衡不同传承人之间的权益冲突提出了深刻的

---

① 吴汉东：《论反不正当竞争中的知识产权问题》，载《现代法学》2013年第1期。

法律思考。老字号作为传统文化的重要载体，其商标不仅承载着商业价值，更蕴含着丰富的文化内涵和历史记忆。在案件审理中，法院并未简单机械地适用商标法，而是充分考虑了老字号的历史渊源、家族传承和民间传统，体现了对传统文化的尊重和保护。在家族式传承中，不同传承人往往对注册商标专用权和商标合理使用持有不同主张。该案件通过细致的法律分析，明确了在处理此类冲突时，应综合考虑历史传承脉络、民间传统、当地相关政府部门认定以及双方当事人的实际使用情况。这一处理原则不仅有助于维护家族内部的和谐稳定，也确保了非物质文化遗产的有序传承。商标合理使用作为平衡商标专用权与公众利益的重要制度，在家族内部非物质文化遗产传承中发挥着重要作用。案件审理中，法院明确指出，即使与老字号相同或近似的文字被他人注册为商标，其传承人仍有权正当使用。这一裁决不仅体现了对传承人权益的保障，也彰显了商标法保护的精神，即促进公平竞争和保障消费者利益。随着非物质文化遗产保护意识的增强和老字号商业价值的提升，类似商标权属纠纷将越发频繁。该案件通过实质审理，为类似案件提供了可借鉴的法律分析和处理原则，有助于统一司法尺度，提高案件审理的公正性和效率。

第四节　非遗公益诉讼保护

案例3.9　非遗保护的代表建议、政协提案与公益诉讼检察建议衔接转化工作机制
——贵州省紫云苗族布依族自治县人民检察院督促保护国家级非遗文化《亚鲁王》行政公益诉讼案

【关键词】

代表建议　诉前检察建议　非物质文化遗产保护　协同监督

【裁判要旨】

检察机关根据人大代表提出的加强非遗文化保护与旅游融合发展的建议，依法立案办理，并积极配合人大常委会开展专项执法检查，借助人大监督合力推动系统治理，共同促进地方条例的贯彻实施。

【基本案情】

《亚鲁王》是苗族长篇英雄史诗，被文化部列为2009年中国文化重大发现之一，2011年列入第三批国家级非物质文化遗产名录。自2020年以来，作为传唱《亚鲁王》核心区域的贵州省安顺市紫云自治县，存在传承人管理不规范、制度机制不健全、宣传保障不到位、资金支持不足等严重影响《亚鲁王》保护、传承和利用的问题，导致《亚鲁王》面临失传风险。

【案件流程】

2022年1月，安顺市人大代表在配合文旅部门开展旅游资源普查时发现《亚鲁王》"重申报、轻保护"的问题，在市两会上提出《关于加强非遗文化保护与旅游融合发展的建议》，建议"加大对《亚鲁王》等安顺独特历史文化的保护力度"。6月20日，紫云苗族布依族自治县人民检察院（以下简称紫云苗族布依族自治县检）走访市人大代表获悉该建议后，经线索评估和报批后依法立案办理。2023年1月，市人大代表在紫云苗族布依族自治县检向其反馈建议落实情况后，又针对《检察建议书》反映的非遗文化保护困境，对紫云苗族布依族自治县9项非遗文化保护现状进行全面调研，在市"两会"上提出"关于加强非遗文化传承与保护工作的建议"，建议"建立健全非遗文化保护体系，设立保护专项资金，加大对传承人的扶持力度"。

紫云苗族布依族自治县检立案后，通过走访传承人、查看传承场所等，查明36名《亚鲁王》县级传承人多年未开展授徒传艺，26个传习基地多年未利用，4名市级以上传承人均年事已高，未形成传承梯队，《亚鲁王》濒临失传的事实。

2022年8月10日，紫云苗族布依族自治县检依法向县文体广电旅游局（以下简称县文广局）公开宣告送达《检察建议书》，建议加强非遗传承人认定、管理和考评工作，强化对传习基地的监督和管理，促进非遗项目的活化利用。协同推动县文广局在《亚鲁王》26个传习基地组织300余名传承人开展苗文培训和史诗传授；重新完善3000余份诗歌档案；在县民族中学等7所中小学校增设"苗语特色课程"；投入52.5万元专项资金用于《亚鲁王》成果研究、传承人补助发放；新增认定45名县级传承人；扶持传承人在当地旅游景区展演，为传承人创业提供平台。

紫云苗族布依族自治县检邀请市人大代表作为监督专员监督案件办理，及时将行政机关整改情况向代表反馈并抄送县人大。2022年10月，县人大对《安顺市亚鲁王非物质文化遗产保护条例》开展执法检查，推动县文广局落实条例规定，建立县级传承人考评、认定和管理办法等制度，并与紫云苗族布依族自治县检会签《关于加强非物质文化遗产保护工作的协作机制》。

2023年1月12日，紫云苗族布依族自治县检邀请市人大代表作为听证员之一，对该案整改效果进行评估，经听证一致认为整改到位。2023年5月，紫云苗族布依族自治县人大常委会审议通过《支持检察公益诉讼助力非遗文化保护的决定》，同年9月出台《关于建立人大代表建议与公益诉讼检察建议双向衔接转化机制的办法》。2023年10月，安顺市检将该案向市人大专题报告，推动将《安顺市亚鲁王非物质文化遗产保护条例》纳入2024年市人大常委会执法检查计划。

【案件评析】

非遗保护的重要意义就是确保其生命力，但选择采取何种模式进行保护，现阶段学术界观点纷呈。学界热议的保护模式大致存在如下类型：分类保护模式、产业化保护模式、数字化保护模式、整体保护模式、法律保护模式、教育保护模式，概而言之，目前研究范畴下的"公法模式""私法模式"等主要着眼于立法角度，对司法在非遗法律保护机制上的重要作用尚未投入过多关注。

非遗具有一定经济价值，通过合理开发和利用，能够带动旅游业、文化创意产业等关联产业的发展，促进经济增长。然而，在追求经济利益的过程中，必须坚持非遗的公益属性，确保其文化内涵和社会价值不受损害。这就要求在非遗的保护和传承过程中，政府和社会各界要遵循公共利益原则，加强监管，防止过度商业化和文化侵权现象。然而在当前的市场环境中，一些企业为了提升自身竞争力肆意采取不正当手段，比如并非源自原产地的产品却冠以地理标志，并假冒非遗传承人的身份进行虚假宣传。这些行为无疑扰乱了市场秩序，也侵害了消费者和其他企业的合法权益。如洛阳市瀍河回族区检察院办理的"平乐郭氏正骨法（2008年被列入国家级非遗项目名录）"公益诉讼一案，经查仅辖区内就有4家市场主体未经认定，冒充"平乐郭氏正骨法"传承人从事养生保健等非医疗经营活动，损害了国家级非物质文化的形象和广大消费者的权益。该院得到案件线索后迅速行动，通过向责任部门制发诉前检察建议、持续跟进整改情况，并协同区市场监管局等多家单位举办"舌尖上的非遗""云端赏非遗"等宣传活动，开展非遗知识产权保护专项活动，非遗保护工作得到显著改善。2017年7月，公益诉讼工作全面开展以来，各级检察机关不断探索公益诉讼办案新模式，检察公益诉讼制度逐渐涉及公共利益的多个领域，社会认知度显著提升。《民事诉讼法》第55条第1款规定的公益诉讼属于列举性规定，但列举的范围过于狭窄，且该条款不是封闭性规定，涉及非遗公益侵害的行为可以启动公益诉讼。据统计，截至2023年4月，最高人民检察院发布了一批文物和文化遗产保护检察公益诉讼典型案例，全国有22个省人大常委会在出台的关于加强检察公益诉讼工作的专项决定中，也对文化遗产领域公益诉讼探索予以明确。因此，非遗公益诉讼保护制度构建正当其时。

一、非遗公益诉讼原告主体资格的范围

党的二十大报告明确提出要完善公益诉讼制度，加强文化遗产保护，通过立法确立非遗公益诉讼制度，正是对党的二十大精神的贯彻和落实，有助于提升国家文化软实力，维护文化多样性。借鉴已有的成功案例，公益诉讼已被证明是保护非遗的有效手段，值得在立法中予以明确和推广。根据最高人民法院《关于适用〈中华人民共和国民事诉讼法〉的解释》第282条和《民事诉讼法》第58条可知，我国能够提起公益诉讼的主体主要为检察机关、相关行政机关、一些依法登记注册、专门从事非遗保护相关工作的社会组织和非遗保护团体。对于在非物质文化遗产相关的公益诉讼中是否应当增加能够提起诉

讼的主体或者取消现存适格主体的诉讼资格是值得探讨和研究的问题。

首先，立法赋予检察机关非物质文化遗产侵害支持起诉或补充起诉资格。在修订《非物质文化遗产法》时，应当考虑新增专门条款来建立非遗公益诉讼制度。明确规定检察机关既可以支持当地政府、文化主管部门、非遗传承人、相关社会团体提起公益诉讼，又可以在前述主体不主动提起诉讼的情况下自行启动公益诉讼，发挥检察机关监督职能独特优势，[1] 有效弥补了现有法律保护机制的不足，在相关主体未能及时、有效地提起诉讼的情况下，检察机关可以主动介入，提起公益诉讼，避免非遗保护工作滞后，督促各责任主体履行职责，共同促进非遗保护、传承与合理利用。

其次，可考虑赋予公民提起非遗民事公益诉讼的权利。我国学界中，学者们对于公民在公益诉讼中的原告资格存在不同的看法。持不赞成公民在公益诉讼中可以具有原告资格的学者主张，如果认可公民可以作为独立主体提起公益诉讼可能会导致司法资源的浪费。而支持的学者则认为公益与每个人都息息相关，对于违反公益的行为，人人得而诉之。在非遗保护领域能够提起非遗民事公益诉讼的主体范围应适度放宽，而非仅局限于传承人等权利主体，应当允许普通公民提起非遗民事公益诉讼。具而言之，赋予公民原告资格具有以下必要性和可行性：其一，赋予公民原告资格符合非遗保护的要求。一方面，公民参与到非遗保护工作之中，是非遗法赋予公民的权利；另一方面，人民群众是非遗的创造者，也是非遗最广泛的保护者，损害非遗公共利益的行为侵犯了不特定公民的权利和利益。其二，从传承人角度看，现行的非遗法中对代表性传承人的义务规定较为明确，但没有明确代表性传承人在非遗受损害时的救济渠道和权利，赋予公民原告资格拓宽了传承人在非遗受损失的救济渠道，也是对《非物质文化遗产法》关于代表性传承人权利的一个重要补充。其三，赋予公民原告资格可以起到监督和补充的作用。在非遗领域内，当传承人对非遗的保护不力，或者传承人滥用、放弃权利时，公民

---

[1] 易玲、刘双庆：《非遗保护管理机制的现实困境及疏解之道——基于湖南省300名代表性传承人的调查》，载《中南民族大学学报（人文社会科学版）》2022年第8期。

可以起到监督和补充的作用。值得我们注意的是，公民具有原告资格，并不意味着提起非遗民事公益诉讼不受任何的限制，为了防止司法资源的浪费，对公民提起非物质文化遗产民事公益诉讼设置一定的条件是合理且有必要的。

再次，有学者认为，行政机关不宜作为非遗民事公益诉讼的原告。对于行政机关是否也可以被授予非遗民事公益诉权，当前理论上存在不同的观点。支持者认为，行政机关尤其是文保部门作为非物质文化遗产保护的行政机关，在非遗保护中具有行政监督和监管的作用，具有行业优势，能够更有效地发挥行政监管效能。① 反对者则认为，赋予行政机关非遗民事公益诉权与行政机关的职权不相称。②

最后，修订后的《非物质文化遗产法》有望进一步细化并明确能够针对非遗损害提起公益诉讼的主体范围，这不仅为前述讨论提供了坚实的法律支撑，而且预示着非遗保护将迈向一个更加多元化和专业化的新阶段。在这一框架下，除了检察机关将继续发挥其监督职能外，相关的公民、社会组织、非遗保护团体等也有望被赋予公益诉讼的资格，从而充分调动社会各方力量，形成合力，共同参与非遗保护事业。为确保这些新纳入的公益诉讼主体能够有效履行职责，切实维护非遗的公共利益，修订后的法律还需对其资格认定制定严格而具体的标准，如社会组织的成立年限、活动范围、专业能力及社会影响力等，以期在保障公益诉讼质量的同时，也为非遗保护注入更多的社会活力和专业智慧，进而构建一个更加完善、高效的非遗保护体系。

二、公益诉讼中各相关机关之间的衔接问题

（一）加强检察机关内外联动

在面对非物质文化遗产保护领域中不断涌现的新型案件时，我们发现检察机关单靠其自身力量难以实现全方位、深层次的高效司法应对。故而，应当高度重视与上级院之间的协助配合机制构建，积极搭建起"内部一盘棋、上下一体化"的科学保护框架，充分发挥上级检察院在资源调配、专业指导

---

① 陈玲珺：《非物质文化遗产民事公益诉讼原告资格研究》，载《河南工程学院学报（社会科学版）》2021年第2期。
② 李江杉：《非物质文化遗产的知识产权法律保护探究》，载《河南科技》2021年第26期。

以及政策引领等方面的统筹协调核心作用，确保在处理复杂多变的非遗保护案件时，能够形成上下联动、协同作战的强大合力。强化检察机关与其他机关的外部联动。在非遗保护的司法实践进程中，政府与检察机关联动机制成为了构建全面保护体系的关键枢纽。检察机关积极主动地与行政部门携手合作，致力于打破横亘在彼此之间的数据壁垒，通过多种方式畅通数据交互的渠道，构建起一个功能完备、实时高效的动态监督平台，并精心签订一系列协作配合机制协议，由此逐步形成了以"检察搭台、多方参与、多赢共治"为鲜明特色的非遗保护格局。例如，在与文旅部门的深度合作中，双方共同签署了《关于在文物和文化遗产保护领域加强协同工作联席会议制度》。依据该制度，就建立线索双向移送、证据收集协作配合机制，建立行政执法与检察公益诉讼衔接信息平台，相互提供专业咨询和技术支持，完善检察建议实效机制，实现多方协作配合的信息化、制度化和常态化。同时，注重借助其他专业力量。比如，聘任文化遗产保护领域专家为公益诉讼检察咨询库成员，为案件办理提供智力支持。此外，依托平台载体，设立非物质文化遗产保护公益诉讼基地和检察官办公室，将文化遗产保护融入发展大格局。在部分乡镇设立"基层法律监督联络站"，开展线索举报及宣传教育工作。

(二) 合理利用诉前检察建议

在保护非物质文化遗产方面，检察机关应充分发挥其独特的法律监督职能，通过合理利用诉前检察建议，实现"抓前端、治未病"的战略目标，有效助推非遗保护溯源治理。具体而言，检察机关在发现可能侵犯非遗的违法行为时，应立即启动调查核实程序，针对违法或不履职行为，向行政机关或相关团体发出检察建议书，督促其采取整改措施，强化保护监管职责，从源头上预防非遗受损。在此过程中，检察机关需对公益案件进行充分的释法说理，确保法律条文与实际情况有机结合，使违法主体或责任部门真正理解并接受检察建议，实现非遗在诉前得到有效保护。同时，坚持"诉"的确认原则，彰显法律监督的刚性。若检察建议发出后，违法主体未在规定期限内整改或整改不力，导致非遗持续受损，检察机关应坚决依法启动诉讼程序，确保非遗得到及时有效的法律保护。此外，听证程序作为检察机关依法办理案件的重要环节，应充分发挥其作用，重视诉前听证程序，确保各项检察建议的合法性和合理性。在非遗保护中，检察机关应与文化主管部门、文物部门、非遗保护中心、代表性传承人等主体协同配合，建立联合调研、信息共享、线索移送、调查取证、会商研判等合作机制，为破坏非遗行为提供办案指引。在此过程中，检察机关需准确把握公益诉讼的监督方式，协同式、参与式治理，坚持谦抑性、有限性原则，尊重行政机关的行政权，实现良性、健康的合作关系，最终实现非遗保护的双赢、多赢局面。通过上述措施，检察机关在非遗保护中发挥其法律监督职能，既实现了前端治理，又通过公益诉讼确保了非遗的法律保护，从而在非遗保护领域实现了双赢、多赢的局面。

三、非遗传承人的认定和管理问题

根据《国家级非物质文化遗产代表性传承人认定与管理办法》第 8 条，符合下列条件的中国公民可以申请或者被推荐为国家级非物质文化遗产代表性传承人：（1）长期从事该项非物质文化遗产传承实践，熟练掌握其传承的国家级非物质文化遗产代表性项目知识和核心技艺；（2）在特定领域内具有代表性，并在一定区域内具有较大影响；（3）在该项非物质文化遗产的传承中具有重要作用，积极开展传承活动，培养后继人才；（4）爱国敬业，遵纪守法，德艺双馨。从事非物质文化遗产资料收集、整理和研究的人员不得认定为国家级非物质文化遗产代表性传承人。但在实践中便发现该规定并不完善，2021 年，中共中央办公厅、国务院办公厅发布《关于进一步加强非物质文化遗产保护工作的意见》，明确指出"完善代表性传承人制度"。①

代表性传承人制度在实施过程中出现的比较显著的困境便是代表性传承人的认定争议。如有一位传承候选人，依据相关法规标准，本可被确认为某项非遗的代表性传承人。然而，在其所处的当地同行群体眼中，该候选人仅仅是曾追随本地一位颇具声望的手工艺人研习技艺，二人虽有师徒名分，但就技艺的精湛程度与造诣而言，他与其他数位同行相较，差距明显，难以彰

---

① 中共中央办公厅国务院办公厅印发《关于进一步加强非物质文化遗产保护工作的意见》，载中国政府网，http://www.gov.cn/gongbao/content/2021/content_ 5633447.htm，最后访问日期：2024 年 11 月 27 日。

显出作为代表性传承人的独特性与权威性，故而他们认为此候选人并不符合代表性传承人的资格要求。有学者将导致此类情况出现的原因归纳为三个类别：其一，有些代表性传承人将重心转移到市场盈利活动，疏于代表性传承人义务的履行；其二，为争取代表性传承人称号所承载的品牌价值，传承人之间的竞争越发激烈；其三，在市场化发展的背景下，国家的非遗治理目标更加多元化，地方政府面临的工作因而越发复杂，这迫使一些地方政府对代表性传承人制度进行过度干预，以实现各项工作的相互协作与高效推进。[①] 针对前述问题，我们也许能采取以下措施：其一，建立代表性传承人的"匿名评审制度"；其二，建立代表性传承人认定与管理工作的复审制度；其三，完善代表性传承人认定的实地调查程序；其四，加强对代表性传承人的义务监督与考核。

我国非遗代表性传承人制度建立了国家、省、市、县 4 级体系，但由于非遗的种类不同，代表性传承人的认定和管理也应有所不同，所采取的保护措施也应不同。《非物质文化遗产法》将非遗分为 6 类，并相继出台《杂技艺术振兴计划》《曲艺传承计划》等分类保护的政策法规。但目前的分类体系注重的是项目申报层面的表述，已经不能满足研究与实践的需要。[②] 有学者认为由于各种非物质文化遗产技术含量不一，工艺流程有别，故我们可以根据遗产所需人力的不同，将非物质文化遗产分为"个体传承型非物质文化遗产"、"团体传承型非物质文化遗产"和"群体传承型非物质文化遗产"这样三个大类。要明晰各类非物质文化遗产传承人在传承过程中的"责""权""利"，确保每一项传承任务皆有具体责任人；赋予相应权利，保障传承人在技艺传授、文化传播等方面拥有充分的自主权与操作空间；落实合理利益，对传承人的付出给予恰当的物质与精神回报。当每一位传承人都能精准知晓自身所肩负的责任内涵、所享有的权利范畴以及可获取的利益界限时，其传

---

① 王明月、马知遥：《"非遗"代表性传承人制度的逻辑困境与设计改进》，载《文化遗产》2022 年第 2 期。
② 李秀勤：《多元文化空间下非遗代表性传承人的法律保护》，载《平顶山学院学报》2024 年第 4 期。

承工作便能够在法律的框架内得以有效开展,进而受到法律的全面保护,这不仅有利于激发传承人对非遗事业的热情与创造力,更能为非遗的长远传承与发展奠定坚实基础。①

【典型意义】

　　检察机关始终秉持以人民为中心的理念,积极履行职责,深度挖掘人大代表建议这一宝贵资源,从中悉心梳理出有关非物质文化遗产保护与传承不力的关键线索。以此为契机,检察机关大胆探索、积极作为,在公益保护的监督办案实践领域稳步拓展,勇于创新监督方式与办案路径。通过公益诉讼制度,助力代表更好地发挥监督职能,深入参与非遗文化保护工作,同时也促进了人大监督、代表监督与检察监督的紧密协作,达成了双赢多赢共赢的理想局面。促使各方有力地守护着非遗文化的瑰宝,避免其因保护缺失而遭受破坏或走向衰落,确保民族文化的根脉得以延续与传承,让后人能够领略到非遗文化的独特魅力与深厚底蕴,在法治框架内为民族文化的繁荣兴盛保驾护航。

---

① 苑利、顾军:《非物质文化遗产传承人管理工作中的几个问题》,载《河南社会科学》2015年第4期。

第四章

文物保护篇

第一节　文物相关作品著作权纠纷

案例 4.1　故宫等文物建筑 VR 作品著作权保护
——故宫建筑全景图著作权纠纷案

【关键词】

故宫 VR 全景作品　摄影作品　信息网络传播权

【裁判要旨】

摄影作品是指借助器械在感光材料或者其他介质上记录客观物体形象的艺术作品。涉案作品属于可 360 度全景再现客观物体和场景的摄影作品，依法应当予以保护。未经许可，在其运营的网站上提供涉案作品的 360 度全景展示，侵害了权利人依法享有的信息网络传播权。

【案件索引】

一审：（2018）京 0108 民初 6306 号。

二审：（2018）京 73 民终 1219 号。

【基本案情】

全景客公司是一家深耕移动互联网与虚拟现实技术领域的公司，利用其专业的三维全景拍摄技术，创作完成了《故宫》VR 系列全景摄影作品，并已在北京市版权局完成了版权注册。随后，全景客公司发现同创蓝天公司未经授权，在其运营的网站（kuleiman.com）上擅自上传涉案作品中 76 幅摄影作品。全景客公司认为同创蓝天公司的行为侵犯了其享有的信息网络传播权，遂向法院提起诉讼。

【裁判结果】

一审北京市海淀区法院认为，案涉作品属于能够全方位 360 度展现物体与场景的摄影创作,依法应当作为摄影作品受到保护。全景客公司已提交包括涉案作品电子底稿、版权登记证明以及公司网页上作品展示页面的打印资料等证据,这些材料相互佐证,足以确认全景客公司对该作品拥有著作权,并具备提起诉讼的权利。同创蓝天公司未经授权,在其运营的网站上擅自提供了该作品的360度全景浏览服务,使得公众能够随时随地在个人选定的时间与地点访问案涉作品,这一行为侵犯了全景客公司所享有的信息网络传播权。据此,依法判决:同创蓝天公司赔偿全景客公司经济损失462,000元及合理开支32,500元。一审宣判后,同创蓝天公司提起上诉。二审北京市中级人民法院判决驳回上诉,维持原判。

【案件评析】

本案系保障文物数字化建设的典型案例,明确指出了利用不可移动文物拍摄而成的摄影图片,若体现了制作者的智力投入与独特创意,即符合著作权法对摄影作品的认定标准。其中,全景客公司的VR全景摄影作品是否属于作品、属于什么性质的作品、同创蓝天公司的行为是否构成侵权是本案重点研究的问题。同时,针对那些不满足作品构成要件的其他文物数据,在当前法律对数据权利属性尚未明确界定的情况下,如何采取有效保护策略,成为本案引申出的重要议题。

一、全景客公司的VR全景摄影作品是否属于作品及其所属作品性质

(一)全景客公司的VR全景摄影作品是否属于著作权法意义上的"作品"

根据《著作权法》第3条规定,作品为文学、艺术和科学领域内具有独创性并能以一定形式表现的智力成果。对作品的这一定义,应当从四个方面进行理解:首先,属于智力成果;其次,它必须能够以某种形式被外界所感知,成为连接作者内在世界与外部世界的桥梁,若未通过符号体系进行表达,则无法被公众阅读、欣赏或感知,进而失去社会价值及传播可能,也无法受到《著作权法》的保护;再次,作品应属于文学、艺术和科学范畴,这意味着作品作为智力成果,需蕴含思想、情感或观点的文艺或科学美感表达;最后,独创性系作品区别于其他人类劳动成果的关键,它要求作品不仅由作者

独立完成，还需展现出作者的智力创造性，体现其独特的判断与选择，达到基本创造性标准。这一法律定义既明确了作品的核心特征——独创性，也为判定某创作是否构成作品提供了明确的法律准则。

本案全景客公司利用专业的三维全景拍摄技术，创作完成了《故宫》这一 VR 全景摄影作品。毋庸置疑，该创作属于艺术领域的智力成果，并且全景客公司在拍摄过程中借助摄影器械来捕捉和记录客观物体和场景，同时系由全景客公司独立完成。此外，在拍摄角度的选择、光线的运用以及后期的图像处理等方面，融入了拍摄者的智力选择与判断。这些选择和判断不仅体现了拍摄者的艺术审美和创作意图，也使得最终的 VR 全景摄影作品呈现出独特的视觉效果和艺术风格。据此，全景客公司的 VR 全景摄影作品符合《著作权法》对作品定义的界定，应当被视为作品且受到法律保护。

（二）全景客公司的 VR 全景摄影作品性质界定

根据《著作权法实施条例》第 4 条第 10 项的规定，摄影作品是指借助器械在感光材料或其他介质上记录客观物体形象的艺术作品。随着科技进步，传统意义上的"感光材料"如胶卷，已不再是记录摄影作品的唯一介质，数字存储器等新兴技术同样能实现这一功能。而要使一张照片成为受保护的摄影作品，关键在于其独创性：摄影师在拍摄同一场景或人物时，通过个性化地选择拍摄角度、距离、光线运用等，赋予照片独特的视觉效果；摄影师凭借敏锐的判断力，捕捉那些转瞬即逝的瞬间，使照片成为"时间的定格艺术"；摄影师对拍摄对象进行创意性的安排，包括指导被摄者的姿态、表情，以及选择合适的服装与道具；摄影师在后期阶段，运用各种软硬件工具对照片进行精心处理，以达到特定的艺术效果。本案涉作品通过对摄影角度、距离、光线运用等进行个性化的选择，尽管 VR 全景摄影作品通过特殊技术手段，实现了 360 度全景展示，但这并不改变其作为摄影作品的本质属性。据此，全景客公司的 VR 全景摄影作品属于著作权法意义上的作品，而且应认定为摄影作品。

二、同创蓝天公司的行为是否构成侵权

（一）全景客公司享有案涉作品著作权

在著作权纠纷处理的司法实践中，为了明确权利归属，确保当事人的合法权益得到有效维护，法律要求当事人必须提供一系列证据来支持其主张且能够相互印证，以全面、客观地反映案件事实，包括但不限于涉及著作权的底稿、原件、合法出版物、著作权登记证书、认证机构出具的证明以及取得权利的合同等。本案全景客公司提交了案涉作品电子底稿、作品登记证书及展示有涉案作品的全景客公司网页打印件。其中，电子底稿证明了案涉作品的创作过程和原始数据，系全景客公司主张著作权最直接且最有力的证据；作品登记证书不仅明确了作品的名称、作者、创作完成日期等基本信息，还正式确认了全景客公司为该作品的著作权人；网页打印件则反映了案涉作品在公开场合的呈现方式以及其在市场上的影响力和认可度。据此，上述证据相互印证，形成了完整的证据链，能够证明全景客公司享有案涉作品的著作权。

（二）同创蓝天公司的行为构成侵权

根据《著作权法》第10条与第53条规定，信息网络传播权，即以有线或者无线方式向公众提供，使公众可以在其选定的时间和地点获得作品的权利，未经著作权人许可，通过信息网络向公众传播其作品的，应当承担相应的民事责任。需要指出的是，信息网络传播权的出台，主要是为了应对互联网环境下著作权保护面临的新挑战，这源于网络传播模式的革新，特别是其能实现作品的远程交互式传播。而要构成交互式网络传播行为，应当具备两方面条件：一方面，作品需通过网络向公众开放，允许作品被远程访问；另一方面，这种传播须具备"交互性"，即受众不是被动接受作品，而是能在自己选择的时间和地点获取作品。此外，在当前网络环境下，典型的交互式传播行为包括三类：首先，网络服务商将数字化作品置于公开服务器供用户在线访问或下载；其次，用户自行上传数字化作品至开放平台供他人访问或下载，例如将短视频上传至视频网站、将文字作品发布到网络论坛；最后，用户利用P2P软件将数字化作品置于共享区域，供使用该软件的其他用户搜

索并下载。

本案全景客公司创作完成了《故宫》VR 全景摄影作品，并在北京市版权局进行了版权登记。同创蓝天公司未经授权，在其酷雷曼网站上擅自展示了案涉作品的 360 度全景，允许公众自由选择时间和地点进行访问，侵犯了全景客公司依法享有的信息网络传播权。尽管同创蓝天公司辩称其提供的是信息网络存储空间服务，案涉作品系由用户上传，但从案件事实来看，酷雷曼网站网页前端并未显示案涉作品的上传者信息，同创蓝天公司的法律声明中亦声称其网站上的所有内容均由其享有权利，且后台用户注册信息具有可修改性。这些事实表明，同创蓝天公司未能提供充分证据证明其就涉案作品提供的是信息网络存储空间服务。据此，法院认定同创蓝天公司侵犯了全景客公司的信息网络传播权，并判令其赔偿全景客公司经济损失 462,000 元及相应的合理开支。

三、文物数据权益的其他保护路径

针对文物数据的保护策略，尽管著作权法能发挥一定的效用，但鉴于不少数据难以达到独创性标准，实际法律运用中，反不正当竞争法成为了更为常见的保护手段，旨在全面保障数据权益，遏制文物数据的无序传播。在此基础上，有必要深入分析和明确数据保护的关键要素及不正当使用数据的具体情形，以促进构建一个既能充分保护文物数据，又能保障其开放共享、流通顺畅的法律环境，从而推动数据赋权保护的谨慎与有序发展。

（一）《反不正当竞争法》一般条款保护

根据《反不正当竞争法》第 2 条规定，不正当竞争行为，是指经营者在生产经营活动中，违反法律规定，扰乱市场竞争秩序，损害其他经营者或者消费者的合法权益的行为。这一定义不仅明确了不正当竞争行为的基本特征，也为司法实践中如何认定不正当竞争行为提供了法律依据。在数据领域，尤其是网络环境下，不正当竞争行为的表现形式多样，包括但不限于非法获取、使用他人数据产品、破坏性使用他人数据以及通过非正常手段抓取、存储、展示网络平台数据等。在司法实践中，若《反不正当竞争法》的其他具体条款无法有效应对数据领域的不正当竞争行为，司法机关可酌情行使自由裁量权，转而适用该法的"一般条款"，例如，"淘宝诉美景'生意参谋'不正当竞争案"。不过，由于"一般条款"表述较为原则且抽象，其应用具备高度灵活性，因此需针对个案进行深入分析，依据具体情况来判定行为是否构成不正当竞争。若案涉文物数据并未构成摄影作品，则可寻求《反不正当竞争法》第 2 条对其予以保护。

（二）《反不正当竞争法》商业秘密条款保护

根据《反不正当竞争法》第 9 条规定，商业秘密，是指不为公众所知悉、具有商业价值并经权利人采取相应保密措施的技术信息、经营信息等商业信息。商业秘密的显著特点是价值性、秘密性和保密性。其中，秘密性要求商业秘密必须是非公开的，即不能从公开渠道轻易获得；价值性强调的是商业秘密必须能够为权利人带来经济利益或竞争优势，这种经济利益可以是直接的，也可以是间接的；保密性要求权利人必须采取合理的保密措施来保护其商业秘密，包括限制访问权限、使用加密技术等。若案涉文物数据并未构成作品，除寻求《反不正当竞争法》第 2 条的保护外，也可寻求"商业秘密条款"的保护。

（三）《反不正当竞争法》"互联网专条"保护

为适应数字经济时代的发展，2017 年修订的《反不正当竞争法》新增了第 12 条，即专门针对互联网领域的规定。该条款采用"一般规定＋具体情形＋补充条款"的立法结构，第 1 款界定了该法条的适用边界；第 2 款的前三项具体列举了互联网领域中的三种不正当竞争行为：非法流量转移、不当干扰和恶意不兼容；第 2 款的第 4 项则作为补充条款，为那些未被前三项涵盖的互联网不正当竞争行为提供了认定的灵活性。由于数据的商业使用通常依赖于互联网，故涉及数据的不正当竞争行为可以通过"互联网专条"进行规范，即便某些不正当的数据使用行为未被第 2 款的前三项明确包含，补充条款也为法院提供了裁判的自由度，已有法院在处理类似案件时，选择应用"互联网专条"而非"一般条款"。此外，"一般条款"与"互联网专条"的目的并非完全独立，它们在法律适用上可能存在重叠，具体来说：在考虑使用"一般条款"之前，应优先考虑"互联网专条"；而在应用"互联网专条"时，应首先评估是否符合该条第 2 款的前三项规定，这在"微播视界诉六界公司直播数据侵权案"中有所体现。文物数据在数字化大背景下，可以寻求"互联网专条"的保护。

【典型意义】

该案揭示了依据著作权法对具有独创性的文物影像资料进行保护的重要性与必要性，为文物数据的法律保护提供了路径指引。对于构成作品的数据客体，即那些具备独创性的文物影像资料，应充分利用著作权法的制度优势对其予以保护。该案也促使我们思考对于文物数据寻求反不正当竞争法予以保护，启发我们去反思博物馆数字化过程中的权利保护与公众需求之间的利益平衡，推动我们对涉数据保护法律规则的深入探索与完善。

案例4.2　古籍点校构成著作权法意义上的作品
——葛某圣与李某成侵害著作权纠纷案

【关键词】

古籍点校　独创性　合作作品　著作权侵权　古籍保护与活化利用

【裁判要旨】

具有独创性的古籍点校成果，符合著作权法所定义的作品标准，理应受到法律保护。当古籍点校成果由多人协作完成时，其著作权应由所有参与合作的作者共同拥有。若其中某位作者未经其他合作作者同意，擅自将合作作品视为个人作品发表，此行为即构成对著作权的侵犯。

【案件索引】

一审：（2011）潍知初字第 186 号。

二审：（2014）鲁民三终字第 340 号。

再审：（2016）最高法民再 175 号。

【基本案情】

李某成与葛某圣曾合作进行民国版《寿光县志》的点校工作，但在完成第三稿后，因意见不合而暂停合作。2010年7月，李某成通过电子邮件与葛某圣沟通《寿光县志》第四稿的完成情况及出版相关事宜，包括价格设定、署名合作、费用分担及内容修改等。葛某圣随后取回了第四稿并继续点校，但由于两人在点校和注释上存在诸多分歧，合作再次中断。之后，葛某圣在第四稿的基础上独立完成了第五、六、七稿，并在未经李某成同意的情况下出版了该书的点校本，且书中标注的点校者为葛某圣，校审人员为孙某春和李某吉。李某成认为，其民国版《寿光县志》校注本与葛某圣出版的民国版《寿光县志》点校本就点校部分，相同之处有95％，不同之处有5％，遂向山东省潍坊市中级人民法院诉称，葛某圣的行为侵害其著作权，请求法院判令葛某圣赔偿经济损失15万元，并在报纸上刊登严重错误勘正声明等。

【裁判结果】

山东省潍坊市中级人民法院认为：一方面，民国版《寿光县志》作为公有领域作品，经整理点校后形成的点校本，融入了点校者的创造性劳动，符合著作权法关于作品的定义；另一方面，根据《著作权法》的相关规定，改编、翻译、注释、整理作品所产生的新作品，其著作权归改编、翻译、注释、整理者所有，同时合作创作的作品，其著作权由合作作者共同享有。李某成与葛某圣自2008年9月18日起，便对民国版《寿光县志》进行了合作整理与点校，尽管过程中经历了两次合作中断，但双方均承认共同参与了点校工作。葛某圣在已出版点校本上仅标注自己为点校者的行为，侵犯了李某成的署名权与发行权。葛某圣提起上诉，山东省高级人民法院判决驳回上诉，维持原判。葛某圣再提起再审，最高人民法院判决维持山东省高级人民法院判决。

【案件评析】

本案系古籍点校著作权保护的典型案例，对一直争论不休的"古籍点校成果是否构成著作权法上的作品"问题作出回应。需要指出的是，鉴于我国古代文献资源的丰富性，大多数人会选择依赖点校版本来阅读相关文献，若"一刀切"地认为古籍点校成果不能获得著作权法保护，这将对我国古籍点校产业的持续发展、古籍的广泛传播以及中华传统文化的继承产生负面影响。其中，民国版《寿光县志》是否为古籍、涉案民国版《寿光县志》点校本是否构成著作权法意义上的作品、葛某圣的行为是否侵害了李某成的著作权为本案的研究重点。同时，如何在独创性判断的基础上，构建古籍点校成果的保护机制成为本案引申出的另一研究议题。

一、民国版《寿光县志》是否为古籍

虽然我国尚未对古籍给出明确的法律定义，但依据我国文化行业标准《古籍定级标准》，古籍通常被理解为中国古代书籍的泛称，主要涵盖1912年之前书写或印刷、并采用中国古典装帧风格的书籍。我国自1920年2月2日起正式采用新式标点符号，这一规定源自北洋政府教育部发布的第53号训令——《通令采用新式标点符号文》，在此日期之前，古文普遍不使用标点符号。故在实践中，部分民国时期的书籍也被纳入古籍的范畴。《中国古籍总目》作为国家古籍整理出版的重点规划项目，它全面反映了中国古籍的流传与存藏状况，是现存汉文古籍的总目录，其收录范围涵盖了从古代至民国初期的汉文书籍，包括手抄本和印刷本。结合本案，法院认定民国版《寿光县志》为古籍，并无不当。

二、涉案民国版《寿光县志》点校本是否构成著作权法意义上的作品

根据《著作权法》第3条规定，作品为文学、艺术和科学领域内具有独创性并能以一定形式表现的智力成果。换而言之，某一成果若要构成著作权法意义上的作品需要满足四个条件，包括：属于智力成果；是可被客观感知的外在表达；属于文学、艺术或科学领域内的成果；具有独创性。本案涉案民国版《寿光县志》点校本的性质为古籍点校，系点校者基于古籍原版，利用其专业知识，遵循文字与标点规范，并参考其他版本或史料，将古籍中的繁体字转换为简化字，纠正文字错误，同时对内容进行分段并添加标点的行为。具体而言：第一，案涉民国版《寿光县志》点校本属于智力成果。此点校本作为对该古籍的首次点校，要求点校者不仅须具备历史、人文、文学等领域的深厚素养，还需投入大量的人力物力进行深入研究，故该过程充分体现了智力劳动。第二，案涉民国版《寿光县志》点校本在表达上展现了独创

性。一方面，点校者通过为民国版《寿光县志》添加标点符号、划分段落层次，融入了点校者个人对原著的理解；另一方面，面对原始古籍中可能存在的无标点、无分段或文字残损等问题，尽管其目的主要是探索古籍的原始含义，但实质上点校者需凭借自身理解和判断对原始含义进行推敲、句读和分段，这种过程本身也是一种创造性的表达。第三，涉案民国版《寿光县志》点校本表达方式并非唯一或有限。首先，点校者并非原著作者，其点校成果必然带有主观色彩，这会导致不同点校者所形成的点校成果通常不会完全一致；其次，不同点校者的认知水平、史学功底、专业技巧和经验各不相同，对点校素材理解和表达也会有所差异，这会导致最终形成的点校成果会同原始古籍关联度存在差异；最后，点校行为还受到点校者个人主观因素的影响，如个性选择等。

三、葛某圣的行为是否侵害了李某成的著作权

根据《著作权法》第13条、第14条的相关规定，改编、翻译、注释、整理已有作品而产生的作品，其著作权由改编、翻译、注释、整理人享有，同时两人以上合作创作的作品，著作权由合作作者共同享有。此外，根据《著作权法》第52条第2项规定，未经合作作者许可，将与他人合作创作的作品当作自己单独创作的作品发表的，构成侵害著作权的行为，应承担停止侵害、消除影响、赔礼道歉、赔偿损失等民事责任。在本案中，自2008年9月18日起，李某成与葛某圣合作开展了对民国版《寿光县志》的整理与点校工作，其间虽有两次暂停合作，但二人均确认参与了该项工作，以及在法庭审理中，葛某圣承认，二人共同完成的第三稿与最终出版的点校本在点校内容上高达85%相似，仅有15%的差异，这表明至少85%的点校成果是二人共同创造性劳动的体现，故二人共同拥有对案涉民国版《寿光县志》点校本的著作权。此外，葛某圣在出版前，案涉民国版《寿光县志》点校本尚未公开发表，葛某圣未将李某成列为共同作者的行为，等同于将二人合作完成的作品视为个人单独创作的作品发表，从而侵犯了李某成应有的署名权与发行权。

四、古籍点校成果科学版本权保护路径及其反思

实际上,《著作权法》在设计其法律结构时,采纳了"二元结构及权利分配"的理念。随着传播技术的不断演进,在作品的创作与传播环节中涌现了许多非创作者角色,如表演者、电影制片人、录音录像制作者以及广播机构等。若不对这些角色给予法律保护,将会严重削弱上述主体投资作品、推动作品传播的意愿。因此,全球多数国家在传统著作权保护模式的基础上,增设了邻接权,从而构建了著作权法律体系中的"二元结构"。由此,由于单纯的古籍点校成果难以符合独创性标准,以及我国版式设计的保护范围较为狭窄,故可考虑引入科学版本权。但也有观点认为著作权法已经能够为古籍点校成果提供充足保护,引入科学版本权既非必要,也无可能。

科学版本权保护方案为:"第 X 条古籍作品科学版本权:不受著作权保护的古籍作品或者文本的科学版本准用本法有关作品著作权的规定而受保护。其中,科学版本是指对上述古籍作品或者文本进行点校形成的、与该作品或者文本在先已知版本存在实质性区别的版本。该权利由版本的点校者享有。该权利在版本出版之后 10 年消灭,但版本在制作完成后 10 年内未出版的,该权利亦消灭"。① 但这一短期保护方案存在诸多不合理之处,主要涉及版权保护期限与作品实际价值之间的不对应关系:首先,许多价值有限的作品享有较长的保护期,而那些需要更多激励的研究成果,如古籍点校,却只有短暂的保护期;其次,许多作品虽非主要创作,却仍受版权保护,而点校成果这类更需要激励的成果却缺乏足够的保护;再次,与快速消费的作品相比,古籍点校等作品应有更长的投资回报期;最后,版权保护虽然时间长,但其排他性相对较弱,不会过度限制公众自由,与专利权不同,版权法允许公众有足够的行动空间,合理使用和权利救济等机制也保障了公众自由,故缩短古籍点校的保护期对公众自由的增加非常有限,版权法有足够的工具来平衡作者权益和公众自由。此外,引入科学版本权难以符合成本与收益之间的平衡关系。在该方案暂未成熟的条件下,不应轻易否定现行著作权规则的解释

---

① 参见彭学龙:《古籍点校科学版本的邻接权保护》,载《法商研究》2023 年第 4 期。

空间和适用可行性。

【典型意义】

中华优秀传统文化是中华民族的文化根脉,其蕴含的思想观念、人文精神、道德规范,不仅是我们中国人思想和精神的内核,对解决人类问题也有重要价值。作为中华优秀传统文化的源头与沃土,古籍只有通过精细整理与广泛传播,才能重新焕发生机与活力。通过本案裁判明确古籍点校成果可以构成著作权法意义上的作品,不仅为古籍点校行业规范发展提供了有力支持,也进一步促进了古籍作品的广泛传播,对保护和传承传统文化具有深远意义。

第二节　文物保护与建设、损毁纠纷

案例4.3　未经批准在文物保护单位的保护范围内进行建设工程的认定
——西安某建材有限公司诉陕西省西安市临潼区文化和旅游体育局行政处罚案

【关键词】

文物保护　未经批准　违法建设　行政处罚

【裁判要旨】

当行政相对人未经审批,在全国重点文物保护单位保护范围内擅自开展工程建设活动,且该行为对文物安全、历史风貌造成不良影响,破坏了文物的真实性和完整性时,其必须依法承担相应的行政责任。行政机关有权依法对此类违法行为作出行政处罚决定,同时人民法院也会依法支持行政机关的处罚决定。

【案件索引】

一审：（2019）陕 7102 行初 3091 号。

二审：（2020）陕 71 行终 573 号。

【基本案情】

自 2014 年 7 月起，西安某建材有限公司（以下简称建材公司）在国家重点文物保护对象秦始皇陵的保护区域内，占用土地建设预拌混凝土扩建项目。2017 年 3 月，此事被西安市规划局临潼分局发现并上报给临潼区文化和旅游体育局（以下简称临潼文旅局）。当月 17 日，临潼文旅局针对建材公司"未获文物部门批准即施工"的行为立案调查，并要求其限期拆除、恢复原状。随后，临潼文旅局两次向建材公司发出行政处罚及听证通知，并依建材公司请求组织了听证会，确保了程序的合法性。其间，秦始皇帝陵博物院两次回复临潼文旅局的征询，指出建材公司的施工对秦始皇陵文物安全及历史风貌造成了负面影响，破坏了文物的真实性和完整性，并强调该区域不宜进行与文物保护无关的建设。2019 年 3 月 11 日，临潼文旅局作出行政处罚，判定建材公司违反文物保护法，要求其拆除违规建筑并罚款 30 万元。建材公司对此不服，遂向西安铁路运输法院提起诉讼。

【裁判结果】

西安铁路运输法院认为，根据文物保护法规定，任何单位或个人在未经批准的情况下，禁止在文物保护单位的保护区域内实施建设、爆破、钻探、挖掘等活动。建材公司未依法向文物行政部门申请并获得审批，便擅自于秦始皇陵保护区内开展建设工程，此举明显违反了文物保护法的相关规定。临潼文旅局对此案的认定清楚准确，证据全面有力，程序合法合规，适用法律准确无误。据此，依法判决：驳回建材公司的诉讼请求。一审宣判后，建材公司提起上诉。西安铁路运输法院判决驳回上诉，维持原判。

【案件评析】

本案系行政相对人不服文物行政部门处罚决定引发的行政案件。其中，临潼区文旅局作出的涉案行政处罚决定是否合法、是否应当被撤销，是本案重点研究的问题。同时，行政处罚作为行政执法中的重要内容，如何加强文物行政执法以更好地展开文物保护，为本案引申出的另一重要研究议题。

一、临潼区文旅局作出的涉案行政处罚决定是否合法

（一）临潼区文旅局是否有权作出涉案行政处罚决定

根据《行政处罚法》第17条的规定，行政处罚由具有行政处罚权的行政机关在法定职权范围内实施。同时，根据《文物保护法》第9条的规定，县级以上地方人民政府文物行政部门对本行政区域内的文物保护实施监督管理。第83条规定，对擅自在文物保护单位的保护范围内进行建设工程或者爆破、钻探、挖掘等作业的行为，由县级以上人民政府文物行政部门责令改正，给予警告；造成文物损坏或者其他严重后果的，对单位处50万元以上500万元以下的罚款，对个人处5万元以上50万元以下的罚款，责令承担相关文物修缮和复原费用，由原发证机关降低资质等级；情节严重的，对单位可以处500万元以上1000万元以下的罚款，由原发证机关吊销资质证书。结合本案，作为县级以上人民政府文物主管部门，临潼区文旅局具有保护其行政区域内文物的职责，并拥有对违反《文物保护法》行为作出行政处罚的权力。

此外，依据《文物保护法》的上述规定，有分析指出，应由省级文物部门负责查处省级以上文物保护单位的违法行为，市级文物部门负责市级文物保护单位，县级文物部门负责县级及未定级的不可移动文物违法行为，形成明确的管辖层级。然而，该分析在理论和实践层面上都存在一定的问题。从理论上看，政府调查处理与行政执法是两个不同的开展路线。《文物保护法实施条例》并没有详细规定政府调查处理的具体形式和内容，而《安全生产法》和《生产安全事故报告和调查处理条例》则提供了详细的工作程序和要求，这些可以作为文物工作的参考。根据安全生产的规定，不同级别的事故由相应级别的政府组织调查组进行调查，调查组负责询问、收集资料、认定责任、提出建议，并提交报告。相关单位可以直接使用调查组的记录作为证据，依法对违法主体进行处理。政府在调查处理过程中并不直接执行行政处罚，而是交由有处罚权的机关负责。从实践上看，文物执法的层级管辖实施起来存在困难。以陕西省为例，该省有全国重点文物保护单位270处，省级文物保护单位1098处，包括一些占地广阔的大遗址。如果所有这些单位的违法行为都由省级文物部门统一执法，考虑到现有资源，这是一项几乎不可能完成的任务。即使省级文物部门委托执法，审批和讨论的程序也可能导致工作难以顺利进行。因此，在文物行政执法领域，不适宜实行级别管辖，县级以上的文物部门都应拥有行政处罚权，这也是文物保护工作的实际需求。

（二）临潼区文旅局作出的涉案处罚决定是否认定事实清楚

根据《文物保护法》的规定，文物保护单位的保护范围内不得进行其他建设工程或者爆破、钻探、挖掘等作业。但是，因特殊情况需要在文物保护单位的保护范围内进行其他建设工程或者爆破、钻探、挖掘等作业的，必须保证文物保护单位的安全，并经核定公布该文物保护单位的人民政府批准，在批准前应当征得上一级人民政府文物行政部门同意；在全国重点文物保护单位的保护范围内进行其他建设工程或者爆破、钻探、挖掘等作业的，必须经省、自治区、直辖市人民政府批准，在批准前应当征得国务院文物行政部门同意。结合本案，秦始皇陵被列为国家级文物保护单位，建材公司在未获得批准的情况下，在该保护区内开展建设工程，违反了相关法律。在进行现场勘验时，临潼区文旅局对建材公司员工进行了询问，并记录了现场检查情况。之后，该局就建材公司未经文物管理部门批准，擅自在文物保护区内扩建工厂的行为是否带来严重后果，征询了秦始皇帝陵博物院的意见，博物院实地考察后表示，建材公司擅自开展建设工程的行为已对文物造成了严重影响。这些事实和证据充分证明了建材公司擅自在文物保护区内施工，并导致了严重后果，因此临潼区文旅局对建材公司作出的行政处罚决定是基于明确事实与确凿证据。此外，关于建材公司认为秦始皇帝陵博物院非专业鉴定机构，其意见不应作为处罚依据的抗辩，经过相关审查，秦始皇帝陵博物院作为秦始皇陵的日常管理工作部门，其意见可以认定为建材公司擅自施工行为是否对文物安全造成严重后果的重要依据。

（三）临潼区文旅局作出的案涉处罚决定是否超过处罚时效

根据《行政处罚法》第36条的规定，违法行为在二年内未被发现的，不再给予行政处罚。法律另有规定的除外。前款规定的期限，从违法行为发生之日起计算；违法行为有连续或者继续状态的，从行为终了之日起计算。结合本案，建材公司在秦始皇陵保护区内擅自施工，违反了《文物保护法》，构成违法行为且至临潼区文旅局立案处理时，该违法行为仍未得到纠正，处于持续进行中的状态，因此不受二年未被发现即免罚时效的限制。据此，建材公司该抗辩并无法律依据。

二、临潼区文旅局作出的案涉行政处罚决定是否应当被撤销

根据《行政诉讼法》第 70 条规定，人民法院在审理案件时，发现行政行为具有以下情形的，可以判决撤销或者部分撤销，并可以判决被告重新作出行政行为，具体包括：主要证据不足；适用法律、法规错误的；违反法定程序的；超越职权的；滥用职权的；明显不当的。由此可知，可撤销的行政行为需至少满足以下一个条件：其一，若行政行为的合法性要件缺失，即该行为在主体、内容或程序上存在违法情况，那么它就存在被撤销的风险。主体合法、内容合法、程序合法，都是确保行政行为正当性的基石。其二，若行政行为在合理性方面存在问题，即行为显得不合理、不公正，或者与现行政策、时代精神或善良风俗相悖，那么这样的行为也可能被视为可撤销。尽管许多"不适当"的行政行为同时也可能违法，但在某些情况下，它们可能并不直接触犯法律，而是由于行政机关在行使裁量权时未考虑相关因素，或考虑了不相关的因素，甚至违反了公认的法律原则（如比例原则、平等原则、信赖保护原则等）而导致的。因此，"不适当"同样可以作为撤销行政行为的依据。结合本案，临潼区文旅局具有作出涉案行政处罚决定的权力且在法定职权范围内行使职权。临潼区文旅局在作出涉案行政处罚决定的过程中严格依照法定程序进行，不存在脱离程序而进行的情形，体现在临潼文旅局两次向建材公司发出行政处罚及听证通知，并依建材公司请求组织了听证会，以确保程序的合法性。此外，涉案行政处罚决定并未违反合目的性、合正义性以及基本的公平合理规则，也未存在处理结果明显畸轻畸重、明显不合理不公平，故该行政处罚决定在合理性方面未存在问题。

三、如何加强文物保护行政执法

文物保护工作是跨部门、跨系统的综合性工作，需要强化协同配合，离

不开社会力量积极参与。《文物保护法》第19条明确规定，国家健全社会参与机制，调动社会力量参与文化遗产保护的积极性，鼓励引导社会力量投入文化遗产保护。《文物保护法》公益诉讼条款也明确检察机关提起文物公益诉讼的原告资格，检察机关作为法律监督机关，相较于文物保护主管部门、机构、团体等，拥有更强的权威性和强制力，有助于提升文物保护水平，推动与其他部门形成保护合力，完善文物全方位、系统性保护格局。

而加强文物保护行政执法，是实现文物有效保护的关键环节，需要从多个维度发力。第一，提升执法队伍素养。执法人员不仅要熟悉文物保护相关法律法规，还须具备丰富的文物知识和专业技能，以便在面对复杂的文物违法案件时能够准确判断、依法处理。相关部门可以定期组织执法人员参加专业培训，邀请文物专家和法律学者授课，提升执法人员的业务能力。第二，强化跨部门合作。文物保护涉及多个部门，如文化、公安等，各部门之间应建立常态化的沟通协调机制，实现信息共享、联合执法。第三，创新执法手段。随着科技的飞速发展，利用现代科技手段提升文物保护执法效能成为必然趋势。比如，借助大数据、人工智能和卫星遥感技术，对文物保护单位进行实时监测，及时发现文物安全隐患和违法违规行为。同时，利用无人机进行文物巡查，能够快速覆盖大面积区域，提高巡查效率。第四，加强国际合作交流。文物是全人类的共同财富，许多文物的非法交易和破坏涉及跨国犯罪。通过与国际组织和其他国家的合作，共享文物犯罪信息，联合打击文物走私等跨国违法犯罪行为，能够更好地保护文物的安全。

此外，国家文物局近年来在强化执法督察体系方面成效显著，各地的文物行政执法能力和规范性得到了显著提升。在此基础上，可以进一步完善这一制度。一方面，需要更加明确地界定文物督察的具体范围，通过科学严谨的评估，合理确定督察的边界。督察工作主要聚焦于地方政府、文物行政部门和执法机构为保护文物而采取的行政及执法行为，监督其是否依法履行职责，是否存在执法不力或滥用职权的情况。另一方面，要积极创新文物督察的手段，大力推动文物督察与现代科技的深度融合。例如，利用区块链技术对文物保护执法过程进行全程记录，确保执法数据的真实性和不可篡改，提高文化遗产保护监督工作的智能化和精准度。同时，充分发挥媒体宣传和舆论引导的作用，对文物保护执法工作进行正面宣传，对文物违法行为进行曝光，增强监督效果，营造全社会共同参与文物保护的良好氛围。

【典型意义】

秦始皇陵，作为中国首批世界文化遗产及全国重点文物保护单位。在其保护区域擅自施工建设，对文物安全、历史风貌及其真实性和完整性造成了不良影响。文物行政部门对此行为进行了行政处罚，人民法院监督并支持文物行政部门严格执法。人民法院、文物行政部门、文物管理单位及相关行政部门积极联动、各司其职，为新时代文物和文化遗产保护法治保护树立了典范。

案例4.4 过失损毁文物行为的刑事认定
——张某杰等过失损毁文物案

【关键词】

汉魏洛阳故城 注意义务 过失毁损 刑事责任

【裁判要旨】

保护文物人人有责，特别是在文物保护范围内，建设施工单位及相关责任人更要按章作业、尽到注意义务，损毁文物要承担相应法律责任。在施工中过失损毁汉魏洛阳故城保护范围内的古墓葬，造成严重后果，依法应当承担刑事责任。

【案件索引】

（2020）豫0311刑初488号。

【基本案情】

2019年，洛阳暖虹热力工程安装有限公司承包洛阳市洛白路供热主干线工程，其施工区域包含全国重点文物保护单位－汉魏洛阳故城保护范围。2019年6月15日，洛阳市文物局工作人员到洛白路热力管道沟槽施工现场进行初步查看，并要求洛阳暖虹热力工程安装有限公司项目经理韩某兵为文物钻探提供便利，帮助将施工现场的结构层沥青、混凝土垫层清理掉，露出原土即可。韩某兵将上述内容电话通知三标段工队负责人被告人张某杰。张某杰对韩某兵的指示没有理解清楚，仍然继续在洛阳市洛龙区白马寺镇分金沟村路口西50米处继续施工。2019年6月16日凌晨，张某杰雇佣无操作资质的挖掘机司机王某涛驾驶挖掘机施工，张某杰、王某涛在夜晚施工过程中没有尽到注意义务，致使全国重点文物保护单位——汉魏洛阳故城保护范围内一古墓葬券顶完全被破坏。经国家文物出境鉴定河南站鉴定，挖掘行为损毁了东汉时期古墓葬，局部破坏了汉魏洛阳城遗址的本体，对东汉时期古墓葬的历史、艺术、科学价值造成了严重破坏。

【裁判结果】

河南省洛阳市洛龙区人民法院认为，被告人张某杰、王某涛过失损毁被确定为全国重点文物保护单位的文物，造成严重后果，均构成过失损毁文物罪。二被告人归案后能如实供述犯罪事实，自愿认罪认罚，依法可以从轻处罚，分别判处有期徒刑1年6个月，缓刑2年。该判决已生效。同时，施工单位没有尽到管理义务，应承担相应的行政责任。

【案件评析】

本案系过失损毁文物引发的刑事案件。其中，过失毁损文物罪的界定及其与相关罪名的区分、文物保护中的行刑衔接系本案的重点研究问题。此外，不可移动文物的保护与利用系本案所引申出的另一重要研究议题。

一、过失毁损文物罪的界定及其与相关罪名的区分

（一）过失毁损文物罪

根据《刑法》第324条第3款规定，过失损毁国家保护的珍贵文物或者被确定为全国重点文物保护单位、省级文物保护单位的文物，造成严重后果的，处三年以下有期徒刑或者拘役。可从该罪构成要件出发，对过失毁损文物罪展开剖析：

首先，本罪所侵害的客体是国家有关珍贵文物的管理秩序，对象是国家保护的珍贵文物及被确定为全国重点文物保护单位、省级文物保护单位的文物。根据《文物保护法》第 3 条规定，文物分为不可移动文物和可移动文物。古文化遗址、古墓葬、古建筑、石窟寺、古石刻、古壁画、近代现代重要史迹和代表性建筑等不可移动文物，分为文物保护单位和未核定公布为文物保护单位的不可移动文物，同时文物保护单位可分为全国重点文物保护单位，省级文物保护单位，设区的市级、县级文物保护单位。历史上各时代重要实物、艺术品、工艺美术品、文献资料、手稿、图书资料、代表性实物等可移动文物，分为珍贵文物和一般文物，并且珍贵文物又可分为一级文物、二级文物、三级文物。本案中，主要是涉及不可移动文物的问题，且汉魏洛阳故城系全国重点文物保护单位，符合过失毁损文物罪的客体构成要件。

其次，本罪在客观方面表现为损毁国家保护的珍贵文物，或者被确定为全国重点文物保护单位、省级文物保护单位的文物，造成严重后果的行为。"损毁"是指捣毁、打碎、砸烂、涂抹、拆散、烧毁、刻划、污损等，使文物部分破损或者完全毁灭，部分或者完全失去文物价值的破坏行为。损毁文物的情况比较复杂，造成的后果各有不同，破坏的程度有轻有重，社会影响也有差异，处理时要作具体分析，认真区分违法和犯罪的界限，应鉴别遭到损毁的是否是其主要的、关键的部分，对其外观的破坏程度等，从经济价值、社会影响、危害后果等各种因素进行综合考虑，对于损坏很轻、影响不大，或者被损坏后易于修复，情节显著轻微的，亦可以不认为是犯罪。同时根据最高人民法院、最高人民检察院《关于办理妨害文物管理等刑事案件适用法律若干问题的解释》，造成严重后果包括：造成五件以上三级文物损毁、造成二级以上文物损毁、致使全国重点文物保护单位、省级文物保护单位的本体严重损毁或者灭失。本案中，经鉴定，两被告挖掘行为损毁了东汉时期古墓葬，局部破坏了汉魏洛阳城遗址的本体，对东汉时期古墓葬的历史、艺术、科学价值造成了严重破坏，符合过失毁损文物罪的客观构成要件。

再次，本罪的主体为一般主体，即年满 16 周岁具有刑事责任能力的自然人，均可构成本罪。本案中，两位被告人符合这一构成要件。

最后，本罪在主观方面必须出于过失，即应当预见自己的行为可能损毁珍贵文物，却因疏忽大意而没有预见或者虽然预见自己的行为可能损毁珍贵文物，但却轻信能够避免，以致造成珍贵文物损毁，并造成严重后果。行为人如果出于故意，则不构成本罪应是故意损毁文物罪。本案中，两位被告人并未具有故意毁损汉魏洛阳故城的意愿，但因疏忽大意而造成汉魏洛阳城遗址的本体局部破坏，符合过失毁损文物罪的主观构成要件。

（二）过失毁损文物罪与失职造成珍贵文物损毁、流失罪的区分

过失损毁文物罪与失职造成珍贵文物损毁、流失罪在客观上均可表现为致使珍贵文物或者全国重点文物保护单位、省级文物保护单位的文物损毁，入罪条件均以造成严重后果为要件，具有一定的相似性。但是两者也存在不同：一方面，犯罪的客观方面不完全相同。过失损毁文物罪主要发生在日常生活或者工作过程中，过失造成文物损毁，而失职造成珍贵文物损毁、流失罪主要发生在履行文物行政管理职责的过程中，同时过失损毁文物罪只包括造成文物损毁，而失职造成珍贵文物损毁、流失罪既包括造成文物损毁，也包括造成文物流失；另一方面，犯罪主体不同。过失损毁文物罪系一般主体，而失职造成珍贵文物损毁、流失罪系特殊主体，仅限于国家机关工作人员，包括依法或者受委托行使文物行政管理职权的公司、企业、事业单位的工作人员。本案中，两被告系一般主体，且是在日常工作中造成文物毁损，符合过失毁损文物罪的特征。

二、文物保护中的行刑衔接

（一）文物保护行刑衔接的现实困难

1. 文物行政执法主体多元导致案件移送权责不明

《文物保护法》规定，文物行政违法行为由文物主管部门、公安机关、海关及环境保护行政部门等多个主体分别处理，具体依据违法行为性质而定。然而，该法虽明确了文物保护的管理体制，却未清晰界定各级文物主管部门的组织管理权限及与其他部门的分工合作。实践中，文物局与文化市场综合执法总队（以文化和旅游局名义）并存的现象较为普遍，两者在文物行政执法中的职责划分不一，加之该法对文物行政部门与其他国家机关的职权划分与协作配合缺乏具体说明，导致与文物相关的违法行为处理中，案件移送权

责模糊，影响执法效率。

2. 文物违法犯罪证据转化存在争议与风险

文物行政执法过程中，证据收集与保存至关重要，若未能预判案件可能涉及刑事犯罪，导致取证手段不当、时机把握不准，将直接影响证据的完整性和有效性。特别是过失毁损文物罪的认定，需依据鉴定意见判断"是否造成严重后果"，而《刑事诉讼法》关于行政证据向刑事证据转化的规定存在理解分歧。具体而言，对于鉴定意见、勘验笔录和检查笔录等证据类型，公安部与"两高"的相关规定并不一致，导致实践中文物行政执法与刑事司法在证据转化范围上产生争议，增加了案件移送和后续刑事诉讼的难度。

3. 文物行政违法与刑事违法界限模糊，移送标准难以把握

行政处罚与刑事处罚的二元制裁模式下，行政违法行为与刑事犯罪行为在行为特征和侵犯法益上具有相似性，使得两者界限难以明确。以擅自修缮不可移动文物为例，《文物保护法》与《刑法》均有所规定，但"明显改变文物原状"是否等同于"损毁"，缺乏具体量化标准，导致文物行政执法人员在判断相关行为是否涉嫌刑事犯罪时面临困难。此外，由于文物行政执法人员与刑事司法人员在专业背景和思维模式上的差异，进一步加剧了案件移送标准的模糊性，影响了文物保护工作的有效实施。

（二）文物保护行刑衔接的完善路径

1. 加强相关立法建设

为有效衔接文物保护行政执法与刑事司法，亟须出台"文物保护行政执法与刑事司法衔接工作办法"。该办法应详细规定案件移送的主体、程序、期限以及移送标准，明确文物行政执法主体的移送职责权限，界定可转化为刑事证据的行政执法证据范围，并确立文物行政执法案件中涉嫌犯罪案件的移送证据标准。此外，应增加强制性规定，确保保障机制的实施，为实践办案提供规范指引。在更广泛的层面上，考虑提升行政执法与刑事司法衔接的相关规定位阶，研究制定一部全面系统的行政执法与刑事司法衔接法，以增强法律约束力。

2. 构建实体移送标准

以构成要件为核心，构建文物涉罪案件的实体移送标准。结合刑法学基本原理和司法解释，对妨害文物管理罪所规制的行为设定明确的移送标准。例如，故意损毁文物罪的移送标准应包括行为主体、行为对象、危害行为和行为结果等构成要件要素的明确界定。同时，对"损毁"进行合目的性解释，区分刑法意义上的损毁与生活意义的损毁，确保移送标准的准确性和可操作性。

3. 完善信息共享平台

针对现有行政执法与刑事司法衔接信息共享平台存在的问题，应进一步完善平台功能，扩大平台覆盖面，提高案件录入数量和信息质量。通过开放文物行政执法数据接口，实现司法机关对文物违法信息线索的查询，促进案件信息的同步共享和查询便利。建立文物刑事犯罪立案标准数据库，运用大数据分析技术，提高文物违法犯罪行为的识别能力和处理效率。

4. 强化检察机关的监督与推动作用

充分发挥检察机关在文物保护行政执法与刑事司法衔接中的监督作用。对文物行政执法机关未移送涉嫌犯罪案件的情况进行移送监督，对公安机关立案不当的文物案件进行立案监督，对文物行政执法人员涉嫌职务违法、犯罪的情况进行线索移送处理。同时，检察机关应定期向文物行政执法机关等单位通报衔接工作情况，推动形成文物保护沟通配合机制，凝聚合力，共同推进文物保护工作。

三、不可移动文物的保护与利用

（一）不可移动文物保护的当前困境

1. 保护意识淡薄与立法不完善并存

当前，在发展地方经济、推动旅游事业、开发利用历史文化资源等活动中，存在忽视不可移动文物保护的意识和观念，直接或者间接造成不可移动文物灭失的现象时有发生。与此同时，我国不可移动文物保护的一系列单行法层级混乱。例如，有些不可移动文物由行政法规规制，有些则由部门规章规制，且法律规范名称混乱，导致各自效力范围不清晰、适用率不高等问题。

此外，这些法律法规主要以明确保护对象、保护内容和保护方法为主，但是对保护过程中涉及的具体操作和法律适用问题却规定甚少，导致实践可操作性不强。本案中，两被告人之所以会过失毁损文物，正是出于自身保护意识淡薄的原因。

2. 行政执法难与监管薄弱并存

当前，不可移动文物的立法不健全，而执法又需要极强的专业知识，这直接导致行政执法难。以浙江省绍兴市为例，虽然文广局下设文化执法大队负责文物方面的执法，但部分涉及不可移动文物保护的行政执法由街道的综合执法大队负责。由于综合执法大队缺乏相应的专业技术人员，且有些不可移动文物的内部构件鉴定缺乏明确标准，依法管理尚处于半真空状态。与此同时，不可移动文物保护是一项综合性极强的工作，涉及文物管理、城市规划管理、文化旅游等多个行政部门，呈现出多部门多重管理并存的现象。多部门职责交叉、重叠，且不可移动文物保护主体和处罚主体合一的管理模式，导致不可移动文物行政执法混乱，甚至存在有法不依、执法不严、相互推诿等情况。而当前公众参与不可移动文物保护的渠道不畅通、积极性不高，又缺乏行之有效的监管机制，进一步加剧了这一困境。

3. 破坏行为频发与责任追究难并存

当前破坏不可移动文物的行为频发，但与之相对应的责任追究却不到位，主要表现在三个方面：一是部分破坏行为尚未被发现。同样以浙江省绍兴市为例，绍兴市越城区辖区内有367处不可移动文物，但文保线工作人员仅有2名。由于线索来源渠道不畅、人力物力有限等因素，部分破坏不可移动文物的行为没有纳入追责的范围。二是行政责任追究难。对破坏不可移动文物的行为追究行政责任的关键是违法行为是否造成严重后果或者违法情节是否严重，但目前对于由哪个机构负责认定以及认定的标准等均缺乏相应的规定，导致实践中行政责任追究难。三是民事责任规定不明。虽然《文物保护法》规定了相应民事责任，但由于不可移动文物所蕴含的价值难以评估、民事责任标准暂无明文规定等原因，民事责任追究难以落到实处。

(二) 不可移动文物保护的困境纾解

1. 加强行政执法与监管力度

一方面，注重提升执法队伍的专业素质，明确执法主体和职责分工，避免多头管理和职责交叉，同时通过建立健全文物执法协调机制，加强部门间的信息共享和协作配合，提高执法效率；另一方面，拓宽公众参与文物保护的渠道，鼓励公众举报破坏文物的行为，建立文物保护志愿者队伍，发挥其在文物保护中的积极作用，当然也可以通过加强媒体监督，对破坏文物的行为进行曝光和批评，形成全社会共同监督的良好氛围。

2. 加大破坏行为的责任追究力度

一方面，完善破坏行为的发现机制，利用现代科技手段提高文物保护的效率和准确性，同时明确行政责任追究的标准和程序，确保责任追究的公正性和合理性；另一方面，完善民事责任追究机制，制定不可移动文物价值评估标准和民事责任追究的具体规定，为民事责任追究提供法律依据。此外，建立健全文物损害赔偿制度，确保受损文物能够得到及时修复和赔偿，维护相关主体的合法权益，当然也要加强对文物犯罪的打击力度。

3. 增强保护意识与完善立法体系

一方面，可以增强公众等群体的文物保护意识，通过媒体宣传、教育普及和专业培训，提高全社会对不可移动文物价值的认识，激发保护文物的自觉性和积极性；另一方面，完善立法体系，明确保护标准和法律责任，形成层级清晰、效力明确的法律体系，确保文物保护工作有法可依、有章可循。需要注意的是，在立法过程中，应特别注重提高法律法规的可操作性和适用性，明确各类不可移动文物的保护要求和方法，以及破坏行为的法律责任追究机制。

【典型意义】

本案系过失损毁文物引发的刑事案件，人民法院贯彻落实宽严相济刑事政策，依法对二被告人定罪量刑，文物行政部门依法对施工单位予以罚款的行政处罚，展现了多元治理、全面追责、共同提升文物保护水平的鲜明导向和工作实效，对引导社会公众提高文物保护意识、建设施工单位及相关责任人提高文物安全责任意识，具有重要警示和教育意义。

第三节　文物拍卖、捐赠纠纷

案例 4.5　艺术品拍卖合同纠纷中拍卖人瑕疵免责条款的审查认定
——朱某丽与朱某年等拍卖合同纠纷案

【关键词】

艺术品拍卖　拍卖合同　瑕疵担保　免责条款

【裁判要旨】

法院在审查拍卖人瑕疵免责条款效力时,应从语义是否明确、声明方式是否适当的角度进行严格解释。并且拍卖人对拍卖标的的瑕疵负有审查与告知说明义务,且该义务不因竞买人事先知晓瑕疵或瑕疵不影响交易达成而免除,同时瑕疵说明应以积极、主动的形式进行。此外,拍卖人对拍卖标的的权利瑕疵负有实质审查义务。

【案件索引】

一审:(2018)京 0101 民初 8288 号。

二审:(2021)京 02 民终 2466 号。

【基本案情】

朱某钊、沈某复、沈某善、朱某年为兄弟姐妹关系,共同拥有清代书法家赵之谦《潜夫论》八福篆书屏条。2017 年 4 月 11 日,四人(其中沈某善委托沈某婕)与嘉德公司签订《委托拍卖合同》,共同委托嘉德公司对上述物品进行拍卖。2017 年 5 月 9 日,嘉德公司向四人发出《上拍通知函》及《上拍清单》,告知中国嘉德 2017 年春季拍卖会将于 2017 年 6 月 16 日至 6 月 23 日在北京国际饭店举行。2017 年 7 月 10 日,嘉德公司向四人发出《落槌通知函》及《落槌清单》，通知中国嘉德 2017 年春季拍卖会已于 6 月 23 日圆满结束，若清单中写明落槌价，则拍品已成交。拍卖会结束之日起 35 天后，如买受人已支付全部购买价款，将把扣除《委托拍卖合同》约定的全部佣金、各项费用及国家规定的税费后的余额支付至原告指定账户。若清单上未写明落槌价，则为流拍。《落槌清单》载明，赵之谦篆书《潜夫论》落槌价 1050 万元。因嘉德公司未支付拍卖成交款，朱某丽作为买受人亦未履行其付款义务，故朱某年等提起诉讼。

【裁判结果】

北京市东城区人民法院认为，根据法律规定，竞买人有权自行参与或委托他人代为参与竞买活动。本案中，嘉德公司已证实朱某丽参与了竞买并成功购得案涉拍品。为此，嘉德公司提供了包括竞投委托书、微信记录、电话录音、现场录像等一系列完整且相互印证的证据材料，形成了完整的证据链。这些证据充分证明了朱某丽委托嘉德公司工作人员参与竞拍，并成功以最高价购得案涉拍品的事实，且竞买受托人已及时将竞买过程和拍卖结果通知了朱某丽。整个委托及竞拍流程均符合法律法规要求，双方之间的委托关系和买卖关系均合法有效。因此，作为买受人的朱某丽应履行支付购买价款的合同义务。朱某丽否认参与竞买及拍卖结果的抗辩，缺乏充分的事实和法律依据。同时，朱某丽提出的嘉德公司违反拍卖规则的行为，并不影响相关合同的法律效力及各方权利义务。至于朱某丽以拍品为赝品为由的抗辩，因嘉德公司的拍卖规则及竞拍委托书中已明确不承担瑕疵担保责任，故该抗辩理由不成立。据此，依法判决：（1）朱某丽分别支付四原告拍卖价款 2,625,000 元并支付违约金；（2）驳回四原告的其他诉讼请求。一审宣判后，朱某丽提起上诉。北京市中级人民法院判决驳回上诉，维持原判。

【案件评析】

本案艺术品拍卖合同纠纷主要涉及拍卖人瑕疵免责条款的审查认定。其中，朱某丽是否具有竞买人资格、涉案拍品的真伪问题能否作为朱某丽的抗辩主张为本案的争议焦点。对艺术品鉴定制度与瑕疵免责条款的探讨成为本案引申出的另一重要研究议题。

一、朱某丽是否具有竞买人资格

（一）朱某丽具有竞买人资格

根据最高人民法院《关于适用〈中华人民共和国民事诉讼法〉的解释》第90条规定，当事人对自己提出的诉讼请求所依据的事实或者反驳对方诉讼请求所依据的事实，应当提供证据加以证明，但法律另有规定的除外。在作出判决前，当事人未能提供证据或者证据不足以证明其事实主张的，由负有举证证明责任的当事人承担不利的后果。《拍卖法》第32条规定，竞买人是指参加竞购拍卖标的的公民、法人或者其他组织。本案中，依据已查明的事实，可以认定朱某丽以委托竞投授权的方式参加了嘉德公司组织的2017年春季拍卖会，通过朱某丽与巫某峡之间的微信记录，可以证实巫某峡已将《委托竞投授权书》的照片发送给朱某丽，双方在微信聊天记录中确认了案涉拍品竞拍成功的事实，通过拍卖会现场的电话录音和录像等证据，亦能够证实委托竞投的电话号码为朱某丽一直使用的号码及竞拍加价、成交的相关内容，录像也显示委托席一女士手持8533号牌，在拨打电话过程中举牌和拍卖师宣布"8533，谢谢"的过程，综合以上事实，可以认为朱某丽具备竞买人资格，并以委托人的身份通过电话报价的方式实际参与了案涉拍品的竞拍活动。

（二）朱玲丽的相关抗辩无效

朱某丽主张因其没有在本次拍卖会中出具书面授权委托，未办理竞买人登记和竞买号牌登记手续，也未缴纳保证金，且本案存在双方代理的情况，故巫某峡的代理行为对朱某丽不发生法律效力的无效。这些抗辩均无效，理由在于：其一，依据上述已查明事实，朱某丽在参加本次拍卖会之前，同样以委托竞投的方式参加过嘉德公司组织的其他拍卖活动，其本人对嘉德公司制定的《拍卖规则》及委托竞投的相关规定和法律效力系明知，故朱某丽在明确知晓其与巫某峡之间存在《委托竞投授权书》的前提下，以电话委托方式参与了案涉拍品拍卖的全过程，该委托行为应为合法有效。其二，《拍卖法》第22条规定，拍卖人及其工作人员不得以竞买人的身份参与自己组织的拍卖活动，并不得委托他人代为竞买。朱某丽主张巫某峡系嘉德公司的员工，不得接受朱某丽的委托参与竞拍活动，该行为违反了《拍卖法》第22条的强制性规定，但巫某峡在拍卖活动中是依据朱某丽的具体指示完成举牌行为，并非是以自己的行为代为竞买，故朱某丽依据《拍卖规则》关于委托竞投的相关规定，在拍卖现场以电话委托的方式告知受托人巫某峡完成竞买行为，并不违反强制性法律规定。

二、涉案拍品的真伪问题能否作为朱某丽的抗辩主张

《拍卖法》第61条第2款规定，拍卖人、委托人在拍卖前声明不能保证拍卖标的的真伪或者品质的，不承担瑕疵担保责任。同时《民法典》第496条第2款规定，采用格式条款订立合同的，提供格式条款的一方应当遵循公平原则确定当事人之间的权利和义务，并采取合理的方式提示对方注意免除或者减轻其责任等与对方有重大利害关系的条款，按照对方的要求，对该条款予以说明。提供格式条款的一方未履行提示或者说明义务，致使对方没有注意或者理解与其有重大利害关系的条款的，对方可以主张该条款不成为合同的内容。本案中，无论是《委托竞投授权书》，还是嘉德公司制作的《拍卖规则》均注明了拍卖公司不承担瑕疵担保责任，且朱某丽不是首次参加拍卖活动，其亦自认在拍卖前本人亲自参加了案涉拍品的拍卖预展会，依据以上事实，可以认为朱某丽对于拍卖的相关规则及瑕疵担保的相关规定是明知的，其称嘉德公司未就格式条款中的相关重要内容对其进行重点提示及说明，相关格式条款无效的意见，缺乏事实和法律依据。此外，本案不存在《拍卖法》第61条第1款所规定的"拍卖人、委托人未说明拍卖标的的瑕疵"的情形。

三、艺术品鉴定制度与瑕疵免责条款

（一）艺术品鉴定制度的现状与困境

根据《拍卖法》第3条规定，拍卖是指以公开竞价的形式，将特定物品或者财产权利转让给最高应价者的买卖方式。拍卖价格与艺术品的真伪和品质直接相关，故对拍卖中的艺术品进行鉴定具有重要意义。因而，《拍卖法》中的瑕疵免责条款与艺术品鉴定之间的问题也逐渐浮出水面。艺术品鉴定作为一个专业且复杂的领域，其特点在于：首先，它是一项主观判断活动，其

准确性受鉴定者专业能力、道德观念及外部环境的影响；其次，它属于团队合作的范畴，个别鉴定者的意见只是整体评估的一部分，可视为初步判断或辨识，而非最终鉴定；再次，它得出的结论需经历验证过程以确定是否采纳，尽管这些结论在文物评级、估值、保护、征集及交易等方面发挥关键作用，但它们并非决定性因素，仅为参考，其接纳与否由相关方或机构决定；最后，这是一项基于科学验证的活动，不受行政级别或地域限制，以行政从属关系划分或确定鉴定结论效力级别的观念是不恰当的。① 本案中，由于涉案拍品是否为赝品不能作为抗辩主张，故对于朱某丽提出的《调查取证申请书》《鉴定申请书（一）》《专家辅助人出庭申请书》等请求，法院并未支持。同时，艺术市场上目前通行的鉴定方式有三种：一是专家鉴定，虽具权威性，却也受限于鉴定者的专业水平和能力；二是科技检测，结果较为精确，但适用范围有限；三是文献参考，能增强学术可信度，却受限于文献的准确度。对于艺术品，国内尚缺乏具有绝对权威性的鉴定机构，且对鉴定机构的资质和责任没有明确规范，因此，多数情况下，需要综合多个鉴定机构的意见来达成共识。② 结合上述阐述，我们看出目前艺术品鉴定制度存在权威鉴定机构的缺失、难以彻底解决目前艺术品的真伪鉴定问题、法律法规并未对我国艺术品鉴定行业进行明确规范等问题。

（二）瑕疵免责条款出现的法理依据与现实情况

一方面，卖家履责与买家风险自担为《拍卖法》的基本原则之一，二者相互平衡。具体来说，在拍卖这种特殊的交易形式中，买卖双方均需承担各自的责任。拍卖行有责任对拍卖标的进行审查、鉴定并如实告知，这是基于"尽力而为"原则的诚信表现，在法律上则体现为"禁止虚假宣传"。相应地，拍卖行的免责声明即表明其能力有限。买受人为了降低因拍卖标的瑕疵带来的风险，不应完全依赖拍卖行的"尽力而为"，而应理性看待拍卖行提供的"佐证"，更全面地评估拍卖标的的现状。结合本案的结果来看，法院

---

① 岳峰：《什么是文物艺术品鉴定》，载《人民日报》2014年4月28日，第6版。
② 界面新闻：《法治面｜"保真"藏品被鉴定为赝品，如何理解瑕疵不担保条款？》，载腾讯网，https://news.qq.com/rain/a/20240702A06HPO00，最后访问日期：2025年2月8日。

的判决其实充分体现了卖家履责与买家风险自担这一原则。

另一方面，艺术品鉴定中的困境是瑕疵免责条款出现的另一重要原因。艺术品作为一种特殊的拍卖标的，即使是专家，也会出现各执一词的情况，以古代书法作品《古诗四帖》的鉴定为例，即便是在国家文物局"书画鉴定七人组"中，谢稚柳、杨仁恺和启功三位专家也给出了不同的鉴定意见。

（三）瑕疵免责条款的重新解读

瑕疵免责条款并非孤立存在的条款，需要对其展开全面且准确的解读：第一，拍卖行只有在未知或不应知悉拍卖标的存在瑕疵的情况下，才能免除其瑕疵担保责任。若事后证实拍卖行事先知晓或理应知晓瑕疵情况，那么拍卖人则有权要求拍卖行担责。第二，尽管拍卖行可能发布了免除瑕疵担保责任的声明，但这并不免除其对拍卖品进行基本审查的义务。拍卖行有责任审核委托人提供的文件，必要时还需进行鉴定，对于拍卖品的数量、面积及通过其他方式检测出的问题，即便已声明不承担担保责任，拍卖行仍可能需承担相应的责任。第三，需明确的是，拍卖品的瑕疵并不等同于产品缺陷，拍卖行与委托人对此均需承担无过错责任。同时，法院在评估拍卖人瑕疵免责条款的有效性时，应当严格从条款的明确性和声明的合理性两方面进行解读。明确性要求条款必须能让竞买人清楚了解瑕疵免责的法律后果，而合理性则要求拍卖人以积极、主动的方式提前进行说明或声明。若经审查发现不符合其中任一条件，该瑕疵免责条款将被视为无效，拍卖人则需承担瑕疵担保责任或其他相关法律责任。此外，在举证责任分配及证据审查上，法院应对拍卖人是否履行上述义务会提出更高要求，若拍卖人未适当履行，将导致瑕疵免责条款无效。

【典型意义】

在拍卖活动中，当竞买人举牌示意购买意向，并经拍卖师落槌或采取其他公开方式确认后，标志着拍卖合同的正式成立与生效。若存在赝品纷争，在不存在证明拍卖人瑕疵免责条款无效证据的情形下，买受人则需履行支付拍卖价款的法定义务。拍卖行及委托人应充分履行合理审核责任和瑕疵告知义务，减少因赝品引发的法律纷争，竞买人则应充分利用预展机会，深入了解展品并清楚"瑕疵不担保"条款的具体适用情况，以为实现艺术品拍卖市场繁荣发展。

案例4.6　以拍卖方式倒卖文物的违法犯罪行为认定
——李某某、胡某倒卖文物案

【关键词】

变造文物　拍卖文物　倒卖文物罪　刑事附带民事公益诉讼

【裁判要旨】

针对利用变造文物手段获取拍卖许可，意图通过正规拍卖非法倒卖文物的行为，法律将追究相关责任人的刑事责任。若此行为还损害了社会公共利益，检察机关有权提起包含刑事与民事内容的公益诉讼，要求责任人承担修复受损文物的民事责任，以确保文物资源得到有效保护。

【案件索引】

2023年最高人民检察院与国家文物局联合发布依法惩治涉文物犯罪典型案例（第一批）"李某某、胡某倒卖文物案"。

【基本案情】

2021年，被告人李某某为将自己持有的来路不明的青铜器拍卖变现，以北京某国际拍卖有限公司为掩护，按照有关青铜器著录中所记载的相同器形青铜器上的铭文、族徽，指使被告人胡某将上述铭文、族徽錾刻到涉案青铜器上，将来路不明的青铜器伪造成符合法律规定有传承的青铜器，后以伪造的海外购买记录发票到北京市文物行政部门骗取拍卖许可，意图以拍卖的方式倒卖文物。经鉴定，涉案文物属于西周文物，为三级文物。2022年3月23日，北京市公安局朝阳分局以李某某、胡某涉嫌倒卖文物罪移送检察机关审查起诉。4月22日，北京市朝阳区人民检察院以李某某、胡某涉嫌倒卖文物罪提起公诉，后于7月19日提起刑事附带民事公益诉讼，建议判处两名被告共同承担文物修复费用、鉴定费用等民事责任。

【裁判结果】

北京市朝阳区人民法院以李某某犯倒卖文物罪判处有期徒刑二年,并处罚金人民币2万元,以胡某犯倒卖文物罪判处有期徒刑一年,并处罚金人民币1万元,并支持了公益诉讼起诉人全部诉讼请求。李某某提出上诉。北京市第三中级人民法院裁定驳回上诉,维持原判。

【案件评析】

本案系以拍卖手段倒卖文物犯罪的典型案例,反映了当前文物犯罪的突出特点,明确了通过变造文物骗取拍卖许可后欲以拍卖"合法"手段倒卖文物的行为系违法犯罪行为。本案例评析,一方面,剖析以拍卖方式倒卖文物犯罪案件的关键问题及应对,如本案中,拍卖文物是否属于国家禁止经营的文物;拍卖是否属于倒卖文物的犯罪行为方式;着手实施文物犯罪的时间节点是否以具体的出售、购买行为为准。同时,刑事附带民事公益诉讼以及如何协同行政机关开展文物保护工作,是本案的潜在研究问题。另一方面,则阐述以拍卖方式倒卖文物犯罪案件办理的亮点及启示。

一、以拍卖方式倒卖文物犯罪案件的关键问题及应对

(一)拍卖文物是否属于国家禁止经营的文物

根据《文物保护法》的相关规定,我国对文物收藏单位以外的公民、法人和其他组织可以收藏文物的方式有严格规定,并规定不得买卖来源不符合法律规定的文物。实践中,拟拍卖文物需要具有合法的来源证明。中华人民共和国成立前的出土文物受限于记录条件,可能只保留了青铜器上的铭文和族徽拓片用以证明出土时间。文物主管部门一般依据收藏家公开出版过的著录及国有文物商店出具的发票等购买记录,认定文物属于有传承的文物,进而准许拍卖。在案件办理中,需要通过调取客观证据以及被告人供述等证据,及时对涉案文物进行鉴定,重点核实文物的客观年代和实际来源。本案中,从表面上看,拍卖公司已取得从事文物拍卖的行政许可,同时李某某已向文物行政部门提供海外拍卖票据及《三代吉金文存》《小校经阁金文》两本著录,文物行政部门已准许对涉案文物拍卖,涉案文物具有了"合法身份"及

"合法手续"。但是经过鉴定，涉案青铜器上的铭文均是新錾刻的，两件文物并非著录中记载的青铜器，进而认定涉案文物的来源不符合《文物保护法》的相关规定，属于国家禁止经营的文物。

（二）拍卖是否属于倒卖文物的犯罪行为方式

2015年"两高"《关于办理妨害文物管理等刑事案件适用法律若干问题的解释》第6条第1款规定，出售或者为出售而收购、运输、储存《文物保护法》规定的"国家禁止买卖的文物"的行为，应认定为倒卖文物罪中的"倒卖"行为。《拍卖法》第3条规定，拍卖是指以公开竞价的形式，将特定物品或者财产权利转让给最高应价者的买卖方式。"倒卖"和"拍卖"在文物领域的关系亦有具体的法律规定。《文物保护法》第67条规定，文物收藏单位以外的公民、法人和其他组织可以收藏通过从经营文物拍卖的拍卖企业购买等合法方式取得的文物。因此，在标的物同为国家禁止买卖的文物的语境下，"拍卖"作为将特定物品让给最高应价者的买卖方式，属于"倒卖"中出售的行为方式，故以拍卖方式倒卖国家禁止买卖的文物，应当构成倒卖文物罪。本案中，李某某以北京某国际拍卖有限公司为掩护，企图在2021年秋季拍卖会上拍卖涉案文物。拍卖公司已取得从事文物拍卖的行政许可，同时文物行政部门也已准许对涉案文物拍卖。在案发前，涉案文物及相关单位均具备形式上"合法"的拍卖资格。实际上，李某某伪造了海外购买记录发票，以上述文物及著录骗取了文物行政部门的拍卖许可。至此，涉案文物已经进入了广义的拍卖流程，给国家禁止买卖的文物披上了"合法"备拍的外衣，拍卖进程取得了实质性的进展。

（三）着手实施文物犯罪的时间节点是否以具体的出售、购买行为为准

倒卖文物罪规定于我国《刑法》第六章第四节"妨害文物管理罪"中，该罪保护的法益是国家文物管理制度，即有关文物挖掘、定级、运输、储存、买卖等各个领域的管理制度。拍卖文物的核心行为是买卖行为，即特定文物的所有权变更。倒卖文物行为的本质同样是买卖行为，即为了追求牟利目的，将国家禁止经营的文物流入交易市场或通过交易等手段改变文物所有权的归属，与拍卖行为具有相同的行为性质。在拍卖文物的准备工作中，获得文物

行政部门的许可即表明特定的文物具备了进入拍卖环节的合法资格,是拍卖文物关键、必要的环节,也是我国文物管理制度的具体应用体现,需要结合骗取拍卖许可的具体行为手段综合判断对我国文物管理制度的侵害是否达到了现实、紧迫的程度。本案中,虽然涉案文物在预展前已经被撤拍,没有实施后续的交易行为,但是两名被告人破坏文物本体的錾刻行为已经对我国文物管理制度产生了现实、紧迫的危险,应当认定李某某和胡某已着手实施犯罪,因意志以外原因未能得逞,应系犯罪未遂。

(四)刑事附带民事公益诉讼

1. 刑事附带民事公益诉讼的现状

刑事附带民事公益诉讼是指具有程序性诉讼实施权的检察机关在对特定领域损害公共利益的犯罪行为提起刑事公诉时,可以附带向审理刑事案件的法院提起,请求判令致使公共利益受到损害的有责主体承担民事责任的诉讼。刑事附带民事公益诉讼的"一枝独秀"成为我国公益诉讼检察制度实践的显著特征之一。公益诉讼与刑事诉讼、民事诉讼的结合,推动了公益诉讼检察制度的广泛实施。当前,我国公益诉讼检察制度发展还处于成熟完善阶段。对于被追诉人实施的构成刑事犯罪的损害国家利益和社会公共利益的行为,刑事附带民事公益诉讼可以给予及时全面的法律评价,并保证较好的公益恢复效果。尤其在行政监管长期失灵导致公益保护乏力的"公地悲剧"领域,刑事附带民事公益诉讼具有民事公益诉讼和行政公益诉讼不可比拟的优势,具有较为广阔的适用空间。

刑事附带民事诉讼产生的事实根源是一个已构成犯罪的行为往往会同时侵犯他人的民事权益。自中华人民共和国成立以来,尽管法律文本始终坚持"刑民并重"的原则,但司法实践却在具体刑事政策的指导下呈现出从"刑事吸收民事"到"民事吸收刑事"的转变。转变不仅发生在二者的关系中,还体现在民事责任的形式上。刑事附带民事诉讼制度确立之初,由于并无界定规范民事权利的法律,也无物权、人身权等绝对权的概念,所以民事责任仅限于"经济损失"[《刑法》(1979)第31条]或"物质损失"[《刑事诉讼法》(1979)第53条],即可以用金钱计算的损失。随着民事法律的发展,国家不仅构建了以请求权为基础的民事权利体系，而且确立了多种民事责任形式以满足权利人的多种诉求。静态的民事责任在动态的诉讼中转化为诉讼请求，民事权益的司法保护得以实现。因此，公益诉讼起诉人应当在法律责任的范围内选择一种或几种来主张。例如，最高人民法院《关于审理消费民事公益诉讼案件适用法律若干问题的解释》第13条规定消费民事公益诉讼的诉讼请求为停止侵害、排除妨碍、消除危险、赔礼道歉与确认无效。这里并没有提到赔偿损失，那么赔偿损失就不能是消费公益诉讼的责任形式。由此就需要检视前述刑事附带民事公益诉讼中要求被告同时承担罚金和惩罚性赔偿金的问题。

2. 刑事附带民事公益诉讼与文物犯罪的结合

本案为北京市检察机关提起的首例可移动文物保护民事公益诉讼案。检察机关经与文物部门的专家开展座谈，明确了錾刻铭文的行为不仅对文物本体造成实际损害，同时也破坏了文物的历史价值、科研价值和艺术价值，损害了社会公共利益。刑事检察部门第一时间向公益诉讼检察部门移送线索，为及时提起刑事附带民事公益诉讼奠定了基础。为进一步明确公益诉讼民事责任的承担方式，检察机关委托具有文物鉴定资质的鉴定机构和价格评估机构，分别就文物现状、损坏情况、修复方法、修复所需费用等进行评估鉴定。通过参考鉴定意见，检察机关在提起刑事附带民事公益诉讼时，建议法院判处两名被告共同承担文物修复费用、鉴定费用并在省级以上新闻媒体对其破坏文物资源的行为公开赔礼道歉等民事责任。最终，法院支持了公益诉讼起诉人的全部诉讼请求。

（五）如何协同行政机关开展文物保护工作

在刑事司法案件办理的同时，检察机关时刻关注涉案文物的保护工作，向文物行政部门及市场监管部门反馈相关线索，在推进司法办案的同时，实现对文物违法犯罪行为的全方位清理打击。北京市文物行政部门接到涉案拍卖公司2021年秋季拍卖会有关违法线索后，立即协调文化执法部门一同到现场核实，及时为办案人员提供文物鉴定专业意见，并提供涉案文物违法获得拍卖许可的证据材料。应检察机关邀请，该部门多次组织专家参与论证，详细介绍我国文物管理制度及文物拍卖的实践现状，并对涉案文物开展鉴定。同时，文化市场综合执法队伍及时启动约谈机制，对涉事公司提出严肃警告，并敦促其开展整改，后续对该公司给予相应行政处罚。

二、以拍卖方式倒卖文物犯罪案件办理的亮点及启示

（一）从严打击倒卖文物犯罪，守护国家记忆刻不容缓

文物和文化遗产蕴含着中华民族特有的精神价值，体现着中华民族的生命力和创造力，是不可再生的、不可替代的宝贵资源，是人类文明的瑰宝。倒卖文物犯罪严重侵害国家文物管理秩序，甚至对文物本体造成不可逆转的损害。在审查以合法拍卖会的形式倒卖文物案件时，检察机关应当与文物行政部门及时沟通，准确认定涉案文物准拍文件的合法性和有效性，重点围绕国家禁止经营文物的审查要点，结合犯罪手段判断涉案文物是否真正符合准许经营条件，并根据文物保护的法律规定，明确涉案文物的买卖来源是否合法，阻止违法拍卖行为，在准确打击文物犯罪的同时，及时对涉案文物开展保护工作。

（二）准确把握立法原意，切实维护国家文物管理制度

国家文物管理制度适用于文物的考古发掘、收藏流转及出入境管理等各个方面，上述任何环节的犯罪行为均会对文物管理造成损害。检察机关在司法办案中，面对拍卖等倒卖文物犯罪的新型行为模式出现，不能仅以被告人的犯罪目的是否实现作为犯罪形态的判断标准。应当根据文物犯罪实行周期长、专业性强等特点，以犯罪手段是否对文物本体和文物管理制度已经产生现实的、紧迫的、具体的侵害作为判断标准，进而判断被告人着手实施犯罪的时间节点，从而准确认定案件的犯罪形态。

（三）建立一案双查办案模式，履行检察公益诉讼职能

检察机关应当充分运用"检察一体化"工作机制，综合运用刑事追诉、民事公益诉讼、行政公益诉讼等手段追究行为人的刑事责任、文物修复等民事责任以及拍卖企业、人员的行政责任，实现对文物违法犯罪的全链条打击。与此同时，根据文物违法犯罪行为的变化与特点，进一步加大警示力度，通过以案释法等普法宣传活动，提升群众文物保护意识，呼吁全社会共同参与

文物资源保护，预防潜在的违法犯罪行为。

【典型意义】

本案是首例公安部督办以拍卖方式倒卖青铜器的倒卖文物刑事案件。通过变造文物骗取拍卖许可后欲以拍卖"合法"手段倒卖文物的违法犯罪行为，对文物本体和文物管理制度已经产生了现实的、紧迫的、具体的侵害，应当认定构成倒卖文物罪。明确倒卖文物犯罪行为的手段，准确认定犯罪形态，符合新时代文物保护工作的发展趋势，有利于刺破拍卖文物行为的"合法"外衣，实现依法全方位保护文物资源。

案例4.7 文物捐赠中行政机关应诚信履行行政奖励职责
——杨某香与呼和浩特市人民政府行政奖励纠纷案

【关键词】

文物捐赠　行政奖励　赠与合同　行政纠纷

【裁判要旨】

行政奖励，是指行政机关通过给予行政相对人一定的物质或精神奖励，引导行政相对人从事有助于行政机关达成行政管理目标的行为。当行政相对人符合行政奖励的条件，其与行政机关就建立了行政法律关系。行政机关应当向满足要求的相对人履行行政奖励职责；如其拒绝履行，行政相对人有权提起履行行政奖励职责之诉，以寻求法律救济。

【案件索引】

民事一审：（2016）内0102民初36号。

民事二审：（2017）内01民终2450号。

行政一审：（2017）内01行初211号。

【基本案情】

杨某香系杨某安（已故）唯一法定继承人。2004年4月1日，杨某安与呼和浩特市政府订立《捐献文物协议书》，协议予以公证，该协议第3条约定:"为了鼓励杨某安先生的义举,呼和浩特市人民政府颁发奖金人民币壹佰伍拾万元。杨某安先生表示拿出壹佰万元建立'杨某安文化奖励基金',由专门机构管理,每年用其利息发给对文博发展有贡献的人员。其余奖金伍拾万元由乙方自行支配。"呼和浩特市政府支付杨某安 50 万元奖金后剩余 100 万元未支付。2015 年 6 月 10 日,杨某香向呼和浩特市政府请求支付剩余的 100 万元奖金,呼和浩特市政府未支付。2016 年 1 月 5 日,杨某香向呼和浩特市新城区人民法院提起民事诉讼。

【裁判结果】

2017 年 8 月 7 日,呼和浩特市中级人民法院作出(2017)内 01 民终 2450 号民事裁定,以该案为行政纠纷不属民事诉讼审理范围为由撤销一审判决,驳回杨某香的起诉。2017 年 9 月 5 日,杨某香向呼和浩特市中级人民法院提起行政诉讼。呼和浩特市中级人民法院认为:杨晓香的诉讼请求成立,应予以支持,呼和浩特市政府应履行《捐献文物协议书》约定的义务,支付杨晓香 100 万元奖金,并赔偿逾期支付 100 万元奖金而造成的利息损失。

【案件评析】

本案系文物捐赠过程中出现的行政奖励纠纷案。本案争议焦点为:呼和浩特市政府是否应当支付杨某香 100 万元奖金;杨某香的起诉是否超过法定起诉期限。如何应对文物捐赠过程中出现的法律风险,也是本案引申出来的重点内容。

一、呼和浩特市政府是否应当支付行政奖励及其相应利息损失

本案为行政奖励法律关系,所谓行政奖励是指行政主体为了表彰先进、激励后进,充分调动和激发人们的积极性和创造性,依照法定条件和程序,对为国家、人民和社会作出突出贡献或者模范地遵纪守法的行政相对人,给予物质的或精神的奖励的具体行政行为。本案中,因杨某安将其收藏的重要文物捐赠给了国家,呼和浩特市政府依照《文物保护法》第 22 条:"有下列事迹之一的单位或者个人,按照国家有关规定给予表彰、奖励:……(三)将收藏的重要文物捐献给国家或者向文物保护事业捐赠的"的规定,决定奖励杨某安 150 万元，故杨某安与呼和浩特市政府签订了《捐献文物协议书》，该协议第 3 条约定："为了鼓励杨某安先生的义举，呼和浩特市人民政府颁发奖金人民币壹佰伍拾万元。杨某安先生表示拿出壹佰万元建立'杨某安文化奖励基金'，由专门机构管理，每年用其利息发给对文博发展有贡献的人员。其余奖金伍拾万元由乙方自行支配"。该约定有两层意思：一是呼和浩特市人民政府决定奖励杨某安 150 万元奖金；二是杨某安表示用 100 万元奖金设立基金会。第一层意思双方无歧义，呼和浩特市政府认可其承诺奖励杨某安 150 万元奖金并已实际支付 50 万元；第二层意思是杨某安表示设立"杨某安文化奖励基金"。根据《基金会管理条例》第 8 条、第 9 条的规定，申请设立基金会，申请人应当向登记管理机关提交相关文件，并经管理机关批准后准予登记并发给《基金会法人登记证书》。本案中杨某安只有"表示"行为，并不能设立基金会。又根据合同法的规定，赠与合同的成立需双方意思达成一致。杨某安单方的"表示"行为，不是赠与行为，不能成立赠与协议。呼和浩特市政府与杨鲁安签订《捐献文物协议书》，为自己设定了行政奖励义务，应依法支付杨某安 150 万元奖金。

二、杨某香的起诉是否超过法定起诉期限

呼和浩特市政府与杨某安签订《捐献文物协议书》，为自己设定了行政奖励义务，呼和浩特市政府应依法履行奖励杨某安 150 万元奖金的具体行政行为。《行政诉讼法》第 47 条第 1 款规定："公民、法人或者其他组织申请行政机关履行保护其人身权、财产权等合法权益的法定职责，行政机关在接到申请之日起两个月内不履行的，公民、法人或者其他组织可以在向人民法院提起诉讼。法律、法规对行政机关履行职责的期限另有规定的从其规定。"最高人民法院《适用〈中华人民共和国行政诉讼法〉若干问题的解释》第 4 条规定："公民、法人或者其他组织依照行政诉讼法第四十七条第一款的规定，对行政机关不履行法定职责提起诉讼的，应当在行政机关履行法定职责期限届满之日起 6 个月内提出。"本案中，杨某香于 2015 年 6 月 10 日申请呼和浩特市政府履行奖励行为，呼和浩特市政府在收到申请后两个月内未履行，

杨某香在呼和浩特市政府两个月届满的 6 个月内即 2016 年 1 月 5 日向法院提起诉讼，杨某香的起诉未超法定起诉期限。

三、文物捐赠的法律问题研究

文物捐赠作为文物流通的一种合法方式，不仅有利于民间收藏文物的保护，而且能够使国有文物收藏单位在经费有限的情况下不断充实其馆藏，优化藏品结构。但是，近年来，随着我国文物捐赠的增多，在文物捐赠过程中逐渐暴露诸多问题，很大程度上影响了我国文物保护事业的健康发展，亟须进行理论研究。

（一）文物捐赠协议的效力分析

1. 文物捐赠协议的签订主体适格

在探讨捐赠协议的主体资格时，我们主要聚焦于捐赠者的适格性问题。捐赠协议通常涉及两大主体：捐赠者与受赠者。一方面，捐赠者可以是自然人，在这种情况下，原则上捐赠者应具备完全民事行为能力，即符合《民法典》第 18 条的规定，能够独立地实施民事法律行为。这是因为，捐赠行为本质上是一种民事法律行为，需要捐赠者具备相应的认知和判断能力。然而，如果捐赠者是无民事行为能力人，那么其法定代理人将代为实施这一行为，以确保捐赠的合法性和有效性。另外，如果捐赠者是限制民事行为能力人，情况就变得复杂一些。由于捐赠并非纯获利益的民事法律行为，而是需要捐赠者让渡自己的利益，特别是文物捐赠往往涉及较大数额或具有重大价值的财产利益，故在很多情况下，限制民事行为能力人的捐赠行为可能与其年龄、智力、精神健康状况不相适应。此时，为了保障捐赠行为的合法性和捐赠者的权益，需要得到其法定代理人的同意或追认。另一方面，捐赠者也可以是法人，但需要注意的是，根据《文物保护法》的相关规定，国有文物收藏单位被明确禁止将馆藏文物赠与、出租或出售给其他单位或个人。这意味着，国有博物馆作为文物的主要收藏和管理机构，是不具备作为捐赠者资格的，这一规定旨在保护国家文物资源，防止国有文物流失和非法交易。

2. 文物捐赠协议的意思表示真实

《民法典》第 657 条规定："赠与合同是赠与人将自己的财产无偿给予受赠人，受赠人表示接受赠与的合同。"这表明捐赠是一种双方参与的、诺成性的法律行为，法律对赠与合同的形式和是否需要交付标的物没有特别的规定，只要双方当事人的意思表示一致，并且满足合同成立的其他条件，合同即视为成立。依法成立的合同，从成立之时起生效。捐赠者和受赠者的意思表示的真实性是捐赠合同成立的关键要素。

3. 不违反法律、行政法规的强制性规定及公序良俗

在签署文物捐赠协议时，必须严格遵守相关"强制性规定"。尽管现行法律和行政法规并未直接规定来源不合法的文物会导致捐赠合同无效，但如果捐赠文物来源不合法，而合同仍被认定为有效，这将助长非法文物交易，严重损害国家、集体和社会公共利益。因此，国家有必要对当事人的自主行为进行干预，以维护公共利益，而不仅仅是考虑当事人之间的私人利益。基于此，任何违反"来源合法性"规定的文物捐赠协议都应被认定为无效。这种做法有助于保护文物的合法流通，维护文物市场的秩序，确保文物得到妥善保护和合理利用。

（二）文物捐赠的困境与完善路径

1. 应确认捐赠人的民事行为能力

当捐赠人为自然人时，接受成年人捐赠时需注意其民事行为能力，而接受未成年人捐赠时，则需进行更严格的实质审查，必须获得其法定代理人的同意，否则捐赠行为可能因未得到法定代理人的追认而无效；当捐赠人为法人或者非法人组织时，受赠方应审查其法律主体资格，确保其具备对外捐赠的完全民事行为能力。例如，公司捐赠时应处于正常经营状态而非被吊销状态；分公司捐赠时应获得总公司的授权。

2. 应考量捐赠人的捐赠意思表示是否真实

在一些案例中，捐赠人可能会通过声称"将文物寄存在博物馆""让博物馆代为保管或鉴定文物""出借给博物馆"等方式来否认其捐赠意图，从

而出现"悔捐"的情况。根据《民法典》的相关规定，虽然可以通过语境、条款、行为性质、目的、习惯和诚信原则来判断意思表示的真实性，但为了避免捐赠人反悔和纠纷，在商谈捐赠事宜时，应明确解释并记录相关工作，在捐赠合同中详细规定捐赠关系成立后物权转移等双方的权利义务，同时与捐赠人明确沟通其捐赠意图是否真实，并告知公益捐赠不可撤销的规定。对于法人捐赠者，也应进行类似的审查，查看其章程中是否规定了对外捐赠需要得到股东会、理事会或其他权力机构的授权，以及法人是否存在经营管理异常等情况，以降低捐赠被第三方撤销的风险。

3. 应确认捐赠物来源是否合法

在文物犯罪频繁发生的背景下，需要从多个方面阻断文物的非法流通渠道：首先，受赠人在接收捐赠物品时，必须审查其来源的合法性，并承担证明其已尽到合理谨慎义务的责任，即在获得文物时已采取所有必要措施以确认其来源合法；其次，在征集藏品时，应详细考证文物的来源，全面了解捐赠文物的相关信息，严格记录并妥善保存所有相关的工作底稿，拒绝接受来源不明或非法的文物；最后，在与捐赠者沟通时，可以要求其提供完整的合法性证明文件，例如捐赠者作为买受人需要提供出卖人的信息、支付的价格、所有权证明、捐赠物品的特性及流转记录，以及是否查询了文物注册信息和相关机构等。此外，受赠人还可以要求捐赠者提供藏品的详细情况说明及书面承诺，以证明文物的真实来源和流传情况，确保自身在接受捐赠时已尽到最大限度的谨慎注意义务。

4. 应对捐赠物的权属问题进行查明

在实际案例中，经常出现原告以捐赠行为侵犯了共有财产权益或侵害其合法继承权为由提起民事诉讼，要求确认捐赠协议无效并返还捐赠物品。捐赠物品的所有权合法性将影响捐赠协议的有效性。因此，在征集过程中，工作人员应全面了解捐赠物品的相关情况，详细询问家属关于物品的所有权问题，并做好相关记录。捐赠者可以出具承诺函，明确承诺捐赠物品无所有权纠纷。

5. 完善对文物捐赠的监督机制

捐赠人对受赠文物的管理状况是捐赠人及社会公众普遍关注的问题。捐赠人的合法权益能否得到保障，以及捐赠文物是否能按照捐赠人的意愿实现其用途，是影响捐赠意愿的关键因素。因此，通过立法加强对文物捐赠的监管，并建立完善的监督机制，是我国文物捐赠立法亟待解决的问题。尽管我国《公益事业捐赠法》规定受赠人每年需向政府相关部门报告受赠财产的使用和管理情况，但这些规定较为笼统，操作性不足，难以有效监督，导致捐赠文物被私分、毁坏、侵占、贪污的现象时有发生。为此，应建立全方位的文物捐赠监督机制，涵盖捐赠人监督、社会监督和司法监督：首先，国有文物收藏单位应在内部设立专门部门，负责处理捐赠人及其近亲属对捐赠文物的查询、监督和建议，并及时反馈查询与处理结果，捐赠人若发现受赠人故意挪用、截留、私分捐赠文物，有权行使撤销权和赔偿请求权，同时政府部门应建立专门的统一监管机构，通过定期和不定期的调查、审计、评估等方式，对捐赠文物的使用情况进行监管，并且文物行政主管部门和受赠单位的上级部门应指定专门机构或专人负责监督捐赠工作；其次，司法监督作为监督的最后防线，应尽快完善相关处罚和问责机制，对挪用、贪污、侵占、毁损捐赠文物构成犯罪的行为，依法予以惩处，以保护国家公共利益和捐赠人的权益；最后，作为公益性事业，受赠人应通过网络、电视、报刊等媒体，向公众公开捐赠信息及受赠财产的使用情况，接受社会公众监督，保障公众的知情权。

【典型意义】

本案不仅明确了行政机关在文物捐赠中应依法履行行政奖励职责，强调了诚信原则在行政行为中的重要性，还为文物捐赠的法律保障机制提供了范例。通过司法裁判，本案进一步规范了行政奖励的程序与期限，明确了行政相对人有权在法定期限内要求行政机关履行奖励义务，为行政奖励纠纷的解决提供了明确法律指引。本案的裁判结果也鼓励了更多人积极参与文物保护事业，对促进文化遗产保护、增强公众对行政机关的信任以及推动法治政府建设具有重要的指导意义。

第四节 革命文物保护公益诉讼

案例 4.8 革命文物检察公益诉讼保护
——河南省范县人民检察院督促保护晋冀鲁豫野战军旧址行政公益诉讼案

【关键词】

行政公益诉讼 革命文物 协同治理

【裁判要旨】

针对行政机关疏于管理导致革命文物濒临灭失的情形，经检察建议程序督促行政机关未有效整改的，检察机关应依法提起行政公益诉讼，并综合考虑法定职责、履职能力、履职行为，审查判断行政机关未依法全面履职的抗辩事由是否成立。检察机关应持续跟进监督推动协同治理，促进红色资源的保护、管理和利用。

【案件索引】

2024年最高人民检察院发布文物和文化遗产保护检察公益诉讼典型案例，案例6"河南省范县人民检察院督促保护晋冀鲁豫野战军旧址行政公益诉讼案"。

【基本案情】

晋冀鲁豫野战军指挥部旧址（以下简称旧址）位于河南省范县白衣阁乡白衣阁村，是解放战争时期晋冀鲁豫野战军强渡黄河、千里跃进大别山的谋划地、出发地，在中国革命战争史上具有里程碑意义。2019年10月7日，旧址被列为第八批全国重点文物保护单位。2020年12月25日，旧址被认定为河南省第一批不可移动革命文物。由于年久失修，旧址建筑物自然毁损严重，周边环境杂乱，存在灭失风险。

【调查和督促履职】

2022年5月，河南省范县人民检察院（以下简称范县检）在开展红色文物保护专项活动中发现旧址因年久失修濒临灭失的案件线索，于2022年5月30日立案。

范县检通过查询档案、走访调查、现场勘验等方式查明：旧址始建于清末，是一座坐西朝东的典型豫东北风格的平房四合院，砖木结构，墙体系砖包土坯墙，建有北房四间、南房四间、西房三间、东房四间共十五间。抗日战争时期，旧址所在地是冀鲁豫边区的政治、军事、经济、文化中心，曾被誉为"钢铁濮范观"。在1946—1947年，旧址是刘邓大军强渡黄河的前沿指挥所，是晋冀鲁豫野战军党委、行署和军分区司令部驻地，刘伯承、邓小平曾在此居住和办公。北房为会议室和刘伯承居住室，南房为作战指挥室和邓小平居住室，西房为军需管理室，东房为通讯室。旧址房屋主体面临倾覆危险，部分房屋房顶坍塌，檩条虫蛀严重，墙体破裂，地面沉降不平。院内荒草满地，院外遍布生活垃圾。有关部门未设立专门保护机构，未设专人巡视看护。旧址长期闭馆无人参观，未得到有效管护利用。

检察机关邀请人大代表、政协委员及文广旅体、国防教育等有关部门负责人召开听证会。2022年8月23日，依据《文物保护法》第8条第2款等规定，范县检向范县文化广电旅游体育局（以下简称范县文广局）发送检察建议，建议其对旧址进行修缮保护，优化提升周边环境。2022年10月21日，范县文广局书面回复称已制定整改方案，对旧址内外环境进行了优化提升，采用防水布覆盖房顶垮塌处等临时性保护措施，并申请专项资金。此后，范县检多次督促范县文广局整改。2023年5月，范县检发现旧址屋顶破损加剧，北房、南房屋顶各新增坍塌一处，文物本体灭失风险加剧。

【诉讼过程】

2023年6月9日，范县检依法向范县人民法院（以下简称范县法院）提起行政公益诉讼，诉请判令范县文广局依法全面、充分履行管理、修缮和保护职责。2023年6月28日，范县法院公开开庭审理本案。范县文广局辩称，已联合属地政府对周边环境进行优化，正申请专项资金，并以资金未全部到位作为抗辩事由，辩称其履职存在客观不能。范县检采取多媒体示证证明：旧址经检察建议程序督促后仍缺乏常态化管理保护，房顶垮塌面积持续扩大；范县文广局未采取有效措施，未依法全面履职，行政机关内部资金审批程序没有完成非法定免责事由。经审理，范县法院当庭判决支持范县检的全部诉讼请求，判令范县文广局于判决生效之日起 90 日内对旧址履行保护管理职责。判决生效后，范县检持续跟进监督，督促范县文广局积极履职，按照修缮方案对旧址房屋毁损的主梁、坍塌的屋顶进行更换和修复，对门窗、檩条、墙体进行全部修缮，对周边进行地面硬化、绿化、美化。

范县检会同文广旅体、国防教育等部门联合开展革命文物保护专项监督，开展系统性、整体性治理，共排查、解决革命文物保护存在的问题二十三个，协调当地财政支持两千余万元用于革命文物修缮保护，争创省级爱国主义教育基地。联合文广旅体、应急救援等六部门研究制定《革命文物风险防范和协同保护工作意见》，形成长效预防、管理、保护机制。联合文广旅体、教育等六部门制定《关于革命文物传承利用工作办法》，激活革命文物传承利用，不断深化爱国主义和国防教育宣传工作，先后两万余人实地参观接受教育，将当地抗日战争、解放战争时期有关革命文物一体纳入红色旅游专线，收到良好的管理、保护、利用效果。

【案件评析】

一、革命文物的保护理念

改革开放以来，在国务院批准下，国家文物主管部门多次召开全国文物工作会议，统一思想，先后提出"保护为主、抢救第一"的文物工作方针，"有效保护、合理利用、加强管理"的文物保护原则，逐步形成"保护为主、抢救第一、合理利用、加强管理"文物工作方针。随着我国加入世界遗产组织，国际上较为成熟的文物保护思想和理念对我国文物工作的开展也起到了积极的推动作用，21 世纪初参照 1964 年《威尼斯宪章》为代表的国际原则，制定的《中国文物古迹保护准则》成为此后处理文物古迹保护的专业依据，

"最小干预原则""真实性""完整性"作为重要的文物保护原则被积极倡导。① 可见，预防性保护成为国际文物保护的基本态度，革命文物预防性保护是一种主动性的保护策略。它强调在革命文物产生损坏之前，通过对文物保存环境的控制、潜在风险的监测和评估等一系列措施，最大限度地防止或延缓文物的自然损坏和人为破坏，以达到长久保护革命文物的目的。

对革命文物进行预防性保护具有重要意义，通过此案例应当反思并形成合理的预防性保护措施。在革命文物的保护进程中，文物保护工作部门可以充分借助环境优势助力管理保护工作，通过有效开展相关保护工作，能优化文物管理环境，拓展文物安全储存空间，达成多项目标。有关部门对文物保护理念也应当加强，文物保护理念必须持续更新，促使文物保护工作机制得以完善构建，最终保障民众能够安全有序地参观革命文物，深入领略革命文化，增进对革命历史的认知与理解。同时，也要注重培养民众对革命文化的领悟以及对其中知识的掌握，有助于在其心中树立革命思想，使其深刻体会社会主义前进历程的艰难险阻，进而被革命先驱的奉献与爱国精神所触动，彰显出革命文物的独特价值。② 开展革命教育时，需在革命文化情境创设中深度挖掘革命文物蕴含的为人处世之道、教育理念及其对世人的潜在价值，并融入当代教育活动与展览之中，时刻警醒世人铭记历史，砥砺前行，在自我反省中推动文化进步与民族复兴，强化民众奋斗意识，提升民众思想境界，也能够呼吁民众主动发现并监督破坏文物保护工作以及主动监督有关部门积极推进保护工作。有效保护革命文物需将文化、史迹、理念深度融合，以此提升革命文物观赏性，进而提高其教育与学习价值，提升民众学习革命知识的效率，使学习途径更为便捷高效，从而推动红色革命精神在更广泛范围内传承与弘扬。

二、革命文物保护工作存在的问题

在革命文物保护工作进程中，部分地方文物保护部门工作力度存在明显

---

① 程圩、王文希：《新中国成立以来我国文物工作方针及保护原则的历史演变与价值意蕴》，载《中国文化遗产》2024 年第 6 期。
② 张洛阳：《新媒体视域下革命文物保护现状及发展研究》，载《新媒体研究》2019 年第 15 期。

的不到位情况。在日常监管环节，缺乏系统且高效的巡查机制，工作人员未能严格按照规定的频率与要求对革命文物进行实地巡查，致使一些文物遭受自然侵蚀或人为破坏的情况不能及时被发现。例如，部分偏远地区的革命文物建筑因长期无人问津，墙体出现裂缝、屋顶漏雨等问题日益严重，而文物保护部门却在很长时间内毫无察觉。

在文物修缮方面，工作推进极为缓慢且质量难以保证。一方面，对文物修缮的紧迫性认识不足，常常搁置修缮计划，使得许多革命文物长期处于破败不堪的状态。另一方面，在修缮过程中，缺乏专业的指导与监督，没有严格遵循文物保护的相关规范与工艺要求，导致一些修缮工作不仅未能有效修复文物，反而对其造成了二次破坏。例如，某些革命遗址在修缮时使用了与原有材质和风格不匹配的材料，严重破坏了文物的历史风貌与原真性。

同时，文物保护部门在与其他相关部门及社会力量的协作沟通上也存在严重不足。未能积极主动地与规划、建设等部门建立有效的协调机制，导致在城市建设与开发过程中，革命文物周边环境遭到破坏，甚至有的文物直接面临被拆除或被建设性破坏的风险。在社会动员方面，缺乏对公众的宣传教育与引导，没有充分激发社会各界对革命文物保护的关注和参与热情，使得文物保护工作仅局限于部门内部，难以形成全社会共同参与的良好氛围。本案中，参与主体仅限于国家行政部门，主体单一，执行力度不到位。

最后，对于文物保护相关法律法规的执行力度疲软。面对一些违反文物保护法的行为，如擅自改变革命文物用途、在文物保护范围内进行违法建设等，文物保护部门未能及时采取有力的法律措施予以制止和惩处，使得违法者逍遥法外，违法行为屡禁不止，这也进一步纵容了对革命文物的破坏行为，严重削弱了文物保护工作的权威性与严肃性，导致地方革命文物保护工作陷入重重困境，难以有效履行其法定的保护职责，让这些承载着厚重历史与革命精神的文物处于岌岌可危的境地。本案中，旧址房屋主体面临倾覆危险，部分房屋房顶坍塌，檩条虫蛀严重，墙体破裂，地面沉降不平。院内荒草满地，院外遍布生活垃圾。有关部门未设立专门保护机构，未设专人巡视看护。旧址长期闭馆无人参观，未得到有效管护利用。在执行文物保护过程中，范县检多次督促范县文广局整改，但是该革命文物仍然重新出现了坍塌等破损情况。

三、多部门协调合作有效保护革命文物

在此次保护晋冀鲁豫野战军旧址过程中，范县检会同文广旅体、国防教育等部门联合开展革命文物保护专项监督，开展系统性、整体性治理，并协调当地财政部门拨款专项资金，同时联合文广旅体、应急救援等部门研究制定《革命文物风险防范和协同保护工作意见》，联合文广旅体、教育等六部门制定《关于革命文物传承利用工作办法》，激活革命文物传承利用，不断深化爱国主义和国防教育宣传工作，先后有两万余人实地参观接受教育。范县检等部门采取创新型部门协调保护模式，实地保护进行时，其法律规范也同样制定出台，为后续文物保护工作提供切实可行的法律保障，同时也发挥革命旧址本身爱国教育的宣传作用，深入群众基础之中去，广泛调动社会保护的一切力量，加强革命旧址文化保护力度，提高革命文物旧址保护效率。

（一）多部门协同合作的高效模式

构建全面协作网络：范县通过检察院与文广旅体、国防教育、应急救援、教育等多部门联合行动，展现了跨部门合作在革命文物保护中的强大力量。不同部门具有独特的职能优势和资源，如文广旅体部门对文化旅游资源开发与管理的专业能力，应急救援部门在应对文物突发灾害风险时的应急处置能力，教育部门在开展革命文物教育传承方面的渠道优势等。多部门协作能够整合各方资源，形成全方位覆盖革命文物保护各个环节的工作体系，避免了单一部门工作的局限性。

明确分工与长效机制，在联合行动中，各部门不仅共同参与，还通过制定如《革命文物风险防范和协同保护工作意见》等文件，明确了各自在不同工作任务中的职责分工，为长期稳定的合作奠定了基础。这启示我们在今后的革命文物保护工作中，应在项目启动初期就建立清晰的部门职责框架，确保每个部门都清楚自身的任务和目标，同时定期召开多部门联席会议，沟通工作进展、协调解决问题，使多部门合作成为常态化、长效化的工作模式。

(二) 系统性治理与全方位保护

从源头治理破坏性问题，范县对革命文物保护进行系统性、整体性治理，从排查解决现存的二十三个问题到建立风险防范机制，涵盖了文物保护的各个方面。这包括文物本体的修缮、保护过程中的风险预防、传承利用等环节。例如，在修缮保护环节争取财政资金支持，确保文物得到妥善修复；在风险防范方面制定协同保护意见，应对自然灾害、人为破坏等潜在风险；在传承利用方面制定工作办法并纳入红色旅游专线。

同时多维度地考量综合因素，今后的革命文物保护工作应借鉴这种系统性思维，在制定保护方案时，综合考虑文物的历史文化价值、物理保存状态、周边环境影响、社会教育功能以及旅游开发潜力等多维度因素。不能仅仅着眼于文物本身的修缮，还要注重其在文化传承、社会教育、旅游经济等方面的作用发挥，实现革命文物保护的全方位、可持续发展。

(三) 资金与资源整合利用

财政与社会资源并重，协调当地财政两千余万元用于革命文物修缮保护体现了政府财政支持在文物保护中的关键作用。同时，将革命文物纳入红色旅游专线，借助旅游产业的发展潜力，不仅能够吸引更多游客前来参观学习，还能通过旅游收入反哺文物保护工作，实现资金的良性循环。此外，联合多部门还可以整合社会资源，如发动志愿者参与文物保护宣传与日常维护工作，鼓励企业赞助文物保护项目或提供技术支持等。在未来的革命文物保护中，应积极探索多元化的资金筹集渠道，除了争取财政拨款外，还可以设立文物保护专项基金，接受社会捐赠、企业投资等。同时，要建立科学合理的资金管理机制，确保资金专款专用，提高资金使用效率，根据文物保护项目的优先级和实际需求进行合理分配，保障各项保护工作顺利开展。

(四) 传承利用与教育功能拓展

创新传承利用方式，制定《关于革命文物传承利用工作办法》并将革命文物纳入红色旅游专线是范县在文物传承利用方面的创新举措。这不仅让革命文物"活起来"，还将其与现代旅游产业相结合，为游客提供了亲身体验革命历史文化的机会。同时，通过与教育部门合作，让两万余人实地参观接受教育，拓展了革命文物的教育功能，使不同年龄段的人群都能深入了解革命历史，传承红色基因。教育与旅游融合发展，今后的革命文物保护工作应更加注重文化与旅游、教育的深度融合。开发具有特色的革命文物主题旅游产品和线路，设计适合不同受众群体的教育活动和课程，如针对学生群体的研学旅行项目、针对普通游客的文化体验活动等。利用现代科技手段，为游客和学习者打造沉浸式的革命文物体验场景，提高革命文物传承利用的吸引力和感染力，进一步深化爱国主义和国防教育宣传工作。

【典型意义】

检察机关在办理文物保护领域公益诉讼案件时坚持"预防性保护"理念，文物本体及风貌存在被侵害危险的，及时启动检察建议程序督促文物行政主管部门履职，其未依法全面履职造成文物濒于毁损灭失的，检察机关依法提起诉讼。判决生效后，检察机关持续跟进监督，推动协同治理，通过开展专项监督活动、制定联合保护利用文件，既把红色资源保护起来，又让红色资源发挥作用"活起来""用起来"。

案例4.9　革命文物保护公益诉讼检察军地协作模式

——湖南省平江县人民检察院、长沙军事检察院督促保护中共湘鄂赣省委、省苏维埃政府、省军区旧址革命文物行政公益诉讼案

【关键词】

革命文物保护　行政公益诉讼诉前程序　军地协作　公开听证

【裁判要旨】

军地检察机关联合发出检察建议，督促行政机关加强对革命文物的修缮和监管。以公开听证的方式对革命文物修复情况进行评估，明确行政机关履职尽责标准。以个案为抓手，推动政府增强文物执法队伍建设，提升本地革命文物整体保护水平。

【案件索引】

2021年最高人民检察院和退役军人事务部联合发布红色资源保护公益诉

讼典型案例,行政公益诉讼诉前案例 11 "湖南省平江县人民检察院、长沙军事检察院督促保护中共湘鄂赣省委、省苏维埃政府、省军区旧址革命文物行政公益诉讼案"。

【基本案情】

中共湘鄂赣省委、省苏维埃政府、省军区旧址(以下简称旧址)位于平江县长寿镇,始建于嘉庆十六年(1811年),有厢房28间,总占地面积2150平方米。1934年1月,中共湘鄂赣省委、省苏维埃政府、省军区机关从江西万载小源撤出后,突破敌军重重包围,于当年7月驻扎黄金洞,自此至1937年8月,旧址成为湘鄂赣三省武装革命斗争的指挥中心,彭德怀、滕代远、黄公略、陈昌寿等老一辈无产阶级革命家先后在此领导革命运动。受自然、人为等多重因素影响,旧址院内杂草丛生,部分房屋被他人占用居住,部分房屋出现倒塌、屋面开裂、屋檐断裂等现象,文物纪念设施受损严重,存在重大安全隐患。

【案件结果】

湖南省平江县人民检察院(以下简称平江县检)在"潇湘红色资源保护公益诉讼专项行动"期间接到群众举报,反映湘鄂赣省委、省苏维埃政府、省军区旧址存在无人管理、房屋倒塌、设施损毁等问题。平江县检与长沙军事检察院成立联合办案组,通过走访调查发现旧址虽多次获批为文物保护单位,但未划定保护范围和建设控制地带,且因撤区并乡政策处于无人管理状态。2020年9月25日,两院向平江县文化旅游广电体育局和长寿镇政府送达全省首例红色资源保护联合检察建议书,建议其依法履行保护职责。相关部门高度重视,积极采取措施,完善旧址基础保护工作,划定保护范围,制订修缮计划。鉴于全面修缮需上级审批,军地两检于2020年12月9日举行公开听证会,广泛听取各方意见,最终认定相关部门已积极履职,但安全隐患尚未消除,待修缮计划层报至国家文物局后再决定是否终结案件。此外,军地检察机关推动建立文物保护长效机制,推动县委政府在长寿镇增设人员编制、建立文物管理机构,解决文物保护的人财物难题,并对全县革命文物进行全面排查，发现并整改12项问题。

【案件评析】

一、革命文物保护现状检视

（一）管理部门工作落实不到位

本案对革命文物保护工作的开展由群众接到举报展开，管理部门并未主动关照和发掘该革命旧址的保护现状，表明管理部门对革命文物保护的工作并没有完全落实。现阶段，革命文物管理部门较多，包括文化部门、文物部门等，各个部门分别承担不同职责。在实际工作开展中，由于多种因素影响，产生管理漏洞、工作重复等问题。首先，文化部门主要负责革命文物相关文化的挖掘、宣扬、研究等工作，在文物展览活动中起到知识讲解、阐述的作用。由于其工作内容繁杂，对知识储备量需求较大，革命文物管理过程中，会出现部分文物信息管理被忽视的问题，信息出现偏差。其次，文物部门是革命文物调查、认定以及登记、保护、修复的主要职责部门。由于革命文物数量较多、种类不一，革命文物管理过程中会与文化部门工作有重复，再加上部分工作人员综合素质有待提高，修复革命文物的能力不够强，会出现修复不到位的情况。[①]

（二）法律保护规范不健全

现有的法律中，《文物保护法》《英雄烈士保护法》《档案法》仅有个别条款涉及革命文物的保护，缺乏针对性，其制度表达与实践相背离。且受这种多部门"协同作战"模式的限制，革命文物保护时常陷入窘境。从立法层次来看，在我国现有的革命文物保护法律框架下，主要的法律文件是地方性法规和各类规范性文件，只适用于某一行政区域或者某一处具体的革命文物，如《重庆市红岩革命旧址保护区管理办法》仅对红岩革命旧址发挥效力，《延安革命遗址保护条例》的保护对象仅限延安革命遗址。高阶立法的缺失使革命文物保护效果大打折扣：一方面，地方立法囿于区域和位阶限制，法律效力较弱，约束和震慑力有限；另一方面，尽管革命文物地方立法已经积

[①] 霍晓霞：《新时代革命文物保护利用工作探究》，载《牡丹》2024年第16期。

累了较多经验，但无法及时上升为国家层面，而且大量新发现的革命遗址未被登记为文物，游离在《文物保护法》保护范围之外。① 因此，革命文物的保护亟须加快推进立法进程，法律规范的不健全在一定程度上阻碍了革命文物保护进程，不利于红色资源的传承和发展。

（三）专业人才素质有待提高

文物保护工作是一项技术型工作，需要保护人员具备一定的革命文物相关知识、保护技能以及良好的职业素养。但是现阶段，一些文物保护工作者福利待遇有待改善，且工作内容烦琐、复杂，一些人不愿意加入文物保护队伍，继而导致文物保护领域人才缺乏。同时，部分保护中心管理层对现有工作人员的重视程度不足，未对其开展定期培训、教育，导致人员的专业技能和文物知识不足，职业素养及道德素质难以得到有效提升，从而对革命文物保护工作的开展产生不利影响，难以提升工作效率。《文物保护法》第9条第2款规定，地方各级人民政府负责本行政区域内的文物保护工作。按照属地管理原则，基层乡镇政府和县级政府是文物保护修缮的主要责任主体，但其对文物类红色资源的修缮和保护普遍缺乏专业的知识和预判，更缺乏修缮的资质。这也是案例中反映的省级、县级红色文物持续受到损坏的主要原因之一。处于损害风险影响下的红色文物，需要有专业的人员定期进行评估、止损、修复，对于亟须修复的红色资源，各级政府应委托有资质单位制作方案，及时进行有效修复。② 本案中，该革命旧址保护在湖南省潇湘红色资源保护公益诉讼专项行动期间展开，旧址损害非一日之功，如若此前革命保护工作部门对该革命旧址加强修复、保护，则革命文物保存完整性也将大大提高。

（四）经费不足难以推进革命文物保护工作

本案中，对革命文物并未及时开展修缮、保护等工作，难以消除最终隐患，原因之一便是其全面修缮的方案、经费需由上级文物主管部门审批，难

---

① 朱廷水：《革命旧址保护利用方面存在的突出问题及对策研究——以福建省龙岩市革命旧址为例》，载《南方文物》2018年第3期。

② 李军灵：《红色资源保护军地协作及相关问题检视》，载《中国检察官》2022年第2期。

以在短时间内整改到位,可见,经费不足进一步阻碍了文物保护工作的进程,在当前革命文物中,有一些革命文物属于房屋建筑,由于年代久远需要进行较大修缮,所花费资金常常以百万计,而当前很多城市难以拿出百万以上的专款用于革命文物修缮,这就导致了一些城市革命文物无法及时得到有效保护。虽然当前一些社会热心人士通过各种不同方式募集资金,但是他们所获得的资金对于城市革命文物修缮来说只是杯水车薪,无法从根本上解决问题。经费不足大大拖延了文物保护工作的推进工作,对革命文物的保护影响较为严重。

二、革命文物保护军地检察协作路径

本案一大亮点是由军地检察机关在个案办理中注重推进长效机制建立,共同向县委作专题汇报,推动县委政府在长寿镇增设人员编制、建立文物管理机构,解决文物保护工作的人财物难题;推动县文旅广体局对全县革命文物进行地毯式排查,建立文物安全台账,发现并整改12项问题。长沙军检院以点带面,对全省红色资源保护状况进行全面摸排,提供案件线索437件。军地检察机关和长沙军检院的合作提高了保护革命文物效率,为进一步文物保护提供新思路。

(一) 军地检察协作保护优势

2020年4月,最高人民检察院和中央军委政法委员会联合印发了《关于加强军地检察机关公益诉讼协作工作的意见》,要求军地检察机关积极探索在侵犯国防和军事安全领域开展公益诉讼,明确了新时代加强军地检察协作的目标主要为服务备战打仗和建设军事强国。判断红色资源保护具备维护军事和国防安全的国家利益属性,主要在于是否行使了具体的行政监管职责和带有维护国家利益的价值导向。从行政监管职责方面看,《文物保护法》及相关法规规定均明确了文物行政部门和地方人民政府对红色资源保护的行政监管和综合管理职责。从利益和价值导向方面看,红色资源是中国共产党艰辛而辉煌奋斗历程的见证,是无数革命先烈热血与奋斗的烙印,在国际形势加剧演变和中华民族伟大复兴进入关键时期的时代背景下,保护好红色资源符合传承中国共产党敢打必胜的军事精神和追思先烈、谱写未来的主流价值导向。

红色文物承载着具体的革命故事、革命人物和革命精神,个体差异性大且部分地理位置分散,开展司法保护要求综合掌握文物背后的军事背景和当地的党史、文化、地理、生态环境等多方面情况。司法实践中,军事检察机关作为军队中的法律监督部门,具备维护军人合法权益和追究危害国家军事利益的特殊职责地位和专业能力。各地检察机关在属地性较强的工作领域开展调查取证等办案活动具备便捷性和高效性,便于商请当地有关行政主管部门、专业机构、村居自治组织等社会力量共同参与,提升红色资源保护的精准性。例如,在豫南T县检察院协同Z军事检察院督促保护该县革命遗址、纪念设施案中,军地检察机关分工协作,从各类红色文物的军事渊源和使用现状出发,以具有保护价值的红色资源和有争议或者不符合红色资源标准的遗迹为标准,对该县200多处革命遗址、纪念设施等红色文物,分类施策开展法律保护。①

(二)推动军地检察协作保护工作实效

1. 进一步加强军地检察协作保护工作

最高人民检察院、中央军委政法委员会联合印发《关于加强军地检察机关公益诉讼协作工作的意见》中规定,"军地检察机关在依法办理生态环境和资源保护、食品药品安全、国有财产保护、国有土地使用权出让、英雄烈士保护等领域涉军公益诉讼案件中加强协作配合"。司法实践中,军地检察机关由于相对封闭的工作环境和特殊的工作性质,对地方革命文物等红色资源情况较为陌生,对于检察工作的协作需要进一步磨合,在与地方检察机关工作交流仍需深化,同时,地方检察机关可能对军地检察机关工作模式等存在短板,合作保护红色资源需要进一步加强两方交流深化。

2. 跟进监督工作,进行常态化管控

最高人民检察院在十三届全国人大常委会第十四次会议上所作《最高人

---

① 戴伦乔、邓颜金、马萌:《红色资源保护检察公益诉讼军地协作探索》,载《中国检察官》2024年第15期。

民检察院关于开展公益诉讼检察工作情况的报告》中提到,"树立'持续跟进监督'理念"①。2021年7月1日实施的《人民检察院公益诉讼办案规则》第77条规定,"提出检察建议后,人民检察院应当对行政机关履行职责的情况和国家利益或者社会公共利益受到侵害的情况跟进调查,收集相关证据材料"。红色资源因其时间久、位置偏僻、自然遗址多等特性,具有易灭失、修缮难度大的特点。跟进监督,确保实效显得尤为重要。如易灭失的伟人故居、自然遗址要保证不受到损害;纪念性标志、碑刻要保持清洁和周边环境的整洁;烈士陵园和散葬烈士墓的保护、党史资料和非物质文化遗产的收集传承等工作要长期开展。检察机关要持续跟进监督,督促相关部门构建常态化管护机制,防止出现面子工程、短期工程,损害红色资源的可持续利用。要提升监督刚性,对于应付性整改、整改后因怠于管理又反弹的,要及时固定证据,在督促效果不明显的情况下,及时提起行政公益诉讼。行政公益诉讼应当是解决革命文物保护的最后防线,在日常维护革命文物的过程中,应当及时跟进、监督,避免拖延时间长而造成文物损失的不可逆现象发生。

三、革命文物保护工作中的群众力量

在革命文物保护这一崇高而艰巨的任务中,群众的力量是不可或缺的基石。他们不仅是革命历史的直接参与者或见证者,更是连接过去与未来的桥梁。群众对革命文物怀有深厚的情感,这份情感转化为实际行动,成为文物保护的强大动力。他们的参与不仅体现在日常的维护与管理上,更在于通过口述历史、文化传承等方式,让革命文物活起来,让后人能够真切感受到那段峥嵘岁月中的坚定信仰与不屈精神。同时,群众还是监督与宣传的重要力量。他们能够及时发现并报告文物受损情况,有效防止破坏行为的发生。同时,通过群众的广泛宣传,能够提升全社会对革命文物保护的意识与责任感,形成人人参与、人人保护的良好氛围。因此,充分调动群众的积极性与创造力,是实现革命文物永续传承的关键所在,也是新时代赋予我们的历史使命。

---

① 张军:《以功成不必在我的态度和建功必定有我的担当奋力开创新时代公益诉讼检察工作新局面》,载最高人民检察院网,https://www.spp.gov.cn/spp/tt/201910/t20191023_435573.shtml,最后访问日期:2024年12月11日。

鼓励人民群众参与到文物保护工作中来，应当建立好保护文物工作的激励制度。可以建立评价机制，根据社会力量参与革命文物保护利用工作的效果和贡献程度，对参与者进行绩效评估，并给予相应的奖励和荣誉。同时建立荣誉墙制度，在政府网站或公共场所建立革命文物保护利用荣誉墙，公开宣传在革命文物保护利用中作出重要贡献的个人和单位，并定期举行颁奖典礼，增强社会力量的荣誉感和归属感，以吸引带动更多的单位或个人来参与革命文物保护利用工作①。统筹社会力量，让群众认识到保护革命文物的重要性，让群众在革命文物保护工作中获得价值感、认同感，全方位多领域推进革命文物保护工作。

【典型意义】

平江县先后走出了64位共和国将军、92位革命抗日将领，全县共有革命文物484个，是红色资源大县，承载着中国历史的重要红色记忆。军地检察机关充分发挥各自优势，共同督促行政机关依法全面履职，保护红色资源不受侵害。通过公开听证方式广泛听取各方意见，明确行政机关履职尽责标准。以个案为抓手，推动县政府加强文物保护上的人财物保障，推动建立革命文物长效保护机制，将"将军县"的红色资源保护工作抓牢抓实。

---

① 李志强、唐映雪、杨丽珊：《社会治理共同体视角下社会力量参与革命文物保护利用模式研究》，载《南方文物》2024年第4期。

第五章
文化旅游执法篇

第一节　旅行社经营规范问题

案例 5.1　不合理低价游的法律认定与责任分析
——湖南某国际旅行社宁乡分公司不合理低价游欺诈行为行政处罚案

【关键词】

不合理低价游　诱骗旅游者　欺诈　文化旅游执法　链条上下游

【案件要旨】

"不合理低价游"包括三个构成要件：一是以不合理的低价组织旅游活动；二是诱骗旅游者；三是通过安排购物或另行付费项目获取不正当利益。旅游者在不知情的情况下不应被认定为与旅行社恶意串通，旅游合同的性质更符合欺诈行为，属于可撤销的民事法律行为。此外，组团社以低价招揽并隐瞒信息，地接社通过购物和自费项目获利，形成完整的违法链条，具有共同故意，属于"不合理低价游"链条上下游旅行社的共同违法行为。

【案件索引】

文化和旅游部 2024 年第一批旅游市场秩序整治典型案例之一（案例三）。

【基本案情】

2024 年 3 月，湖南某国际旅行社有限公司宁乡分公司以 699 元/人的团费招来 18 名旅游者参加"秀美湖北，情迷恩施"5 天 4 晚旅游活动，向旅游者隐瞒行程中包含购物店和自费旅游项目的情况，并以低于接待和服务成本的标准向地接旅行社支付费用，以此获取差价利润。在旅游行程中，地接旅行社委派的导游安排旅游者前往某特产综合超市购物，并另行收取 499 元/人自费旅游项目费用。

【处理结果】

经查,该旅行社宁乡分公司以不合理低价组织旅游活动,通过安排购物和增加自费项目非法获利的行为违反了《旅游法》第35条第1款的规定。依据《旅游法》第98条的规定,宁乡市文化旅游广电体育局责令该旅行社宁乡分公司停业整顿15日,没收违法所得410元,给予罚款人民币30,000元的行政处罚;对直接负责人龙某给予罚款人民币2000元的行政处罚。

【案件评析】

本案是一起较为典型的"不合理低价游"案件,关于"不合理低价游"的认定,"不合理低价游"旅游者是否需要承担责任,"不合理低价游"链条上下游旅行社违法行为等是本案重点研究的问题。

一、关于"不合理低价游"的认定

根据《旅游法》第35条第1款的规定,旅行社不得以不合理的低价组织旅游活动,诱骗旅游者,并通过安排购物或者另行付费旅游项目获取回扣等不正当利益。通过对该法条进行拆解,可以得出"不合理低价游"的要件:其一,"以不合理的低价组织旅游活动";其二,"诱骗旅游者";其三,"通过安排购物或者另行付费旅游项目获取回扣等不正当利益"。

(一)关于"以不合理的低价组织旅游活动"

国家旅游局《关于打击组织"不合理低价游"的意见》对于"不合理低价游"的内涵作出了明确的界定,所谓"不合理低价",是指背离价值规律,低于经营成本,以不实价格招揽旅游者,以不实宣传诱导消费,以不正当竞争扰乱市场。有以下行为之一,可被认定为"不合理低价":一是旅行社的旅游产品价格低于当地旅游部门或旅游行业协会公布的诚信旅游指导价30%以上的;二是组团旅行社将业务委托给地接旅行社履行,不向地接旅行社支付费用或者支付的费用低于接待和服务成本的;三是地接旅行社接待不支付接待和服务费用或者支付的费用低于接待和服务成本的旅游团队的;四是旅行社安排导游领队为团队旅游提供服务,要求导游领队垫付或者向导游领队收取费用的;五是法律、法规规定的旅行社损害旅游者合法权益的其他"不合理低价"行为。在本案当中，湖南某国际旅行社有限公司宁乡分公司以低于接待和服务成本的标准向地接旅行社支付费用，以此获取差价利润的行为属于第三类情形，即"组团旅行社将业务委托给地接旅行社履行，不向地接旅行社支付费用或者支付的费用低于接待和服务成本的"，因此可以认定其行为符合"不合理低价"这一构成要件。

（二）关于"诱骗旅游者"

根据国家旅游局《关于严格执行旅游法第三十五条有关规定的通知》的规定，旅行社或者其从业人员通过虚假宣传，隐瞒旅游行程、具体购物场所及商品或者另行付费旅游项目等真实情况的手段，诱使旅游者参加旅游活动或者购买相关产品和服务的，应认定为"诱骗旅游者"。本案中，湖南某国际旅行社有限公司宁乡分公司通过向旅游者隐瞒行程中包含购物店和自费旅游项目的手段，诱使18名旅游者以699元/人的团费参加"秀美湖北，情迷恩施"5天4晚旅游活动，应当认定其行为属于"诱骗旅游者"。同时，根据《旅游法》第9条第2款的规定，旅游者有权知悉其购买的旅游产品和服务的真实情况，而湖南某国际旅行社有限公司宁乡分公司却蓄意隐瞒该行程中所包含的购物店及自费旅游项目的真实情况，使这18名旅游者在不知情的情况下与该公司签订旅游合同，参加相关旅游活动，其行为严重侵犯了旅游者的知情权。

（三）关于"通过安排购物或者另行付费旅游项目获取回扣等不正当利益"

本案中，在旅游行程中，地接旅行社委派的导游安排旅游者前往某特产综合超市购物，并另行收取旅游者499元/人的自费旅游项目费用，其行为符合同时满足这一要件当中的两种行为模式，即通过安排旅游者前往指定购物地点进行购物，以及另行收取旅游自费项目费用的方式来获取回扣等不正当利益，其行为严重侵犯了旅游者的合法权益。

综上，湖南某国际旅行社有限公司宁乡分公司的行为符合"不合理低价游"的构成要件，违反了《旅游法》第35条第1款的规定，即以合理的低价组织旅游活动，诱骗旅游者，并通过安排购物或者另行付费旅游项目获取回扣等不正当利益。

二、关于"不合理低价游"旅游者是否需要承担责任

2015年10月25日,为了进一步有效规制当前文化旅游业"不合理低价游"的乱象,针对"不合理低价游"导致旅游纠纷频发甚至暴力冲突问题,国家旅游局明确表示:包括旅游者在内,非法"不合理低价游"的买卖双方均须承担法律责任。同时强调,旅游者不得与经营者签订虚假合同。依据《旅游法》第57条规定,旅游者与经营者签订虚假合同,一方面需要承担法律责任;另一方面,一旦被查获,不仅不能获得赔偿,还将受到处理。但目前国家尚未出台对于"不合理低价游"旅游者的处理细则,国家旅游局作出如此表示,是因为"不合理低价游"之所以能够在旅游市场泛滥,正是利用旅游者贪图便宜的投机心理,只有旅游者能够理智判断"不合理低价游"并坚决抵制,才能够从源头上打击"不合理低价游"。然而,对于"不合理低价游"旅游者是否需要承担责任这一问题的判断,需要从"不合理低价游"旅游合同的性质以及旅游者是否具有判断"不合理低价游"义务这两个子问题展开分析。

(一)关于"不合理低价游"旅游合同的性质

国家旅游局所提示的"旅游者同罚",是以认定"不合理低价游"旅游合同为逻辑起点的,即经营者为规避行政主管部门执法检查,先与旅游者达成某种默契,而后通过变更行程,减少游览时间,增加购物时间。在这种认定当中,无疑是将任何参与"不合理低价游"的旅游者都一并推定为旅行社的恶意同谋者,这就要求旅游者应对具备足够的理性,能够准确判断"不合理低价游"并坚决抵制,否则就会被纳入虚假合同同谋者的范畴。笔者认为这种认定方式存在一定的不妥之处。

从当前"不合理低价游"的乱象来看,"不合理低价游"往往通过披上"合理低价游"的面纱,以"高性价比"为噱头在旅游市场中活跃,其表现形式多样化。有些旅行社会假借福利之名欺骗旅游者参与,比如以"比赛奖励"为名赠送旅游、以"政府补贴"为名组织低价游等;也有些旅行社会通过线上线下宣传自称"高性价比"的方式来招徕旅游者,比如街头揽客低价

游、通过搜索引擎报名低价游、通过在线旅游平台报名低价游；同时，在"不合理低价游"中还存在"零团费"旅游团，这些旅游团通常会在旅游行程中，通过购物获利、自费获利、交押金、途中补收团费的方式来谋取不正当利益。在不同的情景下，基于"不合理低价游"的形式差异及隐蔽性程度，旅游者的判断能力也是有所差异的，若采取"一刀切"式做法将"不合理低价游"旅游者均推定为旅行社的同谋者的做法是有失偏颇的。

以本案为例，湖南某国际旅行社有限公司宁乡分公司向旅游者隐瞒行程中包含购物店和自费旅游项目的情况，旅游者在不知情的情况下与之订立旅游合同，若将该合同认定为虚假合同，也即推定旅游者为旅行社的同谋者，这种认定方式对于旅游者而言是有失公平的。于情理而言，推定其为旅行社的同谋者，就相当于默认旅游者与旅行社恶意串通侵害旅游者自身的合法权益，这与一般社会认知并不相符。于法理而言，根据《民法典》第146条的规定，虚假表示是指行为人与相对人都知道自己所表示的意思并非真意，通谋作出与真意不一致的意思表示。而在本案中，基于旅行社的蓄意隐瞒行为，旅游者对于旅游行程中包含购物店和自费旅游项目并不知情，这并不符合虚假表示行为的法律特征，若是将涉案旅游合同认定为虚假合同，在法律适用上是不准确的。因此，笔者认为在判断"不合理低价游"合同性质时，不宜采取"一刀切"式做法，应当基于特定"不合理低价游"的表现形式、隐蔽程度，根据一般人的社会经验能否判断等多重因素予以考量。

笔者认为，本案所涉旅游合同更符合欺诈行为的特征，根据《民法典》第148条的规定，欺诈一般是指行为人故意欺骗他人，使对方陷入错误判断，并基于此错误判断作出意思表示的行为。其构成要件包括：一是行为人须有欺诈的故意；二是行为人须有欺诈的行为；三是受欺诈人因行为人的欺诈行为陷入错误判断，即欺诈行为与错误判断之间存在因果关系；四是受欺诈人基于错误判断作出意思表示。在本案中，湖南某国际旅行社有限公司宁乡分公司基于欺诈的故意，蓄意隐瞒旅游者关于旅游行程中购物及自费项目的真实情况，使旅游者作出错误判断，与之订立旅游合同，参加"秀美湖北，情迷恩施"5天4晚旅游活动。这符合欺诈行为的一般特征，应当认定涉案旅游合同的法律行为性质为欺诈行为，属于可撤销的民事法律行为，旅游者有权请求人民法院或者仲裁机构对该合同予以撤销。

（二）旅游者是否具有判断"不合理低价游"义务

国家旅游局所提示的"包括旅游者在内，非法'不合理低价游'的买卖双方均须承担法律责任"，这间接表明旅游者负有准确判断并坚决抵制"不合理低价游"的义务，否则就可能被认定为与旅行社签订虚假合同，需要承担相应的法律责任。然而，根据《旅游法》中关于"不合理低价游"的相关规定，仅《旅游法》第35条规定旅行社负有不得以不合理低价组织旅游活动的义务，而旅游者并未被法律科以准确判断并坚决抵制"不合理低价游"的义务。反之，根据《旅游法》第9条的规定，旅游者享有自主选择旅游产品和服务，知悉其购买的旅游产品和服务的真实情况，要求旅游经营者按照约定提供产品和服务等一系列权利。在"不合理低价游"中，基于旅行社的蓄意隐瞒、变相收取回扣等行为，导致旅游者的相关合法权利受到了严重的侵害。更甚在发生暴力冲突等事件时，旅游者的生命健康、人格尊严也受到了威胁。基于此，笔者认为，"游客同罚"的提示虽然是出于进一步规范旅游市场，整治"不合理低价游"乱象的目的，但是旅游者作为"不合理低价游"的直接受害者，不应当被不适当地施加过重的义务，否则会与《旅游法》第1条所称"为保障旅游者和旅游经营者的合法权益"的立法目的背道而驰。

基于前文所述，认定"不合理低价游"需要从其要件出发，即"以不合理的低价组织旅游活动"；"诱骗旅游者"；"通过安排购物或者另行付费旅游项目获取回扣等不正当利益"，而对于"不合理的低价"的认定，又要根据国家旅游局《关于打击组织"不合理低价游"的意见》对于"不合理低价游"所规定的五种情形去判断。文化旅游执法部门在认定"不合理低价游"时尚且面临着查处难度大的问题，特别是对于回扣等不正当利益这一项，不仅涉及不同行业的调查取证，往往还牵扯异地取证等难题，导致证据难以收集。相较于执法部门而言，普通的旅游者并没有相应的专业技能，只能凭借其一般社会智识经验去判断"不合理低价游"，那么要求其准确认定"不合理低价游"便具有更高的难度,对其赋予相应的义务未免有些"强人所难"。因此,笔者认为,规制旅游市场"不合理低价游"的乱象需要多元主体共同参与治理,其中,文化旅游执法部门扮演着重要的角色,应当进一步强化其对于"不合理低价游"的查处手段及惩治力度,引导社会多元主体共同对"不合理低价游"的现象进行监督举报,同时,通过以案释法等普法宣传教育方式增强旅游者的法治意识和判断能力。

三、关于"不合理低价游"链条上下游旅行社违法行为的分析

(一)关于"不合理低价游"链条上下游

当前旅游市场呈精细化分工,旅游活动的组织方式也呈多样化,因此,"不合理低价游"链条上往往会涉及多个旅行社,不同旅行社在该产业链条上发挥着不同的作用。如图5-1所示,目前"不合理低价游"的组织方式主要分为旅行社自组团和旅行社分工合作两种模式,旅行社自组团是指从招揽、组织、到接待全程都由一家旅行社独立负责;旅行社分工合作是指由组团旅行社负责招揽旅游者,并与其签订旅游合同,收取相关费用,再将旅游者交由"批发商"旅行社安排交通、签证等到达旅游目的地之前的准备工作,在旅游者到达目的地后将旅游者交由地接旅行社负责地接工作。由此可见,在"不合理低价游"中,旅行社分工合作的模式往往涉及多个旅行社,

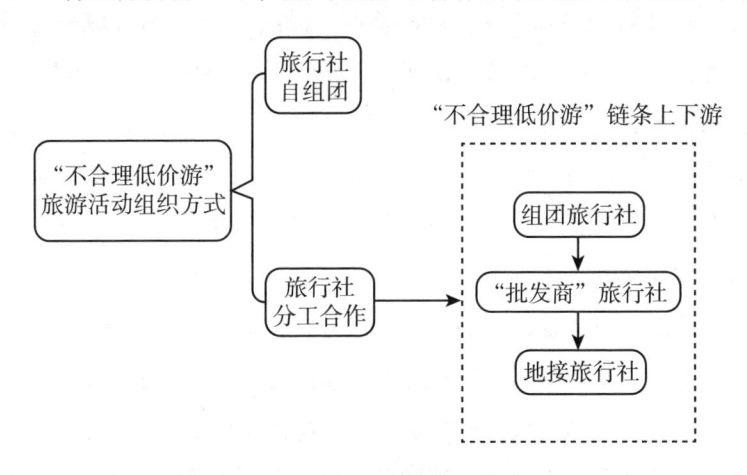

图5-1 "不合理低价游"链条上下游

因此，如何去认定该链条上多个旅行社的违法行为是"不合理低价游"文化旅游执法过程中的一个重要问题。本案中主要涉及组团旅行社及地接旅行社，故主要针对这两者展开分析。

（二）"不合理低价游"链条上下游违法行为分析

对于如何判断"不合理低价游"链条上下游的违法行为，目前主要有两种意见：一种观点认为，"不合理低价游"链条上的各个旅行社虽然分工不同，但是其实质上属于共同实施了"不合理低价游"的违法行为，应当按照共同违法，分别对链条上的旅行社按照《旅游法》第35条第1款的规定予以处罚；另一种观点认为，虽然"不合理低价游"链条上的旅行社共同实施了"不合理低价游"的违法行为，但基于其分工及作用的不同，导致违法行为所触犯的案由也有所差异，应当严格按照其违法行为所触犯的具体案由进行处罚。笔者认为，根据当前实践，更宜采取第一种观点，理由主要有以下几点：

其一，"不合理低价游"是链条上下游旅行社的共同违法行为。旅行社分工合作的模式将旅行过程中的多个环节的工作拆分开来，由不同的旅行社负责。若以链条上下游不同旅行社的分工和作用为标准，分别判断其各自的违法行为，将会对《旅游法》第35条第1款的法律适用造成一定的阻碍。该条表述为："旅行社不得以不合理的低价组织旅游活动，诱骗旅游者，并通过安排购物或者另行付费旅游项目获取回扣等不正当利益。"若孤立判断其各自的违法行为，对于组团旅行社，即使可以通过其所收取的团费来判断其是否符合"不合理低价"的要件，但是其并未实施安排购物或者另行付费旅游项目获取回扣的具体行为。对于地接旅行社，虽然其实施了安排购物或者另行付费旅游项目收受回扣的行为，但是在判断"不合理低价"这一构成要件时，需要通过其与组团旅行社之间就接待费用所达成的标准来进行判断，同时，在一些情况下地接旅行社并未直接实施诱骗旅游者的行为。由此可见，片面孤立地看待链条上下游旅行社的行为将会导致任何一个旅行社的行为都无法完全满足《旅游法》第35条第1款的构成要件，只有将"不合理低价游"链条上下游旅行社各自所实施的行为看作一个整体，才能够完全符合"不合理低价游"的构成，也就是说，组团旅行社和地接旅行社的行为构成了"不合理低价游"这一违法行为的整体。因此，应当将"不合理低价游"链条上下游旅行社的行为看作一个整体，进一步判断其整体是否符合《旅游法》第35条第1款的情形，追究链条上下游旅行社的法律责任。

其二，"不合理低价游"链条上下游旅行社具有共同故意。有学者认为"不合理低价游"链条上下游旅行社的违法目的有所不同，因此应当根据其发挥作用的不同予以区别对待。但笔者认为，不能以"不合理低价游"链条上下游旅行社所谋取的实际利益的不同，来推定其目的不同。在"不合理低价游"情景下，地接旅行社之所以默许组团旅行社不交或者低于标准少交接待费用，正是因为两者之间就"不合理低价游"这一违法行为的共同实施达成了默契，具有共同故意。地接旅行社可以在后续的旅游行程中通过安排购物或者另行付费旅游项目的方式获取回扣，在弥补团费损失的同时获取额外的不正当利益。由此可见，"不合理低价游"链条上下游旅行社的违法目的是通过共同实施"不合理低价游"这一违法行为来牟取不正当利益，至于具体利益的指向，实际上是两者之间就利益分配达成默契后所产生的结果。

其三，"不合理低价游"链条上下游旅行社的行为造成了共同结果。在"不合理低价游"情景下，组团旅行社负责前期招徕旅游者，通过隐瞒旅行行程中的购物及自费项目的方式，诱骗其与之签订旅游合同，后以低于标准的价格少交或者不交接待费用的手段来赚取差价利润，而后由地接旅行社负责组织旅游活动，通过安排购物或者另行付费旅游项目的方式获取回扣等不正当利益，最终造成了损害旅游者的合法权益，破坏了旅游市场的正常秩序的结果，这一结果是由"不合理低价游"链条上下游旅行社的共同行为所导致的，其行为违反了《旅游法》第35条第1款的规定，应当依据《旅游法》第98条的规定追究其法律责任。

综上，对于"不合理低价游"链条上下游旅行社违法行为的判断，应当将不同旅行社所实施的行为作为一个整体来看待，不宜孤立片面地分析其违法行为。在本案中，湖南某国际旅行社有限公司宁乡分公司作为组团旅行社，招徕并向旅游者蓄意隐瞒行程中包含购物店和自费旅游项目的情况，并以低于接待和服务成本的标准向地接旅行社支付费用，以此获取差价利润。在旅游行程中，地接旅行社委派的导游安排旅游者前往某特产综合超市购物，并另行收取 499 元/人自费旅游项目费用。其行为违反了《旅游法》第 35 条第 1 款的规定，依据《旅游法》第 98 条的规定，宁乡市文化旅游广电体育局责令该旅行社宁乡分公司停业整顿 15 日，没收违法所得 410 元，给予罚款人民币 30,000 元的行政处罚；对直接负责人龙某给予罚款人民币 2000 元的行政处罚。从该处理结果来看，并未涉及地接旅行社的责任，笔者认为，在后续的相关文化旅游执法过程中应当进一步强化对于"不合理低价游"中地接旅行社的查处及惩治力度，根据《旅游法》第 35 条第 1 款的相关规定，追究其相关法律责任。

【典型意义】

近年来，有关不合理低价游的报道频繁出现在公众视野。这种以低价为诱饵，实则暗藏诸多消费陷阱的旅游模式，严重损害了消费者的权益和旅游市场的健康发展。本案展示了法律对于旅游市场中不正当竞争行为的严格监管，对整个旅游市场的管理和规范具有重要的推动作用，有助于构建一个更加公正、透明、有序的旅游市场环境，保障旅游行业的健康发展。未来，立法部门应进一步完善相关法律法规，明确不合理低价游的定义、认定标准和处罚措施。监管部门应加大执法力度。对于查实的不合理低价游行为，应依法严惩，并通过媒体曝光，形成警示效应。此外，行业自律也是不可或缺的一环。旅游行业协会应发挥积极作用，制定行业规范，加强自律管理。消费者自身也应提高警惕。在选择旅游产品时要注重产品的质量和性价比，不要被低价所迷惑。同时，要学会维护自己的合法权益，遇到不合理低价游等侵害行为时要及时投诉和举报。

案例5.2　旅行社指定购物场所与强迫旅游者购买物品
——西安某国际旅行社碑林第一分公司未经协商指定购物场所行政处罚案

【关键词】

指定具体购物场所　协商一致　委托协议　责任承担

【案件要旨】

旅行社在旅行团中指定购物场所的行为违反《旅游法》第35条之规定，可能导致旅行社面临责令改正、没收违法所得、责令停业整顿，并处以罚款等严重法律后果。旅游者在面对此类情况时，应及时向相关部门投诉，有权要求旅行社为其办理退货并先行垫付退货货款，或者退还另行付费旅游项目的费用，以维护自身权益。

【案件索引】

文化和旅游部2024年第一批旅游市场秩序整治典型案例之一（案例六）。

【基本案情】

2024年2月，西安某国际旅行社有限责任公司碑林第一分公司受江西某国际旅行社有限公司的委托，接待11名旅游者参加"年味西安双飞五天游"，两家公司就该团队具体行程安排以书面形式进行了确认，约定行程无购物。行程中，导游杨某某按照西安某国际旅行社有限责任公司碑林第一分公司负责人周某的要求，将旅游者带入某玉器店进行购物。

【处理结果】

当事人的行为违反了《旅游法》第35条第2款的规定。依据《旅游法》第98条的规定，西安市文化和旅游局对当事人作出责令停业整顿5日、罚款30,000元的行政处罚，对直接负责的主管人员周某作出罚款2000元的行政处罚，对其他直接责任人员杨某某作出罚款2000元、暂扣导游证5日的行政处罚。

【案件评析】

本案为一起典型的未经与旅游者协商一致指定具体购物场所案,其中,如何认定旅行社的违法行为、地接旅行社和组团旅行社的责任承担问题、旅行社指定购物场所相关纠纷的举证责任承担、旅游者非财产损害赔偿救济问题等是本案需要重点讨论的问题。

一、如何认定旅行社的违法行为

(一)关于指定具体购物场所的原则

根据国家旅游局《关于严格执行旅游法第三十五条有关规定的通知》,旅行社在旅游活动中指定具体购物场所和安排另行付费旅游项目的,应当按照诚实信用、自愿平等、协商一致的原则,与旅游者订立书面合同,且不得以不合理的低价组织旅游活动,不得诱骗旅游者,不得通过指定具体购物场所和安排另行付费旅游项目获取回扣等不正当利益,也不得影响其他不参加相关活动的旅游者的行程安排。旅游者不同意参加旅行社指定的具体购物场所或者另行付费旅游项目活动的,旅行社及其从业人员不得因此拒绝订立旅游合同,也不得提高旅游团费或者另行收取费用。由此可见,旅行社在旅游活动中指定具体购物场所应当严格依照诚实信用、自愿平等、协商一致的原则,同时,不得通过安排购物行程谋取不正当利益,且不得影响其他旅行者的行程安排。而在本案中,首先,地接旅行社西安某国际旅行社有限责任公司碑林第一分公司违反了与组团旅行社江西某国际旅行社有限公司之间就团队行程所订立的包含"无购物"约定的书面委托协议,擅自要求其旅行社导游在旅游行程中安排玉器店购物行程,违背了诚实信用原则;其次,旅游者通过与组团旅行社签订旅游合同来接受旅游合同,对于旅游合同中所载明的旅行行程具有一定的预期,而地接旅行社是基于委托合同向旅游者提供旅游服务,但却擅自将购物行程加入旅游行程之中,打破了旅游者的合理预期,违背了自愿平等原则;最后,旅游合同本身所确定的"无购物"的地接旅行社擅自安排的购物行程本不属于原定的旅游行程,也并未经过与旅行者的协商而得到旅行者的同意,故该行为也违背了协商一致的原则。

(二) 关于《旅游法》第 35 条第 2 款的适用条件

根据《旅游法》第 35 条第 2 款的规定，旅行社组织、接待旅游者，不得指定具体购物场所，不得安排另行旅游项目。但是，经过双方协商一致或者旅游者要求，且不影响其他旅游者行程安排的除外。过对该条文进行拆解，可以得出"未经与旅游者协商一致指定具体购物场所"这一违法行为的构成要件：一是旅行社指定具体购物场所；二是未经过双方协商一致或者旅行社要求；三是影响其他旅行者行程安排。该条文由行为模式和除外情形两部分组成，也就是说，当行为符合"旅行社指定具体购物场所"的行为模式，还需要判断其是否属于"经过双方协商一致或者旅游者要求，且不影响其他旅游者行程安排"的除外情形。

(三) 关于"指定具体购物场所"行为的认定

"指定具体购物场所"主要是指旅行社或导游在合同约定外，将旅游者另行安排到其指定的购物场所购物。法律要求旅行社不得以明示或暗示的方式，采取直接或变相安排的手段，要求或引导旅游者到旅行社或导游指定的场所购物。旅行社通过合同中的格式条款对旅游者购物硬性作出具体安排，也属于指定具体购物场所。如果通过与旅游者协商一致，在合同中以非格式条款作出约定，经旅游者签名同意，则不属于指定具体购物场所。在合同约定外，未经旅游者同意，导游带旅游者直接去购物店购物，既属于对旅游行程的擅自改变，也属于指定具体购物场所。指定具体购物场所，是为了诱导、欺骗、强迫或者变相强迫旅游者购物，以达到获取不正当利益的目的，应当依法给予行政处罚。

本案中，地接旅行社西安某国际旅行社有限责任公司碑林第一分公司违反委托合同所作出的"无购物"的约定，在旅游行程中擅自安排了超出合同内容的购物行程，由该公司导游杨某某将旅游者带入某玉器店进行购物。地接社在未经过旅游者同意的前提下擅自改变旅游行程并指定具体购物场所的行为，其目的都是获取更多的利益，既耽误了旅游者的时间和既定的旅游行程，也增加了旅游者的费用，损害了旅游者的知情权、选择权、决定权等合法权益。

(四)关于"影响其他旅游者行程安排"

根据国家旅游局《关于严格执行旅游法第三十五条有关规定的通知》的规定,旅行社安排旅游者在指定具体购物场所或者另行付费旅游项目活动时,没有对其他不参加相关活动的旅游者作出合理的行程安排,导致其合法权益受到损害的,应认定为"影响其他旅游者行程安排"。本案中,地接社在安排合同以外的购物行程之前并未经过旅游者的同意,而是由导游直接将旅游者带去指定的玉器店进行购物,打破了旅游者对于既定旅游行程的合理预期,同时也影响了旅游者的行程安排。

综上所述,本案中,在组团旅行社江西某国际旅行社有限公司与地接旅行社西安某国际旅行社有限责任公司碑林第一分公司已就该团队具体行程安排以书面形式进行了确认,约定无购物的前提下,导游杨某某按照西安某国际旅行社有限责任公司碑林第一分公司负责人周某的要求,将旅游者带入某玉器店进行购物组团的行为已然符合"旅行社指定具体购物场所"的行为模式。进一步判断该行为是否属于除外情形,根据案情可知,导游所安排的购物组团行程未与旅游者协商达成一致意见,且该行程并非旅游者自行要求的,而是按照西安某国际旅行社有限责任公司碑林第一分公司负责人周某的要求安排的。再者,该购物组团行程并不属于旅游行程的内容,违反了组团旅行社与地接旅行社之间就该团队具体行程安排所约定的无购物的书面委托协议,同时,在原本事先确认的"无购物"的旅游行程中安排多余的组团购物环节,势必会占据了旅游者正常的旅行时间,影响了其他旅游者行程安排。综上所述,西安某国际旅行社有限责任公司碑林第一分公司的行为构成了《旅游法》第35条第2款所规定的违法情形。

二、地接旅行社和组团旅行社的责任承担问题

(一)违约责任的承担

本案中,江西某国际旅行社有限公司作为组团旅行社,委托西安某国际旅行社有限责任公司碑林第一分公司接待11名旅游者参加"年味西安双飞五

天游"，并就该团队具体行程安排以书面形式与地接旅行社进行了确认，约定行程无购物。然而，地接旅行社西安某国际旅行社有限责任公司碑林第一分公司却未严格按照双方委托协议约定履行义务，在行程中另外安排了购物组团，违反了协议中所达成的"无购物"的约定。这一行为也造成江西某国际旅行社有限公司违反了与该团队旅行者之间所订立的旅游合同的相关义务。根据《旅游法》第 35 条第 3 款的规定，旅游者有权在旅游行程结束后 30 日内，要求旅行社为其办理退货并先行垫付退货货款。因此，旅游者有权基于地接旅行社擅自改变旅游行程并指定具体购物场所的行为，在旅游行程结束后 30 日内，要求组团社为其办理退货并先行垫付退货货款。

根据《旅游法》第 71 条的规定，由于地接旅行社、履行辅助人的原因导致违约的，由组团旅行社承担责任；组团旅行社承担责任后可以向地接旅行社、履行辅助人追偿。本案中，地接旅行社西安某国际旅行社有限责任公司碑林第一分公司擅自安排购物行程的行为违反了与组团旅行社江西某国际旅行社有限公司之间就行程安排所达成"无购物"的书面委托协议，间接导致组团旅行社违反了与旅游者之间所订立的旅游合同，因此，组团旅行社江西某国际旅行社有限公司的违约行为是由于地接旅行社西安某国际旅行社有限责任公司碑林第一分公司的原因所导致的。根据合同的相对性原理，旅游合同是组团旅行社与旅游者之间订立的，地接旅行社并非该旅游合同的当事人，因此旅游合同的违约责任应当由违反合同约定的一方承担。而组团旅行社承担了责任后，可以根据其与地接旅行社之间就团队行程所订立的委托合同，来依法追究地接旅行社的违约责任。据此，虽然组团旅行社本身并没有直接实施违反旅游合同约定的行为，其违约是由于地接旅行社的违约所间接导致的，但是仍应由组团旅行社承担相应的违约责任，在其承担责任后可以向地接旅行社追偿。

（二）行政责任的承担

本案中，地接旅行社西安某国际旅行社有限责任公司碑林第一分公司违反与组团社之间的委托协议约定，地接社负责人周某擅自要求导游杨某某在旅行行程当中安排购物行程，带旅游者前往指定购物地点玉器店进行购物，严重损害了旅游者的合法权益，其行为违反了《旅游法》第35条第2款的相关规定，根据《旅游法》第98条的规定，旅行社违反本法第35条规定的，由旅游主管部门责令改正，没收违法所得，责令停业整顿，并处3万元以上30万元以下罚款。对直接负责的主管人员和其他责任人员，没收违法所得，处2000元以上2万元以下罚款，并暂扣或者吊销导游证。最终，西安市文化和旅游局对当事人作出责令停业整顿5日、罚款30,000元的行政处罚，对直接负责的主管人员周某作出罚款2000元的行政处罚，对其他直接责任人员杨某某作出罚款2000元、暂扣导游证5日的行政处罚。

三、旅行社指定购物场所相关纠纷的举证责任承担

根据《民事诉讼法》第67条规定，当事人对自己提出的主张，有责任提供证据。这一规定确立了"谁主张谁举证"的原则。在旅行社指定购物场所相关纠纷的处理中，也必然会涉及举证责任承担的问题。

旅行社指定购物场所引发的纠纷本质上属于违约纠纷。当旅游者对于服务品质提出异议，并提供了初步证据后，举证责任应当由旅行社来承担，当旅游者就旅行社擅自增加购物场所的行为提出异议，旅游者提供了抵达购物场所的照片、参与购物的场景、旅游行程单中关于购物场所的约定等资料之后，旅行社就必须对是否增加了购物场所、购物场所的增加是否为双方协商一致的结果等承担相应的举证责任。假如旅行社承认增加了购物场所，但能够提供购物场所的增加，是双方合意的证据，表明旅游者的诉求不成立；反之，旅游行程中提供的购物场所不在旅游行程单之列，旅行社又无法提供协商一致的证据，就必须承担擅自增加购物场所的民事责任和行政责任。

由此可见，在旅行社指定购物场所引发的这类违约纠纷中，根据最高人民法院《关于审理旅游纠纷案件适用法律若干问题的规定》以及《民事诉讼法》相关规定，如果旅行社被指控未按照合同约定履行义务，旅行社通常需要承担举证责任，以证明其已经按照合同约定履行了义务。这就表明在此类违约纠纷中通常采取举证责任倒置的做法，究其原因主要有以下几点：其一，

旅行社在和旅游者订立包价旅游合同时，已经就权利义务达成了一致，旅行社已向旅游者作出了关于吃住行等旅游服务档次和标准的承诺，旅行社就应当按照合同约定兑现承诺。当旅游者提出异议后，旅行社就要承担举证责任，举证不能应当承担法律责任。其二，旅行社作为旅游服务的提供者，通常能够获得更多的信息和资源，包括购物场所的选择、合同条款的解释以及旅游行程的安排等，因此，基于信息的不对称性，在发生违约纠纷时，由旅行社承担举证责任，可以更加高效地揭示案件事实，保护旅游者的合法权益。其三，在旅游合同中，旅游者作为消费者，通常处于相对弱势的地位，由于缺乏专业的旅游知识及法律知识，难以充分地了解和评估旅行社所提供的服务。因此，在此类纠纷的处理中，法律更加倾向于保护旅游者一方的利益，通过举证责任倒置来减轻旅游者的举证负担。

四、旅游者非财产损害赔偿救济问题：时间利益损失

旅游消费作为一种集精神消费、物质消费于一体的消费形式，其本质上要满足旅游者在固定的时间内实现精神愉悦及物质满足的需要。然而，在旅行社指定购物场所的场景下，旅游者被迫接受旅行社超出合同约定的购物行程安排，该行为严重侵犯了"旅游"这一特殊消费产品的重要附加价值，即旅游时间，导致旅游者的时间利益受到严重损害。在我国现有的法律框架下，精神损害赔偿以人身权益受到侵害并造成严重精神损害为前提。① 相关司法实践中，旅游者以受到精神损害为由主张精神损害赔偿时，因其精神损害程度难以达到"严重"的标准，故通常难以得到法院的支持。立足于旅行社指定购物场所的具体场景，人身损害、财产损害都可以被有效避免，而旅行社将旅游者强行滞留于购物地点的行为客观上侵害的是旅游者的时间利益，使其无法获得原本依照合同约定应当享有的旅游服务，并从中获得精神愉悦及物质满足。因此，应当对旅游者的时间利益的救济进行立法保护，德国、日本都对此作出了明确的规定，然而，但目前我国的法律体系之中只涵盖了人

---

① 《民法典》第1183条：侵害自然人人身权益造成严重精神损害的，被侵权人有权请求精神损害赔偿。

身损害、财产损害、精神损害等分类，立法尚未将时间性利益作为实体利益纳入救济价值体系予以保护，仅有包含极少数程序权利和期待利益等法定期间利益存在相应的法律规定。

《德国民法典》第651条第2款规定：旅游无法进行或者明显受损时，旅客可因无益地使用休假时间而要求以金钱作为适当的赔偿。德国法学界认为，时间的经过可以产生一定的法律效力，其本身蕴含价值、机会等功能，故时间的损害可以主张相应赔偿，这种利益在德国被称为"非财产上损害商业化"，其所保护的利益包含娱乐、舒适、方便等，是一种概括性的法律概念。①

随着旅游业的发展，旅游者在策划一场旅程时通常需要做大量的前期准备，安排旅游时间，并根据旅行路线做出相应的调整，故旅游者对于旅游行程具有一定的期待利益。然而，强迫购物行为在一定程度上改变了旅行者所预见的合理范围的行程安排，通常其手段较为隐蔽，或是旅行社通过导游在实际旅行中迫使旅游者长期滞留于指定购物场所内进而强迫其购物；或是通过给予所谓自由活动时间将归队地点设置于消费性场所附近而远离行程中的主要参观景点，造成旅游者并没有充足时间参观景点而只能够在消费性场所逗留。然而，目前我国有关旅游的法律法规却并未针对旅行社将旅游者滞留或者类似滞留于购物地点的禁止性规定，仅对于现实的侵害行为作出规制。

在本案中，旅行者与组团旅行社所订立的旅游合同的行程路线是确定的，该合同具有可预见性，载明无购物行程。然而，后续地接旅行社擅自安排玉器店购物的行程打破了旅行者的合理预期，占用了本该属于既定旅程中其他行程的时间安排，这在一定程度上损害了旅行者的时间利益。即使消费者未在该店进行购物造成财产损失，也并没有遭受任何人身损害，但其时间利益却受到了实质损害。上述行为不仅构成侵权，还在一定程度上改变了旅游者旅游观光的实际目的，将有限的时间浪费在购物行为之中，阻碍了旅游者旅

---

① 徐彰远：《旅游强迫购物问题之法律救济新探》，载《行政与法》2019年第5期。

游目的实现，造成了其时间利益的损失。同时，在实践当中，许多旅游者在不配合购物的情况下还将面临后续行程的消极服务，导致整个旅游行程的时间价值受到损害。因此，借鉴德国、日本的相关法律规定，我国也可以在旅游纠纷领域明确规定旅游时间无益损害赔偿，原则性的规定涵盖强迫购物在内的可能造成时间利益损失的具体情形。梁慧星教授主持的《中国民法典草案建议稿》第1410条规定，因人为损害、旅行社失责等原因导致旅客人身、自由、人格遭受损害及时间浪费的，有权主张损害赔偿。其中对于"时间浪费"得以主张损害赔偿的观点也表明了对于时间性利益理应被得到立法保护的肯定。对此，笔者认为，可以在《民法典》的框架下，将"时间浪费损害"增设为损害的一大分类，能够为实践中无法囊括在财产损害、人身损害、精神损害之中，因时间性利益被侵害所造成的损害提供一条救济路径。同时，在《旅游法》第35条第3款中进一步明确，旅游者因旅游经营者擅自改变旅游路线，指定具体购物场所造成时间利益浪费的，有权请求旅游经营者承担时间浪费损害赔偿。具体而言，时间浪费损害赔偿的适用条件应当考虑包括时间浪费的认定、时间浪费的时效、时间浪费的程度等因素，对于时间浪费的认定，要求其必须发生在旅游合同已经成立但尚未履行完成的全过程；对于时间浪费的时效，可以参鉴我国台湾地区"民法"所规定的"旅游者的时间浪费损害赔偿请求权自旅游终了或应当终了之日起，一年内不行使而消灭"；对于时间浪费的程度，要求其必然导致旅游者的旅游目的根本无法实现才可以申请时间浪费赔偿。而对于赔偿数额的限定，应当保证在保护旅游者权益的基础上，避免给旅游经营者造成过重的负担。

【**典型意义**】

旅行社强迫旅游者购物违法行为，可以概括为旅行社指定购物场所；旅行社强迫旅游者购买物品；旅行社既指定购物场所，又强迫旅游者购买物品这三类情形。这三类违法行为的共同之处在于，旅行社违反了自愿原则，违背了旅游者的个人意愿。侵犯了旅游者的知情权和选择权，迫使旅游者在未经充分信息提供和同意的情况下进行购物，可能导致经济损失和不良购物体验。该案通过对此类违法行为的查处，可以进一步强化旅游市场的法律约束，促使旅行社和导游遵守法律法规，公平、公正地对待旅游者，从而提升旅游市场的整体形象和服务质量。

案例 5.3　旅行社业务许可与合同效力认定

——天津某国际旅行社有限公司未经许可经营旅行社业务行政处罚案

【关键词】

未经许可经营　行政许可　超越经营范围　无效合同

【案件要旨】

旅行社未取得《旅行社业务经营许可证》即对外发布旅游信息、招徕游客并收取团费，直接违反《旅游法》第 28 条的行政许可制度。应贯彻"无证即违法"的严格责任原则，依据《旅游法》第 95 条，责令停业并处罚款。涉事旅游合同因违反法律强制性规定（《民法典》第 153 条）无效，旅行社需返还团费并赔偿损失。

【案件索引】

天津市文化市场行政执法总队 2024 年旅游执法典型案例之一。

【基本案情】

2024 年 7 月 3 日，天津市河北区文化和旅游局接天津市 12345 便民服务专线工单，市民反映在天津某国际旅行社有限公司报名参加旅游活动，签订了旅游合同，因行程多次延期，市民要求退费，旅行社不退还团费。在调解旅游投诉过程中，执法人员发现该旅行社未取得《旅行社业务经营许可证》，涉嫌未经许可经营旅行社业务。

2024 年 7 月 10 日，区文化和旅游局执法人员对天津某国际旅行社有限公司负责人进行调查询问，其表示出于侥幸心理，未办理许可便开展了旅行社业务。2024 年 7 月 12 日，区文化和旅游局对该案进行立案调查。经查，该旅行社在未取得《旅行社业务经营许可证》的情况下，对外发布旅游活动信息，并招徕收取游客团费，行程尚未开展。执法人员收集了该旅行社的《营业执照》复印件、法定代表人和负责人《居民身份证》复印件、对负责人和游客代表制作的《调查询问笔录》、旅游合同、行程单和聊天转账记录等相关证据材料，确定了该旅行社违法事实。

【处理结果】

该旅行社未经许可经营旅行社业务的行为，违反了《旅游法》第28条的规定。依据《旅游法》第95条第1款的规定，参照《天津市文化市场综合执法行政处罚裁量权基准》，2024年8月27日，区文化和旅游局责令该旅行社立即停止违法行为，对该旅行社作出罚款人民币20,000元的行政处罚，对该旅行社负责人作出罚款人民币4000元的行政处罚。

【案件评析】

本案为一起典型的未经许可经营旅行社业务案，其中，未经许可经营旅行社业务与其他违法行为的鉴别、未经许可经营旅行社业务的责任承担、未经许可经营旅行社业务的违法行为所侵害的对象、未经许可经营旅行社业务所涉旅游合同的认定是本案需要重点讨论的问题。

一、未经许可经营旅行社业务的违法行为认定

关于如何判断经营主体是否未经许可经营旅行社业务的问题，还涉及三个子问题，即经营主体是否未取得旅行社业务经营许可证，经营主体以何种名义从事旅行社业务，经营主体（特指旅行社）是否超越了业务范围从事旅游活动。

（一）关于经营旅行社业务需要具备的条件

根据《旅游法》第28条的规定，设立旅行社，招徕、组织、接待旅游者，为其提供旅游服务，应当具备下列条件，取得旅游主管部门的许可，依法办理工商登记：（1）有固定的经营场所；（2）有必要的营业设施；（3）有符合规定的注册资本；（4）有必要的经营管理人员和导游；（5）法律、行政

法规规定的其他条件。由此可见，旅游经营业务的开展，经营主体不仅需要取得市场监管部门的登记注册，同时还需要取得文化和旅游行政部门的行政许可。这是旅行社业务经营的许可制度。

从经营旅行社业务需要具备的条件便可推定出，若经营主体是以自己的名义开展旅行社业务，只要经营主体尚未取得旅行社业务经营许可证，不论其是否已经取得营业执照，都可以认定经营主体为"未经许可经营旅行社业务"，比如自然人、保健品公司、户外俱乐部等涉足招徕、组织和接待旅行社业务中的任何一个环节，但其并未取得旅行社业务经营许可证，那么就应当认定其属于"未经许可经营旅行社业务"。本案中，天津某国际旅行社有限公司在未取得《旅行社业务经营许可证》的情况下，对外发布旅游活动信息，并招徕收取游客团费，应当认定该旅行社为"未经许可经营旅行社业务"，违反了《旅游法》第28条的规定。

（二）关于旅行社是否跨越业务经营范围从事旅行社业务

《旅游法》第29条列举了旅行社可以经营的业务范围，包括境内旅游、出境旅游、边境旅游、入境旅游和其他旅游业务，同时明确了经营出境旅游和边境旅游的旅行社应当取得相应的业务经营许可，具体要求符合国务院相关规定。因此，即使旅行社取得了营业执照和旅行社业务经营许可证，但若旅行社及其分支机构跨越业务经营范围，从事了需要取得其他相应经营许可的旅行社业务，仍然涉嫌旅行社未经许可经营旅行社业务。

（三）关于经营主体以何种名义从事旅行社业务

虽然未取得旅行社业务经营许可证，甚至也未取得营业执照，但自然人、户外俱乐部等经营主体在开展旅行社业务时，只要满足两个条件，就可以被排除在未经许可经营旅行社业务范围之外：第一，自然人、户外俱乐部等经营主体在开展旅行社业务前，得到旅行社的委托授权。也就是说，这些经营主体和旅行社订立了委托代理招徕组团的协议，明确了旅行社与自然人之间委托人和受托人之间的法律关系。第二，自然人、户外俱乐部等经营主体在开展旅行社业务时，明确将委托代理身份告知潜在的旅游者，并以委托旅行社的名义开展招徕组团业务，而不是以自然人等自己的名义招徕组团。本案中，天津某国际旅行社有限公司在未取得《旅行社业务经营许可证》的情况下，以自己的名义对外发布旅游信息来招徕旅游者，其中并不存在委托代理的关系，因此，其行为不属于能够排除在未经许可经营旅行社业务范围之外的特殊情况。

综上，认定经营主体是否构成"未经许可经营旅行社业务"，需要从旅行社业务的经营是否取得许可，委托代理关系是否存在、招徕组团是否以委托人的名义开展、主体（特指旅行社）是否超越了业务范围从事旅游活动等方面加以判断。在本案中，天津某国际旅行社有限公司在未取得旅行社业务经营许可的前提下，不具备为游客提供旅游服务的能力，是不能从事经营性旅游业务的，更不能为游客在游览过程中的人身财产提供安全保障。基于侥幸心理，擅自对外发布旅游信息招揽游客并收受团费的行为显然违反了《旅游法》第28条的相关规定；进一步判断其是否属于特殊情形，天津某国际旅行社是以自己的名义未经旅行社业务经营许可从事旅游业务，其中并不存在委托代理关系，不能将其行为排除在未取得旅行社业务经营许可的违法行为之外。基于此，应当将其行为认定为"未经旅行社业务经营许可从事旅游业务"。

二、"未经许可经营旅行社业务"与其他违法行为的鉴别

在判断涉嫌"未经许可经营旅行社业务"的主体是超许可范围的旅行社或者是导游人员时，还要注意与另外三类违法行为相鉴别。

（一）与虚假宣传、误导旅游者的区别

超许可范围的"未经许可经营旅行社业务"的行为与旅行社通过虚假宣传来误导旅游者的违法行为所侵害的对象不同，前者所侵犯的是行政主管部门的行政管理权，而后者侵犯的是旅游者的知情权，导致的后果是侵害了旅游者的权益。同时，两者"虚假"的内容有所不同，前者是隐瞒或虚构了开展相应经营活动的"资质"，后者的"虚假"大多涉及旅游产品和经营主体荣誉等描述性信息。

（二）与服务网点超出咨询招徕活动的区别

旅行社服务网点从事招徕、咨询以外的旅行社业务经营活动，即构成违法。此类行为的主体是旅行社的服务网点，具体表现为服务网点直接参与包价旅游活动的组织或接待工作。与"未经许可经营旅行社业务"相比，该违法行为的主要区别在于，其经营主体已经取得了从事相应旅行社业务经营活动的许可，只是超出了服务网点原有的咨询招徕职能范围。

（三）与导游人员"未经旅行社委派，私自承揽导游业务"违法行为的区别

从违法行为的角度来看，"未经许可经营旅行社业务"与导游人员"未经旅行社委派，私自承揽导游业务"的行为界限明确。然而，在实际操作中，这两种违法行为之所以容易混淆，往往是因为执法人员在调查取证时不够细致，未能准确判断导游人员在实施违法行为时的具体角色。若导游人员不仅从事导游活动，还实际参与了旅行社业务的经营活动，同时扮演了"旅行社"和"导游"两个角色，那么其行为便构成了"未经许可经营旅行社业务"的违法行为。因此，执法人员在调查时，应充分调查，明确导游人员的具体行为角色，以确保违法行为的准确认定。

三、未经许可经营旅行社业务的责任承担

根据《旅游法》第95条的规定，未经许可经营旅行社业务的，由旅游主管部门或者工商行政管理部门责令改正，没收违法所得，并处1万元以上10万元以下罚款；违法所得10万元以上的，并处违法所得1倍以上5倍以下罚款；对有关责任人员，处2000元以上2万元以下罚款。在本案中，天津某国际旅行社有限公司在未取得《旅行社业务经营许可证》的情况下，对外发布旅游活动信息，擅自发布旅游信息，招徕旅游者参与其组织的旅游活动，并收取了团费。执法人员收集了该旅行社的《营业执照》复印件、法定代表人和负责人《居民身份证》复印件、对负责人和游客代表制作的《调查询问笔录》、旅游合同、行程单和聊天转账记录等相关证据材料，确定了该旅行社违法事实。

针对这一违法事实，天津市河北区文化和旅游局迅速响应，依法依规开展了深入调查，并依据《旅游法》及相关地方性法规，对该旅行社采取了严厉的行政措施。局方不仅果断责令该旅行社立即停止所有未经许可的旅游业

务经营活动，消除不良影响，依法对该旅行社作出了罚款人民币20,000元的行政处罚决定，以彰显法律的严肃性与权威性。同时，对负有直接管理责任的旅行社负责人个人处以了人民币4000元的罚款，以此警示行业内其他从业者务必严格遵守法律法规，诚信经营。天津市河北区文化和旅游局此次所作出的行政处罚决定，不仅是对违法行为的及时纠正与惩处，更是对旅游市场规范运营的有力维护，充分体现了执法部门依法行政、严格监管的鲜明态度，以及保护消费者合法权益、促进旅游业健康发展的坚定决心。此举完全符合相关法律法规的规定与精神，为构建公平、有序、安全的旅游市场环境树立了良好的典范。

四、未经许可经营旅行社业务的违法行为所侵害的对象

未经许可经营旅行社业务中的"许可"所指的是旅游主管部门行政许可，依据《行政许可法》第2条"行政许可，是指行政机关根据公民、法人或者其他组织的申请，经依法审查，准予其从事特定活动的行为"。需要得到行政许可的旅行社业务是为旅游者提供包价旅游服务。有部分意见认为未经许可经营旅行社业务的行为，其行为所侵害的对象是旅游者的权益，这一观点是错误的。旅行社业务经营许可是一种行政许可，而行政许可是行政管理权的一种表现形式，因此，旅行社业务的"未经许可经营旅行社业务"的违法行为所直接侵犯的是行政管理权，而非旅游者的权益。同时，立足于当前旅游执法实践，"未经许可经营旅行社业务"并不必然侵害旅游者的权益，有时甚至出现旅游者对"未经许可经营旅行社业务"主体提供的旅游服务相当满意的情况。行政管理权的目的并不是仅仅保障旅游者一方的合法权益，而是维护整个旅游市场中旅游者、其他合法旅行社等多方主体的合法权益，因此，具体旅游者的权益是否受到损害，并不影响对"未经许可经营旅行社业务"违法行为构成的认定。在明确了旅行社业务的"未经许可经营旅行社业务"违法行为侵害的是行政管理权基础上，可以进一步分析以下两个子问题，即未实际开始旅游活动是否构成旅行社业务"未经许可经营旅行社业务"的违法行为，未实际侵害旅游者权益是否构成旅行社业务"未经许可经营旅行社业务"的违法行为。

（一）关于未实际开始旅游活动是否构成旅行社业务"未经许可经营旅行社业务"的违法行为

未实际开始旅游活动仍有可能构成"未经许可经营旅行社业务"的违法行为，因为旅行社业务的"未经许可经营旅行社业务"违法行为所直接侵犯的是行政管理权，而不是旅游者的权益。因此，旅游者实际开始旅游活动不是该违法行为的构成要件，只要经营主体以营利为目的，在没有取得相应旅行社业务经营许可时，以自身名义完成招徕旅游者参加旅游活动的行为，已经构成对行政管理权的侵犯，即构成旅行社业务"无证经营"的违法行为。当然，在此种情形下，未实际开展包价旅游活动，可以从具体处罚措施上，酌情减轻或者不予行政处罚。在本案中，天津某国际旅行社有限公司在未取得《旅行社业务经营许可证》的前提下，已经以自己的名义发布旅游信息，招揽旅游者并收取团费，其行为已经对于行政许可权造成了侵犯，客观上影响了旅游市场的正常秩序。因此，即使天津某国际旅行社尚未实际组织旅游者开展旅行活动，但其行为已然构成了"未经许可经营旅行社业务"的违法行为。

（二）未实际侵害旅游者权益是否构成旅行社业务"未经许可经营旅行社业务"的违法行为

未实际侵害旅游者权益也可能构成旅行社业务"未经许可经营旅行社业务"的违法行为。"未经许可经营旅行社业务"是对于文化旅游部门行政许可权的侵犯，同时，该条所保护的利益是包括旅游者权益、其他旅游经营主体以及旅游市场秩序在内的多元利益，而并非局限于旅游者权益。因此，具体旅游者的权益是否受到损害，并不影响旅行社业务的"未经许可经营旅行社业务"违法行为构成的认定，是否发生侵害旅游者权益的后果，可以作为该违法行为是否加重具体处罚措施的定量情节，但不是该违法行为构成的要件。

五、未经许可经营旅行社业务所涉旅游合同的认定

（一）未经许可经营旅行社业务所涉旅游合同的效力

依据《旅游法》第 28 条的明确规定，从事旅游经营业务，不仅需完成市场监管部门的登记注册流程，还必须获得文化和旅游行政部门的行政许可，两者缺一不可。根据《民法典》第153条的规定，违反法律、行政法规的强制性规定的民事法律行为无效。在本案中，天津某国际旅行社在未取得文化和旅游部门许可的前提下，擅自经营旅行社业务，其行为已构成《旅游法》第28条所规定的违法情形，因此，天津某国际旅行社与旅游者之间所订立的旅游合同，因违反了法律的强制性规定，故应当被判定为无效合同。

（二）未经许可经营旅行社业务所涉旅游合同无效后的法律后果

当天津某国际旅行社有限公司与旅游者之间所订立的旅游合同因违反了法律的强制性规定而归于无效时，根据《民法典》第157条的规定，民事法律行为无效、被撤销或者确定不发生效力后，行为人因该行为取得的财产，应当予以返还；不能返还或者没有必要返还的，应当折价补偿。有过错的一方应当赔偿对方由此所受到的损失；各方均有过错的，应当各自承担相应的责任。法律另有规定的，依照其规定。在本案中，涉案旅游合同被认定无效后的法律后果主要有以下几个方面：

其一，合同自始无效。无效的旅游合同自始没有法律约束力，即该旅游合同从订立时起就不具备法律效力，天津某国际旅行社与旅游者都不能基于该无效合同要求对方履行相关义务或享有相关权利。

其二，财产返还。在本案中，旅游者要求天津某国际旅行社退费却遭到其拒绝，在案涉旅游合同被确认无效后，天津某国际旅行社基于该无效的旅游合同所取得的团费、押金，均应当予以返还。但是，如果财产无法返还或者没有必要返还的，应当折价补偿。比如，若旅行社已提前为旅游者预订了不可退改的机票、酒店预订等服务，这些费用可能无法直接退还，但旅行社必须提出一个公正合理的折价补偿方案，确保旅游者所受到的经济损失得到适当补偿。

其三，赔偿损失。因无效合同给对方造成损失的，过错方应当承担赔偿责任。在旅游合同中，如果旅行社因未经许可经营而订立无效合同，并因此给旅游者造成了损失，诸如时间、精力、交通等费用，那么旅行社应承担相应的赔偿责任。赔偿损失的范围通常包括直接损失和间接损失。直接损失如旅游者已支付的团费、交通费等；间接损失包括因合同无效而错过的其他旅游机会、精神损失等。对于间接损失的赔偿请求，旅游者需承担举证责任，提供充分且确凿的证据来证明其损失的具体数额与合理性，以便法院或仲裁机构能够做出公正合理的裁决。

【典型意义】

旅行社组织旅游活动，涉及游客吃、住、行、游、购、娱等的方方面面，资质齐全、品质优良、依法依规的旅行社，是旅游者享受旅游、行程安全的重要保障。未经许可经营旅行社业务，是"不合理低价游""黑导游"等现象产生的重要原因之一。案例中的旅行社在未取得资质情况下，经营旅行社业务，在扰乱市场秩序的同时，也为游客实际行程的开展埋下隐患。文化执法部门提示广大游客，参团报名前，一定要核实旅行社是否取得"一照一证"，即《营业执照》和《旅行社业务经营许可证》，报名出国游和港澳台旅游还要核实是否有国际旅游资质。报名时，不要贪图便宜，警惕"不合理低价游"陷阱，要规范签订旅游合同，切实保障自身合法权益。

第二节　旅行社安全保障责任承担问题

案例5.4　旅行社未履行安全保障义务的责任承担
——李某甲、黄某甲等与深圳市深之旅公司、深旅国际旅行社有限公司
生命权、健康权、身体权纠纷案

【关键词】

安全保障义务　生命权　境外游　损害赔偿

【裁判要旨】

1. 旅行社安全保障义务判定：旅行过程中，旅行社对所选择的旅游区域需尽到谨慎选择义务，对游客下海游玩负有安全提示义务，在游客发生意外时应及时履行救助义务。若旅行社未履行上述义务导致游客伤亡，需承担相应的过错赔偿责任。

2. 受害人过错判定：游客在参与旅游项目时，自身也负有一定的安全注意义务。当游客未按要求穿着救生衣等安全装备，且该行为与损害结果存在因果关系时，游客自身存在过错，需承担相应责任。但如果游客对危险并不知情，且旅行社未履行告知、提示等义务，游客的过错程度应综合判定。

3. 人身损害赔偿计算标准：人身损害赔偿计算标准按照最高人民法院《关于审理人身损害赔偿案件适用法律若干问题的解释》规定，"上一年度"是指一审法庭辩论终结时的上一统计年度。案件被发回重审的，如果赔偿权利人在举证期限内未要求以重审法庭辩论终结时的最新标准计算，法院不应随意变更计算标准。

【案件索引】

（2016）粤03民终7498号。

【基本案情】

2013年10月11日，原告杨某甲及受害人李某丙与被告深之旅公司签订一份《团队旅游合同》，参加被告深之旅公司的泰国缤纷美食享乐优质六天团，原告杨某甲及李某丙依约向被告深之旅公司支付了旅游费用7760元。2013年10月29日，原告杨某甲与李某丙按照行程单约定的行程，从国内出发到泰国参团旅游，泰国当地负责该旅行团接待工作的是被告深旅国旅公司。2013年10月31日上午，该旅行团按照行程单安排到达泰国罗勇府莎美珊公主岛的海滩，导游安排上午10：30至12：00为自由活动时间，李某丙在上述时间段到海边浮潜后不幸遇难。

【裁判结果】

一审法院经审理认为，本案涉及违约责任和侵权责任的竞合，但原告已选择侵权责任，对于侵权纠纷案件，双方当事人应当按照其过错程度承担各自的责任。本案中，被告深之旅公司为旅游经营者、被告深旅国旅公司为旅游辅助服务者，因旅游经营者、旅游辅助服务者未尽到安全保障义务，造成旅游者人身损失的，旅游者可请求旅游经营者、旅游辅助服务者共同承担赔偿责任。

一审法院经审理认为，可以体现两被告对李某丙在浮潜中遇难身亡存在过错的要点有三：（1）对浮潜区域的选择未尽谨慎义务，该浮潜区域虽有浮标及绳子包围，但并未有防护网；（2）对游客下海游玩未尽安全提示义务，两被告在安排游客自由活动前，对下海游玩的游客，未尽责提示其穿上救生衣；（3）延误了李某丙的最佳搜救时间。因此，一审法院按照李某丙与被告双方的过错程度，酌定原告对其损失应当自行承担40%的责任，两被告应当共同承担60%的赔偿责任。

二审法院经审理后认为，当事人对自己提出的主张，有责任提供证据。没有证据或者证据不足以证明当事人的事实主张的，由负有举证责任的当事人承担不利后果。最高人民法院《关于审理旅游纠纷案件适用法律若干问题的规定》第7条规定，旅游经营者、旅游辅助服务者未尽到安全保障义务，造成旅游者人身损害、财产损失的，应当承担相应的赔偿责任。《侵权责任法》（现为《民法典》侵权责任编）第26条规定，被侵权人对损害的发生也有过错的，可以减轻侵权人的责任。上诉人深之旅公司作为旅游经营者，上诉人深旅国际公司作为旅游辅助服务者，未尽到安全保障义务，应对旅游者在旅游过程中遭受的损害承担赔偿责任。上诉人深之旅公司与上诉人深旅国际公司主张已尽到安全保障义务，但没有提供足够的证据证明，应承担举证不能的不利后果。受害者李某丙是完全民事行为能力人，其应对自身疾病下海的危险性有正确认识，但其坚持下海，且不穿救生衣，对自身遇难事件亦负有一定责任，可以减轻上诉人深之旅公司及深旅国际公司的责任。故维持了一审判决结果。

【案件评析】

本案是一起较为典型的旅游过程中出现意外事件导致游客死亡的案例，双方的争议焦点集中于李某丙在浮潜中遇难身亡是否存在过错，是否应当承担赔偿责任；两被告应当承担的赔偿数额是本案的争议焦点，旅行社抗辩的重点在于李某丙生前患有心脏病并饮酒，而原告主要关注履行范围及告知义务提示程度。故双方对于安全履行义务有其各自的理解，司法实践中也确实如此，由于安全保障的范围涉及旅行全流程，其间大大小小的风险点均需防范，因此，下面将基于案件的争议焦点，从安全保障义务的主体及需要履行范围进行论述。

一、关于两被告对李某丙在浮潜中遇难身亡是否存在过错，是否应当承担赔偿责任

对于两被告对李某丙在浮潜中遇难身亡是否存在过错，是否应当承担赔偿责任这一问题的分析，涉及多个子问题：其一，旅行社安全保障义务产生的根据。其二，旅行社安全保障义务的范围。其三，旅行社违反安全保障义务的判断标准。其四，旅行社的过错及责任承担。

（一）关于旅行社安全保障义务产生的根据

原告若要求被告对自己承担安全保障义务，就需要证明被告对自己承担了某种安全保障义务。只有被告对原告承担了某种安全保障义务，被告才能对原告承担赔偿责任。实践中，安全保障义务产生的根据主要包括：其一，原告证明其与被告之间订立了契约，被告根据该契约对自己承担安全保障义务；其二，原告证明被告要根据某种制定法对自己承担安全保障义务；其三，原告证明可以合理预见到行为会损害原告的利益；其四，原告证明被告的行为将原告置于某种危险的处境中；其五，原告证明被告基于自愿对自己承担了安全保护的职责。[1]

---

[1] 张民安：《人的安全保障义务理论研究兼评〈关于审理人身损害赔偿案件适用法律若干问题的解释〉第 6 条》，载《中外法学》2006 年第 6 期。

本案中，旅行社的安全保障义务主要是基于契约以及制定法规定。从契约关系的角度来看，涉案旅行社与旅游者之间订立了旅游合同，基于该旅游合同，旅行社在为旅游者提供服务的全过程中，负有安全保障义务，确保旅游者的人身、财产安全免受侵害。如果旅行社违反了此种义务，导致旅游者遭受损害，即应当对原告承担契约性的损害赔偿责任。从制定法的规定来看，根据《旅游法》第50条规定："旅游经营者应当保证其提供的商品和服务符合保障人身、财产安全的要求"；第80条规定："旅游经营者应当就旅游活动中的下列事项，以明示的方式事先向旅游者作出说明或者警示：（一）正确使用相关设施、设备的方法；（二）必要的安全防范和应急措施；（三）未向旅游者开放的经营、服务场所和设施、设备；（四）不适宜参加相关活动的群体；（五）可能危及旅游者人身、财产安全的其他情形。"第81条规定："突发事件或者旅游安全事故发生后，旅游经营者应当立即采取必要的救助和处置措施，依法履行报告义务，并对旅游者作出妥善安排。"以及最高人民法院《关于审理旅游纠纷案件适用法律若干问题的规定》第7条第1款规定："旅游经营者、旅游辅助服务者未尽到安全保障义务，造成旅游者人身损害、财产损失，旅游者请求旅游经营者、旅游辅助服务者承担责任的，人民法院应予支持。"以及第8条第1款规定："旅游经营者、旅游辅助服务者对可能危及旅游者人身、财产安全的旅游项目未履行告知、警示义务，造成旅游者人身损失、财产损失，旅游者请求旅游经营者、旅游辅助服务者承担责任的，人民法院应予支持。"由此可见，我国法律明确规定了旅行社对于旅游者负有安全保障义务。

（二）关于旅行社安全保障义务的范围

根据上述法条可知，旅游经营者及其辅助人的安全保障义务分为以下三类：

1. 安全告知、警示义务。旅游经营者及旅游辅助服务者应当就旅游活动中的可能会危及旅游者人身、财产安全的情形，以明示的方式事先向旅游者作出说明或警示。安全告知警示义务贯穿旅游合同的始终：第一，在旅行合同签订前的尽调，例如在对身体素质有要求的高强度旅行线路上就需提前询问旅游者的身体情况。在一些出国旅游路线中，对于当地不同于国内的一些禁忌文化需要尽到合理的提示义务。第二，在旅行过程中对于线路上可能出现的风险进行提示告知，例如在草原旅行线路中，导游往往会强调不要自己一个人外出跑到太远的草场，都属于履行义务，直至旅行活动结束。

2. 商品、服务的安全保障。旅游经营者及其辅助人应保证其提供的商品和服务符合保障人身、财产安全的要求，即提供的食品要符合食品安全标准，旅游配套服务要保证人身财产安全，在必要时也可为旅游者投保相关保险。从其他方面来看，如果旅游经营者提供的产品及服务不能保障旅客的安全，对其自身而言也会极大地增加法律风险，可能承担合同违约、侵权损害赔偿等。因此一些旅行社也会通过声明规避义务，例如在旅游过程中向旅客声明如果出现身体不适，旅行社不会提供药物，相关药物可由旅客之间帮助或者是去医院进行诊疗。

3. 损害救助义务。损害救助义务是旅游经营者对旅游者生命健康权的重要保障，是对旅游过程中发生意外事故的处理义务。因此，该义务要求旅行社必须竭尽当时的条件，保障旅游者的生命健康权以此证明自己没有违反该义务。对于旅游经营者来说，其应当举证证明在当时现有的条件下，其已经针对意外事故做了合理处置，并且竭尽所能保护旅游者的生命健康权；而对于旅游者来说，其需主张在出现生命健康危险时，旅游经营者并未对其进行救治，导致其健康遭受损害抑或是出现损失扩大的情况。但是旅游经营者的安全保障义务应当限定在合理的范围之内，符合一般大众对安全保障的理解，标准也应该依活动内容、风险的不同而有所不同。如对旅游组织者追责过于苛刻，相当于司法变相降低了对旅游者自身注意义务的要求，既有违民法中充分赋予民事主体意思自治能力的价值理念，亦放任权利主体随意置自身生命、健康利益于不顾。

（三）关于旅行社违反安全保障义务的判断标准

最高人民法院《关于审理旅游纠纷案件适用法律若干问题的规定》第7条中规定了旅行社的安全保障义务，但该规定以及其他相关法律法规，并未具象化安全保障义务的程度、范围，这是因实践的复杂性决定的。安全保障义务应当限定在一个合理范围内，而不是无条件、无限制的。司法实践中通常从以下几个方面判定：

1. 法定标准。目前我国法律、法规、部门规章都针对旅游经营者、旅游辅助服务者的安全保障义务作出了明确的规定，旅行社应当严格遵守。这些规定是判断旅行社是否尽到安全保障义务的法定标准。

2. 善良管理人的标准。在法律法规没有明确规定的情况下，应当参照善良管理人的标准进行判断，即参照同类情况下，具有相当知识经验的理性人所采用的标准进行客观认定。

3. 特别标准。即在旅游活动中，针对老年人、未成年人、残疾人等特殊群体的安全保障义务应当采取特别标准，或者说高于普通人的标准。

（四）关于旅行社的过错及责任承担

回到本案中，结合上述对于旅行社安全保障义务范围的明确界定，以及判定标准，依据本案中双方申请的证人出庭的证言陈述以及原被告提供的证据，对于两被告是否对于李某丙溺水身亡的死亡结果存在过错展开分析：

1. 对浮潜区域的选择未尽谨慎义务。浮潜活动本身就具有一定的风险性，同时极容易会受到浮潜区域的影响，因此旅行社在安排浮潜活动时应当对于浮潜区域进行审慎选择。本案中，从证人证言以及双方提交的浮潜区域照片可以看出，该浮潜区域虽有浮标及绳子包围，但并未设置防护网。因此，一旦游客发生浮潜意外，极易被海浪冲走，在海里并未有足够的安全防护措施，而岸边也完全没有救生人员守护。此外，在浮潜区域可以看到有数只橡皮艇漂浮，该橡皮艇使用马达驱动，在马达驱动开走过程中极易与游客发生冲撞或者掀起海浪，导致游泳、浮潜的危险性增加，而浮潜区域理应远离此种危险因素。张民安教授认为："安全保障义务是指如果行为人能够合理预见到与自己有某些特殊关系的某些危险人物实施的侵权行为或者犯罪行为将会给他人造成人身或者财产损害，则他们应采取合理措施，保护他人免受这些危险人物即将实施的侵权行为或者犯罪行为的损害；如果行为人没有采取合理的措施保护他人，使他人因为危险人、物的侵权行为或者犯罪行为遭受损害，则行为人应当对受害人承担侵权责任。"基于该可预见性理论，被告在明知浮潜区域存在危险的情况下，应当预见到在此安排浮潜活动可能会对旅游者造成一定的风险，却仍在此安排浮潜活动，由此可以认定其对于李某丙溺水身亡的死亡结果存在一定的过错。

2. 对游客下海游玩未尽安全提示义务。众所周知，虽然浮潜属于浅水活动，但既然下海，就必然具备一定的危险性，基于安全告知、警示义务，两被告在安排游客自由活动前，应当尽责告知游客浮潜活动的危险性，同时警示下海游玩的游客穿上救生衣，而证人刘某乙的证言可以体现，导游对下海浮潜的游客仅发放了浮潜用具，并未发放救生衣，救生衣系需要导游发放的不能自取，而证人刘某的证言虽然陈述救生衣系游客自取，但即使如此，证人刘某亦确认在李某丙下水前系没有穿上救生衣的，证人也无法证明其有提醒过李某丙穿上救生衣，综上，一审法院认为，两被告在安排游客自由活动前并未尽到安全告知、警示义务。

3. 延误了李某丙的最佳搜救时间。损害救助义务要求旅行社必须竭尽当时的条件，保障旅游者的生命健康权以此证明自己没有违反该义务。然而，本案中，在原告杨某甲第一次发现李某丙失踪后，已经告诉旅行团的领队刘某去寻找李某丙，但刘某在未目睹李某丙的情况下便告知原告杨某甲李某丙在洗澡，直至一个小时后团友集中要离岛时才发现李某丙确实失踪了，此时才开始搜救，延误了搜救的时间。

综上，一审法院认为，两被告在上述三点存在过错，应当对李某丙遇难身亡的事故承担过错赔偿责任。考虑到浮潜运动本身具有一定的危险性，李某丙因浮潜遇难的事件具有意外突发性，且李某丙在下海游玩前未穿上救生衣，对其自身的遇难亦需要承担一定的责任。

对两被告抗辩称李某丙生前有心脏病，其死亡是因自身疾病导致的主张，一审法院认为，两被告提供的尸检报告已经过泰国外交部、中华人民共和国驻泰国大使馆见证及认证，可以作为认定本案事实的相关依据，但即使根据该尸检报告，亦无法证明两被告关于李某丙是其自身的心血管疾病加上饮酒导致疾病发作死亡的主张，因李某丙的死因是心血管系统和心脏衰竭，尸检报告中并未体现李某丙在生前有饮酒，李某丙在浮潜时发生意外亦有可能导致心血管系统和心脏衰竭死亡,由该死因并不能推断李某丙是因其生前自身疾病突然发病而死亡,因此,两被告的此项主张无事实和法律依据,一审法院不予采纳。关于两被告抗辩称已经为李某丙购买了人身意外保险,该保险问题与本案无关,亦不能以此作为两被告不予承担本案赔偿责任的依据。

二、关于两被告应当承担的赔偿数额

根据《旅游法》第12条规定,旅游者在人身、财产安全遇有危险时,有请求救助和保护的权利。旅游者人身、财产受到侵害的,有依法获得赔偿的权利。该条明确了旅游者在旅游过程中所享有的安全保障权,同时为旅游者因旅行社未尽到安全保障义务致使其人身、财产受到损害时获得救济提供了法律依据。根据一审法院查明的事实以及参照2015年度人身损害赔偿计算标准,原告的损失有:

(一)关于死亡赔偿金

根据最高人民法院《关于审理人身损害赔偿案件适用法律若干问题的解释》第15条的规定,死亡赔偿金按照受诉法院所在地上一年度城镇居民人均可支配收入标准,按二十年计算。本案中,根据原告提供的户口本,李某丙为城镇居民户口,因此,原告请求按照深圳市上一年度城镇居民人均可支配收入标准计算其应得的死亡赔偿金,一审法院予以支持。根据2015年度深圳市人均可支配收入40,948元/年标准,一审法院计算得原告应得的死亡赔偿金数额为818,960元,对原告请求过高部分,一审法院不予支持。

(二)关于丧葬费

根据最高人民法院《关于审理人身损害赔偿案件适用法律若干问题的解释》第14条的规定,丧葬费按照受诉法院所在地上一年度职工月平均工资标准,以六个月总额计算。本案中,一审法院依据2014年深圳市在岗职工年均工资108,192元/年计算六个月为54,096元,原告主张45,196.5元,系其对自身权利的合法处分,一审法院予以支持。

(三)关于精神损害抚慰金

根据最高人民法院《关于审理人身损害赔偿案件适用法律若干问题的解释》第1条的规定,因生命、身体、健康遭受侵害,赔偿权利人起诉请求赔偿义务人赔偿物质损害和精神损害的，人民法院应予受理。本案中，李某丙因本案事故溺水死亡，原告请求精神损害抚慰金100,000元合理，一审法院予以支持。

（四）关于被扶养人生活费

根据最高人民法院《关于审理人身损害赔偿案件适用法律若干问题的解释》第17条的规定，被抚养人生活费根据扶养人丧失劳动能力程度，按照受诉法院所在地上一年度城镇居民人均消费支出标准计算。被抚养人为未成年人的，计算至18周岁；被抚养人无劳动能力又无其他生活来源的，计算20年。但60周岁以上的，年龄每增加1岁减少1年；75周岁以上的，按5年计算。本案中，原告黄某甲为李某丙的母亲，为非农业户口，在事发当时已年满83周岁，在"七十五周岁以上"的范围之中，故剩余的抚养年限为5年，其抚养人为3人，因此，一审法院计算得原告黄某甲应得的被扶养人生活费为：2015年深圳市城镇居民人均消费性支出28,852.77元/年×5年÷3抚养人＝48,087.95元。原告主张48,020.7元，系其对自身权利的合法处分，一审法院予以支持。

（五）关于交通费和住宿费

根据最高人民法院《关于审理人身损害赔偿案件适用法律若干问题的解释》第9条的规定，原告为处理李某丙的事故及丧事必然支出交通费及住宿费，其请求有事实和法律依据，但原告请求过高，一审法院参照国家法定出差标准，结合原告主张的处理丧事人数及天数，酌定原告应得的交通费为3000元、住宿费为5000元。

（六）关于误工费

根据最高人民法院《关于审理人身损害赔偿案件适用法律若干问题的解释》第7条的规定，误工费根据受害人的误工时间和收入状况确定。原告杨某甲、李某甲请求为处理丧事的误工费，两原告有劳动能力，且提交了工资收入证明，其请求误工费5天有事实和法律依据，请求合理，一审法院予以支持，本院计算得原告应得的误工费为5938.5元（3831.2＋2107.3）。原告请求案外人彭某甲的误工费，无法律依据，一审法院不予支持。综上，原告的可得损失总额为 1,026,115.7 元，两被告应当承担其中的 60% 即 615,669.42 元。

【典型意义】

本案的典型意义在于明确了旅行社在组织旅游活动中的安全保障义务及其责任承担问题，尤其是在境外旅游场景下，旅行社对游客人身安全的保护义务不可因地域差异而免除。通过本案，法院进一步厘清了旅行社安全保障义务的具体范围，包括对旅游区域的选择、安全提示义务以及事故发生后的及时救助义务，并强调了旅行社未尽到上述义务时应承担的过错赔偿责任。同时，本案也明确了游客在参与高风险旅游项目时的自身注意义务，若游客未按要求采取安全措施（如未穿救生衣），且该行为与损害结果存在因果关系，游客也需承担相应责任。此外，本案还涉及人身损害赔偿的计算标准问题，明确了"上一年度"的统计时间节点，为类似案件的赔偿计算提供了参考。本案的裁判不仅为旅游纠纷中旅行社与游客的责任划分提供了明确的法律依据，也警示旅游经营者在组织旅游活动时需严格遵守安全保障义务，切实保障游客的人身安全，从而促进旅游行业的规范化发展。

第三节　境外旅游服务违法性界定问题

案例5.5　与我国法律冲突的境外旅游服务项目的违法性界定
——某旅行社领队境外组织赌博游客投诉案

【关键词】

境外旅游　组织赌博　违法行为　组织参与国（境）外巨额赌博罪

【案件要旨】

旅行社在组织出境旅游时，应确保所有活动符合《旅游法》的规定，避免涉及任何违法内容。领队和旅行社有责任确保旅游活动的合法性，并在必要时制止地接社安排的违反我国法律的服务项目。即使旅游项目在目的地国家是合法的，如果违背了我国的法律和公序良俗，我国旅游者和旅行社也不得参与。如果旅行社违反了我国法律，组织了禁止的旅游服务项目，即使旅游者自愿参与，该合同行为在法律上仍然是无效的。

【基本案情】

境外旅行期间，领队带领游客瞿某等人参观赌场并组织赌博，瞿某提出抗议，要求离开现场，领队不予理睬，并劝其参与。旅行结束后瞿某向当地旅游主管部门投诉，但旅行社认为境外当地赌博合法，因此不存在违法行为，且游客也自愿参与，领队并未强迫游客参观赌场，并出示了团队其他游客的书面确认。

【案件评析】

本案是一起较为典型的境外游执法案例，涉及《旅游法》的适用性及其对出境旅游活动的约束力问题。同时，本案还聚焦于《旅游法》对旅行社提供服务项目的具体要求，以及领队在推荐自费项目时应遵循的原则。此外，本案还探讨了与组织参与国（境）外巨额赌博罪之间的界限问题。

一、关于《旅游法》对于出境旅游活动是否具备约束力

在旅游服务中，对于我国法律在中国大陆的适用，没有任何旅游服务从业人员及旅游者持怀疑的态度，比如旅行社及旅游者不能参与包含色情、赌博、毒品的活动。而对于我国法律在境外旅游的适用，即我国法律对于在境外旅游期间的中国旅客是否具有同等的约束力却存在着一定的分歧。由于不同国家文化、风俗的差异，各国法律所禁止的事项也有所不同。比如，色情、赌博、毒品等产业在我国是立法明令禁止的，而在一些国家或地区却是合法的。本案中，领队之所以会为旅游者安排参观赌场并组织赌博等不符合我国法律规定的服务项目，是因为领队认为身在境外，其行为并不受我国法律的约束。实际上，领队的观点与我国的法律规定相抵触。

根据《旅游法》第2条规定，在中华人民共和国境内的和在中华人民共

和国境内组织到境外的游览、度假、休闲等形式的旅游活动以及为旅游活动提供相关服务的经营活动，适用本法。从上述法律规定可以看出，《旅游法》适用的空间范围，既包括境内旅游，同时也覆盖出境旅游。只要是我国旅行社组织的旅游活动，不论是境内还是境外，都应当被纳入《旅游法》所调整的范围。因此，旅行社在组织出境旅游、领队在境外为旅游者提供服务、旅游者在境外接受旅游服务，都必须按照《旅游法》的规定约束自身的行为。

二、关于《旅游法》等对于旅行社提供服务项目的具体要求

《旅游法》第33条规定，旅行社及其从业人员组织、接待旅游者，不得安排参观或者参与违反我国法律、法规和社会公德的项目或者活动。《中国公民出国旅游管理办法》第16条规定，组团社及其旅游团队领队应当要求境外接待社按照约定的团队活动计划安排旅游活动，并要求其不得组织旅游者参加涉及色情、赌博和毒品内容的活动。

上述规定明确了旅行社组织出境旅游的几点要求：一是境外目的地旅游服务项目的安排，必须符合我国法律规定。就旅行社而言，在安排境外服务项目时，要注意服务项目必须与我国法律规定和公序良俗相一致。二是对于境外地接社要有关于服务项目提供的要求，制止境外地接社提供与我国法律规定和公序良俗冲突的服务项目。三是即使个别旅游者主动提出的与我国法律规定和公序良俗不相符的服务需求，旅行社也应当拒绝。

即使一些服务项目在旅游目的地属于合法行为，但只要与我国法律规定相违背，旅行社就不得组织旅游者参与，领队就不得引导和介绍，旅游者也不得参与。出境旅游并不能成为旅行社和旅游者实施违法行为的免责事由。旅行社和旅游者在境外违反我国法律，等同于在我国境内违法。因此，在出境旅游期间，旅行社或者旅游者违反了我国法律规定，依然必须受到我国法律的制裁。如果旅行社组织安排此类违反我国法律规定的服务项目，即使是与旅游者协商一致，双方所达成的协议也当属无效，其法律后果是旅行社依法受到相应的行政处罚，并按照规定退还自费项目费用。基于此，本案中，领队以自费项目已征得旅游者同意，同时该项目在旅游地并不违法为由，主

张免责的说法并不能成立。参观赌场并组织赌博的行为,虽然有双方的自愿协商在先,但因该自费项目涉及的内容为我国法律所明令禁止的违法行为,故双方就该自费项目所达成的协议也因违反了我国法律规定而无效。综上,在瞿某对于参观赌场并组织赌博的自费项目提出抗议并要求离开现场时,领队不予理睬的行为违反了《旅游法》等法律法规规定,旅行社应当全额退还旅游者交纳的自费项目费用,文化和旅游行政部门还应当根据《旅游法》的规定,对旅行社和领队实施行政处罚。

三、关于领队推荐自费项目时应当遵循的原则

（一）自愿原则

《旅游法》第9条的规定,旅游者有权自主选择旅游产品和服务,有权拒绝旅游经营者的强制交易行为。《旅游法》第41条第2款规定,导游和领队应当严格执行旅游行程安排,不得擅自变更旅游行程或者中止服务活动,不得向旅游者索取小费,不得诱导、欺骗、强迫或者变相强迫旅游者购物或者参加另行付费旅游项目。从上述条款可见,自愿协商原则是领队推荐自费项目的基石,没有自愿协商做基础,领队就不得改变原有行程,否则就可能构成"强迫消费"。自愿原则的具体表现,就是领队和旅游者达成纸质的书面协议,表明双方已就自费项目的选择达成一致意见。

本案中,领队所出示的团队其他游客的书面确认能够表明其他游客自愿参与,这符合自愿原则的形式,然而,这里需要讨论的是,在签订书面确认之后,在自费活动进行的过程中,旅游者因活动内容违反我国法律规定而对此产生质疑、抗拒心理,要求退出活动的情形应当如何处理。首先,根据《民法典》第5条的规定,民事主体从事民事活动,应当遵循自愿原则,按照自己的意思设立、变更、终止民事法律关系。自愿原则作为中国民法的基本原则之一,是贯穿于民事法律关系的设立、变更、终止全过程的,公民、法人等任何民事主体在市场交易和民事活动中有权按照自己的真实意愿独立自主地选择、决定交易对象和交易条件,建立和变更民事法律关系,并同时尊重对方的意愿和社会公共利益,不能将自己的意志强加给对方或任何第三方。由此可见,虽然旅游者与旅行社就自费项目达成了协议,该协议能够体

现旅游者签订该协议意思自治。然而，当旅行者在被安排参观赌场和参与赌博的过程中，其明显对此活动内容表示抗议的情况下，领队对此置之不理的态度，实质上是阻碍了旅行者终止该协议的意思自治，这并不符合自愿原则的要求。其次，根据《民法典》第153条的规定，违反法律、行政法规的强制性规定的民事法律行为无效。由此，自愿原则理应被限缩于合法的框架之下，对于自愿原则的释义中，明确了只要进行交易或其他民事活动双方的交易等行为不违反法律规定，其他任何机关、团体、个人等第三方都不能干涉。在本案中，参观赌场并组织赌博的行为与我国法律相抵触，瞿某也应该行为违反我国法律规定而对此表示抗议，即使该活动内容得到了旅游者的一致同意，也因违反了我国法律规定而突破了自愿原则的效力范围。

（二）合法原则

根据《旅游法》第33条的规定，旅行社及其从业人员组织、接待旅游者，不得安排参观或者参与违反我国法律、法规和社会公德的项目或者活动。合法原则是确保自费项目能够顺利开展的关键，中国公民出境旅游，既要遵守旅游目的地国家和地区的法律，也要遵循中国的法律和道德。当旅游目的地国家和地区的法律和我国法律规定相抵触时，作为领队和游客，首先要考虑遵循考虑中国的法律规定，不在境外从事违反我国法律规定，而不是先遵循旅游目的地国家的法律。例如，在某些国家，吸食大麻不违法，但我国法律视大麻为毒品，领队和游客就不能在国外吸食大麻。总之，领队和游客在国外旅游期间，必须优先遵守中国法律的规定。自费项目的推荐虽然可以由领队和旅游者协商决定，但自费项目的服务内容必须符合我国法律规定。如果与我国法律规定相违背，即使自费项目在旅游目的地并不属于违法行为，也不能成为推荐的理由。领队不考虑自费项目内容是否符合我国法律规定而盲目推荐，就应当依法承担相应的法律责任。

本案中，领队所安排的自费项目内容为参观赌场和组织赌博，《刑法》《治安管理处罚法》等多部法律明确规定了关于赌博行为的禁止性条款，这说明了该活动内容所涉及的赌博行为明显是与我国法律相冲突的，因此领队的行为不符合合法原则。根据我国文化和旅游部在2010年所下发的《关于禁止出境旅游团队参与境外赌博活动的规定》，各级旅游行政管理部门要督促出境游组团社严格遵守国家旅游局关于不得组织、诱导游客参与赌博活动的有关规定；要严禁组团社在宣传招徕中以明示或暗示的方式介绍境外赌场和赌博内容；明令组团社在组织赴有赌场的出境目的地国家和地区旅游时，不得在团队行程中安排到赌场参赌的内容；严处领队人员为一己私利组织诱导游客赴境外参与赌博的行为。由上述规定可见，国家对于旅行社在境外旅游行程中安排与赌博相关的活动持严令禁止的态度。若旅行社提供了类似赌博等服务项目，不仅双方签订的自费项目合同无效，而且旅行社及其领队将受到当地旅游主管部门的行政处罚，情节严重者将受到刑事处罚。

（三）诚信原则

根据《旅游法》第62条规定，订立包价旅游合同时，旅行社应当向旅游者告知下列事项：(1) 旅游者不适合参加旅游活动的情形；(2) 旅游活动中的安全注意事项；(3) 旅行社依法可以减免责任的信息；(4) 旅游者应当注意的旅游目的地相关法律、法规和风俗习惯、宗教禁忌，依照中国法律不宜参加的活动等；(5) 法律、法规规定的其他应当告知的事项。由上述条款可见，领队在推荐自费项目时，应当遵循诚实信用的原则，履行相应的告知义务，对于旅游者不适合参加旅游活动的情形；旅游活动中的安全注意事项；旅行社可以见面责任的情形；以及旅游目的地的相关法律、法规和风俗习惯、宗教禁忌，依照中国法律不宜参加的活动等事项，向旅游者进行详细的说明。领队不能欺骗游客，或者认为自费项目应为大家所知悉，无须再作解释和说明，这种做法并不符合旅行社服务的本质要求，也违反了明码标价原则。

诚实信用原则是开放式的规范，属于一种行为标准。与公序良俗原则平衡当事人私利与社会公共利益之间所不同的是，诚实信用原则涉及两重利益关系，即当事人之间的利益关系和当事人与社会之间的利益关系。诚实信用原则的目标，是要在这两重利益关系中实现平衡。旅行社相较于旅行者而言，具备一定的信息优势，基于诚信原则，旅行社理应对于旅游者行程中的各种事项尽到详细核查、明确告知的义务。我国《旅游法》规定禁止旅行社安排参观或者参与违反我国法律、法规和社会公德的项目或者活动，即禁止赌博等违法行为，因此旅行社在安排境外旅游服务项目时，应当特别注意服务内容与我国法律规定相一致；当境外当地合法服务项目被我国法律禁止时，作为旅游活动组织者应首要考虑中国法律规定。同时，旅行社在与境外接待社沟通时，也应说明并禁止其为我国游客提供与我国法律相冲突的服务项目。然而，在本案中，领队在明知赌博行为与我国法律规定相违背的情况下，仍基于侥幸心理，认为该行为在境外合法即可为，在旅行者的行程中安排参观赌场和组织赌博的自费项目，更甚在旅游者因该项目违反我国法律规定而进行反抗并要求退出时置之不理，严重损害了旅游者的合法权益。因此，领队的行为并不符合诚信原则的要求。

四、与组织参与国（境）外巨额赌博罪之间的界限

《刑法修正案（十一）》增设组织参与国（境）外赌博罪，即"组织中华人民共和国公民参与国（境）外赌博，数额巨大或者有其他严重情节的，依照前款的规定处罚"。在实践中，容易将旅行社组织旅行者赌博的行为与该罪混同，因此在这里需要明确界分罪与非罪的界限。

（一）组织参与国（境）外赌博罪的犯罪主体是组织者

这里所说的"组织"者，是指组织、召集中国公民参与国（境）外赌博的人员，既包括犯罪集团的情况，也包括比较松散的犯罪团伙，还可以是个人组织他人参与国（境）外赌博的情况；组织者可以是一个人，也可以是多人；可以有比较严密的组织结构，也可以是为了进行一次赌博行为临时纠集在一起。根据我国刑法总则关于管辖的规定，这里的组织行为可以是我国境内公民实施的组织行为，也可以是国（境）外人员在境内针对我国境内公民实施的组织行为。实践中，常见的组织者主要有国（境）外赌场经营人、实际控制人、投资人；国（境）外赌场管理人；受国（境）外赌场指派、雇佣的人；在国（境）外赌场包租赌厅、赌台的人等。

（二）组织参与国（境）外赌博罪所组织的对象必须是中华人民共和国公民

这里所说的"中华人民共和国公民"仅限于中国大陆具有中华人民共和

国国籍的人。如果组织的是国（境）外人员参与赌博的，则不构成本罪，如果构成其他犯罪的，按照刑法有关规定予以处罚。

（三）行为人实施了组织中华人民共和国公民参与国（境）外赌博的行为

这里所说的"组织中华人民共和国公民参与国（境）外赌博"，包括直接组织中国公民赴国（境）外赌博，或者以旅游、公务的名义组织中国公民赴国（境）外赌博，或者以提供赌博场所、提供赌资、设定赌博方式等组织中国公民赴国（境）外赌博，或者利用信息网络、通讯终端等传输赌博视频、数据，组织中国公民参与国（境）外赌博等。

（四）构成本罪的必要条件是必须达到数额巨大或者有其他严重情节

这是所谓"数额巨大"，主要是指赌资数额巨大，可能造成大量外汇流失的情形，具体数额应当通过相关司法解释予以明确。所谓赌资，主要是指赌博犯罪中用作赌注的款物、换取筹码的款物和通过赌博赢取的款物。"有其他严重情节"是指赌资虽未达到数额巨大，但接近数额巨大的条件，有其他严重情节的情况，如抽头渔利的数额较多，参赌人数较多，组织、胁迫、引诱教唆、容留未成年人参与赌博，强迫他人赌博或者结算赌资等情形。

根据本款规定，构成犯罪的，依照前款的规定处罚，也就是按照开设赌场罪规定的刑罚予以处罚，即处 5 年以下有期徒刑、拘役或者管制，并处罚金；情节严重的，处 5 年以上 10 年以下有期徒刑，并处罚金。这里所说的"情节严重的"，并不是一般意义上的情节严重，而是要根据本罪入罪的条件，要比入罪条件更为严重的情节，主要是指组织中国公民前往国（境）外参与赌博，数额特别巨大或者有其他特别严重情节的情况。

实践中，有些旅行社、导游在我国公民赴国（境）外旅游过程中，会引导甚至是主动招揽游客参与国（境）外的赌博，是否可以认定为"有其他严重情节"，作为犯罪处理应区分情况而定：如果在国（境）外旅游活动中，仅仅将参与国（境）外赌博作为吸引游客的方式，且数额较小，导游人员没有收取赌场的好处费，或者仅收取少量介绍费用的，可以看作是旅游项目或者旅游过程中娱乐项目，不作为犯罪处理；如果组织我国公民赴国（境）外旅游去赌场赌博的数额较大、时间较长,且主要活动就是参与赌博,实际上旅游只是名义,实则属于组织参与国(境)外赌博罪。基于此,笔者认为,在本案中,领队组织旅游者参观赌场并参与赌博的行为并不构成组织参与国(境)外赌博罪,理由主要有两点:其一,参观赌场并参与赌博只是境外旅游行程中的一个体验活动,而并非该旅游的主要活动。其二,从旅游者瞿某抗拒参观赌场并参与赌博的行为来看,其作为旅游者,涉及赌博的活动内容并不在其预设范围内,由此可见,旅游者赴境外旅游的目的并非赌博。综上,本案领队的行为并不符合《刑法修正案(十一)》组织参与国(境)外赌博罪的犯罪构成,但仍应根据《旅游法》第33条规定对其进行行政处罚。

【典型意义】

该案的典型意义是明确界定了与我国法律冲突的境外旅游服务项目的违法性,强调了旅游服务提供者在境外组织旅游活动时,必须严格遵守我国法律法规的规定。即使某些活动在境外可能被视为合法或普遍接受,但如果与我国法律相冲突,旅游服务提供者仍然有责任和义务避免组织游客参与。同时,游客在境外旅游期间应增强法律意识,自觉抵制与我国法律相冲突的活动。未来,旅游服务提供者必须加强对领队和导游等从业人员的培训和管理,提高他们的法律意识和职业素养,确保他们能够为游客提供合法、安全、优质的旅游服务。同时,旅游主管部门也应加强对旅游市场的监管和执法力度,严厉打击违法违规行为,维护旅游市场的公平竞争和消费者的合法权益。